참 쉬운 토익 개정판

LC+RC

저자 **박혜영**

(현) 한국외국어대학교 외국어연수평가원 영어 전임 강사
(전) 세종대학교 국제 어학원 전임강사, 파고다 아카데미 연구원

박혜영 선생님은 미국 하와이 주립대에서 Second Language Studies(제2언어 습득론) 석사 과정을 마친 후에 토익, 청취, 문법 등의 영어 강의와 교재 집필 활동을 하고 있다.
영어를 배우고 가르치는 일이 좋아서 한국의 학습자에게 알맞은 강의와 교재 개발에 힘쓰고 있으며, 현재는 한국외국어대학교 외국어연수평가원 영어과 전임 강사로 재직 중이다.

저자 **전지원**

(현) 한국외국어대학교 외국어연수평가원 영어 전임 강사
(현) YBM 원격평생교육원 운영 교수
(전) 성균관대학교 토익 강사

전지원 선생님은 미국 오리건 주립대에서 언어학(Linguistics) 석사 학위를 마친 후 현재 한국외국어대학교 외국어연수평가원 영어과 전임 강사로 재직 중이다.
다양한 집필 활동과 영어 강의를 통하여 학습자들에게 실생활에 적용할 수 있는 살아 숨쉬는 영어 지식을 전달하고자 노력하고 있다.

개정판

참 쉬운 토익 LC+RC 기본편

지은이 박혜영, 전지원
펴낸이 정규도
펴낸곳 ㈜다락원

초판 발행 2017년 7월 7일
개정판 1쇄 발행 2024년 1월 15일

책임 편집 홍인표
디자인 구수정, 윤현주

다락원 경기도 파주시 문발로 211
내용 문의 (02)736-2031 내선 500
구입 문의 (02)736-2031 내선 250~252
Fax (02)732-2037
출판 등록 1977년 9월 16일 제406-2008-000007호

ISBN 978-89-277-8055-7 14740
ISBN 978-89-277-8053-3 14740 (set)

---

http://www.darakwon.co.kr
다락원 홈페이지를 방문하시면 상세한 출판 정보와 함께 MP3 자료 등의 다양한 어학 정보를 얻으실 수 있습니다.

참 쉬운 토익 개정판

LC+RC

머리말

2016년에 초판이 출판된 이후 여러분의 많은 관심에 힘입어 〈참쉬운 토익〉 시리즈의 개정판을 출간하게 되어 정말 기쁘게 생각합니다. 〈참쉬운 토익〉 시리즈는 영어 기초 실력이 부족한 학습자들이 영어의 전반적인 기본기를 다지면서 쉽고 편안하게 토익 준비를 할 수 있도록 개발된 교재입니다. 이러한 이유로 토익을 처음 시작하는 분들과 영어 학습에 대해 막연한 두려움을 갖고 계신 분들의 사랑을 받을 수 있었던 것 같습니다.

이 책은 토익을 공부하기 위해서 꼭 필요한 기본적인 어휘, 핵심 문법 사항, 다양한 듣기 연습 문제, 그리고 실제 토익 유형의 문제들을 담고 있습니다. 이번 개정에서는 토익의 최신 경향을 반영하기 위해 일부 문제들을 수정 및 추가하였고, 기존의 학습자들께서 지적해 주셨던 불편함들을 해소하기 위해서 편집이나 디자인 면에서도 많은 개선이 이루어졌습니다.

새로운 책을 만들고, 또 기존 책을 개정하는 과정은 저자와 편집자, 그리고 출판사 관계자 분들에게 힘들고 어려운 과정을 이겨내야 하는 일입니다. 특히 요즘과 같이 무수히 다양한 형태의 미디어가 책을 대체하고, 출판 시장을 위협할 수 있는 환경에서는 더더욱 그렇습니다. 그럼에도 불구하고, 늘 〈참쉬운 토익〉에 관심을 가져 주시고, 또 이번과 같이 개정의 기회를 제공해 주신 다락원 출판사 관계자 분들에게도 진심 어린 감사의 말씀을 전합니다.

마지막으로 옆에서 변함없는 애정과 지지를 아끼지 않는 가족에게도 사랑의 마음을 전합니다.

저자 박혜영, 전지원

목차

Listening Comprehension

Reading Comprehension

이 책의 구성

Listening Comprehension
PARTS 1·2·3·4

한 유닛에 'Part 1과 Part 3', 혹은 'Part 2와 Part 4'와 같이 LC의 두 파트가 구성되어 있어서, 하나의 유닛을 학습하면서 두 파트를 동시에 학습할 수 있습니다. 유닛의 세부 구성은 아래와 같습니다.

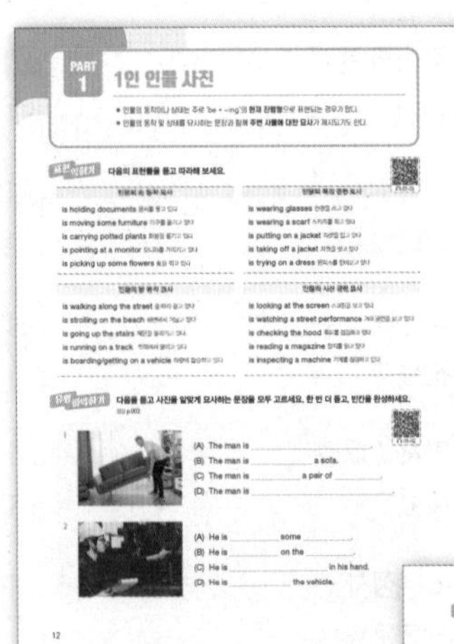

표현 익히기

각 유닛에서 학습하게 될 내용과 관련된 다양한 표현들을 듣고 따라하면서, 각각의 주제 및 유형과 관련하여 자주 출제되는 다양한 표현들을 자연스럽게 익힐 수 있습니다.

유형 파악하기

Part 1의 경우에는 사진을 묘사하는 문장들을 듣고 받아 적으면서 본격적으로 문제를 풀기 위한 준비를 할 수 있습니다. Part 3과 Part 4의 경우에는 스크립트를 듣고 빈칸을 완성하면서, 해당 유닛에서 학습하게 되는 주제와 관련된 내용을 이해할 수 있으며 기본적인 듣기 능력 또한 향상시킬 수 있습니다.

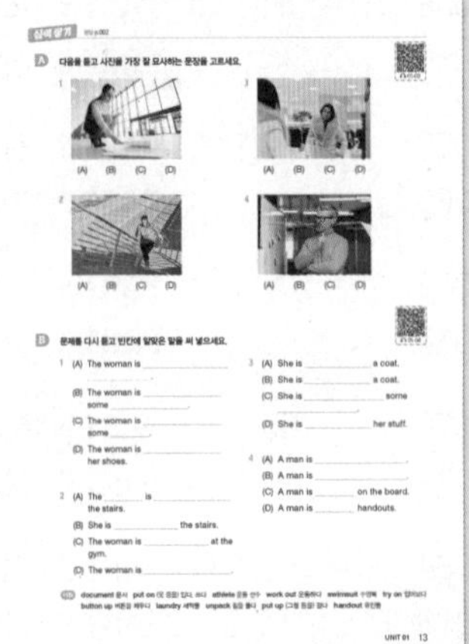

실력 쌓기

A에서는 문제를 풀어 보면서 해당 유닛에서 학습한 내용을 얼마나 잘 이해하고 있는지 파악할 수 있습니다. B에서는 풀어 본 문제를 다시 들으면서 받아 쓰기를 하여 학습한 내용을 다시 한 번 정리할 수 있습니다.

실전연습

각 유닛에서 학습한 LC의 두 파트의 실전 문제들로 구성되어 있습니다. 실전과 동일한 문제를 풀어 보면서 학습한 내용을 최종적으로 정리할 수 있습니다.

Reading Comprehension
PARTS 5·6·7

한 유닛에 'Part 5와 Part 6', 혹은 'Part 5와 Part 7'과 같이 RC의 두 파트를 한 유닛에서 학습할 수 있도록 구성되어 있습니다.

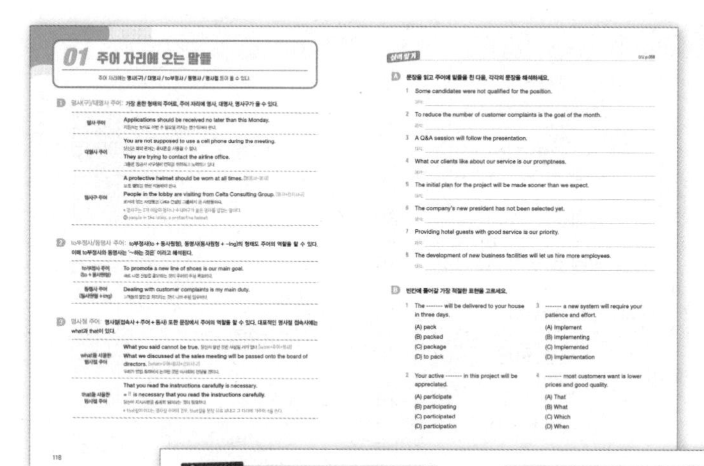

문법 정리

해당 유닛에서 학습하게 되는 핵심적인 문법 사항들이 알기 쉽게 정리되어 있습니다.

실력 쌓기

A에서는 학습한 문법 사항과 관련하여 간략한 문법 문제를 풀어볼 수 있습니다. B에서는 실제 Part 5와 동일한 형식의 문제를 풀어 보면서, 자신이 학습한 내용을 얼마나 잘 이해하고 있는지 파악할 수 있습니다.

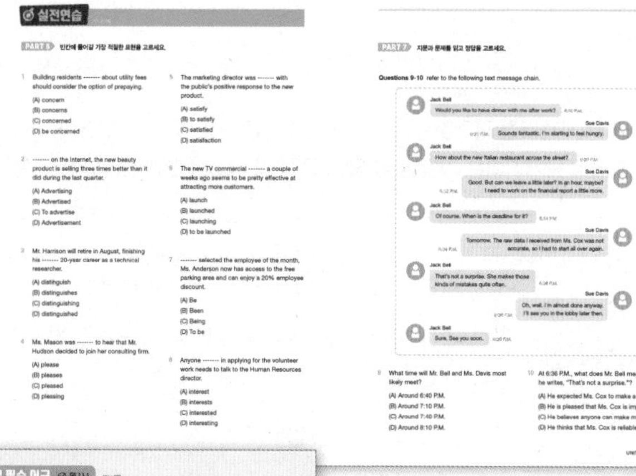

실전연습

해당 유닛에서 학습한 문법 사항들과 관련된 Part 5의 실전문제와 Part 6나 Part 7의 지문과 문제가 함께 수록되어 있어서, 매 유닛이 끝날 때마다 RC 두 파트의 실전문제들을 풀어볼 수 있습니다. 실전과 동일한 문제를 풀어 보면서 학습한 내용을 최종적으로 정리할 수 있습니다.

토익 필수 어구

해당 유닛의 학습 내용과 관련된 어휘들이 문제와 함께 정리되어 있어서, 다양한 형식의 문제를 풀며 해당 어휘들을 자연스럽게 학습할 수 있습니다.

토익 시험 소개

토익(TOEIC)은 Test of English for International Communication의 약자로서, 영어를 모국어로 사용하지 않는 사람이 국제 환경에서 생활을 하거나 업무를 수행할 때 필요한 실용 영어 능력을 평가하는 시험입니다. 현재 한국과 일본은 물론 전 세계 약 60개 국가에서 연간 4백만 명 이상의 수험생들이 토익에 응시하고 있으며, 수험 결과는 채용 및 승진, 해외 파견 근무자 선발 등 다양한 분야에서 활용되고 있습니다.

• 시험 구성

<table>
<tr><th>구성</th><th>PART</th><th colspan="2">내용</th><th>문항 수</th><th>시간</th><th>배점</th></tr>
<tr><td rowspan="4">Listening Comprehension</td><td>1</td><td colspan="2">사진 묘사</td><td>6</td><td rowspan="4">45분</td><td rowspan="4">495점</td></tr>
<tr><td>2</td><td colspan="2">질의-응답</td><td>25</td></tr>
<tr><td>3</td><td colspan="2">대화문</td><td>39</td></tr>
<tr><td>4</td><td colspan="2">담화문</td><td>30</td></tr>
<tr><td rowspan="4">Reading Comprehension</td><td>5</td><td colspan="2">단문 공란 채우기</td><td>30</td><td rowspan="4">75분</td><td rowspan="4">495점</td></tr>
<tr><td>6</td><td colspan="2">장문 공란 채우기</td><td>16</td></tr>
<tr><td rowspan="2">7</td><td rowspan="2">독해</td><td>단일 지문</td><td>29</td></tr>
<tr><td>복수 지문</td><td>25</td></tr>
<tr><td colspan="4">Total</td><td>200문제</td><td>120분</td><td>990점</td></tr>
</table>

• 출제 분야

토익의 목적은 일상 생활과 업무 수행에 필요한 영어 능력을 평가하는 것이기 때문에 출제 분야도 이를 벗어나지 않습니다. 비즈니스와 관련된 주제를 다루는 경우라도 전문적인 지식을 요구하지는 않으며, 아울러 특정 국가나 문화에 대한 이해도 요구하지 않습니다. 구체적인 출제 분야는 아래와 같습니다.

일반적인 비즈니스 (General Business)	계약, 협상, 마케팅, 영업, 기획, 콘퍼런스 관련
사무 (Office)	회의, 편지, 회람, 전화, 팩스 및 이메일, 사무 기기 및 사무 가구 관련
인사 (Personnel)	구직, 채용, 승진, 퇴직, 급여, 포상 관련
재무 (Finance and Budgeting)	투자, 세금, 회계, 은행 업무 관련
생산 (Manufacturing)	제조, 플랜트 운영, 품질 관리 관련
개발 (Corporate Development)	연구 조사, 실험, 신제품 개발 관련
구매 (Purchasing)	쇼핑, 주문, 선적, 결제 관련
외식 (Dining Out)	오찬, 만찬, 회식, 리셉션 관련
건강 (Health)	병원, 진찰, 의료 보험 관련
여행 (Travel)	교통 수단, 숙박 시설, 터미널 및 공항에서의 안내 사항, 예약 및 취소 관련
엔터테인먼트 (Entertainment)	영화, 연극, 음악, 미술, 전시 관련
주택 / 법인 재산 (Housing / Corporate Property)	건설, 부동산 매매 및 임대, 전기 및 가스 서비스 관련

Listening Comprehension

PART 1
사진 묘사 Picture Description

PART 2
질의-응답 Questions & Responses

PART 3
대화문 Short Conversations

PART 4
담화문 Short Talks

UNIT 01

PART 1 1인 인물 사진

PART 3 회사 업무

◉ 실전 연습

Today's **GOAL**

PART 1 ▫ 1인 인물의 동작이나 상태를 보고 가장 정확하게 묘사하는 문장을 골라낼 수 있도록 하자.

PART 3 ▫ 회사 업무와 관련된 다양한 대화들을 듣고, 문제에서 요구하는 정보를 빠르게 파악할 수 있도록 하자.

▫ 회사 업무와 관련된 주요 표현들을 듣고 발음해보며 익혀두자.

PART 1

1인 인물 사진

- 인물의 동작이나 상태는 주로 'be + ~ing'의 **현재 진행형**으로 표현되는 경우가 많다.
- 인물의 동작 및 상태를 묘사하는 문장과 함께 **주변 사물에 대한 묘사**가 제시되기도 한다.

표현 익히기 다음의 표현들을 듣고 따라해 보세요.

01-01

인물의 손 동작 묘사

is holding documents 문서를 들고 있다
is moving some furniture 가구를 옮기고 있다
is carrying potted plants 화분을 옮기고 있다
is pointing at a monitor 모니터를 가리키고 있다
is picking up some flowers 꽃을 꺾고 있다

인물의 복장 관련 묘사

is wearing glasses 안경을 쓰고 있다
is wearing a scarf 스카프를 하고 있다
is putting on a jacket 자켓을 입고 있다
is taking off a jacket 자켓을 벗고 있다
is trying on a dress 원피스를 입어보고 있다

인물의 발 동작 묘사

is walking along the street 길 따라 걷고 있다.
is strolling on the beach 해변에서 거닐고 있다.
is going up the stairs 계단을 올라가고 있다.
is running on a track 트랙에서 달리고 있다
is boarding/getting on a vehicle 차량에 탑승하고 있다

인물의 시선 관련 묘사

is looking at the screen 스크린을 보고 있다
is watching a street performance 거리 공연을 보고 있다
is checking the hood 후드를 점검하고 있다
is reading a magazine 잡지를 읽고 있다
is inspecting a machine 기계를 점검하고 있다

유형 파악하기 다음을 듣고 사진을 알맞게 묘사하는 문장을 모두 고르세요. 한 번 더 듣고, 빈칸을 완성하세요.

정답 p.002

01-02

1

(A) The man is ______________.
(B) The man is ______________ a sofa.
(C) The man is ______________ a pair of ______________.
(D) The man is ______________.

2

(A) He is ______________ some ______________.
(B) He is ______________ on the ______________.
(C) He is ______________ in his hand.
(D) He is ______________ the vehicle.

실력 쌓기 정답 p.002

A 다음을 듣고 사진을 가장 잘 묘사하는 문장을 고르세요.

01-03

1 (A) (B) (C) (D)

2 (A) (B) (C) (D)

3

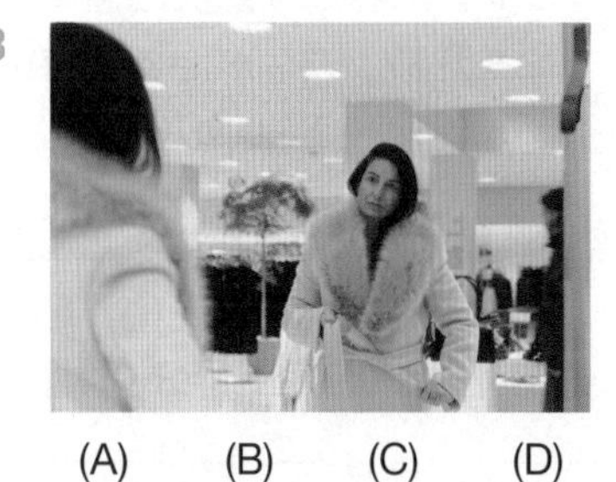

(A) (B) (C) (D)

4

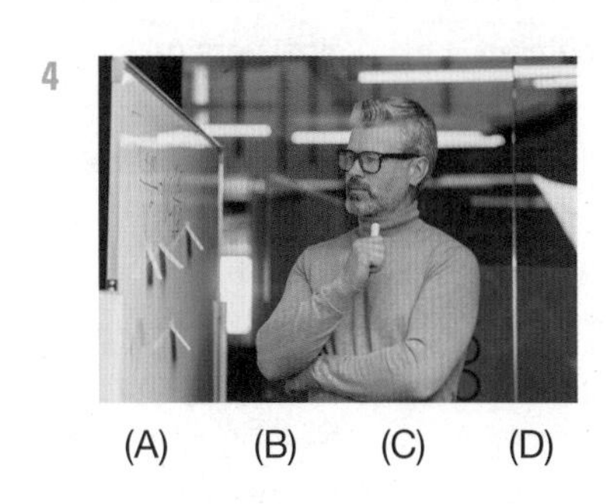

(A) (B) (C) (D)

B 문제를 다시 듣고 빈칸에 알맞은 말을 써 넣으세요.

01-04

1 (A) The woman is ______________ ______________.

(B) The woman is ______________ some ______________.

(C) The woman is ______________ some ______________.

(D) The woman is ______________ her shoes.

2 (A) The ______________ is ______________ the stairs.

(B) She is ______________ the stairs.

(C) The woman is ______________ at the gym.

(D) The woman is ______________.

3 (A) She is ______________ a coat.

(B) She is ______________ a coat.

(C) She is ______________ some ______________.

(D) She is ______________ her stuff.

4 (A) A man is ______________.

(B) A man is ______________.

(C) A man is ______________ on the board.

(D) A man is ______________ handouts.

어휘 **document** 문서 **put on** (옷 등을) 입다, 쓰다 **athlete** 운동 선수 **work out** 운동하다 **swimsuit** 수영복 **try on** 입어보다 **button up** 버튼을 채우다 **laundry** 세탁물 **unpack** 짐을 풀다 **put up** (그림 등을) 걸다 **handout** 유인물

PART 3

회사 업무

- 업무 관련하여 **일정의 조율 혹은 점검, 업무 협조 요청** 등과 관련된 대화들이 자주 등장한다.
- 사내에서 이루어지는 **회의, 홍보, 영업, 계약**과 관련된 내용들도 자주 등장한다.
- 업무와 관련하여 **화자가 원하는 사항**이 무엇인지를 잘 파악하여야 한다.

표현 익히기 회사 업무와 관련된 주요 어휘를 듣고 따라해 보세요.

01-05

회사 업무 관련 어휘			
send a document 서류를 보내다	final version 최종안	come up with an idea 아이디어를 내다	advertising campaign 광고 캠페인
write up a report 보고서를 작성하다	meet a deadline 마감 기일을 맞추다	budget report 예산 보고서	write a contract 계약서를 작성하다
finalize a project 프로젝트를 마무리하다	try out 시험적으로 해보다	schedule a meeting 회의를 잡다	reach an agreement 합의에 이르다
in a meeting 회의 중인	meet demand 수요를 맞추다	TV commercial TV 광고	hire a consulting firm 컨설팅회사를 고용하다
schedule conflict 일정의 충돌	proofread a proposal 제안서를 교정하다	make a suggestion 제안을 하다	put off a meeting 회의를 연기하다

유형 파악하기 다음 대화를 듣고 빈칸을 완성하세요. 정답 p.003

01-06

W Sam, I've just finished ______________________ for DG corporation.

M Wow, you are so fast. It ______________________.

W Yeah, I worked so hard until late at night. So, ______________ if you have some time to ______________ it.

M Sure. ____________ do you need it ____________?

W How about this afternoon? I'd like to ______________ it ______________________.

W Sam, 제가 DG 코퍼레이션에 보낼 제안서 작성을 막 끝냈어요.

M 와. 정말 빠르네요. 며칠밖에 안 걸렸어요.

W 네. 밤 늦게까지 열심히 했죠. 그래서 그런데, 혹시 교정을 해줄 시간이 좀 있나요?

M 물론이죠. 언제까지 필요하세요?

W 오늘 오후는 어떠세요? 가능하면 빨리 마무리하고 싶어요.

어휘 **write up a proposal** 제안서를 작성하다 **take only a few days** 시간이 며칠밖에 안 걸리다 **wonder** (정중한 부탁에서) …일지 모르겠다 **proofread** 교정하다 **finalize** 마무리하다 **as soon as possible** 가능한 한 빨리

실력 쌓기 정답 p.003

A 문제를 먼저 읽은 다음, 대화를 듣고 정답을 고르세요.

1 Why is the man calling?

(A) To have a meeting
(B) To review something
(C) To schedule a gathering
(D) To ask a question

2 Who most likely is the woman?

(A) A sales representative
(B) A travel agent
(C) A manger
(D) A secretary

3 What will the man probably do next?

(A) Go over the figures with the woman
(B) Call back in the afternoon
(C) Visit the office immediately
(D) Contact Mr. Bremen in person

어휘 **review** 검토하다 **schedule a gathering** 모임 일정을 잡다 **sales representative** 영업 사원 **travel agent** 여행사 직원 **immediately** 즉시 **in person** 직접

B 대화를 다시 듣고 빈칸을 완성하세요.

M Hello, ________________ to speak to Mr. Bremen?

W I am afraid he is ____________ all morning.

M When do you think he will be back? I really need to ________________ with him. It's urgent.

W I don't think he will ________________ in the afternoon. Why don't you ____________ him a ________________? He might be able to check his messages ________________.

M All right, I will ____________. Thanks.

어휘 **in a meeting** 회의 중인 **go over** 검토하다 **figures** 수치 **urgent** 긴급한 **text message** 문자 **might be able to** ~할 수 있을지도 모른다

정답 p.003

PART 1 다음을 듣고 사진을 가장 잘 묘사한 문장을 고르세요.

1

(A) (B) (C) (D)

2

(A) (B) (C) (D)

3

(A) (B) (C) (D)

4

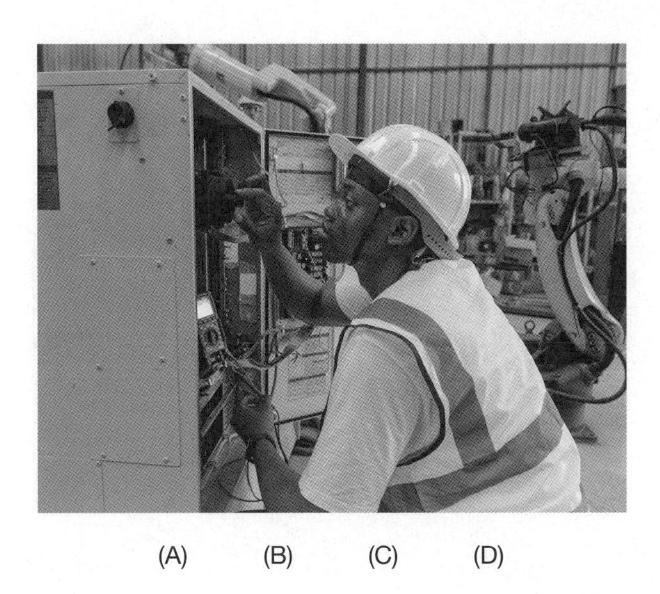

(A) (B) (C) (D)

5

(A) (B) (C) (D)

6

(A) (B) (C) (D)

PART 3 대화를 듣고 질문에 답하세요.

7 What are the speakers mainly discussing?

(A) A change to the company event
(B) The budget for a promotional project
(C) An e-mail from the HR Department
(D) The delay in a launch project

8 What caused the problem?

(A) Technical issues
(B) Unexpected changes
(C) Miscommunication
(D) The director's mistake

9 What do the men suggest doing?

(A) Talking with the client
(B) Canceling the project entirely
(C) Requesting extra assistance and personnel
(D) Scheduling a meeting to come up with ideas

10 What are the speakers planning to do?

(A) Talk to their supervisor
(B) Start an event for advertisement
(C) Release a new product
(D) Reschedule the campaign

11 What is the woman going to do before next week?

(A) She will come up with a draft.
(B) She will brainstorm some ideas.
(C) She will prepare a report.
(D) She will write a proposal.

12 Why can't the speakers have a meeting next week?

(A) One of their colleagues is not available.
(B) One of the participants is sick.
(C) The product has not been released yet.
(D) They need to go on vacation.

토익 필수 어구 ✓ 회사 업무 관련

정답 p.005

A 다음 어휘 표현에 어울리는 우리말 뜻을 골라 괄호 안에 쓰세요.

1 sales figures ( ) ⓐ 판촉활동을 하다
2 draft ( ) ⓑ 연기하다
3 postpone ( ) ⓒ 초안
4 take over ( ) ⓓ 인수하다
5 promote sales ( ) ⓔ 영업 수치

B 주어진 우리말에 맞는 어휘를 골라 표시하세요.

1 보고서를 검토하다 = (ⓐ come over ⓑ go over) a report
2 제안서를 제출하다 = (ⓐ submit ⓑ turn out) a proposal
3 행사를 취소하다 = (ⓐ call off ⓑ call in) an event
4 신제품을 출시하다 = (ⓐ relate ⓑ release) a new product
5 공급업자를 고용하다 = hire (ⓐ a supplier ⓑ a customer)

C 다음 우리말에 맞는 어휘 표현을 골라 각각의 문장을 완성하세요.

deal with	get back to	make it to	make an announcement	shut down

1 이 일을 마치는 대로 다시 연락 드리겠습니다.
→ I will ______________ you as soon as I am done with this.

2 지금 교통 체증이 너무 심해서, 저는 회의에 제시간에 도착할 수 없을 것 같습니다.
→ I can't ______________ the meeting because I am stuck in traffic.

3 영업 실적의 감소로, 공장은 생산을 중단하기로 결정했다.
→ Due to a decrease in sales, the factory has decided to ______________ the production.

4 우리는 고객 불만을 처리하기 위해 새로운 팀을 만들었다.
→ We set up a new team to ______________ customer complaints.

5 회장은 뭔가 발표를 할 것이라고 말했다.
→ The president said that he is going to ______________.

UNIT 02

PART 2 의문사 의문문 I
(who, what, which 의문문)

PART 4 전화 메시지

◉ 실전 연습

Today's **GOAL**

PART 2 첫 단어인 의문사 who, what, which를 정확히 듣고 구분하여 질문에 대한 답변을 골라낼 수 있도록 하자.

who, what, which가 주어와 목적어로 쓰일 때 각각의 어순을 알아두자.

PART 4 전화 메시지의 목적과 문제에서 요구하는 세부 사항을 파악할 수 있도록 하자.

전화 메시지와 관련된 주요 표현들을 듣고 발음해보며 익혀두자.

PART 2

의문사 의문문 I (who, what, which 의문문)

- '누구'를 뜻하는 who와, '무엇'을 뜻하는 what은 주어와 목적어로 쓰인다. 주어로 쓰일 때에는 **'의문사 + 동사 ~?'** 어순이고 목적어로 쓰일 때에는 **'의문사 + do/did/should/will + 주어 + 동사원형'** 어순을 따른다.
- 의견을 나타낼 때 사용하는 'What do you think of ~ ?'는 **'~을 어떻게 생각하세요?'**를 의미한다.
- what은 선택 범위가 정해지지 않은 경우에 쓰고 which는 몇 개 중 선택할 때 쓴다.

표현 익히기 질문과 대답을 듣고 따라해 보세요.

02-01

	Question	Answer
의문사가 주어로 쓰이는 경우	Q **What is** the best way to get to the airport? 공항에 가는 가장 좋은 방법은 무엇인가요?	A Route 15 is the fastest. 15번 길이 가장 빨라요. A How about taking a taxi? 택시 타는 것이 어때요?
	Q **Who booked** the flight tickets? 누가 비행기표를 예약했어요?	A Someone in Human Resources. 인사부에서 했어요. A My secretary did. 제 비서가 했어요.
의문사가 목적어로 쓰이는 경우	Q **Who do I need** to speak to about the conference? 컨퍼런스에 대해서 누구와 이야기해야 하나요?	A Mr. Frank is in charge of it. Frank 씨가 책임지고 있어요. A Contact Ms. Kelly. Kelly 씨에게 연락하세요.
	Q **What do you think** of the new chair? 새 의자에 대해서 어떻게 생각하나요? [의견]	A It is comfortable. 편해요. A I prefer the old one. 예전 것이 더 좋아요.
which/what + 명사	Q **Which laptop** would you recommend? 어떤 노트북을 추천하나요? [선택]	A The blue one is on sale. 파란색이 할인 중이에요. A What features are you looking for? 어떤 기능을 찾고 있나요?

실력 쌓기 정답 p.006

A 질문과 보기를 듣고 질문에 가장 적절한 응답을 고르세요.

1 (A) (B) (C)
2 (A) (B) (C)
3 (A) (B) (C)
4 (A) (B) (C)
5 (A) (B) (C)
6 (A) (B) (C)
7 (A) (B) (C)
8 (A) (B) (C)

B 질문과 보기를 다시 듣고 빈칸을 완성하세요.

1 ______________ does the bank ______?

(A) At nine o'clock.
(B) On Wednesday.
(C) Yes, it's ______________ the ATM.

2 ______________ I ______ about ordering office supplies?

(A) Mr. Smith is ______________ that.
(B) No, I didn't place the order.
(C) We have ______________.

3 ______________ the hotel for the New York conference?

(A) Maybe next month.
(B) Ms. Choi from ______________.
(C) For five days.

4 ______________ the new software?

(A) My computer ______________.
(B) Yes, that's ______________.
(C) It is ______________ the ______________.

5 ______________ on the fiftieth floor?

(A) A meeting is ______________.
(B) No, it's ______________.
(C) ______________ the ceremony.

6 ______ does this briefcase ______?

(A) I put it ______________.
(B) That's Karen's.
(C) Mr. Cho ______________.

7 ______________ did you ______ for tonight?

(A) Ruth Dining ______________.
(B) ______, the food was ______.
(C) It's seven o'clock.

8 ______________ the presentation on the ______________?

(A) Yes, I am.
(B) The ______ is ______.
(C) Ask Ms. Johnson in the ______________ ______________.

어휘 close to ~에 가까운 ATM 현금입출금기 office supplies 사무용품 in charge of 책임지는 place an order 주문하다 plenty of 충분한 think of ~에 대해 생각하다 Human Resources 인사부 attend 참석하다 briefcase 서류 가방 belong to ~에 속하다 book 예약하다 budget 예산 Personnel Department 인사부

PART 4
전화 메시지

- 발신자가 남기는 **음성 메시지**와 회사의 **자동응답 메시지**로 나뉜다.
- 전화 **메시지의 목적**을 이해하고, **발신자와 수신자의 관계**를 파악해야 한다.
- 마지막 부분에 언급되는 **요청 사항**을 잘 듣고 기억해야 한다.

표현 익히기 전화 메시지와 관련된 주요 어휘를 듣고 따라해 보세요.

02-04

음성 메시지 관련 어휘		자동응답 메시지 관련 어휘	
I'm calling about ~에 관해 전화했습니다	reserve seats 좌석을 예약하다	stay on the line (끊지 않고) 기다리다	extension 내선번호
out of stock 재고가 없는	make an appointment 약속을 잡다	after the tone '삐' 소리 후에	reach 연락이 닿다
This is ~ ~입니다	confirm a reservation 예약을 확인하다	in person 직접	leave a message 메시지를 남기다
at your convenience 편한 시간에	book a hotel room 호텔을 예약하다	emergency 긴급상황	record 녹음하다
give me a call 전화주세요	get back to ~에게 다시 연락하다	operator 교환원	return a call 회답 전화를 하다
let me know 알려 주세요	office hours 근무시간	press the pound key #을 누르다	be closed (문이) 닫혀 있다
reschedule 일정을 변경하다	deliver a product 제품을 배송하다	repeat a message 메시지를 다시 듣다	after the tone 삐 소리가 난 후

유형 파악하기 다음 담화를 듣고 빈칸을 완성하세요. 정답 p.007

02-05

M Good afternoon, Mr. Davis. ______________ Brian from the Carrington Hotel in London. I'm ______________ the conference rooms you ______________ with us for the second week of August. You ______________ 5 rooms for 40 people. If all the information is correct, please ______________. My ______________ are from 8 A.M. to 7 P.M.

M Davis 씨, 런던 Carrington 호텔의 Brian 입니다. 8월 두 번째 주 컨퍼런스룸의 예약을 확인하려고 전화했습니다. 귀하께서는 40명이 사용할 5개의 룸을 예약하셨습니다. 이 모든 정보가 틀림 없다면, 저에게 전화해주시기를 바랍니다. 제 근무시간은 오전 8시부터 오후 7시까지 입니다.

어휘 **second week** 두 번째 주 **correct** 정확한, 틀림없는 **from A to B** A부터 B까지

실력 쌓기

정답 p.007

A 문제를 먼저 읽은 다음, 담화를 듣고 정답을 고르세요.

1 What type of business recorded the message?

(A) An automobile repair shop
(B) A construction company
(C) A towing company
(D) A car manufacturer

2 What is the company proud of?

(A) Its great prices
(B) Its fast service
(C) Its helpful staff
(D) Its convenient locations

3 Why does the speaker provide the telephone number?

(A) For faster service
(B) For a towing service
(C) For discounted prices
(D) For new products

어휘 **repair shop** 수리점, 정비 공장 **construction** 공사 **towing** 견인 **manufacturer** 제조사 **helpful** 도움이 되는 **staff** 직원 **convenient** 편리한 **discounted** 할인된

02-07

B 담화를 다시 듣고 빈칸을 완성하세요.

M You've __________ Nick Jones Car Repair. We offer __________ and __________ for all types of __________. We are __________ of our __________ for offering the best prices with excellent service in Orange County. We are open from Monday __________ Saturday from 7 A.M. to 8 P.M. Please be __________ that we __________ our towing services. If you need to __________ your car __________, please __________ Pacific Towing at 333-7655. Thank you.

어휘 **reach** 연락이 닿다 **maintenance** 유지 보수 **vehicle** 차량 **proud** 자랑스러운 **reputation** 평판 **offer** 제공하다 **through** ~까지 **from A through B** A부터 B까지 **be aware** ~을 알다 **tow** 견인하다 **discontinue** 중단하다 **contact** 연락하다

정답 p.008

PART 2 질문과 보기를 듣고, 질문에 가장 적절한 응답을 고르세요.

1 Mark your answer on your answer sheet. (A) (B) (C)

2 Mark your answer on your answer sheet. (A) (B) (C)

3 Mark your answer on your answer sheet. (A) (B) (C)

4 Mark your answer on your answer sheet. (A) (B) (C)

5 Mark your answer on your answer sheet. (A) (B) (C)

6 Mark your answer on your answer sheet. (A) (B) (C)

7 Mark your answer on your answer sheet. (A) (B) (C)

8 Mark your answer on your answer sheet. (A) (B) (C)

9 Mark your answer on your answer sheet. (A) (B) (C)

10 Mark your answer on your answer sheet. (A) (B) (C)

PART 4 담화를 듣고 질문에 답하세요.

11 What is wrong with the product?

(A) It is the wrong color.
(B) It is the wrong size.
(C) It is damaged.
(D) It is too expensive.

12 What is the speaker going to do tomorrow?

(A) She is going to get a refund.
(B) She is going to move to a new place.
(C) She is going to send the product back.
(D) She is going to visit the store.

13 What does the speaker want to know as soon as possible?

(A) Whether a size can be changed
(B) Whether an additional discount can be offered
(C) Whether extra products can be sold
(D) Whether a different address can be used

Order Form 87652

Item	Quantity
Coffee Table	1
Coat Wardrobe	3
Desk	7
Bookcase	10

14 Look at the graphic. Which quantity on the original order form is no longer accurate?

(A) 1
(B) 3
(C) 7
(D) 10

15 What event will take place on Wednesday?

(A) An orientation session
(B) A business meeting
(C) A staff party
(D) An employee training session

16 Why does the speaker want a return call?

(A) To talk to the manager
(B) To order more items
(C) To cancel the order
(D) To confirm a delivery date

토익 필수 어구 ✓ 채용 관련

정답 p.010

A 다음 어휘 표현에 어울리는 우리말 뜻을 골라 괄호 안에 쓰세요.

1	applicant	(　　)	ⓐ 직원
2	employee	(　　)	ⓑ 지원자
3	interviewer	(　　)	ⓒ 면접 받는 사람
4	interviewee	(　　)	ⓓ 면접관
5	cover letter	(　　)	ⓔ 자기소개서

B 주어진 우리말에 맞는 어휘를 골라 표시하세요.

1 추천서를 쓰다 = write a letter of (ⓐ recommendation ⓑ examination)

2 그 일의 자격 요건 = (ⓐ experiences ⓑ requirements) for a job

3 금요일까지 이력서를 제출하다 = (ⓐ submit ⓑ review) a résumé by Friday

4 마케팅에서 일을 시작하다 = start a (ⓐ profile ⓑ career) in marketing

5 채용 박람회를 열다 = hold a (ⓐ job fair ⓑ product display)

C 다음 우리말에 맞는 어휘 표현을 골라 각각의 문장을 완성하세요.

candidate	filling out	applied for	qualified	hiring

1 그 여자는 양식을 기입하고 있다.
→ The woman is ______________ a form.

2 Jack Taylor는 그 직책에 가장 적합한 후보자이다.
→ Jack Taylor is the best ______________ for the position.

3 당신이 지원한 일자리에 합격했습니까?
→ Did you get the job that you ______________?

4 우리는 새 공장에서 근로자를 채용하고 있다.
→ We are ______________ workers for the new factory.

5 그는 마케팅 업무에 충분한 자격을 갖추고 있다.
→ He is well ______________ for the marketing job.

UNIT 03

PART 1 2인 인물 사진

PART 3 인사

◉ 실전 연습

Today's **GOAL**

PART 1 두 사람의 동작이나 상태를 나타내는 사진을 가장 정확히 묘사하는 문장을 골라낼 수 있도록 하자.

PART 3 인사(채용, 승진, 교육 등)에 관련된 2인 혹은 3인의 대화를 듣고, 문제에서 필요로 하는 정보를 찾아낼 수 있도록 하자.

인사와 관련된 주요 표현들을 듣고 발음해보며 익혀두자.

PART 1

2인 인물 사진

- 두 사람이 **공통적으로 하는 동작**에 초점을 맞춰 그림을 살펴본다.
- 둘 중 **한 사람의 동작/상태**를 묘사하는 문장이 보기에 제시될 수 있음을 기억하자.
- 두 사람의 동작 이외에 **주변 사물이나 배경 상황**에 대해서도 주의를 기울인다.

표현 익히기 다음의 표현들을 듣고 따라해 보세요.

03-01

두 인물의 동작 관련

are holding documents 서류를 들고 있다
are shaking hands 악수를 하고 있다
are packing things 물건을 포장하고 있다
are unpacking things 물건의 포장을 풀고 있다
are handing something to the others 다른 사람에게 뭔가를 전달하고 있다

두 인물의 자세 관련

are sitting on a bench 벤치에 앉아 있다
are bending over to ~을 하기 위해 몸을 구부리고 있다
are standing on the stage 무대에 서 있다
are leaning on a railing 난간에 기대고 있다
are leaning against the wall 벽에 기대어 있다
are lying on the floor 바닥에 누워 있다

두 인물의 시선 관련

are looking at each other 서로를 쳐다 보고 있다
are staring at the notebook 노트북을 보고 있다
are watching a performance 공연을 보고 있다
are pointing at the picture 그림을 가리키고 있다
are studying the menu 메뉴를 살펴보고 있다
are examining the equipment 장비를 검사하고 있다

주변 사물관련

is hanging on the wall 벽에 걸려 있다
is set on the table 테이블에 차려져 있다
are stacked on the floor 바닥에 쌓여 있다
is positioned in the corner 코너에 있다
are attached to the wall 벽에 부착되어 있다
is placed on the counter 카운터에 놓여 있다

유형 파악하기 다음을 듣고 사진을 알맞게 묘사하는 문장을 모두 고르세요. 한 번 더 듣고, 빈칸을 완성하세요.

정답 p.010

03-02

1

(A) The women are ______________.
(B) The women are ______________.
(C) One of the women is ______________.
(D) One of the women is ______________.

2

(A) They are ______________.
(B) The shelves ______________ on the floor.
(C) They are ______________.
(D) They ______________ at a table.

실력 쌓기 정답 p.011

A 다음을 듣고 사진을 가장 잘 묘사하는 문장을 고르세요.

1 

(A) (B) (C) (D)

2 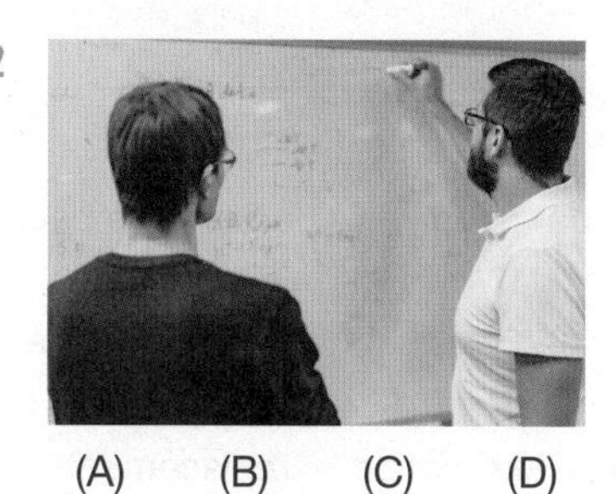

(A) (B) (C) (D)

3 

(A) (B) (C) (D)

4 

(A) (B) (C) (D)

B 문제를 다시 듣고 빈칸에 알맞은 말을 써 넣으세요.

1 (A) They are ______________ the document.
(B) They are ______________ documents.
(C) They are ______________ loud.
(D) They are ______________ a report.

2 (A) They are __________ some posters.
(B) They are __________ a public notice.
(C) One of the men is ______________ on the board.
(D) One of the men is ______________ one.

3 (A) A __________ has been __________ on the chair.
(B) The coffee cups ______________.
(C) The women are ______________.
(D) The women are ______________.

4 (A) They are ______________ some coffee.
(B) They are ______________.
(C) The glasses have been __________.
(D) The tableware ______________ on the counter.

어휘 **hand out** (유인물을) 나눠 주다 **laugh out loud** 크게 웃다 **write up** 작성하다 **post** 게시하다 **public notice** 공지 **flowerpot** 꽃 화분 **look at each other** 서로를 쳐다 보다 **take out** (커피 등을) 가지고 나가다 **study the menu** 메뉴를 꼼꼼히 보다 **clear away** 치우다 **place** 놓다, 두다

PART 3 인사

- 인사 관련 대화로는 직원의 **채용, 승진, 평가, 휴가, 교육** 등과 관련된 내용이 출제된다.
- 인사와 관련된 어휘, 표현 등을 꼼꼼히 익혀두자.

표현 익히기 인사와 관련된 주요 어휘를 듣고 따라해 보세요.

인사 관련 어휘			
job opening 공석	training session 교육 기간	take a day off 하루 쉬다	offer a position 일자리를 제공하다
apply for a position 일자리에 지원하다	human resources 인적 자원	paid vacation 유급 휴가	night shift 야간 근무
apply to a company 회사에 지원하다	sick leave 병가	overtime pay 초과 근무 수당	severance package 퇴직금
be qualified for ~에 대한 자격을 갖추다	qualifications 자격 요건	job description 직무 설명	get a pay raise 임금 인상을 받다
train employees 직원을 훈련시키다	turn in a resignation 사직서를 제출하다	give two weeks' notice 2주 전에 알려주다	replacement 대체 인력
performance review / performance evaluation 업무 능력 평가	be promoted / get a promotion 승진하다	transfer / relocate 전근 보내다	résumé / curriculum vitae (CV) 이력서
be eligible for ~할 자격이 되다	application (forms) 지원(서)	maternity leave 출산 휴가	cover letter 자기 소개서

유형 파악하기 다음 대화를 듣고 빈칸에 알맞은 표현을 써 넣으세요. 정답 p.011

W I saw an advertisement on the website for a job opening in your ______________. I am calling to find out if the ______________ is ______________.

M Yes, sure. We are getting applications until next Thursday. Please send your résumé along with a cover letter.

W All right, I see. When ______________________?

M A week from next Thursday. We will contact you after we ______________________.

W 안녕하세요. 웹사이트에서 귀하 부서의 일자리를 보고 전화 드립니다. 그 자리가 아직 비어 있는지 알고 싶어서요.

M 네, 물론이지요. 다음 주 목요일까지 계속 지원서를 받고 있습니다. 이력서를 자기 소개서와 함께 보내주세요.

W 네, 알겠습니다. 인터뷰가 언제로 예정되어 있나요?

M 다음 주 목요일이에요. 전화 주신 분의 자격 사항을 검토한 후에 연락 드릴게요.

어휘 **advertisement** 광고 **job opening** 공석, 빈자리 **available** 이용 가능한, 비어 있는 **be scheduled** 예정되어 있다 **review** 검토하다 **qualifications** 자격 사항

실력 쌓기 정답 p.012

A 문제를 먼저 읽은 다음, 대화를 듣고 정답을 고르세요.

1 Who most likely is Nicolas?

(A) A client
(B) A secretary
(C) A supervisor
(D) A coworker

2 What does the woman want to do?

(A) Take a break
(B) Meet her family
(C) Take care of her children
(D) Go on vacation

3 What will the man probably do next?

(A) Take two days off with the woman
(B) Reject the woman's request
(C) Approve the woman's request
(D) Talk to his boss again

어휘 **secretary** 비서 **supervisor** 관리자, 감독자 **coworker** 동료

03-08

B 대화를 다시 듣고 빈칸을 완성하세요.

W Hello, Nicolas. I ________ if I ________________ some time off next week.

M Is it ________________? You know everybody in the department is so ________________ the Melton Project.

W I know, but I have a ________________. And I need to take care of it next week.

M All right. So ________________ do you need to ________________?

W Two days, Wednesday and Thursday.

어휘 **take some time off** ~ 얼마간 쉬다 **urgent** 긴급한 **family emergency** 가족과 관련된 긴급 상황 **take care of** ~을 돌보다, 처리하다

정답 p.012

PART 1 다음을 듣고 사진을 가장 잘 묘사한 문장을 고르세요.

1

(A) (B) (C) (D)

2

(A) (B) (C) (D)

3

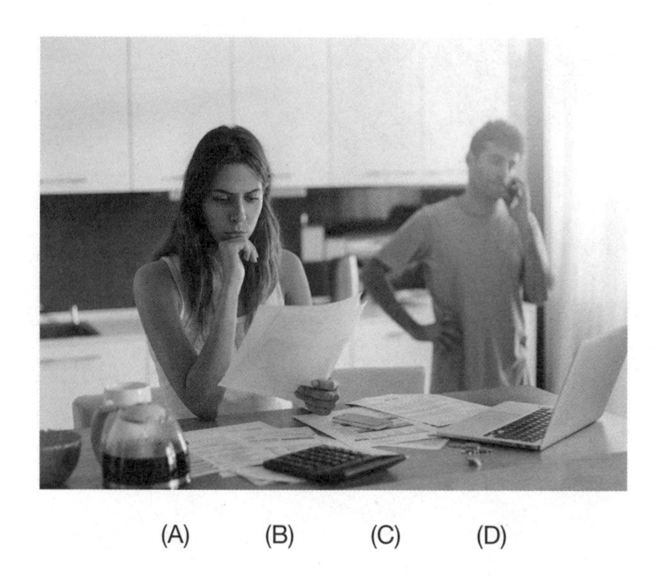

(A) (B) (C) (D)

4

(A) (B) (C) (D)

5

(A) (B) (C) (D)

6

(A) (B) (C) (D)

PART 3 대화를 듣고 질문에 답하세요.

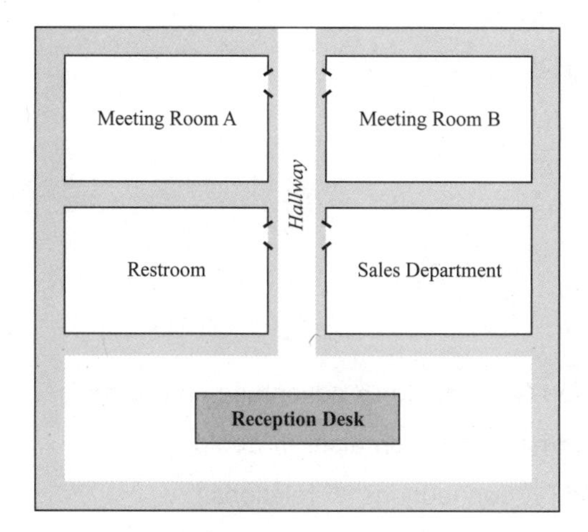

7 Who most likely is the woman?

(A) An interviewee
(B) A sales representative
(C) An interviewer
(D) A receptionist

8 Look at the graphic. Where will the man most likely go?

(A) To the Sales Department
(B) To meeting room A
(C) To meeting room B
(D) To the reception desk

9 What does the woman ask the man to do?

(A) Double-check his schedule
(B) Wait a few minutes
(C) Come back in a few minutes
(D) Finish the interview soon

10 What are the speakers mainly talking about?

(A) Vacation plans
(B) Mr. Smith's retirement
(C) Performance reviews
(D) Potential candidates

11 What does the woman mean when she says, "I couldn't agree more"?

(A) She is confused about the situation.
(B) She will miss Mr. Smith's guidance and knowledge.
(C) She strongly agrees with a decision to retire.
(D) She needs more information to make up her mind.

12 What does the woman imply about the position?

(A) It is impossible to get a replacement.
(B) It is challenging to find someone internally.
(C) It will likely be filled quickly.
(D) It will take a long time to find a replacement.

토익 필수 어구 ✓ 인사 관련

정답 p.014

A 다음 어휘 표현에 어울리는 우리말 뜻을 골라 괄호 안에 쓰세요.

1 newcomer ( ) ⓐ (직원들의) 사기
2 wage ( ) ⓑ 신입 사원
3 reward ( ) ⓒ 급여
4 morale ( ) ⓓ 보상
5 retirement ( ) ⓔ 은퇴

B 주어진 우리말에 맞는 어휘를 골라 표시하세요.

1 복지 혜택이 좋다 = have a good (ⓐ benefits ⓑ advantage) package
2 업무 평가를 하다 = do a performance (ⓐ appraisal ⓑ apology)
3 인맥이 넓다 = have good (ⓐ connections ⓑ relations)
4 추천서를 쓰다 = write a (ⓐ suggestion ⓑ recommendation) letter
5 근무를 대신하다 = (ⓐ cover ⓑ replace) a shift

C 다음 우리말에 맞는 어휘 표현을 골라 각각의 문장을 완성하세요.

expertise	responsibilities	morale	promotion	raise

1 그 지원자는 컴퓨터 프로그래밍 분야에 많은 전문 지식을 갖고 있다.
→ The candidate has a lot of ____________ in the field of computer programing.

2 대부분의 직원들은 임금 인상과 더 많은 혜택을 기대하고 있다.
→ Most of the employees are expecting a pay ____________ and more benefits.

3 Cruz 씨는 Wood 씨가 회사를 그만둔 후에 그 책임을 떠맡을 것이다.
→ Ms. Cruz will take over Mr. Wood's ____________ after he leaves the company.

4 당신이 이번 달에 승진을 하게 될 것이라는 사실을 알리게 되어 기쁩니다.
→ I am glad to tell you that you will get a ____________ this month.

5 직원의 사기를 올리는 것은 생산성 향상으로 이어질 것이다.
→ Increasing employee ____________ will result in more productivity

UNIT 04

PART 2 의문사 의문문 II
(when, where 의문문)

PART 4 안내 방송

◉ 실전 연습

Today's GOAL

PART 2
- 의문부사인 when와 where를 이용한 의문문의 형태를 이해하여 해당 질문에 적절한 답변을 찾을 수 있도록 하자.
- 시간과 장소의 전치사 표현을 숙지해 두자.

PART 4
- 공항, 지하철역, 기차역, 박물관 등의 공공장소에서 들리는 안내 방송의 주요 내용을 파악할 수 있도록 하자.
- 공공장소와 관련된 주요 표현을 듣고 발음해보며 익혀두자.

PART 2

의문사 의문문 II (when, where 의문문)

- When과 Where는 의문부사로 주어로 쓰일 수 없으므로 'Where + 동사 + 주어~?' 어순을 갖는다.
- When은 시간을 묻는 의문문으로 **정확한 시점**이나 **모호한 시점**으로 답할 수 있다.
- 장소를 묻는 Where의문문은 **위치**와 **방향**을 설명하는 답변을 예상할 수 있다.
- 시간과 장소를 나타내는 전치사 표현을 주의 깊게 살펴보자.

표현 익히기 질문과 대답을 듣고 따라해 보세요.

04-01

	Question	Answer	
When + 동사 + 주어?	Q **When** is the presentation? 발표는 언제 하나요?	A **In** 30 minutes. 30분 후에요. A **At** 11 o'clock. 11시에요. A It's **on** Friday afternoon. 금요일 오후에요.	정확한 시점 답변
	Q **When** will you call Dr. Patel? Patel 박사에게 언제 전화하실 건가요?	A **As soon as** I finish the report. 이 보고서를 끝내자마자요. A **No later than** 11 A.M. 늦어도 11시에는요. A **Not until** this afternoon. 오늘 오후에나요.	모호한 시점 답변
Where + 동사 + 주어?	Q **Where** is the copy machine? 복사기는 어디에 있나요?	A It's **on** the first floor. 1층에 있습니다. A Over there **by** the fax machine. 저기에요, 팩스기 옆에 있어요.	장소 답변
	Q **Where** should I go to meet Dr. Smith? Smith 박사님을 만나려면 어디로 가야 하나요?	A **Go straight down** the hallway. 복도를 따라 쭉 가세요. A **Turn right** over there. 저기서 오른쪽으로 도세요.	방향 답변
	Q **Where** does Ms. Cox store the office supplies? Cox 씨는 사무용품을 어디에 보관하시나요?	A Sorry, but I have no idea. 죄송하지만, 저는 잘 모르겠네요. A Why don't you ask her? 그녀에게 물어보는 게 어때요?	제 3의 답변

실력 쌓기 정답 p.015

A 질문과 보기를 듣고 질문에 가장 적절한 응답을 고르세요.

1 (A) (B) (C)
2 (A) (B) (C)
3 (A) (B) (C)
4 (A) (B) (C)
5 (A) (B) (C)
6 (A) (B) (C)
7 (A) (B) (C)
8 (A) (B) (C)

B 질문과 보기를 다시 듣고 빈칸을 완성하세요.

1 ______ Mr. Banks ______ back to the office?
(A) No, I ______ him.
(B) You'll have to ______ his ______.
(C) ______ the building.

2 ______ are you ______ the new branch office in Chicago?
(A) Next week.
(B) ______ 5th Avenue ______ Broadway.
(C) For three weeks.

3 ______ can I ______ this ______?
(A) At the post office ______ our building.
(B) Yes, I can help you.
(C) The ______.

4 ______ you at the hotel?
(A) In the lobby.
(B) All the rooms ______.
(C) It ______ seven o'clock.

5 ______ the mayoral election ______?
(A) ______ of March.
(B) A few ______.
(C) At the community center.

6 ______ are you going to ______ the agenda for the 11 o'clock meeting?
(A) Conference room A is the best.
(B) 12 o'clock ______.
(C) Please give me ______.

7 ______ Jack place the confidential documents?
(A) He has a key to the safe.
(B) ______ ask him?
(C) There ______ one.

8 ______ set up the projector?
(A) Sometime next week.
(B) In ______ A.
(C) I ______ the electronics shop.

어휘 secretary 비서 in front of ~ 앞에 branch office 지사 package 소포 next to ~ 옆에 book 예약하다 mayoral 시장(직)의 election 선거 take place 일어나다 candidate 후보자 agenda 안건 confidential 비밀의 safe 금고 set up 설치하다

PART 4

안내 방송

- **공항, 기차역, 공연장, 도서관, 박물관** 등의 공공장소에서 들리는 안내 방송이 출제된다.
- **비행기 연착, 탑승구 변경, 운행 시간 변경, 폐점 시간 안내** 등의 내용이 자주 출제된다.

표현 익히기 안내 방송과 관련된 주요 어휘를 듣고 따라해 보세요.

04-04

비행기, 기차, 버스 안내 방송 관련 어휘	
on board 탑승한	fasten one's seatbelt 안전벨트를 매다
boarding pass 탑승권	be delayed 연착되다
land / take off 착륙하다 / 이륙하다	traffic congestion 교통 정체
personal belonging 소지품	detour 우회하다
overhead bin / overhead compartment 머리 위 짐칸	in approximately ten minutes 약 10분 후에
complimentary 무료의	local time 현지시각
passenger 승객	look forward to ~를 고대하다
remain seated 앉은 채로 있다	Welcome aboard. (배, 비행기) 탑승을 환영합니다.

공연장, 쇼핑센터 안내 방송 관련 어휘	
intermission 중간 휴식	proceed to ~로 나아가다
refreshments 다과	patron 고객, 후원자
purchase 구입; 구입하다	registration 등록
grocery shopping 식료품 쇼핑	audience 관객
signing event 사인회	will be closing 문을 닫을 것이다
on the stage 무대에	shopper 쇼핑객
performance 공연	checkout counter 계산대
take a picture of ~의 사진을 찍다	cashier 종업원, 계산원

유형 파악하기 다음 담화를 듣고 빈칸을 완성하세요. 정답 p.016

04-05

W Ladies and gentlemen, welcome to San Francisco Airport. The __________ is 5:00 P.M. and the temperature is 6 degrees Celsius. For your safety, please __________ with your seatbelts __________ until the captain __________ the seatbelt sign. You may use your cellular phones if you wish. Please check your __________ around you and use __________ when opening the __________. If you need assistance, one of our __________ will be pleased to assist you. Thank you for choosing Asian Airways, and we are __________ seeing you again on __________. Have a nice stay!

W 신사 숙녀 여러분, 샌프란시스코 공항에 오신 것을 환영합니다. 현지 시각 오후 5시이고, 기온은 섭씨 6도입니다. 여러분의 안전을 위하여 기장이 안전벨트 사인을 끌 때까지 안전벨트를 맨 채 자리에 앉아 계시기 바랍니다. 원하시면 휴대폰을 사용하실 수 있습니다. 주변에 있는 소지품을 확인하시고, 머리 위 짐칸을 열 때 주의해 주시기 바랍니다. 도움이 필요하시면 저희 승무원 중 한 명이 도와드릴 것입니다. Asian Airways를 선택해 주셔서 감사 드리며, 다음에 또 모실 수 있기를 기대하겠습니다. 좋은 여행 되십시오!

실력쌓기 정답 p.016

A 문제를 먼저 읽은 다음, 담화를 듣고 정답을 고르세요.

Light Meal

Food & Beverage	Price
Instant noodles	$4
Sandwich	$8
Beer	$6
Wine	$9

1 How long will it be until the flight takes off?

(A) 5 minutes
(B) 10 minutes
(C) 15 minutes
(D) 20 minutes

2 What does the speaker request that the passengers do?

(A) Store their items safely
(B) Turn off their electronic devices
(C) Fasten their seatbelts
(D) Fill in their arrival cards

3 Look at the graphic. Which item can be purchased with cash?

(A) Sandwich
(B) Beer
(C) Wine
(D) Instant noodles

어휘 **request** 요청하다 **store** 보관하다 **electronic** 전자의 **device** 장비 **fill in** 기입하다 **arrival card** 입국신고서

B 담화를 다시 듣고 빈칸을 완성하세요.

M Good afternoon, ________. Welcome ________ Star Airlines flight 405 with service from Incheon to Hong Kong. We are currently ________ for ________ and are expected to fly in approximately ten minutes. For your safety, please make sure you ________ all your personal ________ in the overhead ________ or under your seat. We offer ________ water. However, alcoholic drinks and snacks are ________ to ________. We take only credit cards ________ you spend ________ five dollars. Please check the menu in your seatback pocket and contact our ________. Thank you for choosing Star Airlines. Enjoy your ________.

어휘 **secure** 안전하게 지키다 **alcoholic drinks** 주류 **purchase** 구입하다 **crew** 승무원

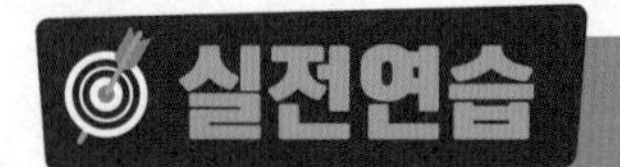

정답 p.017

04-08

PART 2 질문과 보기를 듣고, 질문에 가장 적절한 응답을 고르세요.

1 Mark your answer on your answer sheet. (A) (B) (C)

2 Mark your answer on your answer sheet. (A) (B) (C)

3 Mark your answer on your answer sheet. (A) (B) (C)

4 Mark your answer on your answer sheet. (A) (B) (C)

5 Mark your answer on your answer sheet. (A) (B) (C)

6 Mark your answer on your answer sheet. (A) (B) (C)

7 Mark your answer on your answer sheet. (A) (B) (C)

8 Mark your answer on your answer sheet. (A) (B) (C)

9 Mark your answer on your answer sheet. (A) (B) (C)

10 Mark your answer on your answer sheet. (A) (B) (C)

PART 4 담화를 듣고 질문에 답하세요.

11 Where is the announcement most likely being made?

(A) In a museum
(B) At an airport
(C) At a school
(D) In a theater

12 What will be sold during the intermission?

(A) Books
(B) Posters
(C) Food
(D) Photos

13 What will happen after the show?

(A) A photo will be taken.
(B) A signing event will be held.
(C) A talk will be given.
(D) A prize will be awarded.

14 Where is the announcement mostly likely being heard?

(A) On a bus
(B) On a train
(C) On a flight
(D) On a cruise

15 What is the cause of the delay?

(A) A car accident
(B) A strike
(C) Road repairs
(D) A parade

16 How long will it take to get to the destination?

(A) One hour
(B) Two hours
(C) Two and a half hours
(D) One and a half hours

토익 필수 어구 ✓ 건물 / 주택 관련

정답 p.019

A 다음 어휘 표현에 어울리는 우리말 뜻을 골라 괄호 안에 쓰세요.

1 tenant ( ) ⓐ 수용하다
2 accommodate ( ) ⓑ 주민
3 resident ( ) ⓒ 공공요금
4 utility ( ) ⓓ 건물주
5 landlord ( ) ⓔ 세입자

B 주어진 우리말에 맞는 어휘를 골라 표시하세요.

1 공사 중인 = under (ⓐ constitution ⓑ construction)
2 주택가 = (ⓐ resident ⓑ residential) area
3 가구가 비치된 아파트 = (ⓐ furniture ⓑ furnished) apartment
4 부동산 업자 = real (ⓐ estate ⓑ property) agent
5 과하게 가격이 매겨진 제품들 = (ⓐ overpriced ⓑ underestimated) products

C 다음 우리말에 맞는 어휘 표현을 골라 문장을 완성하세요.

spacious	electricity	demolished	unoccupied	amenities

1 지난밤에 전기가 끊긴 것을 알았어요?
→ Did you notice that the ________ was cut off last night?

2 그 오래된 아파트 건물은 이달 말에 철거될 것이다.
→ The old apartment buildings will be ________ at the end of this month.

3 의회는 공공 편의시설에 투자하기로 결정했다.
→ The council has decided to spend money on public ________.

4 그 회사는 더 넓은 사무실이 필요하다.
→ The company needs a more ________ office.

5 5층에 있는 사무실은 지난 두 달 동안 비어 있었다.
→ The offices on the fifth floor have been ________ for the last two months.

UNIT 05

PART 1 3인 이상 인물 사진

PART 3 사무 용품/기기

◉ 실전 연습

Today's **GOAL**

PART 1
- 3인 이상의 사람들이 등장하는 사진을 가장 적절하게 묘사하는 문장을 고를 수 있도록 하자.
- 사진 묘사에 자주 등장하는 현재완료(have + 과거분사), 수동태(be + 과거분사), 현재진행수동(be + being + 과거분사) 등의 시제를 잘 익혀두자.

PART 3
- 사무 용품/기기와 관련된 대화를 듣고 중요 내용을 파악할 수 있도록 하자.
- 사무 용품/기기와 관련된 주요 표현들을 듣고 발음해보며 익혀두자.

PART 1

3인 이상 인물 사진

- 3인 이상의 사람들이 **공통적으로 하고 있는 동작/상태**를 생각하면서 듣는다.
- 등장 인물이 아닌 **사물이나 배경**에 대한 문장이 답이 될 수도 있다.
- 사진을 묘사할 때 **현재진행시제** 이외에도, **수동태(be + p.p.)**, **현재완료(have + p.p.)**, **현재진행수동(be being + p.p.)**의 시제가 쓰일 수 있음을 기억하자.

표현 익히기 다음의 표현들을 듣고 따라해 보세요.

05-01

상태 관련 표현 (be + p.p./전치사구)

They are seated around the table.
사람들이 테이블 주변에 앉아 있다.

They are gathered around the fountain.
사람들이 분수대 주변에 모여 있다.

People are at the terminal. 사람들이 터미널에 있다.

They are in the theater. 사람들이 극장에 있다.

상태 관련 표현 (have + p.p.)

The passengers have arrived. 승객들이 도착했다.

The plane has landed. 비행기가 착륙했다.

The plane has taken off. 비행기가 이륙했다.

People have gathered around the statue.
사람들이 조각상 주변에 모여 있다.

수동으로 나타내는 동작 표현 (be being + p.p.)

A bus is being parked. 버스가 주차되고 있다.

A computer is being used. 컴퓨터가 사용되고 있다.

Flowers are being planted. 꽃이 심어지고 있다.

Furniture is being arranged. 가구가 배치되고 있다.

Merchandise is being picked up.
상품이 들려지고 있다.

Items are being taken off the shelf.
물건들이 선반에서 치워지고 있다.

Food is being cleared from the table.
음식이 식탁에서 치워지고 있다.

Some items are being displayed. 물건들이 전시되고 있다.

An interview is being conducted.
인터뷰가 시행되고 있다.

유형 파악하기 다음을 듣고 사진을 알맞게 묘사하는 문장을 모두 고르세요. 한 번 더 듣고, 빈칸을 완성하세요.

정답 p.019

05-02

1

(A) People are ________ the table.
(B) Two of them are ________.
(C) Some documents ________ on the table.
(D) A computer has been ________.

2

(A) Passengers are ________ up to get their ________.
(B) Passengers are ________.
(C) The plane has ________ the airport.
(D) People are ________ the stairs.

실력 쌓기 정답 p.020

A 다음을 듣고 사진을 가장 잘 묘사하는 문장을 고르세요.

1 (A) (B) (C) (D)

3 (A) (B) (C) (D)

2 (A) (B) (C) (D)

4 (A) (B) (C) (D)

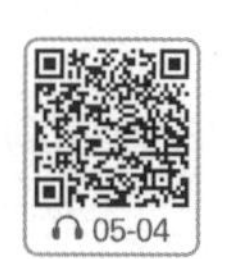

B 문제를 다시 듣고 빈칸에 알맞은 말을 써 넣으세요.

1 (A) A fountain is ______________.
(B) People are ______________ the fountain.
(C) Some people are ________ birds.
(D) People are ________ to see the ______________.

2 (A) People are in the ______________.
(B) Food is ______________ from the table.
(C) Some people are ________ their ________.
(D) A waitress is ________ an ________.

3 (A) They are ________ on a ________.
(B) A plant is ______________.
(C) They are ________ seeds in a ________.
(D) They are ________ on the ________.

4 (A) People are ________ a ________.
(B) An interview is ______________.
(C) Some furniture is ______________.
(D) People are ________ at ________ ________.

어휘 fountain 분수 are gathered 모여 있다 feed 먹이를 주다 performance 공연 clear 치우다 take an order 주문을 받다 farm 농장 plant 식물; 식물을 심다 seed 씨앗

PART 3

사무 용품/기기

- **사무 기기의 작동 오류, 수리, 사무 용품의 주문 및 재고** 등과 관련된 대화가 제시된다.
- 사무 용품/기기와 관련된 어휘들을 익혀두어야 듣기가 더 쉬워진다.

표현 익히기 사무 용품/기기와 관련된 주요 어휘를 듣고 따라해 보세요.

05-05

사무 용품/기기 관련 어휘			
copy machine 복사기	technician 기술자	manual 사용 설명서	Internet access 인터넷 접근
run out of paper 종이가 다 떨어지다	maintenance 유지, 관리	paper jam (복사기 등에) 종이 걸림	put in a service request 서비스 신청을 하다
out of stock 재고가 없는	office supplies 사무 용품	heating system 난방 장치	air conditioning 에어컨
out of order 고장이 난	take inventory 재고 조사를 하다	malfunction 고장; 제대로 작동하지 않다	set up 설치하다
work properly 제대로 작동하다	installation 설치	print a document 문서를 출력하다	company facilities 회사의 시설물

유형 파악하기 다음 대화를 듣고 빈칸을 완성하세요. 정답 p.020

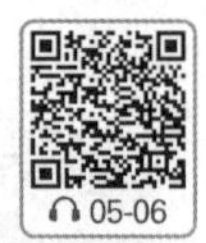
05-06

W Oh, no. This ______________ is ______________ again. It's the third time this month. How should I ______________ the ______________ for my ______________ in the afternoon?

M If you are ______________, you can use the copy machine in the R&D Department. That one is pretty new.

W That's a good idea. I ______________ go there. I have tons of ______________ to make.

M ______________ before the line becomes too long.

W 이런, 복사기가 또 고장이네. 이번 달에만 벌써 세 번째예요. 오후에 있을 프레젠테이션에 쓸 배포 자료를 어떻게 복사해야 할까요?

M 급하면, 연구개발팀에 있는 복사기를 써보세요. 그건 꽤 새 거예요.

W 좋은 생각이에요. 거기 가보는 것이 좋겠어요. 복사할 게 정말 많거든요.

M 줄이 너무 길어지기 전에 서두르세요.

어휘 **photocopier** 복사기 **broken** 고장 난 **handout** 유인물 **presentation** 발표 **R&D Department** 연구 개발팀 **might as well** ~하는 것이 좋겠다 **tons of** 많은 ~

실력 쌓기 정답 p.020

A 문제를 먼저 읽은 다음, 대화를 듣고 정답을 고르세요.

1 What does the man want to do?

(A) Have a meeting with Lisa
(B) Find some cartridges
(C) Have some water
(D) Fix the printer

2 What did the man do before talking to Lisa?

(A) He searched the cabinet for cartridges.
(B) He called to order office supplies.
(C) He tried to fix the printer.
(D) He went to Woods Office Supplies.

3 What will Lisa do next?

(A) Get a new printer
(B) Call a technician
(C) Order some office supplies
(D) Move the water dispenser

어휘 **search** 샅샅이 찾다 **technician** 기술자

05-08

B 대화를 다시 듣고 빈칸을 완성하세요.

M Do you know ______ we ______ the printer cartridges?

W1 I am ______ about that. You might want to ______ Lisa. She is the one who ______ them ______.

M Okay. Hey, Lisa, where can I find the printer cartridges?

W2 Oh, we usually keep them in the black ______ near the ______.

M I already looked there, ______ they ______ there.

W2 Oh, then I think we have ______ them. I will call Woods Office Supplies and ______ some ______ immediately.

어휘 **keep** 보관하다 **regularly** 규칙적으로 **water dispenser** 정수기 **run out of** ~이 다 떨어지다 **office supplies** 사무 용품 **deliver** 배달하다 **have ~ delivered** ~이 배달되게 하다

정답 p.021

05-09

PART 1 다음을 듣고 사진을 가장 잘 묘사한 문장을 고르세요.

1

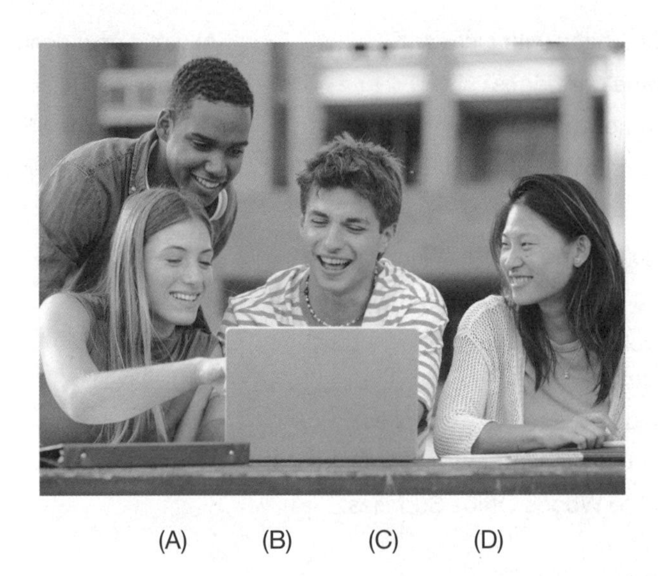

(A) (B) (C) (D)

2

(A) (B) (C) (D)

3

(A) (B) (C) (D)

4

(A) (B) (C) (D)

5

(A) (B) (C) (D)

6

(A) (B) (C) (D)

PART 3 대화를 듣고 질문에 답하세요.

7 Who most likely is the man?

(A) A secretary
(B) A security guard
(C) A sales representative
(D) A technician

8 What is the woman's problem?

(A) She can't stand the heat in her office.
(B) She can't stand it when her office gets cold.
(C) She can't turn on the air conditioner.
(D) She doesn't know where a switch is.

9 What will the man do next?

(A) Go to the woman's office immediately
(B) Visit the Accounting Department
(C) Fix the main air conditioning
(D) Call the customer service center

Valid only at **Office Land**

Buy 1 and get 1 free
any office supplies of your choice
Not combinable with other promotions.
Valid this Friday and Saturday. (10/23-24)

10 What does the woman suggest they do?

(A) Call the store to order office supplies
(B) Visit the store to buy paper
(C) Drop by the store to get a coupon book
(D) Change their main suppliers

11 What does the man say about Office Land?

(A) It doesn't usually have good deals.
(B) Its location is not very convenient.
(C) The quality of its items is not satisfactory.
(D) It has good promotional events.

12 Look at the graphic. What special offer will the speakers receive?

(A) A free box of paper
(B) A free gift
(C) A discount
(D) Free delivery

토익 필수 어구 ✓ 사무 용품/기기 관련

정답 p.023

A **다음 어휘 표현에 어울리는 우리말 뜻을 골라 괄호 안에 쓰세요.**

1 inventory ( )
2 maintenance ( )
3 demand ( )
4 supplies ( )
5 quantity ( )

ⓐ 유지 보수
ⓑ 수요
ⓒ 재고
ⓓ 용품
ⓔ 수량, 양

B **주어진 우리말에 맞는 어휘를 골라 표시하세요.**

1 운영이 되지 않는 = out of (ⓐ service ⓑ use)
2 보증 기간인 = under (ⓐ guarantee ⓑ warranty)
3 배송지 = (ⓐ shipping ⓑ sending) address
4 플러그를 꽂다 = plug (ⓐ in ⓑ on)
5 컴퓨터 부품 = computer (ⓐ components ⓑ items)

C **다음 우리말에 맞는 어휘 표현을 골라 각각의 문장을 완성하세요.**

replacement parts	original receipt	billing problem	express delivery	shipping fee

1 귀하께서 주문하신 교체할 부품은 현재 없습니다.
→ The ______________ you ordered are not available at the moment.

2 환불을 원하시면, 원본 영수증을 가지고 계셔야 합니다.
→ If you want to get a refund, you should have the ______________.

3 우리는 이제 모든 고객에게 특급 배송 서비스를 제공하게 되었음을 알리게 되어 기쁩니다.
→ We are pleased to announce that we now offer ______________ services to all of our customers.

4 외국에 살고 계신다면 추가 배송 비용이 부과될 수 있습니다.
→ We may charge an extra ______________ if you live in a foreign country.

5 청구서에 문제가 있으면, 언제든 고객 서비스 센터로 연락주세요.
→ When there is a ______________, please feel free to contact the customer service center.

UNIT 06

PART 2 의문사 의문문 Ⅲ
(how, why 의문문)

PART 4 광고 방송

◉ 실전 연습

Today's **GOAL**

PART 2
- How와 why로 시작하는 의문사 의문문의 형태에 익숙해지고, 알맞은 응답을 고를 수 있도록 하자.
- Why don't you~? 와 같이 제안할 때 쓰이는 의문문도 익혀두도록 하자.

PART 4
- 제품이나 서비스 광고를 듣고, 특징과 프로모션 등에 관한 세부 정보를 파악할 수 있도록 하자.
- 제품이나 서비스 광고와 관련된 주요 표현을 듣고 발음해보며 익혀두도록 하자.

PART 2 의문사 의문문 III (how, why 의문문)

- How 의문문은 **방법**과 **수단**을 물어보거나 **일의 진행 상태**를 물어보는 의문문이다.
- 'How + 형용사/부사' 형태에서 **how 뒤에 어떤 형용사/부사**가 나오는지 집중해서 들어야 한다.
- Why 의문문에서는 **이유, 목적**을 설명하기 위해 **'Because, Because of, For + 명사, to부정사'**를 사용하기도 한다.
- 제안할 때 쓰는 의문문 **'Why don't you / Why don't we / Why don't I ~?'**도 알아두자.

표현 익히기 질문과 대답을 듣고 따라해 보세요.

06-01

		Question	Answer
How + 동사 + 주어?	방법	Q **How** do I get to City Hall? 시청까지는 어떻게 가나요?	A Take the subway. 지하철을 타세요. A You can walk there. 거기까지 걸어가실 수 있어요.
	상태	Q **How** is your project going? 프로젝트는 어떻게 되어 가고 있어요?	A It's going well. 잘 진행되고 있어요. A I've almost completed it. 거의 다 마쳤어요.
How + 형용사/부사?	개수	Q **How many chairs** do you need? 의자가 몇 개 필요하세요?	A Five will be enough. 다섯 개면 충분할 것 같아요.
	가격, 양	Q **How much** did the trip cost? 그 여행은 경비가 얼마 들었나요?	A Approximately 1,000 dollars. 약 1,000달러 정도요.
	빈도	Q **How often** do you go to concerts? 콘서트에 얼마나 자주 가세요?	A Twice a year. 일년에 두 번요.
	기간, 길이	Q **How long** will it take to get to the airport? 공항까지는 얼마나 걸릴까요?	A It will take about an hour. 1시간 정도 걸릴 거예요.
Why + 동사 + 주어?	이유	Q **Why** were you late for the presentation? 발표에는 왜 늦으신 거예요?	A **Because** traffic was bad. 교통상황이 좋지 않았어요. A Sorry. I overslept. 죄송해요. 늦잠 잤어요.
	목적	Q **Why** is the road closed? 왜 도로가 폐쇄되었나요?	A **For** road construction. 도로 공사 때문에요. A **To** fix the traffic lights. 신호등을 고치기 위해서요.
Why don't you/we ~?	제안	Q **Why don't you** look for an apartment? 아파트를 알아보시는 건 어떠세요?	A I already found one. 이미 하나 찾아 뒀어요. A That's a good idea. 좋은 생각이네요.
		Q **Why don't we** review the report on Thursday? 보고서를 목요일에 검토하는 것은 어떨까요?	A Okay. I'm free that day. 좋아요. 그날 시간 있어요. A How about Friday? 금요일은 어떠세요?

실력 쌓기 정답 p.024

A 질문과 보기를 듣고 질문에 가장 적절한 응답을 고르세요.

1 (A) (B) (C)
2 (A) (B) (C)
3 (A) (B) (C)
4 (A) (B) (C)
5 (A) (B) (C)
6 (A) (B) (C)
7 (A) (B) (C)
8 (A) (B) (C)

B 질문과 보기를 다시 듣고 빈칸을 완성하세요.

1 ______________ should I order?
(A) Three should be __________.
(B) On the __________.
(C) Star Furniture is ______________ now.

2 ______________ does your company conduct ______________?
(A) Only ______________.
(B) The show was __________.
(C) I got an 8 __________ 10.

3 _______ are you ______________ Mr. Brown this afternoon?
(A) In the ______________ on the second floor.
(B) ______________ 5 hours.
(C) ______________ the new accounting system.

4 _______ your new job _______?
(A) It is ______________ I expected.
(B) I ______________ it yesterday.
(C) To have a ______________.

5 ______________ leave early today?
(A) I think I should.
(B) You ______________.
(C) I'm sorry I'm __________.

6 ______________ does this suitcase _______?
(A) ______________ the blue one?
(B) We don't ______________.
(C) ______________ with my manager.

7 _______ was _______ so bad?
(A) _______ there's a ______________ ______________.
(B) I checked the ______________.
(C) Yes, I think so, too.

8 _______ can I _______ my driver's license?
(A) There's an ______________ available.
(B) ______________ my relatives.
(C) ______________ March first.

어휘 **enough** 충분한 **on sale** 할인 중인 **performance review** 업무평가 **approximately** 대략 **apply for** ~에 지원하다 **relative** 친척

PART 4 광고 방송

- **제품, 서비스, 업체, 행사** 등의 광고가 출제된다. 무엇을 광고하는지, 누구를 대상으로 하는 광고인지 파악해 보자.
- **할인 정보, 프로모션 혜택, 특징, 장점** 등을 묻는 문제가 출제된다.
- **의문문으로 시작**하여 고객의 관심을 집중시키는 광고 형태가 자주 출제된다.

표현 익히기 광고 방송과 관련된 주요 어휘를 듣고 따라해 보세요.

06-04

제품 광고 관련 어휘

clearance sale 창고정리 판매	office equipment 사무기기
feature 특징을 갖다	ranging from A to B 범위가 A부터 B까지 이르는
guarantee 보장하다	free of charge 무료로
special sale 특별 할인	voucher 상품권
a new line 새 제품군	loyal customer 단골 고객
perfect choice 완벽한 선택	trail period 무료 체험 기간
complimentary 무료의	order 주문하다

서비스, 업체 광고 관련 어휘

information session 설명회	subscribe to ~을 구독하다
fill in a form 양식을 작성하다	woodworking 목공
register 등록하다	be invited to ~에 초대되다
workshop 워크숍	reception 연회, 접수처
faculty 교수진	facility 시설
cafeteria 구내식당	sign up for ~를 신청하다
catering 음식 납품(업)	career 직업

유형 파악하기 다음 담화를 듣고 빈칸을 완성하세요. 정답 p.025

06-05

W Happy Fathers' Day! Are you ______________ a gift for your father? Then visit Ian's Market! We're having a ______________ featuring perfect gifts for fathers ______________ barbeque grills to ______________ ______________ to hiking clothes for men. On Friday, the first 100 customers will receive a ______________ tools. In addition, ______________ coffee and donuts will be provided to all of our customers. We are ______________ ______________ seeing you at Ian's Market.

W 아버지의 날을 축하합니다! 아버지를 위한 선물을 찾고 계십니까? 그렇다면 Ian's Market을 방문해 보세요! 바비큐 그릴, 낚시도구에서 남성용 등산복까지 아버지를 위한 완벽한 선물들을 판매하는 특별 세일을 하고 있습니다. 금요일에는 선착순 100분 고객님께 무료 공구 세트를 드립니다. 게다가, 무료 커피와 도넛은 모든 고객님들께 제공됩니다 Ian's Market에서 만나기를 바랍니다!

어휘 **fishing equipment** 낚시 장비 **hiking** 등산 **tool** 도구 **provide** 제공하다 **look forward to** ~하기를 고대하다

실력 쌓기 정답 p.025

A 문제를 먼저 읽은 다음, 담화를 듣고 정답을 고르세요.

1 What is being advertised?

(A) A smartphone
(B) A smartwatch
(C) A fitness tracker
(D) A virtual reality game console

2 What does the speaker mean when she says, "It is not just a smart gadget"?

(A) It is used at the gym for business.
(B) It is expensive and luxurious.
(C) It enhances efficiency in life.
(D) It provides basic features.

3 According to the speaker, what happens if a person preorders?

(A) The person can upgrade the product for free.
(B) The person can receive a free warranty.
(C) The person can get a bonus accessory.
(D) The person can receive a discount.

어휘 **advertise** 광고하다 **enhance** 향상시키다 **warranty** 보증

06-07

B 담화를 다시 듣고 빈칸을 완성하세요.

W Are you ______________ getting a smartwatch? Then look no further! We are thrilled to present the ______________: the UltraSmart77 smartwatch. This ______________ smartwatch is designed to improve your lifestyle and ______________ ______________ to the digital world. Packed with the latest technology, the UltraSmart77 comes with ______________ from monitoring your health to checking messages and notifications with a simple glance ______________. It is not just a ______________ ______________. It is your ultimate companion for a smarter and ______________. Preorder now and get a pair of Bluetooth earphones ______________. Don't miss out on this ______________. Join the trend and enhance your everyday experiences!

어휘 **be thrilled to** ~해서 흥분되다 **cutting-edge** 최첨단 **notification** 알림, 통지 **glance** 응시, 흘깃 봄 **gadget** 도구, 기기 **ultimate** 최고의 **preorder** 선주문하다 **enhance** 향상시키다

정답 p.026

PART 2 질문과 보기를 듣고, 질문에 가장 적절한 응답을 고르세요.

1 Mark your answer on your answer sheet. (A) (B) (C)

2 Mark your answer on your answer sheet. (A) (B) (C)

3 Mark your answer on your answer sheet. (A) (B) (C)

4 Mark your answer on your answer sheet. (A) (B) (C)

5 Mark your answer on your answer sheet. (A) (B) (C)

6 Mark your answer on your answer sheet. (A) (B) (C)

7 Mark your answer on your answer sheet. (A) (B) (C)

8 Mark your answer on your answer sheet. (A) (B) (C)

9 Mark your answer on your answer sheet. (A) (B) (C)

10 Mark your answer on your answer sheet. (A) (B) (C)

PART 4 담화를 듣고 질문에 답하세요.

11 What is being advertised?

(A) An online business program
(B) Onsite leadership training
(C) Teacher training courses
(D) An engineering program

12 According to the advertisement, what aspect does the program emphasize?

(A) The quality of the teaching
(B) The length of the program
(C) The convenient location
(D) The reasonable tuition

13 What will happen on July 19?

(A) The registration period will be over.
(B) The opening ceremony will be held.
(C) A free class will be held.
(D) An information session will be held.

14 What is being advertised?

(A) Furniture
(B) Houses
(C) A magazine
(D) Gardening tools

15 What is emphasized in the advertisement?

(A) Lightness
(B) Durability
(C) The reasonable prices
(D) The easy-to-follow guides

16 What special offer is being made?

(A) A free lesson
(B) A discount
(C) Sample furniture
(D) Free delivery

토익 필수 어구 ✓ 쇼핑 관련

정답 p.028

A 다음 어휘 표현에 어울리는 우리말 뜻을 골라 괄호 안에 쓰세요.

1	warranty	( )	ⓐ 금전등록기
2	costume	( )	ⓑ 재단사
3	cashier	( )	ⓒ 계산원
4	tailor	( )	ⓓ 복장, 의상
5	cash register	( )	ⓔ 보증기간

B 주어진 우리말에 맞는 어휘를 골라 표시하세요.

1 합리적인 가격에 = at an (ⓐ affordable ⓑ attractive) price

2 판촉 상품 = (ⓐ promotional ⓑ emotional) offers

3 영수증 원본 = the original (ⓐ recipe ⓑ receipt)

4 현금으로 지불하다 = pay in (ⓐ cash ⓑ check)

5 구매 증빙 자료 = proof of (ⓐ bargain ⓑ purchase)

C 다음 우리말에 맞는 어휘 표현을 골라 문장을 완성하세요.

exclusively	on display	a reasonable price	a full refund	beverages

1 새로운 스마트폰이 상점 쇼윈도에 전시 중이다.
→ The new smartphones are ____________ in the shop window.

2 회원들에게만 독점적으로 모든 제품을 20% 할인된 가격으로 구입할 수 있는 혜택이 주어집니다.
→ A 20% discount on all items is available ____________ to members.

3 상자를 열지 않는다면, 전액 환불 받으실 수 있습니다.
→ If you don't open the box, you will get ____________.

4 제가 어디에서 합리적인 가격으로 정장을 살 수 있는지 아세요?
→ Do you know where I can buy a suit for ____________?

5 무료 음료와 음식이 로비에서 제공될 것입니다.
→ Free ____________ and snacks will be provided in the lobby.

UNIT 07

PART 1 사물/배경 사진

PART 3 회사 행사

◉ 실전 연습

Today's GOAL

PART 1
- 사물이나 배경 사진을 보고 알맞게 묘사하는 문장을 고를 수 있도록 하자.
- 사물이나 배경 묘사에 자주 쓰이는 동사 표현(수동태, 현재완료수동 등)을 잘 익혀두자.

PART 3
- 세미나, 워크숍, 컨퍼런스와 같은 회사의 행사에 관련된 대화를 듣고 주요 정보를 파악할 수 있도록 하자.
- 회사 행사에 관련된 주요 표현을 듣고 발음해보며 익혀두자.

PART 1

사물/배경 사진

- **실내, 실외**에서 볼 수 있는 **사물**이나 **배경** 등을 묘사하는 그림이 제시된다.
- 사물의 상태나 배경을 묘사할 때는 **수동태(be + p.p.)**, **현재완료수동(have been + p.p.)**, There is ~ **구문** 등이 쓰일 수 있음을 기억하자.

표현 익히기 다음의 표현들을 듣고 따라해 보세요.

07-01

수동태로 상태 표현 be + p.p.	The office **is stocked** with supplies. 사무실에 용품들이 가득 차 있다. The chairs **are occupied**. 의자에 모두 사람이 앉아 있다. The bus **is covered with** dust. 버스가 먼지로 뒤덮여 있다. The street **is lined with** trees. 길 옆에 나무가 줄지어 있다. Documents **are piled up**. 서류가 쌓여 있다.
현재완료수동으로 상태 표현 have + been + p.p. (~되어진)	Flowers **have been planted**. 꽃이 심어져 있다. Cards **have been arranged**. 카드가 배열되어 있다. Cars **have been parked**. 자동차가 주차되어 있다. Labels **have been attached**. 라벨이 부착되어 있다. Boxes **have been stored** on shelves. 상자가 선반에 보관되어 있다.
be + 전치사구, There is/are ~로 상태 표현	An air conditioner **is in** the corner. 에어컨이 코너에 있다. Cups **are on** the table. 컵이 테이블 위에 있다. The road **is under construction**. 도로가 공사 중이다. **There is** a chair in the middle of the room. 방 한 가운데 의자가 있다.

유형 파악하기 다음을 듣고 사진을 알맞게 묘사하는 문장을 모두 고르세요. 한 번 더 듣고, 빈칸을 완성하세요.

정답 p.029

07-02

1

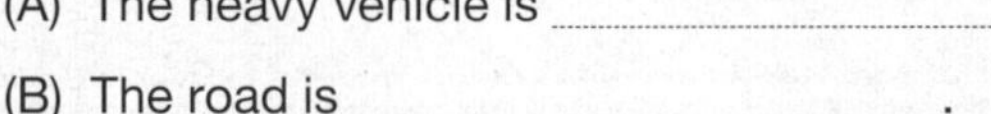

(A) The heavy vehicle is ______________.

(B) The road is ______________.

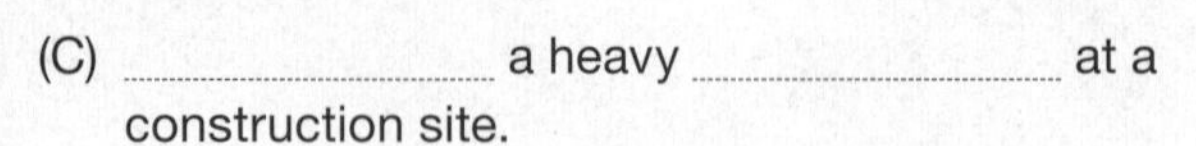

(C) ______________ a heavy ______________ at a construction site.

(D) The driver is working ______________.

2

(A) ______________ on the wall.

(B) The boxes are ______________.

(C) The boxes are stored ______________.

(D) The boxes are ______________.

실력 쌓기

정답 p.029

A 다음을 듣고 사진을 가장 잘 묘사하는 문장을 고르세요.

1

(A) (B) (C) (D)

2

(A) (B) (C) (D)

3

(A) (B) (C) (D)

4
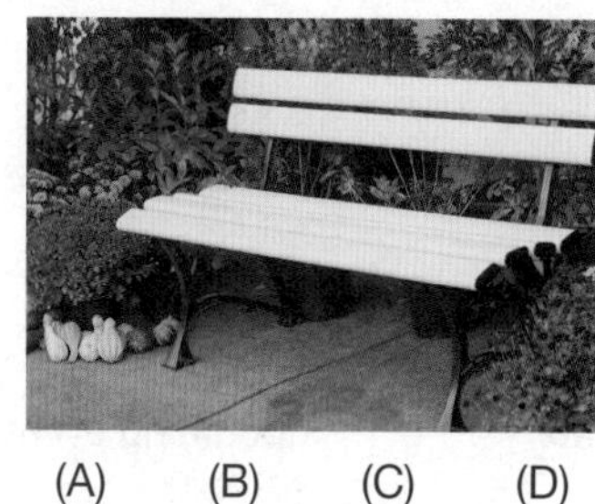

(A) (B) (C) (D)

07-04

B 문제를 다시 듣고 빈칸에 알맞은 말을 써 넣으세요.

1 (A) ________________ folders in the cabinet.
(B) The drawers ________________.
(C) Labels are ________________.
(D) The cabinet ________________.

2 (A) The table is ________________ for someone.
(B) The chairs are ________________.
(C) The food has been ________________.
(D) The furniture has been ________________.

3 (A) ________________ parked on the road.
(B) The car is ________________ snow.
(C) The car is ________________ drive.
(D) The car has ________________.

4 (A) There is a couch near ________________.
(B) ________ have been ________ on the ground.
(C) The ________ is being ________.
(D) The bench is ________________.

어휘 **folder** 폴더, 파일 **drawers** 서랍장 **attach** 부착하다 **lock** 잠그다 **be locked** 잠긴 **parked** 주차된 **be covered with** ~로 뒤덮이다 **be ready to** ~할 준비가 되어 있다 **break down** (차가) 고장 나다 **couch** 1인용 소파 **be placed** 놓여 있다 **driveway** 차량 진입로

PART 3

회사 행사

- 회사 행사 관련 대화로는 **세미나, 워크숍** 등의 행사 준비나 등록, 참석 여부 등과 관련된 내용이 주로 출제된다.
- **행사의 종류, 날짜, 행사에 필요한 준비 사항** 등에 초점을 맞춰 들어보도록 한다.
- 행사와 관련된 주요 어휘들을 꼼꼼히 익혀두자.

표현 익히기 회사 행사와 관련된 주요 어휘를 듣고 따라해 보세요.

07-05

회사 행사 관련 어휘

sales conference 영업 회의	sign up for ~ ~에 등록하다	fundraising banquet 기금 모금 행사	job fair 취업 박람회
company retreat 회사 야유회	make it to ~ ~에 이르다, 도착하다	event organizer 행사 기획자	Q&A session 질의 응답 시간
shareholders' meeting 주주 총회	arrive on time 정시에 도착하다	distribute handouts 유인물을 나눠주다	check on the availability 이용 가능한지 알아보다
accommodate 수용하다	upcoming event 다가오는 행사	catering 출장 연회(음식)	booking sheet 예약 상황표
refreshments 다과	confirm participation 참가 여부를 확인하다	convention center 컨벤션 센터	cancel a reservation 예약을 취소하다
full board 3식 제공인	online registration 온라인 등록	make a reservation 예약을 하다	reminder 상기시켜 주는 것

유형 파악하기 다음 대화를 듣고 빈칸을 완성하세요. 정답 p.029

07-06

W Hello. This is the H&R ______________. How may I help you?

M This is Michael from the ANT Corporation. I am calling to __________ on the ______________ of a room for our __________ next month.

W When is the workshop?

M It's from the 7th to the 9th of August. There will be 30 people.

W Just a moment. Let me check my ______________.

W 안녕하세요. H&R 컨벤션 센터입니다. 무엇을 도와드릴까요?

M 저는 ANT 사의 Michael입니다. 다음 달에 있을 워크숍을 위한 회의실 예약이 가능한지 확인하고 싶어요.

W 워크숍이 언제인가요?

M 8월 7일에서 9일까지예요. 30명이 참가할 거예요.

W 잠시만요. 제가 예약 상황표를 좀 확인해 볼게요.

어휘 **check on the availability** 예약 가능 여부를 확인하다 **next month** 다음 달 **Just a moment.** 잠시만요. **booking sheet** 예약 상황표

실력 쌓기 정답 p.030

07-07

A **문제를 먼저 읽은 다음, 대화를 듣고 정답을 고르세요.**

1 What is the upcoming seminar about?

(A) How to make plans wisely
(B) How to prepare for a seminar
(C) How to deal with daily pressure
(D) How to create sign-up sheets

2 What is the woman going to do today?

(A) Register for a seminar
(B) Make an inquiry about a seminar
(C) Get a signature from her manager
(D) Go and meet a psychologist

3 What does the man mean when he says, "It's a shame"?

(A) He feels bad about not being able to attend the seminar.
(B) It is embarrassing that the woman did not know about the seminar.
(C) He is ashamed of not telling the woman about the seminar.
(D) He is not satisfied with the contents of the seminar.

어휘 **embarrassing** 난처한, 당혹스러운 **content** 목차; 내용

07-08

B **대화를 다시 듣고 빈칸을 완성하세요.**

M Hi, Angela. Have you heard about the ______________ on ______________ management?

W Yes, I have. Recently, I've been under ______________. It looks like this is something I really need at the moment. I am going to ______________ it today.

M Good for you. I heard it's going to be led by a ______________ psychologist. And it will be ______________ for us to learn some effective ways to ______________ in our daily lives.

W I know what you mean. ______________? Have you already signed up for it?

M Actually, I have got other things ______________ on that day. It's a shame.

어휘 **stress management** 스트레스 관리 **pressure** 압박 **at the moment** 지금 **renowned** 유명한, 명성 있는 **psychologist** 심리학자 **beneficial** 유익한, 이로운 **It's a shame.** 안타깝네요. 유감이네요.

실전연습

정답 p.030

07-09

PART 1 다음을 듣고 사진을 가장 잘 묘사한 문장을 고르세요.

1

(A) (B) (C) (D)

2

(A) (B) (C) (D)

3

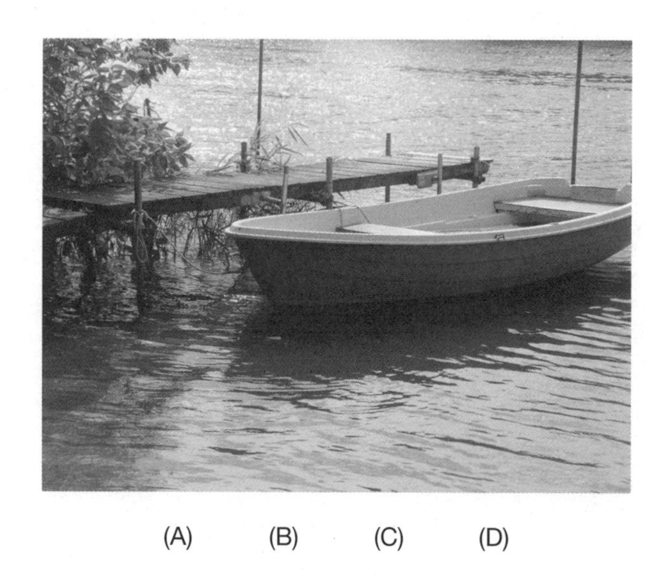

(A) (B) (C) (D)

4

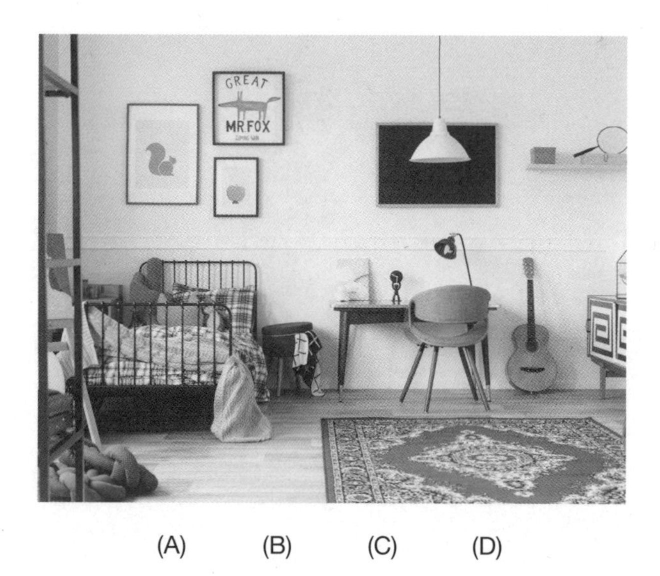

(A) (B) (C) (D)

5

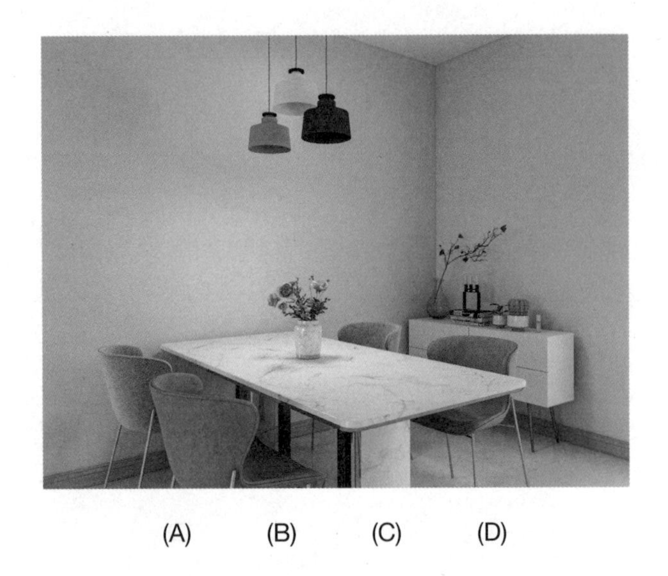

(A) (B) (C) (D)

6

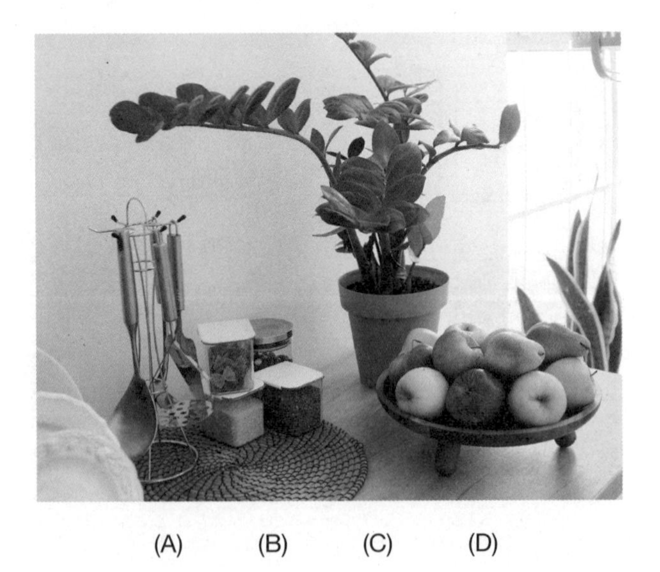

(A) (B) (C) (D)

PART 3 대화를 듣고 질문에 답하세요.

7 What are the speakers mainly talking about?

(A) Feedback on the company workshop
(B) The number of participants
(C) The menu
(D) The caterer's selection

8 How many people are likely to attend the workshop?

(A) About 20
(B) About 30
(C) About 40
(D) About 50

9 What will the woman do next?

(A) Talk with a manager
(B) Call some potential participants
(C) Call the caterer
(D) Contact the convention center

10 Where are the speakers?

(A) In a conference hall
(B) In a car
(C) In a store
(D) At a traffic light

11 What is the woman concerned about?

(A) They may get lost.
(B) They may not arrive on time.
(C) They may run out of gas.
(D) They may get tired of driving.

12 What does the man suggest?

(A) Going back to the office
(B) Calling the conference hall
(C) Asking for some help
(D) Dropping by the store to buy something

토익 필수 어구 ✓ 회사 행사 관련

정답 p.032

A 다음 어휘 표현에 어울리는 우리말 뜻을 골라 괄호 안에 쓰세요.

1 participant ( ) ⓐ 참석률
2 turnout ( ) ⓑ 참석
3 attendance ( ) ⓒ 다과
4 venue ( ) ⓓ (행사의) 장소
5 refreshment ( ) ⓔ 참석자

B 주어진 우리말에 맞는 어휘를 골라 표시하세요.

1 연설을 하다 = (ⓐ take ⓑ give) a speech
2 참가하다 = (ⓐ get ⓑ take) part in
3 회의장을 예약하다 = (ⓐ replace ⓑ reserve) a conference hall
4 유인물을 제공하다 = (ⓐ give away ⓑ provide) a handout
5 공지 사항을 게시하다 = (ⓐ put up ⓑ put in) a notice

C 다음 우리말에 맞는 어휘 표현을 골라 각각의 문장을 완성하세요.

conduct a survey	sign up	hold a meeting	organize a banquet	make it to

1 교통 체증이 너무 심해서, 나는 그 행사 장소에 정시에 도착하지 못했다.
→ I got stuck in traffic, so I couldn't __________ the venue.

2 워크숍에 관심이 있는 사람은 이번 달 말일 전까지 신청해야 한다.
→ Anyone who is interested in the workshop should __________ before the end of the month.

3 이사회가 다음 달에 회의를 개최할 것이라고 말했다.
→ The board of directors said that they are going to __________ next month.

4 발표가 얼마나 만족스러웠는지를 알아보기 위해 우리는 설문 조사를 실시하기로 했다.
→ We decided to __________ to see how satisfactory the presentation was.

5 Clark 씨가 연회를 준비하기로 되어 있는 사람이다.
→ Mr. Clark is the one who is supposed to __________.

UNIT 08

PART 2 일반 의문문 I (be동사 의문문)

PART 4 라디오 방송

◉ 실전 연습

Today's **GOAL**

PART 2
- be동사 의문문의 형태를 알고, be동사의 과거, 현재, 미래시제에 주의하여 응답을 고를 수 있도록 하자.

PART 4
- 날씨, 교통 등의 주제가 등장하는 라디오 방송을 듣고, 중심내용과 세부내용을 파악할 수 있도록 하자.
- 라디오 방송에 자주 등장하는 주요 표현을 듣고 발음해보며 익혀두자.

PART 2

일반 의문문 I (be동사 의문문)

- **be동사의 과거형, 현재형, 미래형**을 이용한 의문문이 출제된다.
- 존재 여부를 묻는 **Is there, Are there ~?** 형태의 의문문도 자주 출제된다.
- be동사 의문문은 **Yes/No로 답변이 가능**하지만, **Yes/No가 생략된 답변도 정답**이 될 수 있다.

표현 익히기 질문과 대답을 듣고 따라해 보세요.

08-01

		Question	Answer
현재	Is/Are + 주어?	Q **Is Dr. Yang** in today? Yang 박사님 오늘 계세요?	A Yes, she's in her office. 네, 그녀는 사무실에 있어요. A I'm afraid not. 안 계세요.
		Q **Are you** working on the agenda for the meeting? 회의 안건을 작성하고 있어요?	A Yes, it's almost done. 네 거의 다 했어요. A I'm not, but Julie is. 제가 아니고, Julie가 하고 있어요.
과거	Was/Were + 주어?	Q **Was the engineer** available yesterday? 어제 기사가 시간이 있었어요?	A Only in the morning. 아침에만요. A No, he was on vacation. 아니요, 그는 휴가 중이었어요.
		Q **Was the printer** working? 프린터가 작동하고 있었어요?	A Yes, it was fine. 네, 괜찮았어요. A No, it was broken. 아니요, 고장 났었어요.
미래	Is/Are + 주어 + V-ing ~? / Is/Are + 주어 + going to + 동사원형?	Q **Is Mr. Anderson leaving** tomorrow? Anderson씨는 내일 떠나나요?	A Yes, on the 11 o'clock flight. 네, 11시 비행기예요. A You'd better ask Ms. Kim. Kim 씨에게 물어보는 게 낫겠어요.
		Q **Are you going to accept** the job offer? 그 일자리 제안을 수락할 거예요?	A Yes, I start on March second. 네, 3월 2일에 시작해요. A I decided not to. 수락하지 않기로 했어요.
존재	Is/Are there ~?	Q **Is there** a police station near here? 여기 근처에 경찰서가 있어요?	A Yes, there's one down the street. 네, 저 길 아래에 하나 있어요. A It's across from the library. 도서관 건너편에 있어요. A Not that I know of. 제가 아는 한은 없어요.

실력 쌓기 정답 p.033

A 질문과 보기를 듣고 질문에 가장 적절한 응답을 고르세요.

1 (A) (B) (C)
2 (A) (B) (C)
3 (A) (B) (C)
4 (A) (B) (C)
5 (A) (B) (C)
6 (A) (B) (C)
7 (A) (B) (C)
8 (A) (B) (C)

B 질문과 보기를 다시 듣고 빈칸을 완성하세요.

1 ________ you ________ in joining the company's book club?

(A) Sure, ________?
(B) Sorry. I haven't ________ it ________.
(C) Every Thursday ________.

2 Is Mr. King going on ________ this week?

(A) He is ________ about that.
(B) I am ________ it.
(C) To New Zealand.

3 Are you ________ for the ________?

(A) It has a nice color.
(B) No, Mr. Adams is.
(C) Here is the ________.

4 Is there an aisle seat ________?

(A) Sorry, ________ only window seats ________.
(B) ________ starts in thirty minutes.
(C) Sure, a vegetarian meal is ________.

5 Is Ms. Reed ________ the research project?

(A) She is in the ________.
(B) The ________ was quite ________.
(C) I think someone else is ________ ________ it.

6 ________ vending machines in this ________?

(A) The ________ is new.
(B) ________ asked me.
(C) Yes, on the ________.

7 ________ you ________ to ________ the stereo in the living room?

(A) No, I ________ some ________.
(B) The room was ________.
(C) That's a good idea.

8 ________ the fliers for the ________ ________ ready now?

(A) No, we are ________ on them.
(B) I'd love to, ________ I ________.
(C) Yes, they ________ very well.

어휘 **interested in** ~에 관심 있는 **go on vacation** 휴가를 가다 **look forward to** ~을 고대하다 **responsible for** ~에 대하여 책임이 있는 **aisle seat** 복도 좌석 **vegetarian meal** 채식주의자 식사 **in charge of** ~을 담당하는 **laboratory** 실험실 **take care of** ~을 돌보다 **vending machine** 자동판매기 **set up** 설치하다 **spacious** 공간이 넓은 **flier** 광고전단

PART 4

라디오 방송

- **날씨, 교통, 연예, 비즈니스, 지역 뉴스** 등 다양한 소재의 라디오 방송이 소개된다.
- **진행자 소개** 또는 **채널 소개**로 시작해서 **뉴스의 주제**와 **세부사항**을 듣게 된다.
- 방송의 마지막 부분에는 다음에 이어질 **광고나 인터뷰, 뉴스 등의 소개**를 하므로 집중해서 듣자.

표현 익히기 라디오 방송과 관련된 주요 어휘를 듣고 따라해 보세요.

날씨, 교통 방송 관련 어휘		뉴스, 기타 라디오 방송 관련 어휘	
weather forecast 날씨 예보	traffic report 교통 정보	exclusive interview 독점 인터뷰	radio station 라디오 방송국
outdoor activity 실외 활동	road construction 도로 공사	host 진행자	local news 지역 뉴스
slippery 미끄러운	heavy traffic delay 심각한 교통 정체	release an album 앨범을 발표하다	don't miss 놓치지 마세요
heat wave 폭염	commuter 통근자	popular 인기 있는	stop by (잠깐) 들르다
temperature 온도	stay indoors 실내에 머물다	fair 축제	top news 중요한 뉴스
below freezing 영하의	head ~로 향하다	commercial break 광고 방송 시간	scheduled to open 문을 열 계획인
snowstorm / rainstorm 눈보라 / 폭풍우	detour 우회하다	correspondent 통신원	stay tuned 채널을 고정하다

유형 파악하기 다음 담화를 듣고 빈칸을 완성하세요. 정답 p.034

M You're listening to 101.7 __________ news. If you head south on Valley Road __________________ back home from work, __________ some __________. Road construction workers are making __________ on one of the __________, and the work will __________________ for at least ________________, so commuters should try to __________ the road during this time. ________________ for the ____________________ coming up. We'll be right back after a ________________ break.

M 여러분은 101.7 교통 소식을 듣고 계십니다. 퇴근길에 Valley 로에서 남쪽으로 향하신다면 정체를 예상해야 할 것 같습니다. 도로 공사 인력들이 차선 하나를 수리하고 있고 적어도 일주일 정도 계속될 것으로 보이므로, 통근자들은 이 기간에 그 길을 피하셔야겠습니다. 지역 뉴스가 계속되니 채널을 고정해 주십시오. 광고 후에 다시 돌아오겠습니다.

어휘 **head south** 남쪽으로 향하다 **on one's way** ~하는 길에 **make repairs** 수리하다 **lane** 차선 **avoid** 피하다

정답 p.034

A 문제를 먼저 읽은 다음, 담화를 듣고 정답을 고르세요.

1 What is the radio broadcast about?

(A) The weather
(B) Traffic conditions
(C) Local events
(D) Breaking news

2 What does the speaker recommend doing tomorrow?

(A) Not driving
(B) Staying indoors
(C) Sweeping the roads
(D) Not cleaning cars

3 What will listeners hear next?

(A) A commercial
(B) An interview
(C) Business news
(D) Music

어휘 **radio broadcast** 라디오 방송 **breaking news** 뉴스속보 **stay indoors** 실내에 머물다 **sweep** 쓸다

08-07

B 담화를 다시 듣고 빈칸을 완성하세요.

W Good morning, everyone. I hope you're __________ this beautiful day today. It is __________, and there's not a __________ in the sky all around the country. The weather is __________ for __________ activities. But this __________ weather won't last long. Starting tomorrow, the temperature will __________ to __________, and it looks like we will get a heavy __________. The roads will be so __________ that it will be a good idea to __________ your cars __________ and use __________ __________ instead. Stay tuned for the latest __________ news coming up next.

어휘 **cloud** 구름 **outdoor activity** 야외 활동 **mild weather** 온화한 날씨 **last** 지속되다 **drop to below freezing** 영하로 떨어지다 **public transportation** 대중교통

실전연습

정답 p.035

PART 2 질문과 보기를 듣고, 질문에 가장 적절한 응답을 고르세요.

1 Mark your answer on your answer sheet. (A) (B) (C)

2 Mark your answer on your answer sheet. (A) (B) (C)

3 Mark your answer on your answer sheet. (A) (B) (C)

4 Mark your answer on your answer sheet. (A) (B) (C)

5 Mark your answer on your answer sheet. (A) (B) (C)

6 Mark your answer on your answer sheet. (A) (B) (C)

7 Mark your answer on your answer sheet. (A) (B) (C)

8 Mark your answer on your answer sheet. (A) (B) (C)

9 Mark your answer on your answer sheet. (A) (B) (C)

10 Mark your answer on your answer sheet. (A) (B) (C)

PART 4 담화를 듣고 질문에 답하세요.

11 What is being announced?

(A) A change in an opening schedule
(B) The relocation of a hospital
(C) The opening of a new medical center
(D) The renovation of an old hospital

12 What does the speaker suggest about Jefferson Children's Hospital?

(A) It is under construction.
(B) It is located close to local residents.
(C) Its medical fees are high.
(D) It provides medical care for adults.

13 How can a reservation be made?

(A) By making a call
(B) By going to the hospital
(C) By sending an e-mail
(D) By visiting a Web site

14 Who is the speaker?

(A) A weather reporter
(B) A singer
(C) A show host
(D) A music producer

15 What will happen in December?

(A) A new album will be released.
(B) A TV show will start.
(C) Awards will be given.
(D) Music tours will begin.

16 What will the listeners hear after the song?

(A) An interview
(B) Weather conditions
(C) A commercial
(D) Traffic news

토익 필수 어구 ✓ 날씨 / 환경 관련

정답 p.037

A 다음 어휘 표현에 어울리는 우리말 뜻을 골라 괄호 안에 쓰세요.

1	flood	( )	ⓐ 우박
2	drought	( )	ⓑ 가뭄
3	shower	( )	ⓒ 홍수
4	hail	( )	ⓓ 습기
5	humidity	( )	ⓔ 소나기

B 주어진 우리말에 맞는 어휘를 골라 표시하세요.

1	환경적 문제	= an (ⓐ environmental ⓑ enormous) issue
2	시골에서	= in the (ⓐ countryside ⓑ suburban area)
3	유기 비료	= an organic (ⓐ pesticide ⓑ fertilizer)
4	식물원	= a (ⓐ botanical ⓑ rooftop) garden
5	쓰레기를 내다버리다	= to take out the (ⓐ garbage ⓑ tools)

C 다음 우리말에 맞는 어휘 표현을 골라 문장을 완성하세요.

pollution	litter	inclement	scenic	dusty

1 홍콩 행 비행기는 악천후로 인하여 취소되었습니다.
→ The flight to Hong Kong has been canceled due to ____________ weather.

2 한국에서 공기 오염이 심각한 문제가 되어 가고 있습니다.
→ Air ____________ is becoming a serious problem in Korea.

3 그의 옷은 식당 청소 때문에 먼지가 가득했습니다.
→ His clothes were ____________ from cleaning the restaurant.

4 여기는 영국에서 가장 장관의 경치가 펼쳐지는 곳들 중 하나입니다.
→ This is one of the most ____________ views in Britain.

5 거리에 쓰레기를 버리면, 벌금이 부과될 것입니다.
→ If you drop ____________ on the street, you will be fined.

UNIT 09

PART 2 일반 의문문 II (조동사 의문문)

PART 3 여행 / 출장

◉ 실전 연습

Today's **GOAL**

PART 2 ▪ 조동사를 포함하는 일반 의문문의 다양한 유형을 익히고, 그에 맞는 응답을 찾을 수 있도록 하자.

PART 3 ▪ 여행이나 출장과 관련된 대화를 듣고 주요 정보를 파악할 수 있도록 하자.

▪ 여행이나 출장과 관련된 주요 표현을 듣고 발음해보며 익혀두자.

PART 2

일반 의문문 II (조동사 의문문)

- Do/Does/Did로 시작하는 **일반 의문문**을 듣고 그에 알맞은 답을 찾아야 한다.
- Have you로 시작하는 의문문은 **현재완료시제**로 주로 경험이나 완료 여부를 묻는 경우가 많다.
- Can/May I로 시작하는 경우는 허가를 구하는 의문문이고, **Should I ~**로 묻는다면 '~를 해야 하는지' 상대방에게 조언을 구하는 경우에 쓰인다.

표현 익히기 질문과 대답을 듣고 따라해 보세요.

09-01

	Question	Answer
Do 의문문	Q **Do you** know where we keep paper boxes? 종이 박스를 어디에 보관 하는지 알고 계신가요?	A They are usually in the storage room. 보통은 창고에 있어요. A You can ask Jill. Jill에게 물어 보세요.
	Q **Does this train** go to the downtown area? 이 열차가 시내로 가나요?	A I think so. 그런 것 같아요. A No, this one only goes to the countryside. 아니요. 이 열차는 시골만 갑니다.
Have 의문문	Q **Have you** finished writing up the quarterly report? 분기 보고서 작성을 완료했나요?	A I am still working on it. 여전히 작성하는 중이에요. A I will be able to finish it by noon. 정오까지 끝낼 수 있어요.
Can I/May I/ Should I 의문문	Q **May/Can I** leave the office a little early today? 오늘 조금 일찍 퇴근해도 될까요?	A Yes, of course. 네 물론이죠. A I am afraid you can't. 안타깝지만 안 될 것 같아요.
	Q **Should I** leave the window open? 창문을 열어 두어야 할까요?	A Yes, please. 네, 그렇게 해 주세요. A Could you please close it? 닫아 주시겠어요?

실력 쌓기 정답 p.038

A 질문과 보기를 듣고 질문에 가장 적절한 응답을 고르세요.

1 (A) (B) (C)

2 (A) (B) (C)

3 (A) (B) (C)

4 (A) (B) (C)

5 (A) (B) (C)

6 (A) (B) (C)

7 (A) (B) (C)

8 (A) (B)  (C)

B 질문과 보기를 다시 듣고 빈칸을 완성하세요.

1 Do you live ______?
(A) Yes, within ______ distance.
(B) No, I don't ______ about it.
(C) I will ______ tomorrow.

2 ______ you ever ______ quitting your job?
(A) I've ______ it.
(B) ______, I am ______ with this job.
(C) She ______ done it ______.

3 ______ I ______ next to you?
(A) I am ______ with something.
(B) This ______ is already ______.
(C) ______, ______ someone is ______ here.

4 ______ I ______ the air conditioner?
(A) Actually, you ______. It's ______.
(B) Yes, you should ______.
(C) It's too ______.

5 Does Sarah know ______ next?
(A) I don't know ______.
(B) I've already ______ it to her.
(C) Yes, she ______.

6 Do you ______ to ______ a taxi to the airport?
(A) I'd like a ______.
(B) Actually, Jack is giving me ______.
(C) I will be back then.

7 ______ I ______ you ______ you're ______?
(A) I am ______ London.
(B) He ______ the other ______.
(C) You ______ ask her.

8 ______ we ______ caterers?
(A) The food you ______ was ______.
(B) I think that would be ______ .
(C) I haven't ______ it.

어휘 **walking distance** 걸어서 갈 수 있는 거리 **be happy with** ~에 만족해 하다 **occupied with** ~에 몰두해 있는 **turn on** 켜다 **broken** 고장 난 **complicated** 복잡한 **share a taxi** 택시를 함께 타다 **give a ride** 차를 태워 주다 **branch** 지사 **caterer** 출장 연회[요식] 업자 **order** 주문하다

PART 3

여행 / 출장

■ 여행 및 출장과 관련된 대화로는 **항공편의 예약, 여행의 일정, 호텔, 교통** 등과 관련된 내용들이 제시된다.

■ 여행 및 출장과 관련된 빈출 어휘들을 잘 익혀두자.

표현 익히기 여행 / 출장과 관련된 주요 어휘를 듣고 따라해 보세요.

09-04

여행 / 출장 관련 어휘			
book a flight 비행기를 예약하다	go on a business trip 출장을 가다	one-way trip 편도 여행	round trip 왕복 여행
make a reservation 예약하다	public transportation 대중 교통	delay 지연; 늦추다	sold out 모두 팔린
payment 지불	take some time off 잠시 쉬다	reimburse 배상하다, 변상하다	cover for ~를 대신해 일하다
connecting flight 연결편	itinerary 일정표	accommodations 숙박시설	fill in for ~를 대신하다
international flight 국제선 비행기	travel agent 여행사 직원	travel expenses 여행 경비	be away 떠나 있다
express train 급행 열차	travel agency 여행사	economy class 일반석	go on vacation 휴가를 가다

유형 파악하기 다음 대화를 듣고 빈칸을 완성하세요. 정답 p.039

09-05

W I'd like to ________ a ________ from Seattle to Los Angeles for tomorrow.

M Well, the ________ is almost ________. The ________ seats are all ________.

W Oh, no. But I have to ________ tomorrow. Otherwise, I won't be able to ________ to an important meeting.

M Hmm... Let me see. I can ________ you in ________ class. But I am afraid you have to ________ the ________ of an economy-class ticket.

W 내일 시애틀에서 로스엔젤레스로 가는 비행기를 예약하고 싶어요.

M 그 비행기는 거의 찬 상태예요. 일반석은 다 판매되었어요.

W 오, 이런. 저는 내일 꼭 떠나야 해요. 그렇지 않으면 중요한 미팅에 참석할 수 없을 것 같아요.

M 음. 제가 좀 볼게요. 제가 비즈니스 석에 예약을 해드릴 수 있어요. 하지만 일반석 요금의 두 배를 지불하셔야 해요.

어휘 **book** 예약하다 **flight** 항공편 **sold out** 다 판매된 **leave** 떠나다 **otherwise** 그렇지 않으면 **make it to** ~에 도착하다 **I am afraid** 안타깝지만 **pay double** 두 배를 지불하다

실력 쌓기 정답 p.039

A 문제를 먼저 읽은 다음, 대화를 듣고 정답을 고르세요.

1 What are the speakers talking about?

(A) Their plans for the weekend
(B) A holiday
(C) A business trip
(D) Travel expenses

2 What does the woman say about the man's plan?

(A) It sounds fun.
(B) It sounds difficult.
(C) It sounds awful.
(D) It sounds tiring.

3 When is the man coming back to the office?

(A) On Monday
(B) On Tuesday
(C) On Wednesday
(D) On Thursday

어휘 **business trip** 출장 **travel expenses** 여행 경비 **awful** 끔찍한 **tiring** 피곤한

09-07

B 대화를 다시 듣고 빈칸을 완성하세요.

M Hey, Ms. Williams. I will ______________ for the next couple of days. You know that, right?

W Yes, are you going on ______________?

M Yeah, I am ______________ on Thursday to ______________ a few days in Mexico with my family. I am ______________ to it.

W Sounds ______________. When are you ______________?

M I am ______________ from Mexico on Monday. But I will be in the office on Tuesday.

어휘 **be away** 자리를 비우다, 떠나 있다 **go on vacation** 휴가 가다 **look forward to** ~을 고대하다

정답 p.040

PART 2 질문과 보기를 듣고, 질문에 가장 적절한 응답을 고르세요.

1 Mark your answer on your answer sheet. (A) (B) (C)

2 Mark your answer on your answer sheet. (A) (B) (C)

3 Mark your answer on your answer sheet. (A) (B) (C)

4 Mark your answer on your answer sheet. (A) (B) (C)

5 Mark your answer on your answer sheet. (A) (B) (C)

6 Mark your answer on your answer sheet. (A) (B) (C)

7 Mark your answer on your answer sheet. (A) (B) (C)

8 Mark your answer on your answer sheet. (A) (B) (C)

9 Mark your answer on your answer sheet. (A) (B) (C)

10 Mark your answer on your answer sheet. (A) (B) (C)

PART 3 대화를 듣고 질문에 답하세요.

11 What is the problem?

(A) Everyone is too busy to go to Shanghai.
(B) The strike has been going on too long.
(C) The payroll system broke down.
(D) One of the factories shut down.

12 How was the problem solved?

(A) The strike has ended.
(B) Sam offered to help.
(C) The trip was canceled.
(D) Mike stepped in to help.

13 What does the man mean when he says, "I will be available for that"?

(A) He is going to help with the payroll.
(B) He is willing to go to Shanghai.
(C) He is going to take a day off.
(D) He is ready to come back.

14 Who most likely is the woman?

(A) A travel agent
(B) A secretary
(C) A supervisor
(D) A receptionist

15 When is the man planning to come back?

(A) Tomorrow
(B) This Thursday
(C) This Saturday
(D) Next Sunday

16 What will the woman do next?

(A) Call a travel agency
(B) Reserve a plane ticket
(C) Arrange accommodations
(D) Contact the Accounting Department

토익 필수 어구 ✓ 여행 / 출장 관련

정답 p.042

A 다음 어휘 표현에 어울리는 우리말 뜻을 골라 괄호 안에 쓰세요.

1	landmark	( )	ⓐ 기념품
2	sightseeing	( )	ⓑ 주요 지형지물
3	attraction	( )	ⓒ 관광지
4	souvenir	( )	ⓓ 목적지
5	destination	( )	ⓔ 관광

B 주어진 우리말에 맞는 어휘를 골라 표시하세요.

1	투어를 하다	= (ⓐ go ⓑ take) on a tour
2	가이드 동반 여행	= a (ⓐ guided ⓑ guide) tour
3	탑승해 있다	= be (ⓐ on ⓑ off) board
4	차를 태워주다	= (ⓐ make ⓑ give) a ride
5	비용을 변제하다	= (ⓐ reimburse ⓑ refund) expenses

C 다음 우리말에 맞는 어휘 표현을 골라 문장을 완성하세요.

pick up	drop off	get to	check your schedule	connecting flight

1 목적지에 도착하면 교환권을 제공해 드립니다.
→ When you ______ your destination, you will be given a voucher.

2 첫 번째 비행기가 지연되어서, 연결 비행기를 놓쳤어요.
→ Since my first flight was delayed, I missed my ______.

3 운전기사가 당신을 공항에 데려다 줄 거예요.
→ The driver will ______ you ______ at the airport.

4 공항으로 출발하기 전에 일정을 꼭 확인하세요.
→ Please make sure you ______ before you leave for the airport.

5 몇 시에 Harris 씨를 데리러 갈 것인가요?
→ What time are you going to ______ Mr. Harris ______?

UNIT 10

PART 2 부정 의문문 / 부가 의문문

PART 4 사내 공지 / 회의

◉ 실전 연습

Today's GOAL

PART 2
- 부정 의문문과 부가 의문문의 다양한 유형을 익히고, 그에 맞는 응답을 찾을 수 있도록 하자.
- 답변할 때 부정의 응답과 긍정의 응답이 혼동되지 않도록 연습해보자.

PART 4
- 회사 내에서 일어날 수 있는 다양한 상황을 듣고 내용을 잘 파악할 수 있도록 하자.
- 회의 내용, 회사 업무, 변경 사항 등 회사 내에서 일어날 수 있는 다양한 상황에 사용된 주요 표현을 듣고 발음해보며 익혀두자.

PART 2 부정 의문문 / 부가 의문문

- be동사, do동사, have동사 등으로 시작하는 다양한 부정 의문문의 형태를 알아 두자.
- 부가 의문문에서 **앞이 긍정형이면 부정으로** 묻고, **앞이 부정형이면 긍정으로** 묻는다.
- 부정/부가 의문문의 **답변 내용이 긍정이면** Yes로 답하고, **답변 내용이 부정이면** No로 답한다.

표현 익히기 질문과 대답을 듣고 따라해 보세요.

		Question	Answer
be동사 부정 의문문	Aren't you ~?	Q **Aren't you** supposed to lead the seminar tomorrow? 내일 당신이 세미나를 진행하기로 되어 있지 않나요?	A **Yes**, I should start preparing. 네, 준비를 시작해야 해요. A **No**, Ian will do it. 아니요, Ian이 할 거예요.
	Weren't they~?	Q **Weren't the reports** approved? 보고서가 승인되지 않았었나요?	A **Yes**, last week. 네, 지난주에요. A **No**, I need to change a few things. 아니요, 몇 가지 수정해야 해요.
조동사 부정 의문문	Don't you ~?	Q **Don't you** usually drive to work? 보통 운전해서 출근하지 않나요?	A **Yes**, that's the easiest way. 네, 그게 가장 쉬운 방법이에요. A **No**, I take the subway. 아니요, 지하철을 타요.
	Hasn't he ~?	Q **Hasn't the CEO** arrived from New York yet? CEO가 뉴욕에서 아직 도착하지 않았죠?	A **Yes**, this morning. 도착했어요, 오늘 아침에 오셨어요. A **No**, his flight was delayed. 도착하지 않았어요, 비행기가 연착되었어요.
긍정 부가 의문문	부정형, + 긍정꼬리?	Q You **didn't** attend the conference, **did you**? 컨퍼런스에 참석하지 않았죠, 그렇죠?	A **Yes**, it was useful. 참석했어요, 도움이 됐어요. A **No**, I had no time. 안 했어요, 시간이 없었어요.
		Q You **haven't** finished the report, **have you**? 보고서를 끝내지 못했죠, 그렇죠?	A **Yes**, do you need it now? 끝냈어요, 지금 필요하세요? A **No**, I'm working on it now. 끝내지 못했어요, 지금 하고 있어요.
부정 부가 의문문	긍정형, + 부정꼬리?	Q His speech was impressive, **wasn't it**? 그의 연설은 감동적이었어요, 그렇지 않나요?	A **Yes**, it was the best. 네, 최고였어요. A I **don't think** so. 그렇게 생각하지 않아요.
		Q You **have** been to Tokyo, **haven't you**? 도쿄에 가 본 적이 있죠, 그렇지 않나요?	A **Yes**, three times. 네, 세 번요. A **No**, but I'm going there this summer. 아니요, 하지만 이번 여름에 갈 거예요.

실력 쌓기 정답 p.042

A 질문과 보기를 듣고 질문에 가장 적절한 응답을 고르세요.

1 (A) (B) (C)
2 (A) (B) (C)
3 (A) (B) (C)
4 (A) (B) (C)
5 (A) (B) (C)
6 (A) (B) (C)
7 (A) (B) (C)
8 (A) (B) (C)

B 질문과 보기를 다시 듣고 빈칸을 완성하세요.

1 You ________ an ________ to Mr. Dean, ____________?
(A) ________, I can call him now.
(B) ________, I ________ send it yet.
(C) Yes, I sent it ____________.

2 ________ you ________ the front gate yet?
(A) Can you ________ it ________?
(B) ________, I didn't ________ it.
(C) ________, thirty minutes ________.

3 Elizabeth is ________ the ____________ events, ____________?
(A) Sales were ________.
(B) I think Lisa is.
(C) Yes, we all ________ them.

4 The train to the village ________ every two hours, ____________?
(A) No, it ________ three hours.
(B) You have to ____________ first.
(C) Yes, the ________ one is ________ in 10 minutes.

5 ________ Ms. Kent ________ the annual company picnic?
(A) She's ________ it for the ________ five years.
(B) It's a ________ event.
(C) Everyone ________ it.

6 ________ the new employees ________ ________ today?
(A) Yes, it was ____________.
(B) No, the ________ has been ________.
(C) How about ____________?

7 You didn't ________ the ________ to the Accounting Department, ____________?
(A) No, she ________ to ________ it.
(B) I ________ it ________ this morning.
(C) The sales figures look ____________.

8 You ________ the musical ____________ in Martin Hall, ____________?
(A) ________, we've ________ a ________ one.
(B) I ________ there with Helen.
(C) A famous ________ from London.

어휘 **by mail** 우편으로 **front gate** 정문 **leave** ~로 남겨두다 **organize** 준비하다 **promotional event** 판촉행사 **every two hours** 2시간 마다 **annual** 연례의 **monthly** 매월의 **drop off** 전달하다 **sales figure** 매출액 **musical performance** 음악 공연

PART 4 사내 공지 / 회의

- 사내 공지나 회의 내용 중 일부가 출제되면, 공지 및 회의의 **목적을 먼저 파악**하고, **제안 및 요구사항 등을 파악**해 보자.
- **회의**의 경우 예산, 매출, 마케팅, 새로운 정책 도입과 같은 다양한 업무를 논의하는 내용이 출제되며, **공지**의 경우 업무 및 변경 사항 등을 공지하는 내용이 출제된다.

표현 익히기 사내 공지 및 회의와 관련된 주요 어휘를 듣고 따라해 보세요.

사내 공지 관련 어휘		회의 관련 어휘	
overtime hours 초과 근무 시간	upgrade a system 시스템을 개선하다	benefit everyone 모두에게 유익하다	call a meeting 회의를 소집하다
I have been told 나는 ~를 들었다	business hours 근무시간	board of directors 이사회	as we discussed 논의했던 대로
guideline 지침	when it comes to ~에 관한 한	staff member 직원	I'm pleased to ~하게 되어서 기쁘다
shift 교대 근무	get paid 봉급을 받다	sales goal 매출목표	share news 소식을 공유하다
come into effect 효력이 발생하다	supervisor 감독관, 관리자	quarterly 분기별의	exceptional work 매우 우수한 업무
review 검토하다	fill out a survey 설문지를 작성하다	analyze 분석하다	executive officer 간부
renovation 수리	submit 제출하다	sick leave 병가	performance review 인사고과

유형 파악하기 다음 담화를 듣고 빈칸을 완성하세요. 정답 p.044

M Hello, everyone. I ________ this ________ to talk about our office ________. The new ________ is on Broadway ________ from the public library. As we ________ before, this move should ________ everyone. First of all, it will be just two blocks from ________ line A. Since most of our employees ________ the ________ to work, it will be ________. Secondly, it is ________. At the moment, we are ________ of ________, and we are planning to ________ more staff members. Therefore, this ________ will ________ our ________. Please ________ our Web site for more ________.

M 안녕하세요 여러분. 회사의 사무실 이전에 관하여 이야기하기 위해 이 회의를 소집했습니다. 새로운 위치는 공공 도서관 맞은 편에 있는 Broadway에 있습니다. 전에 논의한 것과 같이, 이 이전은 모든 사람에게 유익할 것입니다. 첫째로, 지하철 A라인에서 두 블록 밖에 떨어져 있지 않습니다. 거의 대부분의 직원들이 지하철을 타고 출근하기 때문에 편리할 것입니다. 둘째로, 공간이 넓습니다. 현재 공간이 부족한 상태인데, 우리는 직원을 더 채용할 계획입니다. 따라서 이번 이전은 우리의 문제를 해결할 것입니다. 더 자세한 정보는 웹사이트에서 확인해주세요.

어휘 **office move** 사무실 이전 **across from** ~ 맞은 편에 **public library** 공공 도서관 **take the subway** 지하철을 타다 **be short of** ~이 부족한 **spacious** 공간이 넓은 **detail** 세부사항

실력 쌓기 정답 p.044

10-06

A 문제를 먼저 읽은 다음, 담화를 듣고 정답을 고르세요.

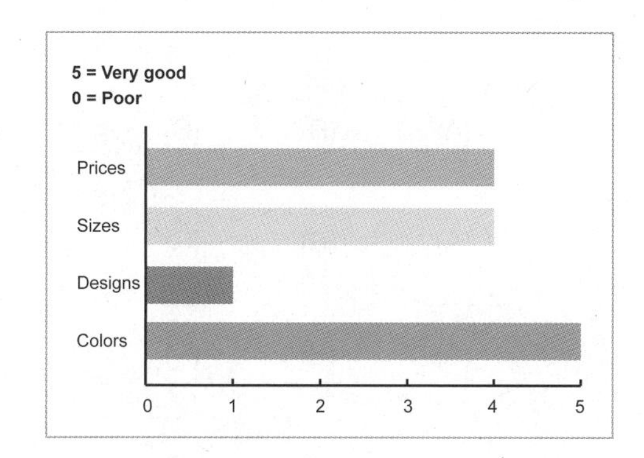

1 What industry does the speaker work in?

(A) Fashion
(B) Software development
(C) Financial services
(D) Home decorating

2 Look at the graphic. What does the speaker ask the listeners to think about?

(A) Prices
(B) Sizes
(C) Designs
(D) Colors

3 What will the listeners do in a while?

(A) Write a report
(B) Contact some customers
(C) Call customer service
(D) Present some ideas

어휘 **industry** 산업 **decorating** 장식 **customer service** 고객서비스

B 담화를 다시 듣고 빈칸을 완성하세요.

W Good morning. Welcome to the __________. Our __________ team just gave me the results of the customer __________ on our new __________, so I'd like to __________ them with you. In general, customers are quite __________ with our __________, especially the __________. But there is one area we need to __________ as soon as possible. Right now, I'd like you to __________ some ideas on how to make __________ on the issue that got the __________ score. When you are ready, I will give each of you a chance to speak.

어휘 **staff meeting** 직원 회의 **survey** 설문지 **review** 검토하다 **come up with** ~를 내놓다

정답 p.045

10-08

PART 2 질문과 보기를 듣고, 질문에 가장 적절한 응답을 고르세요.

1 Mark your answer on your answer sheet. (A) (B) (C)

2 Mark your answer on your answer sheet. (A) (B) (C)

3 Mark your answer on your answer sheet. (A) (B) (C)

4 Mark your answer on your answer sheet. (A) (B) (C)

5 Mark your answer on your answer sheet. (A) (B) (C)

6 Mark your answer on your answer sheet. (A) (B) (C)

7 Mark your answer on your answer sheet. (A) (B) (C)

8 Mark your answer on your answer sheet. (A) (B) (C)

9 Mark your answer on your answer sheet. (A) (B) (C)

10 Mark your answer on your answer sheet. (A) (B) (C)

PART 4 담화를 듣고 질문에 답하세요.

11 Who are the listeners?

(A) Investors
(B) Executive officers
(C) Bankers
(D) Shareholders

12 Why does the speaker praise the listeners?

(A) For helping the management
(B) For meeting the goals
(C) For analyzing the market
(D) For developing new products

13 What are the listeners expected to receive?

(A) Extra money
(B) Bonus leaves
(C) Free gifts
(D) Company stock

14 What is the purpose of this talk?

(A) To gather opinions about a new working environment
(B) To warn employees about the dangers of working too much
(C) To discuss the possibility of remote work
(D) To inform employees of an important change at the company

15 What has the company decided to do?

(A) Implement a new working system
(B) Hire more HR staff
(C) Find ways to communicate with employees
(D) Develop more business for the future

16 How can employees obtain additional information about this change?

(A) By reading the manual provided
(B) By talking to their team manager
(C) By e-mailing the HR Department
(D) By participating in a workshop

토익 필수 어구 ✓ 업무 / 회의 관련

정답 p.048

A 다음 어휘 표현에 어울리는 우리말 뜻을 골라 괄호 안에 쓰세요.

1	trainee	( )	ⓐ 초청연사
2	convention	( )	ⓑ 교육 받는 사람
3	keynote speaker	( )	ⓒ 회의
4	attendance	( )	ⓓ 기조 연설자
5	guest speaker	( )	ⓔ 참석자

B 주어진 우리말에 맞는 어휘를 골라 표시하세요.

1	연례회의	= a(n) (ⓐ quarterly ⓑ annual) meeting
2	간단한 설명, 시연	= a brief (ⓐ demonstration ⓑ gathering)
3	회의 안건에	= on the (ⓐ agenda ⓑ minutes)
4	논쟁하다	= to have an (ⓐ article ⓑ argument)
5	위원	= the (ⓐ director ⓑ committee) members

C 다음 우리말에 맞는 어휘 표현을 골라 문장을 완성하세요.

conflict	upcoming	get ready for	presentation	enroll

1 일정의 충돌로 인하여 회의는 월요일로 변경되었다.
→ The meeting has been moved to Monday because of a scheduling ______________.

2 Lee 씨는 워크숍 준비를 위하여 늦게까지 일하고 있다.
→ Mr. Lee has been working late in order to ______________ the workshop.

3 James Cole은 다가오는 대선에 출마 선언을 했다.
→ James Cole declared his candidacy in the ______________ presidential election.

4 Kimberly는 손글씨 수업에 등록할 것이다.
→ Kimberly will ______________ in a calligraphy class.

5 영업 부장님은 프리젠테이션을 하도록 부탁 받았다.
→ The sales director was asked to give a ______________.

UNIT 11

PART 2 선택 의문문 / 간접 의문문

PART 3 공공 장소

◉ 실전 연습

Today's GOAL

PART 2 ▪ 선택 의문문과 간접 의문문을 듣고, 그에 알맞은 응답을 고를 수 있도록 하자.

PART 3 ▪ 식당, 부동산, 우체국, 병원과 같은 공공 장소에서 일어나는 대화들을 잘 듣고 주요 정보를 파악할 수 있도록 하자.

▪ 공공 장소에서 일어나는 상황과 관련된 주요 어휘를 듣고 발음해보며 익혀두자.

PART 2

선택 의문문 / 간접 의문문

- 선택 의문문은 **두 가지의 선택 사항을 제시하는 의문문**으로, 둘 중 하나, 둘 다, 혹은 둘 다 아닌 선택을 하는 보기가 제시된다.
- 간접 의문문은 **'Do you know + 의문사/(접속사) + 주어 + 동사 ~'** 형태의 의문문이다. **의문사/(접속사) 다음에 나오는 말에 주의**를 기울이도록 하자.

표현 익히기

질문과 대답을 듣고 따라해 보세요.

11-01

	Question	Answer
선택 의문문	Q Would you like to walk **or** take a taxi? 걸을까요, 아니면 택시를 탈까요?	A I'd rather walk. 저는 걷겠어요. A Neither. Let's take a bus. 둘 다 별로예요. 버스를 타요.
	Q Have you already finished it, **or** do you want me to help? 벌써 그 일을 끝내셨나요, 아니면 제가 도와드릴까요?	A I already took care of it. 제가 이미 처리했어요. A Your help will be appreciated. 도와주시면 고맙죠.
간접 의문문	Q Do you know **where the bus stop is**? 버스 정류장이 어디에 있는지 아시나요?	A It's right around the corner. 코너를 돌면 바로 있어요. A I am a stranger here. 저도 여기가 처음이에요.
	Q Do you think **we have enough chairs**? 우리에게 의자가 충분히 있나요?	A No, we need 5 more. 아니요. 5개가 더 필요해요. A I think this is enough. 이 정도면 충분해요.

실력 쌓기

정답 p.048

11-02

A 질문과 보기를 듣고 질문에 가장 적절한 응답을 고르세요.

1 (A) (B) (C)
2 (A) (B) (C)
3 (A) (B) (C)
4 (A) (B) (C)
5 (A) (B) (C)
6 (A) (B) (C)
7 (A) (B) (C)
8 (A) (B) (C)

B 질문과 보기를 다시 듣고 빈칸을 완성하세요.

11-03

1 ________ do you ________, sales or marketing?

(A) I am a new sales ________.

(B) I ________ to the company.

(C) ________. I like accounting.

2 ________ if there is a printing shop near here?

(A) I can't ________ this.

(B) I think ________ one ________ the street.

(C) You can ________ with me.

3 ________ you like to ________ indoors or outdoors?

(A) I'd like some ________.

(B) It's not ________.

(C) I would like to ________ a table.

4 ________ you already made a ________, or ________ you like ________ to do it?

(A) ________ you ________ that ________ ________?

(B) It's already ________.

(C) I didn't ________ a ________.

5 ________ you ________ whether Jenny is ________ or not?

(A) Jenny didn't ________ there.

(B) We are ________ yet.

(C) I can't ________.

6 ________ you ________ you worked at ________?

(A) I ________ a VP at Dex & Co.

(B) ________ work for a ________ firm.

(C) I have a lot of ________.

7 ________ will you ________ to first, Sydney or Melbourne?

(A) ________. I don't ________ traveling.

(B) I've ________ there.

(C) I've always ________ to ________ there.

8 ________ you ________ me why you didn't ________?

(A) Actually, I wanted to ________ an ________.

(B) The ________ was not what I had ________.

(C) I ________ about it.

어휘 **prefer** 더 좋아하다 **sales** 영업 **accounting** 회계팀 **sales representative** 영업 사원 **apply to** ~에 지원하다 **company** 회사 **print** 인쇄하다 **across** ~의 건너편에 **indoors** 실내에 **outdoors** 실외에 **necessary** 필요한 **reserve a table** 테이블을 예약하다 **make a reservation** 예약하다 **full** 꽉 찬 **whether** ~인지 아닌지 **make it** 제때에 도착하다 **VP (= vice president)** 부사장 **marketing firm** 마케팅 회사 **take an offer** 제안을 수락하다 **make an offer** 제안을 하다 **expect** 예상하다, 기대하다

PART 3

공공 장소

- 공공 장소와 관련된 대화로는 **식당, 병원, 우체국, 부동산**과 관련된 내용들이 자주 출제된다.
- 식당, 병원, 우체국 등과 관련된 빈출 어휘들을 잘 익혀두자.

표현 익히기 공공 장소와 관련된 주요 어휘를 듣고 따라해 보세요.

11-04

공공 장소 관련 빈출 어휘			
식당	병원	우체국	부동산
today's special 오늘의 특선 요리	regular checkup 정기 검진	by courier 택배로	real estate agency 부동산
entrée 주요리	symptom 증상	parcel 소포	utilities (전기, 수도 등) 공과금
ingredient 재료	take medicine 약을 먹다	express mail service 속달 우편 서비스	furnished 가구를 갖춘
seasoning 조미료	prescription 처방전	surface mail 보통 우편	tenant 세입자
order a meal 음식을 주문하다	make an appointment 예약하다	airmail 항공 우편	spacious 공간이 넓은
catering service 출장 연회 서비스	get a shot 주사를 맞다	overnight delivery 익일 배송	rent 임대하다; 임대료

유형 파악하기 다음 대화를 듣고 빈칸을 완성하세요. 정답 p.049

11-05

W Good afternoon. ________ can I ________ for you today?

M I'd like to ________ this ________ to Japan.

W Please ________ the ________through the open window so that I can see how much it ________. Do you want to ________ it by ________?

M Yes, please. How ________ will it ________?

W It will get there in about 7 days.

W 안녕하세요. 무엇을 도와드릴까요?
M 이 소포를 일본으로 보내고 싶어요.
W 소포 무게가 얼마나 나가는지 알 수 있게 열린 창구로 소포를 통과시켜 주세요. 항공 우편으로 보내시겠어요?
M 네, 그렇게 해주세요. 얼마나 걸릴까요?
W 대략 7일 후에 도착할 거예요.

어휘 **pass** 통과시키다 **through** ~를 통해서 **weigh** 무게가 ~이다 **by airmail** 항공 우편으로 **get there** (어떤 장소에) 도착하다

실력 쌓기 정답 p.049

🎧 11-06

A 문제를 먼저 읽은 다음, 대화를 듣고 정답을 고르세요.

1 Who most likely is the woman?

(A) A receptionist
(B) A patient
(C) A doctor
(D) A technician

2 What is the man's problem?

(A) He is too busy to keep his appointment.
(B) He is not feeling well.
(C) He cannot go to work.
(D) He can't wait until tomorrow.

3 What does the woman say about Dr. Howard?

(A) His schedule is full today.
(B) He won't be in the office till tomorrow.
(C) He hasn't been feeling well.
(D) He is not available today.

어휘 **keep one's appointment** 약속을 지키다 **feel well** 몸 상태가 좋다 **go to work** 직장에 나가다 **till** ~까지

🎧 11-07

B 대화를 다시 듣고 빈칸을 완성하세요.

W Doctor's office. How can I help you?

M I would like to __________ an __________ with Dr. Howard. My name is Jack Allen.

W What do you need to __________ the __________ about?

M I've been __________ for the past few days. And it has been __________ each day.

W Dr. Howard is ______ today. Can this __________ until __________?

M Okay.

어휘 **make an appointment** 예약을 잡다 **cough** 기침하다 **for the past few days** 지난 며칠간 **get worse** 악화되다 **each day** 매일 **off** 쉬는

정답 p.050

11-08

PART 2 질문과 보기를 듣고, 질문에 가장 적절한 응답을 고르세요.

1 Mark your answer on your answer sheet. (A) (B) (C)

2 Mark your answer on your answer sheet. (A) (B) (C)

3 Mark your answer on your answer sheet. (A) (B) (C)

4 Mark your answer on your answer sheet. (A) (B) (C)

5 Mark your answer on your answer sheet. (A) (B) (C)

6 Mark your answer on your answer sheet. (A) (B) (C)

7 Mark your answer on your answer sheet. (A) (B) (C)

8 Mark your answer on your answer sheet. (A) (B) (C)

9 Mark your answer on your answer sheet. (A) (B) (C)

10 Mark your answer on your answer sheet. (A) (B) (C)

PART 3 대화를 듣고 질문에 답하세요.

Today's Specials

1. Chicken breast with green salad
2. Beefsteak with mashed potatoes
3. Meatball spaghetti with fresh bread
4. Club sandwich with baked beans

11 Who most likely is the man?

(A) A restaurant owner
(B) A caterer
(C) A customer
(D) A server

12 What does the woman mention about the lunch specials?

(A) They come with free drinks.
(B) The type of food cannot be changed.
(C) More than two cannot be ordered.
(D) They are available for free.

13 Look at the graphic. What dish is the man going to select?

(A) 1
(B) 2
(C) 3
(D) 4

14 Where is the conversation most likely taking place?

(A) At a travel agency
(B) At a real estate agency
(C) At a department store
(D) At a furniture store

15 What does the man say about the apartment?

(A) It is conveniently located near public transportation.
(B) It doesn't have the necessary furniture.
(C) It's cheaper than the woman thinks.
(D) It will not last long.

16 What will the woman do next?

(A) Call another real estate agent
(B) Visit one more house
(C) Sign a contract
(D) Walk to the subway station

토익 필수 어구 ✓ 공공 장소 관련

정답 p.052

A 다음 어휘 표현에 어울리는 우리말 뜻을 골라 괄호 안에 쓰세요.

1	recommend	( )	ⓐ 주문하다
2	place an order	( )	ⓑ 요리의
3	culinary	( )	ⓒ 조경
4	landscaping	( )	ⓓ 보수
5	renovation	( )	ⓔ 추천하다

B 주어진 우리말에 맞는 어휘를 골라 표시하세요.

1	편리한 위치에 있는	= conveniently (ⓐ located ⓑ location)
2	가구가 일부 있는	= (ⓐ partially ⓑ fully) furnished
3	즉각적으로 이용 가능한	= (ⓐ soon ⓑ readily) available
4	잘 유지관리가 된	= well (ⓐ maintained ⓑ kept)
5	최근에 보수가 된	= recently (ⓐ rebuilt ⓑ renovated)

C 다음 우리말에 맞는 어휘 표현을 골라 문장을 완성하세요.

set up an account	fill out the form	include utilities
out of ingredients	get some vaccinations	

1 저축 예금 계좌를 만들고 싶습니다.
→ I would like to ______________.

2 집세에는 공과금이 포함되어 있습니다.
→ The rent ______________.

3 의사 선생님을 만나기 전에 이 양식을 작성해 주셔야 합니다.
→ You should ______________ before you see the doctor.

4 해외로 여행하기 전에 예방 접종을 받을 것을 권합니다.
→ You are encouraged to ______________ before traveling overseas.

5 죄송하지만 재료가 다 떨어졌습니다.
→ We are sorry, but we are ______________.

UNIT 12

PART 2 평서문

PART 4 인물 소개 / 연설 / 발표

◉ 실전 연습

Today's **GOAL**

PART 2
- 평서문을 듣고, 어떤 상황인지 파악하여 그에 알맞은 응답을 고를 수 있도록 하자.
- 평서문에 대한 응답은 예측하기가 어렵기 때문에, 최대한 자연스러운 응답을 찾을 수 있도록 토익에서 자주 나오는 여러 상황에 대한 답변을 미리 익혀두자.

PART 4
- 인물소개 / 연설 / 발표에 자주 등장하는 표현을 익히고 대화의 흐름을 파악하는 연습을 해보자.

PART 2

평서문

- **의견, 조언, 문제점 제시, 정보 전달** 등 다양한 주제의 문장이 제시된다.
- **동의, 반대, 이유 설명** 등 다양한 응답이 가능하기 때문에 예측하기 어려운 유형에 속한다.
- **되묻는 응답은 정답일 가능성이 높으므로** 주의하여 듣도록 하자.

표현 익히기 질문과 대답을 듣고 따라해 보세요.

	Question	Answer
의견/요청/조언	Q **Let's** wait until the rain stops. 비가 멈출 때까지 기다리도록 하죠.	A Sure, it will let up soon. 좋아요. 곧 그칠 거예요. A **Can we just leave now**? 그냥 지금 출발하면 안 되나요?
	Q **You'd better** hurry up and make a decision. 서둘러서 결정을 하는 것이 좋겠어요.	A I think you are right. 당신 말이 맞는 것 같아요. A But I need more time to think. 하지만 저는 생각할 시간이 더 필요해요.
	Q **I think we should** order more paper. 우리가 종이를 더 주문해야 할 것 같아요.	A That sounds like a good idea. 그거 좋은 생각인 것 같네요. A **Don't we have enough**? 우리에게 충분하게 있지 않나요?
문제점	Q The 3D printer is **not working** properly. 3D 프린터가 제대로 작동하지 않네요.	A We might have to replace it. 교체해야 할지도 모르겠네요. A It seemed fine this morning. 오늘 아침에는 괜찮아 보이던데요.
	Q Sales are very **disappointing**. 판매량이 매우 실망스럽군요.	A I'm sure we'll do better next year. 내년에는 더 잘할 수 있을 거예요. A The advertising wasn't effective. 광고가 효과적이지 못했어요.
정보 전달	Q **The realtor said** that there is an office building available nearby. 부동산업자가 근처에 사용 가능한 사무실 건물이 있다고 했어요.	A That's great news. 좋은 소식이네요. A **Where exactly is it**? 정확히 어디인가요?
	Q CF Productions **is releasing** a new movie next week. CF Productions는 다음 주에 새로운 영화를 개봉할 예정입니다.	A I'd love to see it. 보고 싶네요. A Who is the director? 감독이 누구예요?

실력 쌓기

정답 p.052

A 질문과 보기를 듣고 질문에 가장 적절한 응답을 고르세요.

1 (A) (B) (C)
2 (A) (B) (C)
3 (A) (B) (C)
4 (A) (B) (C)
5 (A) (B) (C)
6 (A) (B) (C)
7 (A) (B) (C)
8 (A) (B) (C)

B 질문과 보기를 다시 듣고 빈칸을 완성하세요.

1 We are running ______________.
(A) ________ right here.
(B) Oil prices are ________.
(C) Is there a ______________ near here?

2 This was the most ________ speech I've ever ________.
(A) You did a ______________ job.
(B) The auditorium was ________.
(C) It ________ have been ________.

3 My computer ______________ last night.
(A) ________ you ________ it last week?
(B) ______________ I have time.
(C) It ______________ the price.

4 Ms. Rhoads couldn't ______________ to the ______________.
(A) A couple of ______________.
(B) I led the ______________.
(C) ________, she was ________.

5 Please ________ tell ________ about the ________.
(A) He is a ______________.
(B) I'd be ________ to.
(C) ______________ about it.

6 The World Travel Agency ________ a list of ________ to you.
(A) He is on a ______________ to Boston.
(B) I'll ________ it ________.
(C) They ________ two rooms.

7 Mr. Shin is not ______________ today.
(A) Are ________ feeling okay?
(B) I hope he ______________ soon.
(C) He ________ three languages.

8 I'll ________ today's ________.
(A) That is an ______________.
(B) ________ is Wednesday.
(C) This restaurant ________ a week ago.

어휘 **run out of** 바닥이 나다 **inspiring** 영감을 주는 **auditorium** 강당 **renovate** 보수하다 **could have p.p.** ~일 수 있었다 **break down** 고장 나다 **depend on** ~에 달려 있다 **make it** 시간에 맞춰 가다 **a couple of** 두서너 개의 **reporter** 기자, 리포터 **look into** 조사하다 **book** 예약하다 **feel well** 건강 상태가 좋다

PART 4

인물 소개 / 연설 / 발표

■ 수상자, 퇴직자, 신입 인사 등의 **인물 소개**가 출제되며 인물의 **이력과 업적에 대한 내용**이 언급된다.

■ **수상 소감이나 축하 연설, 환영의 말**과 같은 연설과 발표도 자주 출제된다.

표현 익히기 인물 소개 / 연설 / 발표와 관련된 주요 어휘를 듣고 따라해 보세요.

12-04

인물 소개 관련 어휘		연설 / 발표 관련 어휘	
outstanding performance 뛰어난 성과	exceptional work 탁월한 업무	be honored to ~하게 되어 영광이다	deliver a speech 연설을 하다
on behalf of ~을 대신하여	congratulations 축하합니다	based on ~에 기초하여	judge 판단하다
serve 근무하다	present an award 상을 수여하다	contribution to ~에 대한 공헌	headquarters 본사
anniversary 기념일	the employee of the year 올해의 직원	grateful for ~을 감사히 여기는	press conference 기자회견
express our gratitude 감사의 뜻을 표하다	founder 창립자	banquet 연회	a round of applause 박수를 보내다
retire 퇴직하다	celebration 축하 행사	grand opening 개점	register 등록하다
respect 존경; 존경하다	join me in welcoming 함께 환영해 주세요	raffle 경품 추첨	leadership 리더십, 지도력

유형 파악하기 다음 담화를 듣고 빈칸을 완성하세요. 정답 p.054

12-05

M Welcome to the PK Company's 5th ______________ celebration. We ______________ one employee every year who has gone ______________ our ______________ by naming him or her the ______________ of the year. This year's ______________ will be ______________ a plaque ______________ a check for $200 as an extra thank you for all the ______________ work that person has done. I'm proud to ______________ that the PK Company's ______________ of the year is Emma Rose. Congratulations and please come up on to the stage!

M PK 사의 5주년 기념 행사에 오신 여러분을 환영합니다. 저희는 매년 기대 이상의 성과를 가져온 직원 한 명을 선정하여 올해의 직원상을 수여하고 있습니다. 올해의 직원상은 해당 직원이 수행한 탁월한 업무에 대한 감사의 표현으로 200달러 수표와 함께 명판을 수여하게 될 것입니다. PK 사의 올해의 직원상 수상자로 Emma Rose를 발표하게 되어 자랑스럽게 생각합니다. 축하 드립니다. 무대로 나와주세요!

어휘 **recognize** 인정하다, 표창하다 **beyond** ~ 이상 **expectation** 기대 **name** 선정하다, 지정하다 **plaque** 명판 **along with** ~와 함께

 정답 p.054

12-06

A 문제를 먼저 읽은 다음, 담화를 듣고 정답을 고르세요.

1 What is being celebrated?

(A) The retirement of a professor
(B) Teachers' Day
(C) The best faculty member of the year
(D) The anniversary of a university

2 What is mentioned about Ruth Lavens?

(A) She taught the longest.
(B) She received many awards.
(C) She served as a coordinator.
(D) She is supportive of others.

3 What will probably happen next?

(A) Music will start.
(B) A raffle will be held.
(C) A speech will be given.
(D) An award will be presented.

어휘 **retirement** 퇴직 **faculty** 교수단 **serve as** ~로 일하다 **be presented** 수여되다

12-07

B 담화를 다시 듣고 빈칸을 완성하세요.

W Hello, everyone. We are here today to ________ our ________ and ________ for Professor Ruth Lavens, who ________ 40 years ________ at our university. Professor Lavens has been a ________________ on all of us during this time. ________ an entire lifetime of ________ experience, she ________________ any of us what we should or should not be doing. Instead, she was always there to ________ us in the nicest ________. ________________ the faculty, I would like to ________ our ________. Thank you and have a happy ________. Now, we would like to ________ Ruth to ________ a few ________ before she ________ us. Everyone, please stand up and join me in welcoming Ruth.

어휘 **influence on** ~에 대한 영향 **despite** ~에도 불구하고 **instead** ~대신에 **in the nicest manner** 가장 친절하게

정답 p.055

PART 2 질문과 보기를 듣고, 질문에 가장 적절한 응답을 고르세요.

1 Mark your answer on your answer sheet. (A) (B) (C)

2 Mark your answer on your answer sheet. (A) (B) (C)

3 Mark your answer on your answer sheet. (A) (B) (C)

4 Mark your answer on your answer sheet. (A) (B) (C)

5 Mark your answer on your answer sheet. (A) (B) (C)

6 Mark your answer on your answer sheet. (A) (B) (C)

7 Mark your answer on your answer sheet. (A) (B) (C)

8 Mark your answer on your answer sheet. (A) (B) (C)

9 Mark your answer on your answer sheet. (A) (B) (C)

10 Mark your answer on your answer sheet. (A) (B) (C)

PART 4 담화를 듣고 질문에 답하세요.

Project	Scores
ST Airport Renovation	89
Queen University Library	96
Mary's Department Store	70
High Street Parking Lot	92

11 Who mostly likely are the listeners?

(A) Architects
(B) Scientist
(C) Journalist
(D) Fashion designers

12 How many criteria are mentioned?

(A) 6
(B) 5
(C) 4
(D) 3

13 Look at the graphic. What project will be announced first?

(A) ST Airport Renovation
(B) Queen University Library
(C) Mary's Department Store
(D) High Street Parking Lot

14 Who most likely is the speaker?

(A) A company founder
(B) A government official
(C) A real estate agent
(D) A shop manager

15 Why does the speaker say, "We couldn't have done it without you"?

(A) She is not talented at his work.
(B) She hopes for more staff members.
(C) She does not want to lose any employees.
(D) She wants to express his gratitude to the staff.

16 What are the listeners asked to do?

(A) Pick up their gifts
(B) Perform on the stage
(C) Deliver speeches
(D) Start a discussion

토익 필수 어구 ✓ 회사 조직 관련

정답 p.057

A 다음 어휘 표현에 어울리는 우리말 뜻을 골라 괄호 안에 쓰세요.

1 supplier ( ) ⓐ 정비사
2 head ( ) ⓑ 지도자
3 mechanic ( ) ⓒ 시장
4 colleague ( ) ⓓ 동료
5 mayor ( ) ⓔ 공급업자

B 주어진 우리말에 맞는 어휘를 골라 표시하세요.

1 야간 교대 근무 = the night (ⓐ shift ⓑ post)
2 직원의 반 = half of the (ⓐ associates ⓑ workforce)
3 영업부 = in the sales (ⓐ division ⓑ headquarters)
4 행정업무 = (ⓐ agency ⓑ administrative) jobs
5 최고 경영자 = chief (ⓐ executive ⓑ financial) officer

C 다음 우리말에 맞는 어휘 표현을 골라 문장을 완성하세요.

vice president	personnel	advisor	editor	manufacturers

1 다음 주에 있는 회사 연회에 모든 직원이 참석하기를 권합니다.
→ All ________ are encouraged to attend the company banquet next week.

2 William Price는 시카고에 있는 법률회사에서 법률 자문으로 일하고 있다.
→ William Price is working as a legal ________ at a law firm in Chicago.

3 Peter Jones는 한 지역 신문의 최고 편집자이다.
→ Peter Jones is the ________-in-chief at a local newspaper.

4 Ian Wade는 CDF 사의 부사장으로 임명되었다.
→ Ian Wade has been appointed as a ________ at the CDF Company.

5 BH Motors는 서유럽에서 상위 10개 자동차 제조사 중의 하나이다.
→ BH Motors is one of the top-10 car ________ in Western Europe.

Reading Comprehension

PART 5
단문 빈칸 채우기 Incomplete Sentences

PART 6
장문 빈칸 채우기 Text Completion

PART 7
독해 Reading Comprehension

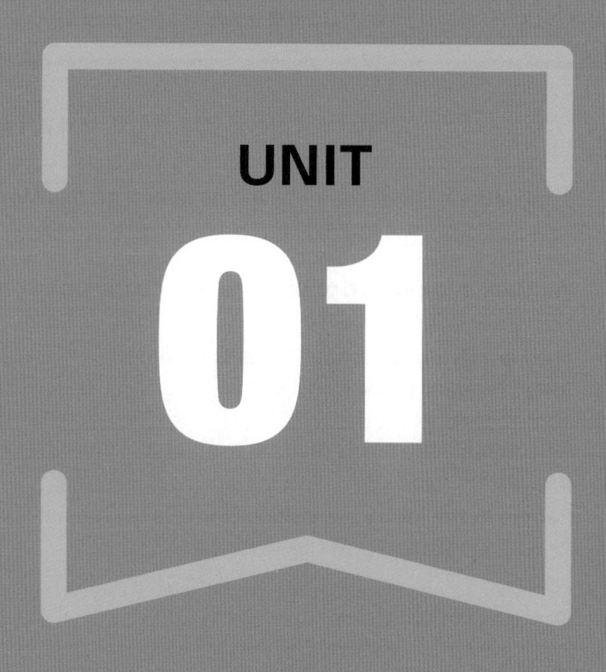

PART 5 주어와 동사

01. 주어 자리에 오는 말들

02. 주어와 동사의 일치

PART 6 편지

◉ 실전 연습

Today's **GOAL**

PART 5
- 주어 자리에 올 수 있는 말을 묻는 질문이 자주 출제되므로, 주어 자리에 오는 품사들을 잘 익혀두도록 하자.
- 주어에 맞는 동사의 수 일치, 태, 시제 일치 등을 잘 연습해 두자.

PART 6
- 토익 지문에서 자주 출제되는 편지글에 익숙해 지도록 하자.
- 동사를 고르는 문제가 출제될 경우, Part 5와 마찬가지로, 동사의 수 일치, 태, 시제의 일치를 고려하면서 문제를 풀도록 한다.

01 주어 자리에 오는 말들

주어 자리에는 **명사(구) / 대명사 / to부정사 / 동명사 / 명사절** 등이 올 수 있다.

1 명사(구)/대명사 주어: **가장 흔한 형태의 주어로, 주어 자리에 명사, 대명사, 명사구가 올 수 있다.**

명사 주어	**Applications** should be received no later than this Monday. 지원서는 늦어도 이번 주 일요일 까지는 접수되어야 한다.
대명사 주어	**You** are not supposed to use a cell phone during the meeting. 당신은 회의 중에는 휴대폰을 사용할 수 없다. **They** are trying to contact the airline office. 그들은 항공사 사무실에 연락을 취하려고 노력하고 있다.
명사구 주어	**A protective helmet** should be worn at all times. [형용사+명사] 보호 헬멧을 항상 착용해야 한다. **People in the lobby** are visiting from Celta Consulting Group. [명사+전치사구] 로비에 있는 사람들은 Celta 컨설팅 그룹에서 온 사람들이다. * 명사구는 2개 이상의 명사나 수식어구가 붙은 명사를 일컫는 말이다. 예 people in the lobby, a protective helmet

2 to부정사/동명사 주어: **to부정사(to + 동사원형), 동명사(동사원형 + -ing)의 형태도 주어의 역할을 할 수 있다. 이때 to부정사와 동명사는 '~하는 것은' 이라고 해석된다.**

to부정사 주어 (to + 동사원형)	**To promote** a new line of shoes is our main goal. 새로 나온 신발을 홍보하는 것이 우리의 주된 목표이다.
동명사 주어 (동사원형 + ing)	**Dealing** with customer complaints is my main duty. 고객들의 불만을 처리하는 것이 나의 주된 임무이다.

3 명사절 주어: **명사절(접속사 + 주어 + 동사) 또한 문장에서 주어의 역할을 할 수 있다. 대표적인 명사절 접속사에는 what과 that이 있다.**

what을 사용한 명사절 주어	**What you said** cannot be true. 당신이 말한 것은 사실일 리가 없다. [what+주어+동사] **What we discussed at the sales meeting** will be passed onto the board of directors. [what+주어+동사+전치사구] 우리가 영업 회의에서 논의한 것은 이사회에 전달될 것이다.
that을 사용한 명사절 주어	**That you read the instructions carefully** is necessary. = It is necessary **that you read the instructions carefully.** 당신이 지시사항을 꼼꼼히 읽어보는 것이 필요하다. * that절이 이끄는 명사절 주어의 경우, that절을 문장 뒤로 보내고 그 자리에 가주어 it을 쓴다.

실력 쌓기

정답 p.058

A 문장을 읽고 주어에 밑줄을 친 다음, 각각의 문장을 해석하세요.

1 Some candidates were not qualified for the position.

해석: ....

2 To reduce the number of customer complaints is the goal of the month.

해석: ....

3 A Q&A session will follow the presentation.

해석: ....

4 What our clients like about our service is our promptness.

해석: ....

5 The initial plan for the project will be made sooner than we expect.

해석: ....

6 The company's new president has not been selected yet.

해석: ....

7 Providing hotel guests with good service is our priority.

해석: ....

8 The development of new business facilities will let us hire more employees.

해석: ....

B 빈칸에 들어갈 가장 적절한 표현을 고르세요.

1 The ------- will be delivered to your house in three days.

(A) pack
(B) packed
(C) package
(D) to pack

2 Your active ------- in this project will be appreciated.

(A) participate
(B) participating
(C) participated
(D) participation

3 ------- a new system will require your patience and effort.

(A) Implement
(B) Implementing
(C) Implemented
(D) Implementation

4 ------- most customers want is lower prices and good quality.

(A) That
(B) What
(C) Which
(D) When

02 주어와 동사의 일치

동사의 형태는 **주어의 수, 태**(수동태 혹은 능동태), **문장의 시제**에 맞춰 써야 한다.

1 동사의 수 일치: 단수 주어에는 단수 동사를 쓰고, 복수 주어에는 복수 동사를 써야 한다. 주어 자리에 to부정사나 동명사, 가주어 it 등이 쓰인 경우에는 반드시 단수 동사를 쓰도록 한다.

단수 주어 + 단수 동사	**Mr. Norman's proposal is** going to be discussed at tomorrow's meeting. Norman 씨의 제안서는 내일 회의에서 논의될 것이다.
복수 주어 + 복수 동사	**Technicians are** scheduled to take a look at the computers. 기술자들이 컴퓨터를 살펴볼 예정이다. **Some people** at the reception **are** not pleased with the service. 리셉션에 있는 몇몇 사람들은 서비스에 만족하지 못하고 있다. * 수식어구가 있을 경우 주어를 찾아 동사의 수를 일치시켜야 한다.
동명사 / to부정사 / 가주어 it + 단수 동사	**Having a good understanding** of marketing strategies **is** crucial to become a marketing director. [동명사 주어+단수 동사] 마케팅 전략에 대해 잘 알고 있는 것이 마케팅 이사가 되는 데에 매우 중요하다. **It is** difficult to adjust to a completely different environment. [가주어 it+단수 동사] 완전히 다른 환경에 적응하는 것은 어렵다.

2 동사의 태: 주어와 동사의 관계가 '능동'인지 '수동'인지를 파악한 다음, 동사의 형태를 알맞게 써야 한다.

주어 + 능동의 동사 (주어가 ~을 한다)	**The company decided** to transfer Mr. Day to another part of the country. 회사는 Day 씨를 다른 지역으로 전근시키기로 결정하였다. → 회사가 결정했다 = 능동의 의미
주어 + 수동의 동사 (주어가 ~가 된다, ~을 받다)	**Your monthly rent must be paid** by the end of the month. 월세는 월말까지 지불되어야 한다. → 월세가 지불되다 = 수동의 의미

3 동사의 시제 일치: 문장의 시간 표현에 맞춰서 동사의 시제를 알맞게 쓰도록 한다.

과거시제	They **informed** us of the schedule change a few days ago. 그들은 며칠 전에 일정 변경에 대해 알려주었다.
미래시제	Next year, the company **is going to set up** a new branch in the country. 내년에, 회사는 그 나라에 새로운 지점을 설립할 것이다.

정답 p.058

A 괄호 안의 동사를 알맞은 형태로 바꾸어 문장을 완성한 다음, 각각의 문장을 해석하세요.

1 Most of them ________ now satisfied with the test results. (be)

해석: ________

2 The participants at yesterday's seminar ________ free samples. (give)

해석: ________

3 Tomorrow at noon, the board of directors will ________ who is going to be the next CEO. (decide)

해석: ________

4 Your package will be ________ as soon as your payment is complete. (deliver)

해석: ________

5 The issue must be ________ as soon as possible. (discuss)

해석: ________

6 Last week, engineers ________ that the malfunction was caused by an electrical short circuit. (conclude)

해석: ________

7 To improve the quality of all our products ________ our current goal. (be)

해석: ________

B 빈칸에 들어갈 가장 적절한 표현을 고르세요.

1 It ------- important to give employees proper training opportunities.

(A) be
(B) is
(C) are
(D) is being

2 Installing new software ------- longer than we expected.

(A) is taken
(B) is taking
(C) take
(D) taking

3 Mr. Johnson ------- working as an accountant at this firm a few years ago.

(A) is started
(B) starting
(C) started
(D) starts

4 The office building ------- by a lot of trees and grass.

(A) surrounds
(B) surrounding
(C) is surrounded
(D) are surrounded

실전연습

정답 p.059

PART 5 빈칸에 들어갈 가장 적절한 표현을 고르세요.

1 The ------- of a new highway will definitely attract more tourists from other parts of the country.

(A) construct
(B) constructing
(C) constructive
(D) construction

2 The company's new director ------- to lay off more than a hundred employees.

(A) decide
(B) has decided
(C) is decided
(D) to decide

3 Conducting a customer survey ------- useful if you want to find out what customers want.

(A) is
(B) are
(C) be
(D) were

4 ------- customers appreciate about this smartwatch is its competitive price and excellent quality.

(A) What
(B) That
(C) Which
(D) Where

5 Information about vacation plans will ------- on the company bulletin board.

(A) post
(B) be posted
(C) posts
(D) posting

6 ------- enough experience in the field will enable you to find a better job.

(A) Have
(B) Having
(C) Had
(D) Be had

7 The ------- of the new president will be concluded and officially announced next Monday.

(A) select
(B) selects
(C) selecting
(D) selection

8 ------- coupons are enclosed in the envelope we sent yesterday.

(A) Discount
(B) Discounts
(C) Discounting
(D) Discounted

PART 6 지문을 읽고 각각의 빈칸에 들어갈 가장 적절한 표현을 고르세요.

Questions 9-12 refer to the following letter.

Mr. James Brown
World Travel Agency
2341 Seaside Avenue
Honolulu, HI 96822

Dear Mr. Brown

Thank you for taking time reviewing my résumé and having an interview with me. I ------- (**9.**) your offering me as a secretary at your company.

Unfortunately, I have to decline your offer at this time. Actually, I ------- (**10.**) offered a job as a travel agent from one of the biggest travel agencies in the country. And working as a travel agent ------- (**11.**) what I have wanted to do for a long time.

Nevertheless, I am so disappointed that I won't be working with you. ------- (**12.**).

Truly,
Deborah Higgins

9 (A) apologize
(B) appreciate
(C) regret
(D) contribute

10 (A) have been
(B) has been
(C) have
(D) has

11 (A) is
(B) are
(C) have been
(D) had been

12 (A) I hope you will understand my decision.
(B) It was a great pleasure working with you.
(C) I hope to hear from you soon.
(D) I would like the opportunity to work at your company.

토익 필수 어구 ✓ 동사 I

정답 p.060

A 주어진 우리말에 맞는 동사를 골라 표시하세요.

1 (□ attempt / □ aim) to hire a new manager — 신임 관리자의 고용을 시도하다

2 (□ apply / □ afford) to a company — 회사에 지원하다

3 (□ cause / □ result) from a schedule change — 일정의 변경으로 기인하다

4 (□ account / □ adjust) for the cause of the accident — 사건의 원인을 설명하다

5 (□ dispose / □ care) of credit cards — 신용카드를 처분하다

6 (□ adhere / □ commit) to the initial plans — 초기의 계획을 고수하다

7 (□ prevent / □ interfere) with the team's work — 팀의 일을 방해하다

8 (□ contribute / □ attribute) the success to hard work — 성공을 열심히 일한 결과로 돌리다

9 (□ come / □ look) over the documents — 서류를 검토하다

10 (□ lead / □ guide) to the stabilization of the region — 그 지역의 안정화로 이어지다

B 주어진 우리말에 맞게 빈칸에 알맞은 말을 써 넣으세요.

1 경영진은 Taylor 씨의 계획을 고수하기로 결정하였다.

→ The management has decided to .... Mr. Taylor's plans.

2 그들은 서류를 검토할 시간이 조금 더 필요하다고 요구하였다.

→ They claimed they needed some more time to .... the documents.

3 더 많은 일을 할당하는 것은 팀의 프로젝트에 방해가 될 것이다.

→ Assigning more work is going to .... the team's project.

C 빈칸에 들어갈 가장 적절한 표현을 고르세요.

1 Please make sure you ------- of your personal documents before you leave the office.

(A) take
(B) dispose
(C) throw
(D) empty

2 After ------- over the documents, Mr. Lee concluded that the team was not capable of assuming more responsibility.

(A) leading
(B) searching
(C) looking
(D) having

PART 5 시제
01. 단순시제와 진행시제
02. 완료시제

PART 7 이메일

◉ 실전 연습

Today's GOAL

PART 5
- 과거, 현재, 미래의 단순시제와 진행시제, 그리고 완료시제를 잘 익혀두도록 하자.
- 각각의 시제와 자주 함께 쓰이는 표현을 알아보자.

PART 7
- 이메일은 Part 7의 빈출 지문이므로 이메일 양식을 익혀두자.
- 이메일을 보내는 목적, 상세 내용, 그리고 요청사항으로 구성되는 이메일 흐름을 알아두자.

01 단순시제와 진행시제

현재시제, 과거시제, 미래시제를 단순시제라고 한다. 진행시제는 '**be동사 + -ing**'의 형태이다.

1 현재시제: be동사는 am/are/is로 표현한다. 일반동사의 경우 주어가 1인칭 혹은 2인칭일 때에는 동사 원형이 사용되나, 주어가 3인칭인 경우에는 동사에 –s(es)를 붙여서 표현한다.

반복적인 동작 및 습관	Claudia **leaves** for work at 7:30 in the morning. Claudia는 아침 7시 30분에 출근하러 나선다.
일반적인 사실	A good supervisor **values** his employees. 좋은 관리자는 직원들을 가치 있게 여긴다.
현재의 상태	Yumiko **is** an excellent accountant. Yumiko는 훌륭한 회계사이다.
불변의 진리	Water **boils** at 100 degrees Celsius. 물은 100도에서 끓는다.

▶ 시간, 조건의 부사절 (when, after, if 등): 미래시제 대신 현재시제를 쓴다.

When Mr. Calvert retires, a new marketing director will be appointed.
→ will retire [×]

Calvert 씨가 은퇴할 때, 새 마케팅 책임자가 임명될 것이다.

2 과거시제 & 미래시제: be동사는 was/were를 쓰고, 일반동사는 –ed를 붙이거나 불규칙 과거동사를 쓴다. 미래시제는 will이나 be going to 뒤에 동사원형을 써서 표현한다.

과거시제	과거에 일어난 일	Mr. Jang **called** to ask about the contract yesterday. Jang 씨는 어제 계약에 관해 질문하기 위하여 전화했다.
	과거의 상태	The main road **was** under construction last month. 그 대로는 지난달에 공사 중이었다.
미래시제	will + 동사원형	The manufacturing conference **will begin** at 11 A.M. tomorrow. 제조 컨퍼런스는 내일 아침 11시에 시작할 것이다.
	be going to + 동사원형	The vice president **is going to make** an announcement this afternoon. 부사장님은 오늘 오후에 발표를 할 것이다.

3 진행시제: 「be + –ing」로 표현하고, 일시적으로 진행되는 일이나 상태를 나타낸다.

현재진행	am/are/is + -ing	We **are staying** at the Holiday Hotel now. 우리는 현재 홀리데이 호텔에 머물고 있다.
과거진행	was/were + -ing	Ms. Vega **was giving** a presentation at 3 P.M. yesterday. Vega 씨는 어제 3시에 프레젠테이션을 하고 있었다.
미래진행	will be + -ing	Ten staff members **will be working** at 10 P.M. tonight. 10명의 직원이 오늘 밤 10시에 일하고 있을 것이다.

▶ 진행시제를 쓸 수 없는 동사: 감정동사(like, love), 상태동사(be, know), 소유동사(have, own)

Everybody **knows** that there is a big problem with the company. 모두가 회사에 큰 문제가 있다는 것을 알고 있다.
→ is knowing [×]

정답 p.061

A 각각의 문장을 완성하기 위하여 올바른 동사를 고르세요.

1 The annual advertising conference (takes / is taking) place in New York every year.

2 If Mr. Kim successfully (completes / will complete) the project, he will be promoted to sales manager.

3 All the people in Human Resources (are / were) busy with staff training at the moment.

4 Construction workers (builds / are building) a new factory on Sunset Road.

5 Mr. Baker (attended / will attend) a business conference in Dubai last year.

6 Next March, Green Industries (send / will send) five employees to work in the new office in Bangkok.

7 Jack's Gym (has / is having) state-of-the-art equipment and professional personal trainers.

8 Mr. Cho (creates / created) a healthy and promising business plan in 2020.

B 빈칸에 들어갈 가장 적절한 표현을 고르세요.

1 Next month, Ms. Cole ------- to the headquarters in London.

(A) transfer
(B) was transferred
(C) was transferring
(D) will be transferred

2 Daily guided tours of National Museum ------- at 2 P.M. on the second floor.

(A) begin
(B) begins
(C) is beginning
(D) will be begun

3 Simpson Manufacturing Co. ------- experienced workers to meet the high demand.

(A) hire
(B) hiring
(C) is hiring
(D) are hiring

4 Last month, the coordinator ------- the instructors of job openings before advertising in newspapers.

(A) inform
(B) informs
(C) informed
(D) will inform

02 완료시제

현재완료, 과거완료, 미래완료로 구분되며, 현재완료진행시제도 종종 출제된다.

1 현재완료: 현재완료는 과거에 일어난 일이지만, 현재와 관련성이 있을 때 사용한다.

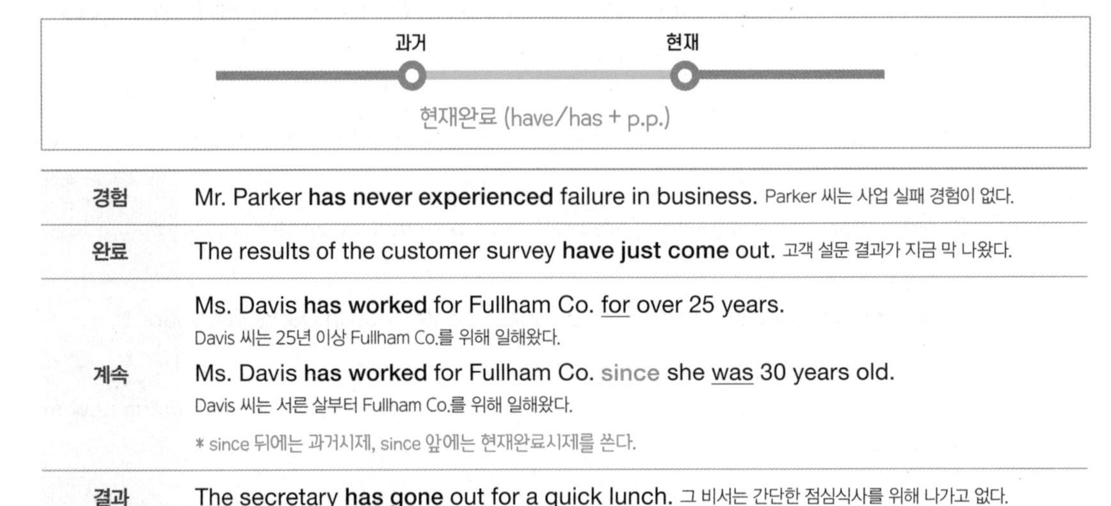

경험	Mr. Parker **has never experienced** failure in business. Parker 씨는 사업 실패 경험이 없다.
완료	The results of the customer survey **have just come** out. 고객 설문 결과가 지금 막 나왔다.
계속	Ms. Davis **has worked** for Fullham Co. <u>for</u> over 25 years. Davis 씨는 25년 이상 Fullham Co.를 위해 일해왔다. Ms. Davis **has worked** for Fullham Co. since she <u>was</u> 30 years old. Davis 씨는 서른 살부터 Fullham Co.를 위해 일해왔다. * since 뒤에는 과거시제, since 앞에는 현재완료시제를 쓴다.
결과	The secretary **has gone** out for a quick lunch. 그 비서는 간단한 점심식사를 위해 나가고 없다.

▶ 명확한 과거표현과 현재완료시제는 함께 쓰일 수 없다. 단순 과거시제를 사용해야 한다.

Mr. Kim **has been** to Venice <u>2 years ago</u>. [×]

→ Mr. Kim **went** to Venice <u>2 years ago</u>. [○] Kim 씨는 2년 전에 베니스에 갔다.

현재완료와 함께 쓰이는 부사 표현

ever 지금까지 한번이라도 never 결코 ~ 않다 before 전에 once 한번 twice 두 번 three times 세 번
recently/lately 최근에 already 벌써 just 막 yet 아직 for 동안 since 이래로 how long 얼마나 오랫동안

2 현재완료진행: 과거의 동작이 현재까지 계속되는 경우 현재완료진행시제를 쓴다.

have/has been + -ing	The clients **have been waiting** in the meeting room for over 30 minutes. 고객들은 회의실에서 30분 넘게 기다리고 있다.

▶ work, learn, study와 같은 동사는 현재완료와 현재완료진행형의 의미 차이가 거의 없다.

They **have been working** for Eugene Co. for 3 years. 그들은 Eugene 사에서 3년 동안 근무하고 있다.

= They **have worked** for Eugene Co. for 3 years.

3 과거완료, 미래완료: 과거완료는 대과거라고도 하며, 과거보다 더 오래 전의 일을 표현한다. 미래완료는 미래 특정 시점 이전에 완료되는 일을 표현한다.

had + p.p. (과거완료)	When Ms. Hill <u>got</u> back from her business trip, her boss **had quit** the company. Hill 씨가 출장에서 돌아왔을 때, 그녀의 상사는 회사를 그만두고 없었다.
will have + p.p. (미래완료)	<u>By the time</u> Mr. Rogers arrives at the airport, his flight **will have already taken off.** Rogers 씨가 공항에 도착할 때쯤에 그의 비행기는 이미 이륙하고 난 뒤일 것이다.

* 미래완료시제는 by the time(접속사: ~할 때쯤)과 자주 사용된다.

실력 쌓기

정답 p.061

A 주어진 우리말과 일치하도록 괄호 안의 동사를 사용하여 각각의 문장을 완성하세요.

1 Smith 씨와 Cole 씨는 대학 시절 이래로 서로 알아 왔다. (know)

→ Mr. Smith and Ms. Cole ________________ each other since they were in college.

2 Cox 씨는 고용 계약서에 서명하기 전에, 그 회사에서 일을 시작했다. (start)

→ Before Mr. Cox signed the employment contract, he ________________ working at the company.

3 대부분의 지원자들은 영어권 국가에서 예전에 살아 본 적이 있다. (live)

→ Most of the applicants ________________ in an English-speaking country before.

4 어떤 참가자도 아직 평가서를 작성하지 않았다. (fill)

→ No participants ________________ in the evaluation form yet.

5 Murphy 부부가 콘서트 홀에 도착할 때쯤에, 오페라는 이미 시작했을 것이다. (start)

→ By the time Mr. and Ms. Murphy get to the concert hall, the opera ________________ ________________.

6 Bell 주식회사는 지난달에 몇몇 지역 제조사들로부터 제안을 받았다. (receive)

→ Bell's Inc. ________________ proposals from some local manufacturing businesses last month.

7 Energy 사는 최근에 Duo Manufacturing으로부터 전구 배송을 주문했다. (order)

→ Energy Co. ________________ a shipment of light bulbs from Duo Manufacturing.

B 빈칸에 들어갈 가장 적절한 표현을 고르세요.

1 The factory's productivity ------- since the introduction of the new manufacturing system.

(A) improves
(B) improved
(C) has improved
(D) had improved

2 The Prince Corporation ------- the top chemical supplier for the last 10 years.

(A) was
(B) has been
(C) had been
(D) will have been

3 Mr. Miller's books have never received great reviews from critics ------- they were published.

(A) as
(B) for
(C) since
(D) during

4 Fashion, Inc. ------- the order before Ms. Chu requested that it be canceled.

(A) already ships
(B) is already shipping
(C) had already shipped
(D) will have already shipped

정답 p.062

PART 5 빈칸에 들어갈 가장 적절한 표현을 고르세요.

1 The researchers ------- hard to develop a perfect new model over the last 2 years.

(A) work
(B) worked
(C) are working
(D) have been working

2 The community center ------- a variety of employment support programs for the unemployed.

(A) has
(B) is having
(C) to have
(D) had had

3 The city council ------- to increase funding for community sports facilities.

(A) to decide
(B) are deciding
(C) to have decided
(D) has decided

4 Market research at Anderson, Inc. ------- the design of its products last quarter.

(A) improves
(B) improved
(C) is improving
(D) has improved

5 At this time next week, we ------- on the AI Insights project with the marketing team.

(A) have worked
(B) will be worked
(C) will be working
(D) will have been worked

6 By the end of this year, the personnel manager ------- the employee reviews.

(A) completes
(B) had completely
(C) will be completed
(D) will have completed

7 Sky Tech Solutions Co. ------- the possibility of opening a branch office in San Francisco now.

(A) consider
(B) is considering
(C) are considered
(D) have been considered

8 All the flights to Beijing and Shanghai ------- due to bad weather conditions.

(A) canceled
(B) is canceled
(C) have canceled
(D) have been canceled

PART 7 지문과 문제를 읽고 정답을 고르세요.

Questions 9-11 refer to the following e-mail.

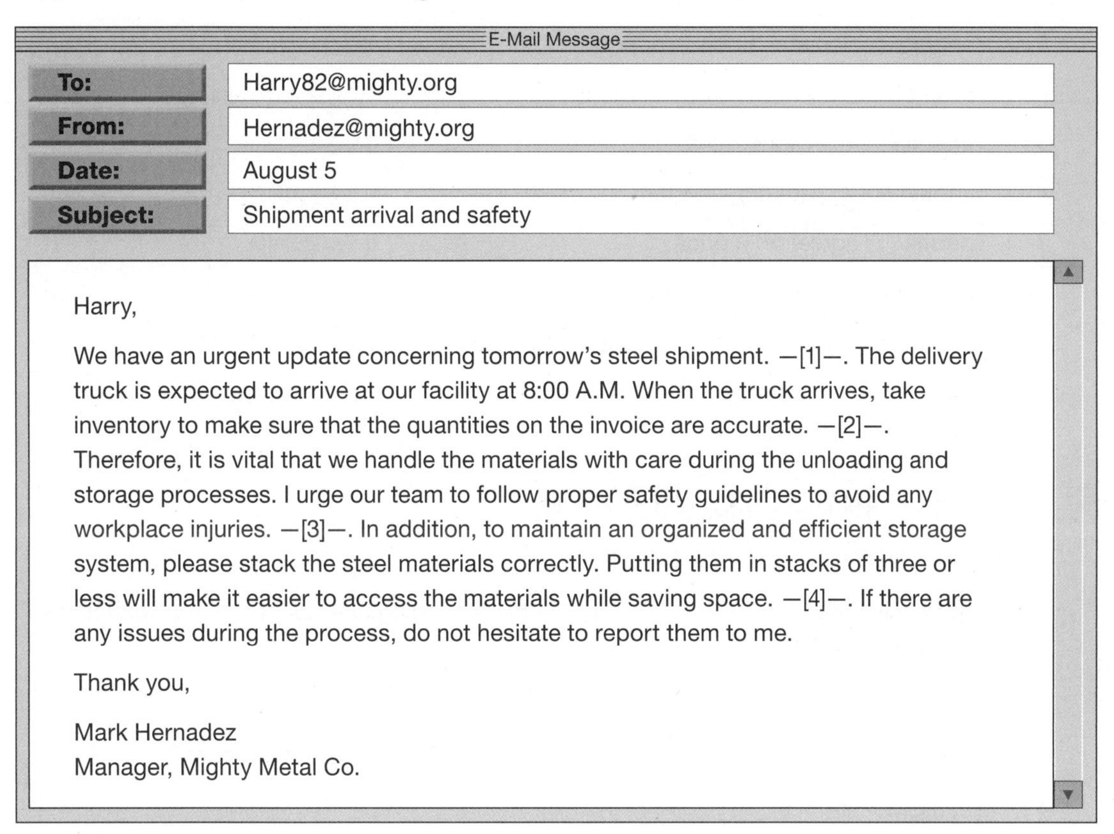

E-Mail Message

To:	Harry82@mighty.org
From:	Hernadez@mighty.org
Date:	August 5
Subject:	Shipment arrival and safety

Harry,

We have an urgent update concerning tomorrow's steel shipment. —[1]—. The delivery truck is expected to arrive at our facility at 8:00 A.M. When the truck arrives, take inventory to make sure that the quantities on the invoice are accurate. —[2]—. Therefore, it is vital that we handle the materials with care during the unloading and storage processes. I urge our team to follow proper safety guidelines to avoid any workplace injuries. —[3]—. In addition, to maintain an organized and efficient storage system, please stack the steel materials correctly. Putting them in stacks of three or less will make it easier to access the materials while saving space. —[4]—. If there are any issues during the process, do not hesitate to report them to me.

Thank you,

Mark Hernadez
Manager, Mighty Metal Co.

9 What is the purpose of the e-mail?

(A) To inform a person of a change to a schedule
(B) To place an order for steel
(C) To check the inventory for a shipment
(D) To give instructions to an employee

10 What is suggested about stacking?

(A) It has to be no more than three layers.
(B) It needs to be done in the morning.
(C) The stacking height can exceed three meters.
(D) Stacking horizontally is recommended.

11 In which of the positions marked [1], [2], [3], and [4] does the following sentence best belong?

"As you all know, safety is our top priority."

(A) [1]
(B) [2]
(C) [3]
(D) [4]

토익 필수 어구 ✓ 동사 II

정답 p.063

A 주어진 우리말에 맞는 동사를 골라 표시하세요.

1	(□ designate / □ arrange) him as a manager	그를 매니저로 임명하다
2	(□ rely / □ refer) to a document	그 문서를 참고하다
3	(□ engage / □ launch) a new product	새 제품을 출시하다
4	(□ promote / □ serve) as a civil servant	공무원으로 근무하다
5	(□ attach / □ follow) the rules	규칙을 따르다
6	(□ implement / □ obtain) a system	시스템을 시행하다
7	(□ permit / □ agree) on a price	가격에 합의하다
8	(□ specialize / □ major) in accounting	회계를 전문으로 하다
9	(□ transform / □ transfer) to the Hong Kong office	홍콩 사무실로 전근 가다
10	(□ remind / □ reflect) me to call Mr. Hall	Hall 씨에게 전화하도록 나에게 알려주다

B 주어진 우리말에 맞게 빈칸에 알맞은 말을 써 넣으세요.

1 Powell 씨는 16년간 JW 호텔 이사로 근무해오고 있다.

→ Mr. Powell has been ________________ the managing director of the JW Hotel for 16 years.

2 ODA Motors는 고급 SUV와 스포츠카 라인을 막 출시했다.

→ ODA Motors has just ________________ its luxury line of SUVs and sport cars.

3 저희는 미팅에서 제품 가격에 합의하게 되어 기쁩니다.

→ We are pleased to have ________________ the prices of the products at the meeting.

C 빈칸에 들어갈 가장 적절한 표현을 고르세요.

1 Mr. Shin's secretary ------- him to review the document about the marketing strategies.

(A) regarded
(B) spoke
(C) issued
(D) reminded

2 GI Electronics has ------- George Martin as the regional manager of Asia.

(A) designated
(B) responded
(C) disposed
(D) granted

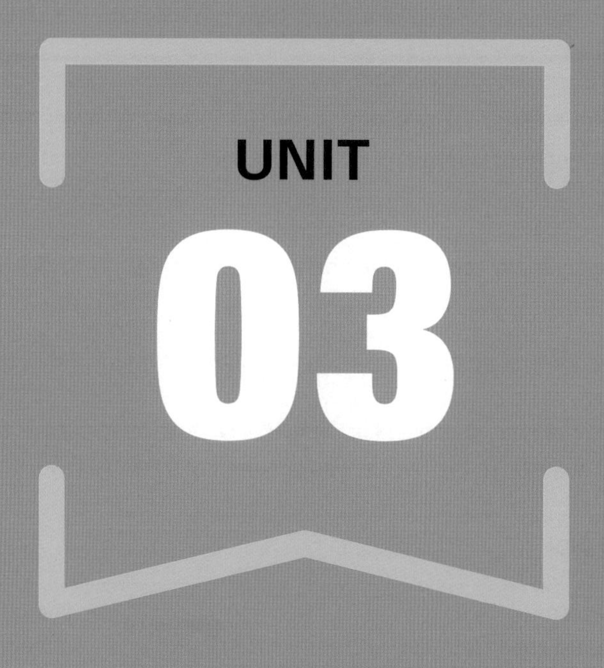

PART 5 능동태 / 수동태
01. 동사에 따른 수동태
02. 5형식 동사의 수동태와 기타 전치사 수동태

PART 6 정보문

◉ 실전 연습

Today's GOAL

PART 5
- 동사의 시제에 따라 달라지는 수동태 형태와 3형식, 4형식, 5형식의 수동태 형태를 잘 알아두자.
- by 이외의 전치사를 쓰는 수동태 표현을 익혀두자.

PART 6
- 정보(Information)를 전달하는 지문이 Part 6에 출제된다.
- Part 6 한 지문당 문장 삽입 문제는 한 문항씩 등장한다. 연결어와 전후 관계를 잘 파악하여 정답을 선택할 수 있도록 연습하자.

01 동사에 따른 수동태

능동태는 주어(subject)가 **행위의 주체**이지만, **수동태는 행위의 영향을 받는 대상**(object)이 주어가 된다.

1 수동태 만들기: 주어와 목적어의 위치를 바꾸고, 동사는 「be + V-ed」로 고친다. 능동태의 주어는 「by + 주어」로 쓰고 생략 가능하다. 목적어를 가지는 타동사만 수동태가 가능하다.

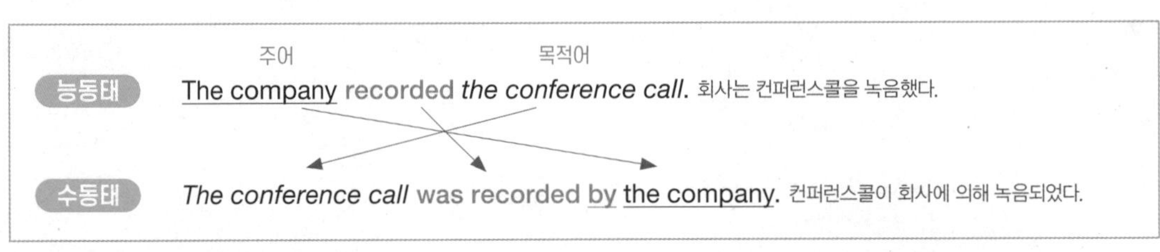

▶ 자동사(happen, occur, appear, disappear 등)는 목적어를 가질 수 없으므로 수동태로 전환할 수 없다.
The fire **occurred** at 9 P.M. [○] → The fire **was occurred** at 9 P.M. [×]

2 동사 시제별 수동태 형태

현재시제	record → **is/are recorded**	**현재진행시제**	is recording → **is being recorded**
과거시제	recorded → **was/were recorded**	**현재완료시제**	has recorded → **has been recorded**
미래시제	will record → **will be recorded**	**과거완료시제**	had recorded → **had been recorded**
조동사	must record → **must be recorded**	**미래완료시제**	will have recorded → **will have been recorded**

3 4형식 동사의 수동태: 목적어가 두 개인 4형식 동사는 두 개의 수동태가 있다. 간접목적어가 주어일 경우에는 직접목적어를 동사 뒤에 바로 쓰면 되지만 직접목적어가 주어일 경우에는 전치사가 필요하다.

능동태	The company gave Ms. Lee a laptop. 회사가 Lee 씨에게 노트북을 주었다. (Ms. Lee: 간접목적어, a laptop: 직접목적어)
수동태 1 (간접목적어 = 주어)	Ms. Lee was given a laptop by the company. Lee 씨가 회사에 의해 노트북을 받았다.
수동태2 (직접목적어 = 주어)	A laptop was given to Ms. Lee by the company. 노트북이 회사에 의해 Lee 씨에게 주어졌다. (to: 전치사 to)

* 대표적인 4형식 동사: give(주다), offer(제공하다), send(보내다), write(쓰다), charge(청구하다), grant(수여하다), award(수여하다), assign(할당하다)

정답 p.064

A 밑줄 친 동사의 형태에 주의하여 각각의 문장을 수동태 문장으로 바꾸어 쓰세요.

1 Applicants **must submit** all the applications by the end of this year.

→ All the applications ______________________.

2 The Han Company originally **published** the market reports in English.

→ The market reports ______________________.

3 The Ladies Company **will reduce** the inventory.

→ The inventory ______________________.

4 Various promotional events **have attracted** Chinese tourists.

→ Chinese tourists ______________________.

5 Hyun Motors **is promoting** hybrid cars.

→ Hybrid cars ______________________.

6 Mr. Cole **sent** the manager the e-mail 2 days ago.

→ The manager ______________________.

→ The e-mail ______________________.

7 The committee members **offered** Dr. Duncan the position of Professor of Economics.

→ Dr. Duncan ______________________.

→ The position of Professor of Economics ______________________.

B 빈칸에 들어갈 가장 적절한 표현을 고르세요.

1 Some revisions ------- to the design of the new magazine.

(A) made

(B) have made

(C) have been made

(D) have been making

2 Next year's budget will be ------- equally between the Marketing Department and the R&D Department.

(A) divide

(B) dividend

(C) divided

(D) dividing

3 The city council ------- ST Construction a contract to build a new library in the area.

(A) granting

(B) was granted

(C) has granted

(D) has been granted

4 Dr. West ------- the Nelson Award for his innovative robotic surgical devices.

(A) given

(B) was given

(C) was giving

(D) has given

02 5형식 동사의 수동태와 기타 전치사 수동태

목적보어로 명사, 형용사, to부정사가 가능한 5형식 동사의 수동태와 암기가 필요한 기타 전치사 수동태가 있다.

1 **5형식 동사의 수동태:** 「주어 + 동사 + 목적어 + 목적보어」의 문장 구조를 갖는 5형식은 수동태로 바꾸면 수동태 동사(be + p.p.) 뒤에 목적보어가 남는다. 명사, 형용사, to부정사가 목적보어가 될 수 있다.

■ 5형식 목적보어의 종류

명사	The manager **called** the bell boy Frankie. 매니저는 벨보이를 Frankie라고 불렀다. → The bell boy **was called** Frankie by the manager. 벨보이는 매니저에 의해 Frankie로 불렸다.
형용사	All the staff **consider** the director creative. 모든 직원들은 그 책임자를 창의적이라고 여긴다. → The director **is considered** creative by all the staff. 그 책임자는 모든 직원들에 의해 창의적이라고 여겨진다.
to부정사	Mr. Taylor **encouraged** us to attend the meeting. Taylor 씨는 우리가 회의에 참석하도록 권고했다. → We **were encouraged** to attend the meeting by Mr. Taylor. 우리는 Taylor 씨에 의해 회의에 참석하도록 권고 받았다.

* 대표적인 5형식 동사: consider(여기다), call(부르다), elect(선출하다), appoint(임명하다), name(선정하다), make(만들다), find(알게 되다)

2 **5형식 동사(목적보어 = to부정사)의 수동태:** 능동태에서 목적보어가 to부정사이면 수동태로 바꾸어도 동사(be + p.p.) 뒤에 to부정사가 온다.

ask 목적어 toV	→	be asked toV	~하도록 요청을 받다
expect 목적어 toV	→	be expected toV	~하도록 기대되다
allow 목적어 toV	→	be allowed toV	~하도록 허락되다
encourage 목적어 toV	→	be encouraged toV	~하도록 장려되다
tell 목적어 toV	→	be told toV	~하도록 듣다
advise 목적어 toV	→	be advised toV	~하도록 충고를 받다
remind 목적어 toV	→	be reminded toV	~하도록 상기되다
require 목적어 toV	→	be required toV	~하도록 요구되다

Mr. Park was advised to start yoga. [○] Park 씨는 요가를 시작하라고 조언 받았다.
→ starting [×], start [×]

3 **by 이외의 전치사를 쓰는 수동태:** by 이외의 전치사를 쓰는 수동태들을 암기해 두어야 한다.

be pleased **with** ~에 기뻐하다	be equipped **with** ~를 갖추고 있다
be satisfied **with** ~에 만족하다	be associated **with** ~와 연관되어 있다
be disappointed **with** ~에 실망하다	be involved **in** ~에 개입되다
be surprised **at** ~에 놀라다/충격을 받다	be related **to** ~와 관련되다
be interested **in** ~에 관심이 있다	be known **as** ~로 알려져 있다
be concerned **about** ~에 대해 걱정하다	be known **for** ~ 때문에 알려져 있다

Ms. Choi **was** deeply **disappointed with** the results of the examination. Choi 씨는 시험 결과에 매우 실망했다.

실력 쌓기

정답 p.064

A 주어진 우리말과 일치하도록 괄호 안의 동사를 사용하여 각각의 문장을 완성하세요.

1 Takeshi 씨는 컨퍼런스 두 곳에 더 참석하도록 권고를 받았다. (encourage, attend)

→ Mr. Takeshi ______________________ two more conferences.

2 늦게 온 사람은 중간 휴식시간까지 들어갈 수 없을 것이다. (allow, enter)

→ Latecomers will not ______________________ until intermission.

3 Elaine Taylor는 최고 경영자에 의해 신임 영업부장으로 임명되었다. (appoint)

→ Elaine Taylor has ______________________ the new sales director by the CEO.

4 Jim Engineering 사는 곧 극적인 회복을 할 것이라고 기대된다. (expect, make)

→ Jim Engineering Co. ______________________ a dramatic recovery soon.

5 Lee 씨는 모든 사람에 의해 근면하다고 여겨진다. (consider, hardworking)

→ Mr. Lee ______________________ by everyone.

6 손쉬운 주문 시스템은 우리의 고객들이 온라인으로 주문하도록 해줄 것이다. (allow, order)

→ The easy order system ____________ our customers ____________ online.

7 마케팅 책임자는 우리의 마케팅 캠페인에 실망했다. (disappoint)

→ The marketing manager ______________________ our marketing campaign.

8 주민들은 도심 지역의 교통 정체에 대해 걱정한다. (concern)

→ The residents ______________________ the traffic congestion in the downtown area.

B 빈칸에 들어갈 가장 적절한 표현을 고르세요.

1 Commuters were ------- to use Highway 140 instead of Highway 210 due to road construction.

(A) advice
(B) advise
(C) advised
(D) advising

2 Visitors to the museum are asked not ------- any exhibits.

(A) touch
(B) touching
(C) to touch
(D) to be touched

3 Company management was greatly satisfied ------- the successful launch of the new model.

(A) at
(B) by
(C) in
(D) with

4 The participants have been reminded ------- online by the end of the month.

(A) register
(B) to register
(C) registering
(D) registration

실전연습

정답 p.065

PART 5 빈칸에 들어갈 가장 적절한 표현을 고르세요.

1 Ms. Smith, with a remarkable tech background, has ------- the new chief technology officer at the company.

(A) appoint
(B) appointed
(C) appointing
(D) been appointed

2 College tuition payments for the next semester must be ------- by the end of the month.

(A) receive
(B) received
(C) to receive
(D) being received

3 All the employees are encouraged ------- the free language training course.

(A) attend
(B) attending
(C) to attend
(D) being attended

4 Mr. Han ------- a job position in Texas, and he will probably accept it.

(A) offers
(B) has offered
(C) has been offered
(D) will have offered

5 Unfortunately, small businesses in this town have ------- from the market.

(A) disappear
(B) disappeared
(C) disappearing
(D) been disappeared

6 Tom and Jack's Furniture is well known ------- its outstanding designs.

(A) as
(B) for
(C) by
(D) about

7 Currently, old office buildings in the central business district are being -------.

(A) renovate
(B) renovated
(C) renovating
(D) renovation

8 The new software development meeting will ------- in Room 40B.

(A) hold
(B) held
(C) be held
(D) has been held

PART 6 지문을 읽고 각각의 빈칸에 들어갈 가장 적절한 표현을 고르세요.

Questions 9-12 refer to the following information.

Restricted Articles Onboard

There are a number of items that you are not allowed ------- (**9.**) in your hand baggage on the plane. ------- (**10.**). However, you may always bring baby food to be consumed and medicines to be taken during the flight. In addition, any devices from the SAS Company are ------- (**11.**) banned. The reason is that its lithium batteries can generate a great deal of heat and are reported to catch fire. Please note that this measure was taken to comply ------- (**12.**) an emergency order issued by the U.S. Department of Transportation.

9 (A) carry
(B) carried
(C) carrying
(D) to carry

10 (A) Liquids exceeding 100ml per item are restricted.
(B) Lighters are permitted only in checked baggage.
(C) Thank you for following the instructions.
(D) Sharp objects may need additional screening.

11 (A) completely
(B) dramatically
(C) gradually
(D) securely

12 (A) at
(B) on
(C) with
(D) for

토익 필수 어구 ✓ 동사 III

정답 p.066

A 주어진 우리말에 맞는 동사를 골라 표시하세요.

1 (□ deal / □ add) with an issue — 그 문제를 다루다
2 (□ sign / □ enroll) in a language course — 어학 코스에 등록하다
3 (□ benefit / □ advance) from the new software — 새 소프트웨어에서 이득을 얻다
4 (□ enhance / □ narrow) down the options — 선택 옵션을 좁히다
5 (□ qualify / □ commit) for a position — 그 자리에 적합하다
6 (□ subscribe / □ apply) to a magazine — 잡지를 구독하다
7 (□ set / □ let) up a business meeting — 업무 회의를 잡다
8 (□ proceed / □ succeed) in business — 사업에 성공하다
9 (□ comment / □ process) on a play — 연극에 대해 언급하다
10 (□ belong / □ complete) to a sports club — 스포츠 모임에 속해 있다

B 주어진 우리말에 맞게 빈칸에 알맞은 말을 써 넣으세요.

1 *World Business Issues*를 이달에 구독한다면, 10% 할인을 받을 수 있습니다.

→ If you ________ *World Business Issues* this month, you can receive a 10 percent discount.

2 모든 직원은 온라인 비즈니스 코스에 등록하라고 권고된다.

→ All personnel are encouraged to ________ the online business courses.

3 시간을 절약하도록 선택을 좁히자.

→ Let's ________ the choices so that we can save time.

C 빈칸에 들어갈 가장 적절한 표현을 고르세요.

1 Senior citizens will ------- from the new pension plan coming into effect in March.

(A) access
(B) implement
(C) benefit
(D) retain

2 Customer service representatives have difficulty ------- with demanding customers.

(A) dealing
(B) handling
(C) inspecting
(D) following

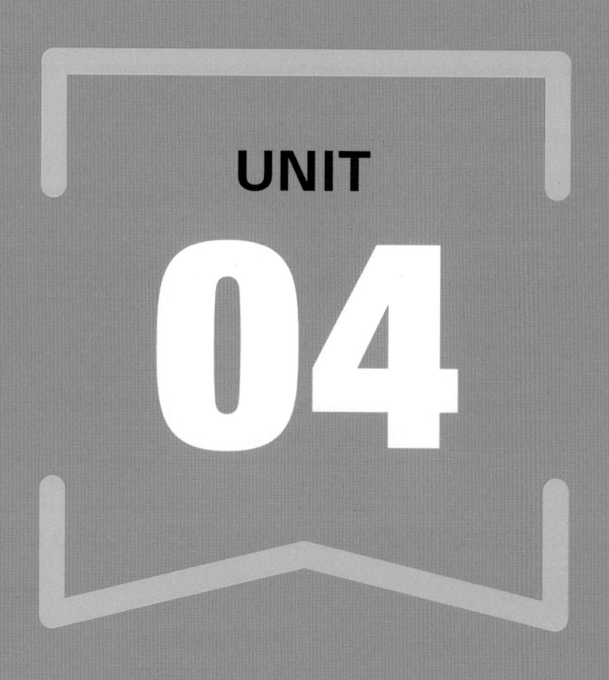

PART 5 명사 / 대명사

01. 명사

02. 대명사

PART 7 광고

◉ 실전 연습

Today's GOAL

PART 5
- 명사가 문장에서 하는 역할이 무엇인지 잘 익혀두고, 토익에 자주 출제되는 가산, 불가산 명사를 구분하도록 하자.
- 대명사의 종류를 알아보고, 문장 내에서 알맞은 대명사를 쓸 수 있도록 하자.

PART 7
- 광고글을 읽고 문제에서 요구되는 정보를 빠르고 정확하게 찾는 연습을 해보자.

01 명사

명사는 **주어, 목적어, 보어의 역할**을 하고 크게 가산 명사와 불가산 명사로 나눌 수 있다.

1 명사의 역할: 문장 내에서 명사는 주어, 목적어, 보어의 역할을 한다.

주어 역할	**Applications** should be submitted by the end of the week. 지원서는 이번 주말까지 제출되어야 한다.
목적어 역할	You should send your **application** by the end of the week. 당신은 이번 주말까지 지원서를 제출해야 한다. [타동사의 목적어] We are waiting for **approval**. 우리는 승인을 기다리고 있다. [전치사의 목적어]
보어 역할	What we need at the moment is your **participation**. 우리가 지금 필요로 하는 것은 당신의 참여입니다.

2 가산 명사와 불가산 명사: 토익에서 자주 출제되는 가산 명사와 불가산 명사들을 잘 익혀두자.

가산 명사		불가산 명사	
representative 직원	application 지원서	staff 직원	information 정보
applicant 지원자	employee 직원	knowledge 지식	advice 충고
price 가격	suggestion 제안	luggage 수하물	chaos 혼란
profit 이익	rule 규칙	scenery 경치	damage 손해
order 주문	consultant 컨설턴트	equipment 장비	furniture 가구
accountant 회계사	candidate 후보자	machinery 기계류	merchandise 상품
guidelines 지침	permit 허가(서)	research 연구	evidence 증거

Your **suggestions** were very helpful when I made that decision.
당신의 제안은 그 결정을 내릴 때 도움이 많이 되었다. → 복수 명사는 복수 동사와 수를 일치 시킨다.

We have done lots of **research** to find out where the problem started.
우리는 어디에서 문제가 시작되었는지 알아내기 위해 많은 연구를 시행하였다. → 불가산 명사 research는 늘 단수형으로 써야 한다.

3 주의해야 할 복합 명사: 토익에 자주 출제되는 복합 명사들을 잘 익혀 두자.

order form 주문 양식	job opening 공석	sales representative 영업 사원
customer service 고객 서비스	application form 지원서	customer complaint 고객 불만
farewell party 환송회	safety rules 안전 수칙	product review 제품 후기
job interview 취업 면접	admission fee 입장료	shipping address 배송 주소
bank account 은행 계좌	interest rate 금리	expiration date 만료일
sales figures 영업 실적	maintenance fee 유지 관리비	discount coupon 할인 쿠폰
travel expenses 여행 경비	safety regulations 안전 규정	tax regulations 세금 규정

If there is a **job opening**, Mr. Wilson will let you know right away.
만일 공석이 생기면, Wilson 씨는 즉각 당신에게 알려줄 것이다.

실력 쌓기

정답 p.067

A 밑줄 친 명사의 역할이 무엇인지 쓰고, 각각의 문장을 해석하세요.

1 The **advice** was intended for people who are looking for a job. [역할:]

해석:

2 Overseas experience is the main **qualification** that you need. [역할:]

해석:

3 The candidate is not qualified for the **position**. [역할:]

해석:

4 The **sales representatives** will arrive sooner than we expect. [역할:]

해석:

5 The accountant asked us for more detailed **information**. [역할:]

해석:

6 His main concern is low **productivity** at the factory. [역할:]

해석:

B 빈칸에 들어갈 가장 적절한 표현을 고르세요.

1 The ------- date of the warranty is on the back of the product.

(A) expire
(B) expiration
(C) expires
(D) expired

2 You need your manager's ------- in order to take a few days off.

(A) permit
(B) permission
(C) permissions
(D) permitting

3 Your active ------- is expected at the upcoming events.

(A) participate
(B) participating
(C) participation
(D) participated

4 Last year's turnover exceeded our ------ even though the market conditions were not that favorable.

(A) expect
(B) expecting
(C) expectations
(D) expectant

02 대명사

대명사는 **명사를 대신해서 쓰는 말**로, 인칭대명사, 재귀대명사, 부정대명사 등이 있다.

1 인칭대명사: 인칭대명사에는 주격, 소유격, 목적격, 소유대명사가 있다.

	주격 (~는/은)	소유격 (~의)	목적격 (~를)	소유대명사
단수	I	my	me	mine
	you	your	you	yours
	he	his	him	his
	she	her	her	hers
	it	its	it	×
복수	we	our	us	ours
	you	your	you	yours
	they	their	them	theirs

The executive director asked for **our** prompt response. 이사님은 우리의 즉각적인 반응을 요구했다.

2 재귀대명사: 재귀대명사는 주어와 목적어가 같을 때 목적어 자리에 쓰거나, '직접'이라는 의미로 주어를 강조할 때 쓴다.

■ 재귀 대명사의 종류

I	myself
you	yourself (단수) / yourselves (복수)
he	himself
she	herself
they	themselves
we	ourselves

The new president introduced **himself** at the opening ceremony. [주어 = 목적어]
신임 사장은 개회식에서 자신을 소개했다.
The manager **herself** went to the airport to greet the clients. [herself → '직접'이라는 의미의 강조 용법]
매니저는 직접 고객들을 맞이하기 위해 공항으로 갔다.

3 부정대명사: 명사의 양이나 수를 나타내는 부정 대명사에는 some, any, most, each, either 등이 있다. 부정대명사의 종류에 따라 함께 쓰는 명사/동사의 종류를 잘 익혀두도록 하자.

「**some, most, any, half**」 of the, 또는 소유격	+	단수 명사 + 단수 동사
「**some, most, any, half, both**」 of the, 또는 소유격	+	복수 명사 + 복수 동사
「**one, each**」 of the, 또는 소유격	+	복수 명사 + 단수 동사
「**none, neither**」 of the, 또는 소유격	+	복수 명사 + 단수/복수 동사

Some of the items on the agenda are hard to understand. 회의 안건 중 몇몇은 이해하기가 힘들다.
Each of the seats is equipped with a media system. 각각의 자리에는 미디어 시스템이 장착되어 있다.

정답 p.067

A 괄호 안의 단어를 이용하여 각각의 문장을 완성한 다음 해석하세요.

1 Mr. Barnes agreed to train the newly employed person ____________. (he).

해석: ______________________________

2 ______________________ board members expressed their concern about the crisis. (some)

해석: ______________________________

3 ______________________ facilities in this building are too old. (most)

해석: ______________________________

4 Visitors to this building are not allowed to park ____________ cars in front of it. (they)

해석: ______________________________

5 Ms. Wilson considers ____________ a specialist on modern media. (she)

해석: ______________________________

6 ______________________ candidates was qualified for the job. (neither)

해석: ______________________________

7 ______________________ proposals were accepted by the board of directors. (both)

해석: ______________________________

B 빈칸에 들어갈 가장 적절한 표현을 고르세요.

1 The catering company announced the grand opening of ------- first restaurant in the downtown area.

(A) it
(B) its
(C) it's
(D) his

2 Sales representatives should talk to ------- supervisors in case they want to ask for sick leave.

(A) they
(B) their
(C) them
(D) theirs

3 Unfortunately, ------- of the participants were not satisfied with the lectures given at the conference.

(A) some
(B) none
(C) no
(D) either

4 The food critic visited all the restaurants ------- and wrote a review on each of them.

(A) her
(B) she
(C) hers
(D) herself

실전연습

정답 p.068

PART 5 빈칸에 들어갈 가장 적절한 표현을 고르세요.

1 Staff members from the Dorito Motor Company will visit this area in order to attend ------- training sessions.

(A) they
(B) their
(C) them
(D) themselves

2 Please make sure to read the ------- for safety regulations before you use this product.

(A) inform
(B) to inform
(C) informing
(D) information

3 With the right equipment and ------- of your great recipes, the chef was able to serve unique food.

(A) any
(B) no
(C) some
(D) each

4 The writer of this book is widely known for ------- incomparable creativity and brilliant ideas.

(A) he
(B) him
(C) his
(D) himself

5 After quitting her job at the architecture firm, she decided to start ------- own business.

(A) she
(B) her
(C) hers
(D) herself

6 Please read the attached manual carefully if you would like to update the settings -------.

(A) you
(B) your
(C) yourself
(D) yours

7 According to the latest tax -------, small companies are subject to lower tax rates.

(A) regulate
(B) regulating
(C) regulated
(D) regulations

8 In order to work legally in a foreign country, international applicants must obtain a work -------.

(A) permit
(B) permits
(C) permitting
(D) permission

PART 7 지문과 문제를 읽고 정답을 고르세요.

Questions 9-11 refer to the following advertisement.

SmartCleanX Pro - *Your Ultimate Robotic Cleaning Partner!*

It is time to say goodbye to boring tasks and welcome the future of housekeeping! The state-of-the-art robotic vacuum cleaner will take care of your home while you focus on what is truly important.

Key Features:

- Intelligent Navigation: SmartCleanX Pro uses advanced AI technology to navigate and clean every corner of your home.
- Powerful Cleaning Performance: The high-powered motor can handle dirt, pet hair, and debris, leaving your floors spotless.
- User-Friendly App Control: Manage SmartCleanX Pro from your smartphone with ease! Schedule cleaning sessions, adjust settings, and receive cleaning progress updates, all at your fingertips.

Order now and enjoy effortless cleaning! Customers who return our company's previous models can enjoy a special discount. Visit www.smarcleanxpro.com for details on our trade-in promotion.

9 What is being advertised?

(A) A home security system
(B) A smart robotic vacuum cleaner
(C) A new luxury electric car
(D) A smart fitness application

10 What is NOT mentioned in the advertisement?

(A) The powerful motor
(B) The battery life
(C) The AI technology
(D) The Web site information

11 What can be inferred about the product?

(A) It has received positive reviews.
(B) It is designed for outdoor cleaning tasks.
(C) It is not the first vacuum made by the company.
(D) It is expensive and durable.

토익 필수 어구 ✓ 명사

정답 p.070

A 주어진 우리말에 맞는 명사를 골라 표시하세요.

1 consider an (□ alternative / □ alteration) 대안을 고려하다

2 for the (□ duration / □ durability) of the festival 축제 기간 동안

3 a (□ deadline / □ due) for a sales report 영업 보고서의 마감 기한

4 a (□ means / □ mean) of transportation 교통 수단

5 your (□ preparation / □ preference) for food 당신의 음식 선호

6 travel (□ expenses / □ spend) 여행 경비

7 take safety (□ measures / □ moves) 안전 조치를 취하다

8 improve facility (□ maintenance / □ measurement) 시설 관리를 개선하다

9 come to a hasty (□ sequence / □ conclusion) 성급한 결론에 이르다

10 reach a mutual (□ application / □ agreement) 상호 합의에 이르다

B 주어진 우리말에 맞게 빈칸에 알맞은 말을 써 넣으세요.

1 당신이 선호하는 음식을 구체적으로 명시해 주세요.

→ Please specify your ______________.

2 충분한 논의를 하지 않으면, 쉽게 성급한 결론에 이를 수 있다.

→ Unless you have enough discussions, you can easily come to a ______________ ______________.

3 회복 기간은 환자의 상태에 달려 있다.

→ The ______________ of the recovery depends on the condition of a patient.

C 빈칸에 들어갈 가장 적절한 표현을 고르세요.

1 To be reimbursed for your travel -------, you should complete the form and submit it to Accounting.

(A) expend
(B) expenses
(C) expensive
(D) expending

2 I sincerely hope that we can reach an ------- with the union so that work can start right away.

(A) alteration
(B) agreement
(C) association
(D) inspection

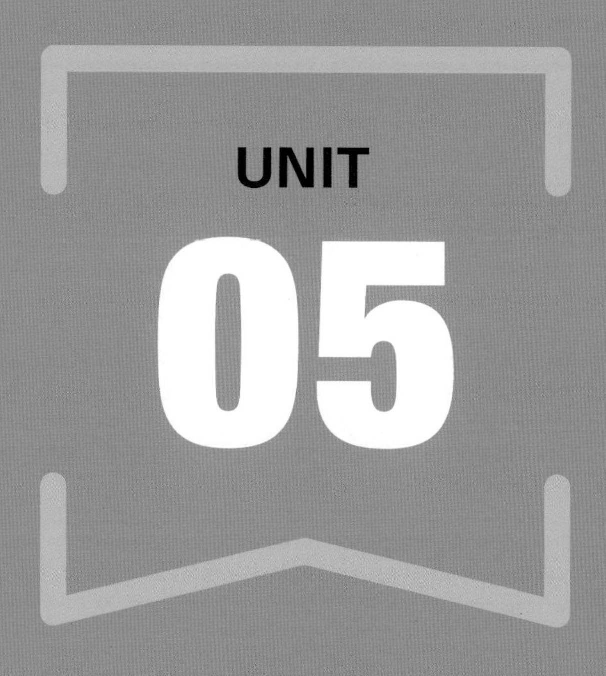

UNIT 05

PART 5 to부정사
01. to부정사의 역할
02. 동사/형용사 + to부정사

PART 6 발표문

◉ 실전 연습

Today's GOAL

PART 5 to부정사는 문장에서 주어, 목적어, 보어, 형용사, 부사 등의 역할을 할 수 있다.
to부정사의 각각의 역할을 정확히 이해하고, to부정사를 동반한 여러 가지 관용 표현들도 익혀두도록 하자.

PART 6 토익 지문에서 자주 출제되는 발표문의 유형을 잘 익혀두도록 하자.
파트 6에서 어휘 문제는 빈칸이 포함된 문장뿐만이 아니라 주변 문장의 내용을 파악해야 한다.

01 to부정사의 역할

「to + 동사원형」의 형태로 문장 내에서 **명사, 형용사, 부사의 역할**을 하는 준동사를 가리킨다.

1 to부정사의 명사적 역할: to부정사가 문장 내에서 명사의 역할(주어, 목적어, 보어)을 할 수 있다.

주어 역할	**To consider** customers' needs is critical at this point. 고객의 요구를 고려하는 것은 이 시점에서 매우 중요하다. * to부정사 주어는 보통 가주어 it으로 대체되고 문장 맨 뒤로 옮겨지는 경우가 많다. 예 It is critical to consider customers' needs at this point.
목적어 역할	The company agreed **to provide** us with the necessary information. 그 회사는 우리에게 필요한 정보를 제공하는 것에 동의했다.
주격 보어 역할	Our mission is **to increase** work efficiency at the factory. 우리의 임무는 공장에서 업무 효율성을 높이는 것이다.
목적격 보어 역할	The consultant advised us **to reduce** the overtime pay given to the staff. 컨설턴트는 직원들에게 지급되는 초과 근무 수당을 줄이라고 우리에게 권고했다.

2 to부정사의 형용사적 역할: to부정사는 명사 뒤에서 명사를 수식하는 역할을 할 수 있다. 토익에서 자주 출제되는 [명사 + to부정사]의 형태를 꼭 기억해 두도록 하자.

time to ~할 시간	proposal to ~하자는 제안	desire to ~하려는 욕구
effort to ~하려는 노력	plan to ~할 계획	decision to ~하려는 결정
attempt to ~하려는 시도	chance to ~할 기회	ability to ~할 능력

Applicants should have the ability **to deal with** different financial programs.
지원자들은 다양한 재무관리 프로그램을 다룰 능력을 갖추어야 한다.

3 to부정사의 부사적 역할: to부정사는 문장에서 목적, 원인, 결과 등의 의미로 부사의 역할을 할 수 있다.

목적 (~하기 위해서)	**To promote** the new product, the company has decided to hire a new marketing manager. 신제품을 홍보하기 위해서, 회사는 새로운 마케팅 관리자를 고용하기로 했다. * '~하기 위해서'라는 의미를 표현할 때 to부정사 앞에 in order를 붙이기도 한다.
원인 (~하니, ~해서)	We are pleased **to announce** the release of our new Web site. 우리의 새 웹사이트가 개설되었음을 알리게 되어 기쁘게 생각합니다.
결과 (결국 ~하게 되었다)	I called the store only **to find** out the item was out of stock. 나는 상점에 전화해서 결국 그 물건이 재고가 없다는 것만 알게 되었다.

실력 쌓기

정답 p.070

A 밑줄 친 to부정사의 역할이 무엇인지 쓰고, 각각의 문장을 해석하세요.

1 Their strategy <u>to expand</u> operations in European countries was not that successful.

[역할: ....]

해석: ....

2 The mayor refused <u>to comment</u> on the recent strike by railroad workers.

[역할: ....]

해석: ....

3 The candidate doesn't have the ability <u>to deal with</u> customers' complaints.

[역할: ....]

해석: ....

4 I was disappointed <u>to hear</u> that the books I ordered were out of print.

[역할: ....]

해석: ....

B 빈칸에 들어갈 가장 적절한 표현을 고르세요.

1 Management's attempt ------- off hundreds of employees turned out to be a failure.

(A) to lay
(B) laying
(C) laid
(D) being laid

2 The purpose of this workshop is ------- new employees with all the necessary information.

(A) provide
(B) provided
(C) to provide
(D) provision

3 In order ------- out what its customers want, the firm has decided to conduct a comprehensive survey.

(A) find
(B) finding
(C) to find
(D) found

4 I was interested ------- that the company is going to consider the possibility of an M&A with another firm.

(A) to learn
(B) learning
(C) learned
(D) to be learned

02 동사/형용사 + to부정사

to부정사와 함께 어울려 자주 쓰이는 동사와 형용사들을 정리해 두자.

1 동사 + to부정사

■ to부정사를 목적어로 취하는 동사

want to ~을 원하다	manage to 가까스로 ~하다	decide to ~하기로 결정하다
would like to ~을 원하다	tend to ~하는 경향이 있다	promise to ~하기로 약속하다
need to ~할 필요가 있다	offer to ~하겠다고 제의하다	fail to ~를 하지 못하다
afford to ~할 여유가 있다	plan to ~할 계획이다	aim to ~를 목표로 하다

The new manager **offered to help** us write the report.
새로 온 관리자는 우리가 보고서 작성하는 것을 돕겠다고 제의했다.

2 동사 + 목적어 + to부정사

■ to부정사를 목적 보어로 취하는 동사

allow A to ~ A가 ~할 것을 허락하다	expect A to ~ A가 ~할 것을 기대하다
enable A to ~ A가 ~하는 것을 가능하게 하다	advise A to ~ A에게 ~할 것을 권고하다
encourage A to ~ A 가 ~하도록 격려하다	remind A to ~ A가 ~할 것을 상기시키다
ask A to ~ A가 ~을 하도록 요청하다	convince A to ~ A가 ~을 하도록 납득시키다
require A to ~ A가 ~하도록 요구하다	persuade A to ~ A가 ~을 하도록 설득시키다

The manager **didn't allow us to spend** more money on marketing.
관리자는 우리가 마케팅에 더 많은 돈을 쓰는 것을 허락하지 않았다.

3 형용사/과거 분사 + to부정사

■ to부정사를 동반하는 형용사/과거 분사

be eager to ~하기를 열망하다	be likely to ~할 것 같다
be anxious to ~을 간절히 원하다	be sure/certain/bound to 확실히 ~하다
be ready to ~할 준비가 되어 있다	be eligible to ~할 자격이 된다
be difficult to ~하기 어렵다	be supposed to ~하기로 되어 있다
be due to ~할 예정이다	be scheduled to ~할 예정이다
be willing to 기꺼이 ~하다	be allowed to ~하도록 허락되다
be reluctant to ~을 꺼리다	be expected to ~할 것으로 예상되다

You will **be eligible to get** free tickets or discounts on selected items.
당신은 무료 티켓을 받거나 몇몇 물건들을 할인 받을 수 있는 자격을 얻게 될 것이다.

실력 쌓기

정답 p.071

A 주어진 우리말을 참고하여 빈칸에 알맞은 말을 써 넣으세요.

1 소비자들은 보통 더 나은 품질의 제품에 대해 기꺼이 돈을 더 지불하려고 한다.

→ Customers ________ usually ________ pay more for products with better quality.

2 내일 오후에 분명히 영업 회의가 있을 것이다.

→ There ________ be a sales meeting tomorrow afternoon.

3 직원들이 사무실에서 개인적인 통화를 하는 것은 허용되지 않는다.

→ Employees are not ________ make personal phone calls in the office.

4 차를 소유하는 것은 도시의 어디든 가는 것을 가능하게 해준다.

→ Having your own car ________ you ________ anywhere in the city.

5 Brown 씨는 모든 직원에게 금요일에 연례 회사 연회에 참석하라고 상기시켜주었다.

→ Mr. Brown ________ all the employees ________ the annual company banquet on Friday.

6 Davis 씨는 내일 워크숍에 참석하기로 되어 있다.

→ Ms. Davis ________ be at the workshop tomorrow.

7 그 지원자는 면접에서 좋은 인상을 주는 데 실패했다.

→ The applicant ________ make a good impression at the interview.

B 빈칸에 들어갈 가장 적절한 표현을 고르세요.

1 With his current income, I have no doubt he is not eligible ------- for a credit card.

(A) applying
(B) application
(C) applied
(D) to apply

2 The chief information officer has asked us ------- suggestions with regard to the recent failure on the intranet.

(A) provide
(B) provided
(C) to provide
(D) provision

3 Deluca & Co.'s profits are expected ------- steadily due to the decrease in oil prices and its aggressive marketing.

(A) rise
(B) to rise
(C) rising
(D) risen

4 Delegates participating in the sales conference are ------- to wear business attire.

(A) encourage
(B) encouraging
(C) encouraged
(D) to encourage

실전연습

정답 p.071

PART 5 빈칸에 들어갈 가장 적절한 표현을 고르세요.

1 Researchers are investing great effort ------- AI algorithms that can predict market trends.

(A) develop
(B) to develop
(C) developing
(D) developed

2 All candidates are asked ------- a valid ID and a printed copy of their résumé to the job interview.

(A) bring
(B) to bring
(C) bringing
(D) brought

3 ------- accommodate more tourists from other countries, the Med Hotel Group decided to expand its main building.

(A) According to
(B) In order to
(C) In spite of
(D) Prior to

4 All the employees are ------- to take three days off during the summer vacation season.

(A) allow
(B) allowing
(C) allowed
(D) to allow

5 The troubleshooting team has managed ------- the cause of the problem on the Web site.

(A) to find
(B) finding
(C) find
(D) to be found

6 The vice president's plan ------- to Asian countries hasn't been finalized yet.

(A) travel
(B) to travel
(C) traveling
(D) to be traveled

7 Mr. Davis would like the entire staff ------- overtime even though everyone will not be paid extra.

(A) work
(B) working
(C) to be working
(D) will work

8 ------- the process of online orders, the company has decided to hire more customer service representatives.

(A) To expedite
(B) Expedition
(C) Expediting
(D) To be expedited

PART 6 지문을 읽고 각각의 빈칸에 들어갈 가장 적절한 표현을 고르세요.

Questions 9-12 refer to the following announcement.

It is with ------ **9.** that we announce the new chair of the H&G charity committee, Aaron Taylor.

Aaron has been with the H&G Corporation for 7 years and has served on many committees in the past. He is currently working as a sales manager in the Marketing Department. Part of his new responsibilities will be ------- **10.** how the H&G Corporation can help meet the needs of the homeless in our community. -------. **11.** We are certain that he is ready ------- **12.** more people who are in need in our community.

9 (A) regret
(B) pleasure
(C) resentment
(D) initiative

10 (A) determine
(B) to determine
(C) determines
(D) to be determined

11 (A) We are sorry to hear that the committee will not be working for you.
(B) It is an honor to offer you the position of sales representative.
(C) We are pleased that Aaron has accepted this appointment.
(D) We regret to inform you that Aaron has rejected our offer

12 (A) to help
(B) helping
(C) for help
(D) to be helped

토익 필수 어구 ✓ 동사 IV

정답 p.073

A 주어진 우리말에 맞는 동사를 골라 표시하세요.

1 (□ result / □ cause) serious problems 심각한 문제를 야기하다

2 (□ benefit / □ develop) the new software 새 소프트웨어를 개발하다

3 (□ expect / □ engage) in a heated discussion 열띤 토론에 참여하다

4 (□ experience / □ experiment) with different options 다양한 옵션을 실험해 보다

5 (□ accomplish / □ accompanied) by children 아이들을 동반한

6 (□ depend / □ describe) on customers' replies 고객들의 응답에 달려 있다

7 (□ follow / □ comply) with rules and regulations 규칙과 규정을 준수하다

8 (□ attribute / □ contribute) to the development of the team 팀의 발전에 공헌하다

9 (□ interfere / □ bother) with a decision 결정에 간섭하다

10 (□ answer / □ reply) to customers' needs 고객들의 요구에 응답하다

B 주어진 우리말에 맞게 빈칸에 알맞은 말을 써 넣으세요.

1 회사의 규정을 따르지 않는 직원은 좋은 평가를 받을 수 없다.

→ Employees who do not ________________ the company's regulations cannot get a good evaluation.

2 어린 아이들은 필요한 모든 것을 부모에게 의존한다.

→ Children ________________ their parents for everything they need.

3 당신은 질문에 간단하게 응답해야 한다.

→ You should __________ the question briefly.

C 빈칸에 들어갈 가장 적절한 표현을 고르세요.

1 Constant distractions from customers often ------- with work in the office.

(A) interrupt
(B) interfere
(C) reply
(D) contribute

2 Currently, our team is ------- with a new procedure suggested by an outside consultant.

(A) experimenting
(B) experiencing
(C) resulting
(D) involving

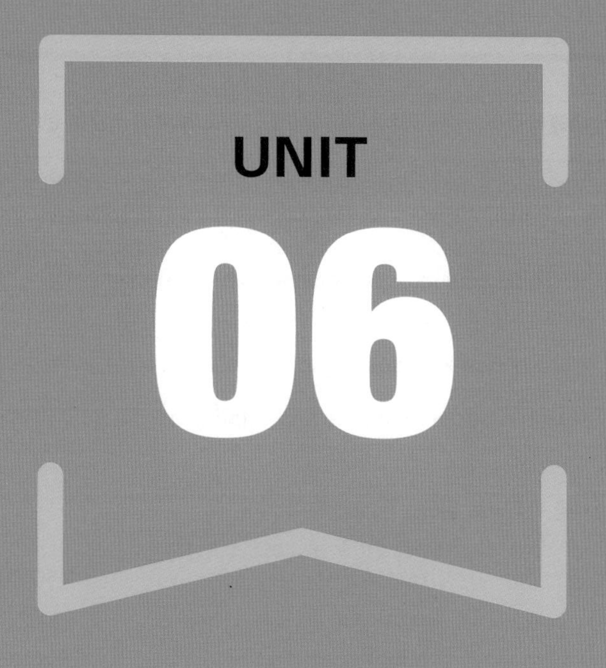

UNIT 06

PART 5 동명사

01. 동명사의 역할과 동명사 목적어
02. 관용적 동명사 표현

PART 7 기사

실전 연습

Today's GOAL

PART 5
- 동명사의 주어, 목적어, 보어로서의 역할을 알아보고, 동명사를 목적어로 취하는 동사를 암기하자.
- 동명사를 포함하는 표현과 그 의미를 알아두자.

PART 7
- 신문 기사 지문은 난이도가 높은 지문이므로, 정보를 파악하는 연습이 필요하다.
- 기사 내용이 보기의 내용과 같은지를 묻는 질문이 자주 출제된다.

01 동명사의 역할과 동명사의 목적어

동명사는 「**동사 + -ing**」의 형태로 to부정사, 분사와 함께 준동사에 포함된다.

1 동명사의 역할: 문장 내에서 주어, 동사, 전치사의 목적어, 그리고 보어의 역할을 한다.

주어	**Smoking** is not allowed in the building. 이 건물에서 담배를 피우는 것은 허락되지 않는다. * 동명사 주어는 항상 3인칭 단수로 취급하기 때문에 단수동사를 쓴다.
동사의 목적어	Mr. Jackson suggested **having** a meeting this week. Jackson 씨는 이번 주에 회의를 열자고 제안했다.
전치사의 목적어	We succeeded in **solving** the difficult problem. 우리는 그 어려운 문제를 푸는 데 성공했다.
보어	My job is **supervising** the local staff. 내가 맡은 일은 현지 직원을 감독하는 것이다.

2 동사 + 동명사: 동명사를 목적어로 취하는 동사를 알아두자.

enjoy 즐기다	quit 그만두다	discontinue 중단하다
finish 끝내다	consider 고려하다	avoid 피하다
give up 포기하다	suggest 제안하다	recommend 추천하다
mind 꺼리다	admit 인정하다	practice 연습하다

Kelly Cole will **consider applying** for a job in Seoul. Kelly Cole은 서울에 있는 일자리에 지원하는 것을 고려할 것이다.
→ consider to apply [×]

3 동사 + to부정사/동명사: to부정사와 동명사 모두를 목적어로 취하는 동사가 있다.

의미 차이 없음	의미 차이 있음
like 좋아하다	remember + V-ing (과거) ~했던 것을 기억하다
love 사랑하다	remember + toV (미래) ~할 것을 기억하다
hate 싫어하다	forget + V-ing (과거) ~했던 것을 잊다
continue 계속하다	forget + toV (미래) ~할 것을 잊다
start/begin 시작하다	try + V-ing 시험 삼아 해보다
prefer 더 선호하다	try + toV ~하려고 애쓰다

The number of staff members has **continued to drop**. [○] 직원 수가 계속해서 줄었다.
→ continued dropping [○]

to부정사만을 목적어로 취하는 동사

want 원하다	would like 원하다	hope 희망하다	expect 기대하다
agree 동의하다	decide 결정하다	offer 제안하다	plan 계획하다

The business partners have **agreed to extend** the contract one more time.
→ agreed extending [×]
사업 파트너들은 계약을 한 번 더 연장하는 것에 동의했다.

실력 쌓기

정답 p.073

A 주어진 우리말을 참고하여 괄호 안의 단어를 이용하여 문장을 완성하세요.

1 손님을 만족시키는 것이 KM 호텔의 최우선입니다. (keep)

→ ______ guests satisfied is the top priority at the KM Hotel.

2 마케팅 캠페인의 목적은 회사에 투자를 유치하려는 것이다. (attract)

→ The objective of the marketing campaign is ______ investment to the company.

3 Brown 씨는 2년 전에 Peterson 씨를 만났던 것을 잊었다. (forget, meet)

→ Ms. Brown ______ with Mr. Peterson 2 years ago.

4 대부분의 직원은 온라인으로 교육 받는 것을 더 선호한다. (prefer, take)

→ Most employees ______ the training courses online.

5 Price 씨는 비밀 문서 폐기할 것을 잊었다. (forget, shred)

→ Mr. Price ______ the confidential documents.

6 담당자는 사업을 아시아로 확대하려고 계획하고 있다. (extend)

→ The manager is planning on ______ the operations into Asia.

7 인사 부장은 직원을 채용하고 교육시킬 책임이 있다. (hire, train)

→ The personnel manager is responsible for ______ and ______ employees.

B 빈칸에 들어갈 가장 적절한 표현을 고르세요.

1 ------- funds to build a new library downtown is a difficult task.

(A) Raise
(B) Raising
(C) Raised
(D) Having raised

2 Financial analysts suggest ------- employee productivity by changing working conditions.

(A) improve
(B) improving
(C) to improve
(D) improvement

3 All the workers tried hard ------- the defective machines before they were shipped.

(A) find
(B) finding
(C) to find
(D) being found

4 Charles Mechanics discontinued ------- repair and management services a month ago.

(A) provide
(B) providing
(C) to provide
(D) has provided

02 관용적 동명사 표현

특정 전치사와 어울리는 동명사와 동명사 관용 표현을 알아보자.

1 전치사 + 동명사

■ 전치사와 함께 쓰이는 동명사

by + V-ing ~ 함으로써	instead of + V-ing ~ 대신에
in + V-ing ~ 함에 있어	except + V-ing ~를 제외하고
on/upon + V-ing ~ 하자마자	without + V-ing ~ 없이

The team was able to meet the deadline **by hiring** two more experts.
그 팀은 두 명의 전문가를 더 고용함으로써 마감 기한을 맞출 수 있었다.

2 전치사 to + 동명사

■ to부정사와 구분해야 하는 전치사 to 표현

look forward to V-ing ~을 고대하다	object to V-ing ~에 반대하다
be used to V-ing ~하는 데 익숙하다	be opposed to V-ing ~에 반대하다
be accustomed to V-ing ~하는 데 익숙하다	be committed to V-ing ~에 전념하다
in addition to V-ing ~뿐만 아니라	be devoted to V-ing ~에 헌신하다
prior to V-ing ~하기 전에	contribute to V-ing ~에 기여하다

We are **looking forward to hearing** your speech at the awards ceremony.
→ looking forward to hear [×]
시상식에서 당신의 연설을 듣기를 고대합니다.

3 자주 등장하는 동명사 숙어 표현

■ 동명사를 동반하는 숙어 표현

be busy V-ing ~하느라 바쁘다	be capable of V-ing ~할 수 있다
spend 시간 V-ing ~하는 데 시간을 보내다	have difficulty/trouble V-ing ~하는 데 어려움을 겪다
go V-ing ~하러 가다	cannot help V-ing ~하지 않을 수 없다
succeed in V-ing ~하는 데 성공하다	be worth V-ing ~할 가치가 있다

The detective **succeeded in solving** the case. 그 형사는 그 사건을 해결하는 데 성공했다.
→ succeeded solving [×]

실력 쌓기

정답 p.074

A 박스 안의 동사를 활용하여 주어진 우리말에 맞게 각각의 문장을 완성하세요.

launch	complete	run	prepare	visit	call

1 대부분의 직원들은 오후 6시 전에 서류 작업을 완료하는 데 어려움을 겪는다.

→ Most of the employees have __________ paperwork before 6 P.M.

2 그 회사 변호사들은 재판 준비에 매우 바쁘다.

→ The company attorneys are extremely __________ for the trial.

3 그 마케팅 팀은 새 제품 출시에 전념했다.

→ The marketing team was __________ the new product.

4 그 사장은 잠재 직원들에게 전화하는 대신, 직접 만나기로 결정했다.

→ The CEO has decided to meet the potential employees in person __________ them.

5 George Center에서 열리는 직업 박람회는 구직자들이 방문할 만하다.

→ The job fair in George Center is __________ for job seekers.

6 그 매출은 Roberts 씨가 사업을 운영할 수 있다는 것을 보여준다.

→ The sales figures show that Mr. Roberts is __________ the business.

B 빈칸에 들어갈 가장 적절한 표현을 고르세요.

1 Ms. Kim is available for any project except for ------- the upcoming conference.

(A) organization
(B) organize
(C) organized
(D) organizing

2 Young and new company owners have ------- increasing profits in the first few years.

(A) being difficulty
(B) difficulty
(C) difficult
(D) to be difficult

3 Upon ------- an effective management structure, employee productivity has dramatically increased.

(A) introduction
(B) introducing
(C) introduce
(D) introduced

4 The doctors at Gray Hospital spend a great deal of time ------- different types of cancer.

(A) study
(B) studied
(C) to study
(D) studying

실전연습

정답 p.074

PART 5 빈칸에 들어갈 가장 적절한 표현을 고르세요.

1 Experts have recommended ------- the partnership between Wipro Co. and HGL Co.

(A) enhance
(B) enhancing
(C) to enhance
(D) enhancement

2 All of the supervisors are starting ------- about the new employees' work performance.

(A) worried
(B) to worry
(C) have worry
(D) will worry

3 Simply by increasing the price of gas, the government has ------- reducing traffic congestion.

(A) success
(B) successful
(C) succeeded
(D) succeeded in

4 ------- a bigger factory is considered a better idea than rebuilding the current one.

(A) Purchase
(B) Purchased
(C) Purchasing
(D) To purchasing

5 The board of directors objected to ------- the Cambridge office to London.

(A) relocation
(B) relocating
(C) be relocated
(D) have relocated

6 To avoid ------- the printing machine, all employees must follow the instructions in the manual.

(A) damage
(B) damaging
(C) to damage
(D) to have damaged

7 International fans of K-pop are looking forward to ------- the upcoming virtual concert with famous idol bands.

(A) join
(B) joins
(C) joining
(D) be joined

8 Despite the heatwave in Korea, the tourists spent the entire afternoon ------- the city and taking photos.

(A) explore
(B) explores
(C) exploring
(D) to explore

PART 7 지문과 문제를 읽고 정답을 고르세요.

Questions 9-12 refer to the following article.

Global Business News

(May 17) The chief financial officer of luxury car company BKM Motors will be resigning after fewer than three years in the position. —[1]—. Nick Moore was previously the head of HYUN Motors for 10 years and was appointed chief financial officer of BKM Motors in late 2021. —[2]—. He will leave the company on June 1, and it is said that disagreements with Bob Carter, the founder and chairman of BKM Motors, are the critical reasons for his resignation. BKM Motors reported that its revenues have dropped by 17%. —[3]—. Roger Hill, the former CEO of S7 Motors, is one of the people being considered for the open position. —[4]—. Tony Turner, the managing director of Hondo, said that this recent development at BKM Motors has created an impression of a brand in a financial crisis and that this is not a good way to revive the company.

9 What is the article about?

(A) The relocation of a headquarters
(B) A financial analysis of a car brand
(C) A change in company personnel
(D) The retirement of an executive

10 Who is Bob Carter?

(A) The managing director of Hondo
(B) The founder of BKM Motors
(C) The CEO of S7 Motors
(D) The chief financial officer of BKM Motors

11 What is suggested about Mr. Moore?

(A) He has worked at BKM Motors for 10 years.
(B) He had previously worked at another company.
(C) He is a college classmate of Bob Carter.
(D) He is considered the future CEO of S7 Motors.

12 In which of the positions marked [1], [2], [3], and [4] does the following sentence best belong?

"The company said that a search for a new chief financial officer is being conducted."

(A) [1]
(B) [2]
(C) [3]
(D) [4]

토익 필수 어구 ✓ 형용사 I

정답 p.076

A 주어진 우리말에 맞는 형용사를 골라 표시하세요.

1	(□ versatile / □ diverse) athletes	다재 다능한 운동선수
2	(□ related / □ beneficial) to both sides	양쪽 모두에 도움이 되는
3	(□ impending / □ temporary) issues	임박한 문제들
4	(□ additional / □ thorough) process	철저한 절차
5	(□ remote / □ limited) from other cities	다른 도시로부터 멀리 떨어진
6	(□ delicate / □ promising) candidates	전도 유망한 후보자들
7	(□ suitable / □ significant) for adults	어른들에게 적합한
8	(□ tentative / □ sufficient) plans	잠정적인 계획
9	(□ reliable / □ defective) machines	결함 있는 기계
10	(□ straightforward / □ immediate) responses to a letter	편지에 대한 즉각적인 반응

B 주어진 우리말에 맞게 빈칸에 알맞은 말을 써 넣으세요.

1 회사는 새 공장의 철저한 안전 점검을 실시했다.

→ The company carried out a ________ safety inspection of the new factory.

2 직원들은 해외로 배송하기 전에 결함 있는 물품을 주의 깊게 확인하고 있다.

→ The workers are carefully checking for ________ merchandise before shipping items overseas.

3 이사회는 회의에서 임박한 문제들은 논의하기 시작했다.

→ The board of directors started discussing ________ matters at the meeting.

C 빈칸에 들어갈 가장 적절한 표현을 고르세요.

1 A recent study said that dark chocolate and walnuts can be ------- to people's heath.

(A) versatile
(B) trivial
(C) valid
(D) beneficial

2 Most of the language programs offered at the local community center are ------- for beginners.

(A) durable
(B) suitable
(C) capable
(D) deliberate

PART 5 형용사 / 부사 / 비교급 / 최상급

01. 형용사와 부사

02. 원급 / 비교급 / 최상급

PART 6 공지문

◉ 실전 연습

Today's **GOAL**

PART 5
- 형용사와 부사의 역할을 익혀두고, 토익에 자주 출제되는 형용사 어구도 기억해 두자.
- 형용사와 부사의 원급 / 비교급 / 최상급의 형태와 의미를 익혀두자.

PART 6
- 토익 지문에서 자주 출제되는 공지문(notice)의 유형을 익혀두도록 한다.
- 공지문 안에서 출제되는 문법 문제, 어휘 문제, 문장 삽입 문제 등도 연습해 두도록 하자.

01 형용사와 부사

형용사와 부사의 역할을 알아보고, 주의해야 할 형용사 표현을 익혀두자.

1 형용사의 역할: 형용사는 명사 수식, 주격 보어, 목적격 보어의 역할을 한다.

명사 수식	They came up with some **brilliant** ideas to get out of the crisis. 형용사 + 명사 그들은 위기에서 벗어나기 위해 몇몇의 반짝이는 아이디어를 생각해 냈다.
주격 보어 (주어를 보충 설명)	The proposal on the construction of a bridge was so **innovative**. 주어 / 주격 보어 다리 건설에 대한 그 제안은 매우 혁신적이었다.
목적격 보어 (목적어를 보충 설명)	Most of our customers find the new system **inconvenient**. 목적어 / 목적격 보어 대부분의 우리 고객들은 새로운 시스템을 불편하게 느낀다.

2 형용사 관용 표현: 다양한 전치사와 짝을 이루어 쓰이는 형용사 관용 표현들을 공부해 두자.

be eligible for ~할 자격이 된다	be different from/than ~와 다르다
be subject to ~하기 쉽다, ~에 따라 다르다	be suitable for ~에 알맞다, 적합하다
be similar to ~와 비슷하다	be famous/well-known for ~로 잘 알려져 있다
be equivalent to ~와 동일하다	be responsible for ~에 대한 책임을 지다
be aware of ~을 알고 있다	be capable of ~할 능력이 있다
be fond of ~을 좋아하다	be exempt from ~으로 부터 면제되다

The secretary **was** not **aware of** the fact that the courier service was no longer available.
비서는 택배 서비스를 더 이상 이용할 수 없다는 사실을 알지 못했다.

3 부사의 역할: 문장 내에서 부사는 동사(동사 사이, 동사 뒤), 형용사, 부사, to부정사/동명사를 수식하는 역할을 한다.

동사 수식 (동사의 사이, 동사 뒤에서 수식)	Demand for this product is **steadily** increasing. 이 제품에 대한 수요는 꾸준히 증가하고 있다. [동사 사이에서 수식] Most of the products are produced **locally**. 대부분의 제품들은 그 지역에서 생산된다. [동사 뒤에서 수식]
형용사 수식	A security team is becoming **increasingly** important. 보안 팀이 점점 더 중요해지고 있다.
부사 수식	They solved their financial problems **pretty** fast. 그들은 재정 문제를 꽤 빨리 해결했다.
to부정사/동명사 수식	We aim to finish the work **efficiently** within the next month. 우리는 다음 달 내에 일을 효율적으로 완료하는 것을 목표로 하고 있다. Speaking **openly** is essential for effective communication. 솔직하게 말하는 것은 효과적인 의사소통에 필수적이다.

실력 쌓기

정답 p.076

A 밑줄 친 형용사와 부사의 역할이 무엇인지 쓰고, 각각의 문장을 해석하세요.

1 The mayor's plan will become **effective** as of June 1. [역할:]

해석:

2 It is **important** that you stay calm in case of an emergency. [역할:]

해석:

3 The interviewee answered the question **promptly**. [역할:]

해석:

4 Mr. Steven's new book is **widely** praised by critics. [역할:]

해석:

5 According to a **recent** report, there has been a decrease in the number of malfunctions. [역할:]

해석:

6 Those two questions are **extremely** difficult to answer. [역할:]

해석:

B 빈칸에 들어갈 가장 적절한 표현을 고르세요.

1 You will be exempt ------- state taxes if you have more than two children.

(A) from
(B) of
(C) than
(D) at

2 Your ------- ideas are always welcome when we have meetings.

(A) create
(B) creative
(C) creating
(D) creation

3 You should prepare all the ------- documents before you come to sign the contract.

(A) necessary
(B) necessarily
(C) necessitate
(D) need

4 Since the firm was founded in 2018, its profits have increased -------.

(A) considerable
(B) consideration
(C) considerably
(D) considering

02 원급 / 비교급 / 최상급

형용사와 부사의 **원급, 비교급, 최상급** 표현들을 알아보고, **비교급의 강조**에 대해서도 알아두자.

1 원급: as ~ as 사이에 형용사/부사를 넣어 원급을 만든다. 원급은 '~만큼 ~한'이라는 의미로 두 가지 대상을 동등하게 표현할 때 쓴다.

as + 형용사 + as (~만큼 ~한)	Your job experience is as **important** as your academic background. 당신의 경력은 학력만큼이나 중요하다.
as + 부사 + as (~만큼 ~하게)	They launched the new product as **successfully** as the previous one. 그들은 이전 제품만큼 성공적으로 신제품을 출시했다.
not so (= as) 형용사/부사 as (~만큼 ~하지 않은/않게)	Our new training program was not as **fruitful** as we had expected. 우리의 새로운 교육 프로그램은 예상했던 것만큼 성과가 있지 않았다.

2 비교급: 비교급은 형용사에 -er/more(예, faster, more important)를 붙이고, 부사에 more(예, more slowly)를 붙여서 만든다. 비교급 뒤에 비교하는 대상이 있을 경우 than을 함께 쓴다.

형용사 비교급 + (than) (~보다 더 ~한)	Sometimes using public transportation is **more convenient** than driving. 가끔은 운전하는 것보다 대중 교통을 이용하는 것이 더 편리하다.
부사 비교급 + (than) (~보다 더 ~하게)	We believe that Mr. Wilson has to take this problem **more seriously**. 우리가 생각하기에 Wilson 씨는 이 문제를 더 심각하게 받아들여야 한다.
less + 형용사/부사 than (~보다 덜 ~한/~하게)	The old version of this software is becoming **less popular** than before. 이 소프트웨어의 구 버전은 전보다 인기가 떨어지고 있다.

▶ 비교급의 강조: 비교급을 강조할 때는 비교급 앞에 much, a lot, still, even, far를 붙인다.
The goods were far **more expensive** than we had thought. 그 제품들은 우리가 생각했던 것보다 훨씬 비쌌다.

3 최상급: 최상급은 형용사에 -est/most(예, largest, most useful)를 붙이고, 부사에 most(예, most widely)를 붙여서 만든다. 최상급 앞에는 보통 정관사 the를 쓴다.

the + 형용사 최상급	Biz Motors is the **largest** car dealer in town. Biz Motors는 이 동네에서 가장 큰 자동차 영업소이다.
one of the 최상급 + 복수 명사	Mr. Brown is one of the **most renowned** sci-fi writers. Brown 씨는 가장 저명한 공상 과학 작가 중 한 사람이다.
최상급 + 현재 완료	This is **the most difficult** task I have ever faced. 이것은 내가 직면했던 과제 중에 가장 어려운 것이다.

실력 쌓기

정답 p.077

A 주어진 우리 말에 맞게 괄호 안의 단어를 이용하여 문장을 완성하세요.

1 당신은 가능한 한 자세하게 증상을 설명해야 한다. (specifically)

→ You should describe your symptoms ________ possible.

2 더 중요한 사실은 그들이 새로운 건물로 입주할 여력이 되지 않는다는 것이다. (important)

→ What is ________ is that they cannot afford to move into a new building.

3 Sunset Grill은 이 동네에서 가장 인기 있는 식당 중에 하나이다. (popular)

→ The Sunset Grill is ________ in town.

4 그 여행사는 가장 저렴한 가격을 제공한다고 자부하고 있다. (cheap)

→ The travel agency prides itself on offering ________ rates.

5 Safeway Supermarket은 어떤 다른 슈퍼마켓보다도 더 다양한 과일과 야채들을 판매하고 있다. (great)

→ Safeway Supermarket sells a ________ variety of fruits and vegetables ________ any other markets.

6 나는 몇 년 전만큼 자주 해외 여행을 하지는 않는다. (often)

→ I don't travel overseas ________ I did a few years ago.

7 Camelback Mountain은 이 지역에서 가장 멋진 관광 명소 중에 하나이다. (good)

→ Camelback Mountain is ________ tourist attractions in this area.

B 다음 빈칸에 알맞은 말을 고르세요.

1 Fixing your old car often costs as ------- as buying a new one.

(A) more
(B) much
(C) many
(D) most

2 The company has a good reputation for producing the ------- vacuum cleaners in the country.

(A) powerful
(B) more powerful
(C) most powerful
(D) as powerful

3 You should try to use your car ------- frequently if you want to protect the environment.

(A) little
(B) less
(C) least
(D) as little

4 They are proud to deliver the best products at the ------- prices.

(A) competitive
(B) more competitive
(C) most competitive
(D) most competing

정답 p.077

PART 5 빈칸에 들어갈 가장 적절한 표현을 고르세요.

1 The union has decided not to ask for a raise this year after ------- reviewing the current financial conditions of the company.

(A) careful
(B) carefully
(C) care
(D) caring

2 The restaurant offers a ------- variety of local food than any other restaurants in town.

(A) great
(B) greater
(C) greatest
(D) greatness

3 Dr. Theodore's speech was the ------- one I've ever heard.

(A) impressive
(B) more impressive
(C) most impressive
(D) as impressive

4 Most business owners invest a ------- amount of time before they make important decisions.

(A) considerable
(B) considering
(C) consideration
(D) considerably

5 It is important to remember to keep prices ------- when selling goods.

(A) reasonable
(B) reasonably
(C) most reasonable
(D) as reasonable

6 Please be ------- when you pick up your belongings on the train.

(A) prompt
(B) promptly
(C) promptness
(D) most prompt

7 It is essential that you ------- update all the software on your computer.

(A) regular
(B) regularly
(C) regularity
(D) as regular

8 Universal Artificial Intelligence is known as one of the ------- companies in the field of advanced deep learning.

(A) innovative
(B) more innovative
(C) most innovative
(D) innovation

PART 6 지문을 읽고 각각의 빈칸에 들어갈 가장 적절한 표현을 고르세요.

Questions 9-12 refer to the following notice.

We are pleased to ------- (**9.**) that we are moving to a new facility on 2134 Dole Street. ------- (**10.**).

Hopefully, we will be able to better serve you with more space ------- (**11.**) before. In order to celebrate the expansion, we are offering up to 50 percent off most of our regular prices for the last two weeks of the month. For loyal customers like you, we are holding a presale on May, 17.

Come and get the ------- (**12.**) deals while they last.

9 (A) announce
(B) produce
(C) overcome
(D) tell

10 (A) The cause of this is a recent decrease in sales.
(B) This relocation is due to our remarkable growth in the Dole area.
(C) The Dole area is always packed with so many people.
(D) The movers will arrive sooner than we expected.

11 (A) to
(B) from
(C) than
(D) as

12 (A) good
(B) most
(C) better
(D) best

토익 필수 어구 ✓ 형용사 II

정답 p.079

A 주어진 우리말에 맞는 형용사를 골라 표시하세요.

1 be (□ considerate / □ considerable) of others — 다른 사람들을 배려하다

2 for three (□ executive / □ consecutive) years — 3년 연속으로

3 keep the information (□ confidential / □ confident) — 정보를 기밀로 유지하다

4 an (□ impressed / □ impressive) speech — 인상 깊은 연설

5 do (□ preliminary / □ preparatory) research — 예비 조사를 실시하다

6 (□ compatible / □ applicable) with new devices — 새로운 장치와 호환성이 있는

7 (□ complementary / □ complimentary) drinks — 무료 음료

8 obtain (□ applicable / □ additional) information — 추가 정보를 얻다

9 (□ understandable / □ persuasive) argument — 설득력 있는 주장

10 (□ dependable / □ disposable) coffee cups — 일회용 커피잔

B 주어진 우리말에 맞게 빈칸에 알맞은 말을 써 넣으세요.

1 모든 예비 조사들이 동시에 시행되었다.

→ All the ______ examinations were conducted at the same time.

2 당신은 내가 만난 중 가장 설득력이 있는 사람이다.

→ You are the ______ person I've ever met.

3 Lee 씨는 5년 연속 최고의 직원 상을 수상했다.

→ Ms. Lee won the Best Employee Award for ______.

C 빈칸에 들어갈 가장 적절한 표현을 고르세요.

1 We would like you to be ------- of others when you are in the library.

(A) considerable
(B) considerate
(C) confidential
(D) comprehensive

2 Please contact the airline office if you want to get ------- information about your flight.

(A) disposable
(B) considerable
(C) additional
(D) complimentary

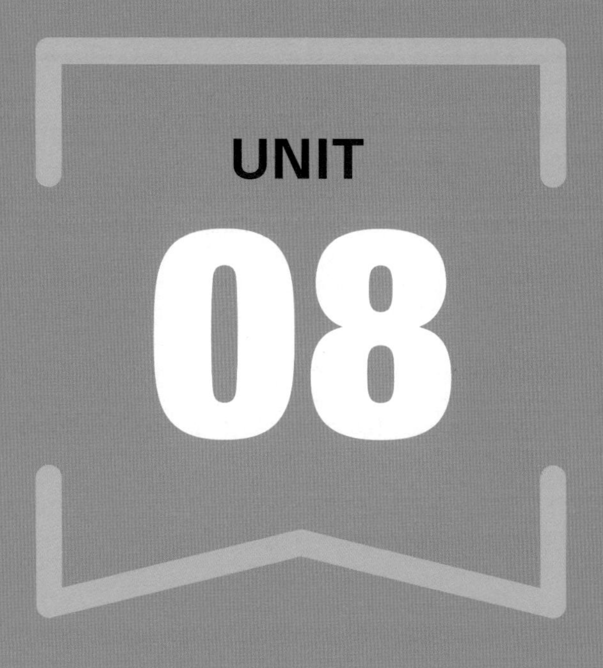

PART 5 분사 / 분사구문

01. 현재분사 / 과거분사

02. 분사구문

PART 7 문자 메시지 / 온라인 채팅

◉ 실전 연습

Today's GOAL

PART 5
- 분사의 역할을 알아보고 과거분사, 현재분사의 쓰임을 구분해 보자.
- 분사구문의 다양한 의미와 종류를 알아보자.

PART 7
- 문자 메시지나 온라인 채팅을 나누는 대화자와 대화의 흐름을 파악하는 연습을 해보자.
- 구어체의 문장이나 표현의 의도를 묻는 질문이 나오므로 연습해 보자.

01 현재분사 / 과거분사

분사에는 **현재분사(V-ing)**와 **과거분사(V-ed)**가 있다.

1 분사의 역할: 분사는 형용사로서, 명사의 앞이나 뒤에서 명사를 수식하는 역할과 보어의 역할을 한다. 현재분사는 '~하는'의 의미이고, 과거분사는 '~된'을 뜻한다.

명사 앞에서 수식	Artificial Intelligence has a **promising** future. 인공지능은 유망한 미래를 갖고 있다.
명사 뒤에서 수식	The CEO hasn't approved the document **revised** yesterday. CEO는 어제 수정된 문서를 승인하지 않았다.
주격 보어	Companies were **fascinated** by all the new technology in the exhibition. 회사들은 박람회에서 본 새로운 기술에 매료되었다.
목적격 보어	The new employees found the training courses **challenging**. 신규 직원들은 교육 과정이 어렵다고 생각했다.

2 자주 쓰이는 현재분사와 과거분사: 명사와 수식하는 분사의 관계가 능동의 의미이면 현재분사, 수동이면 과거분사를 쓴다.

현재분사(V + -ing) + 명사	과거분사(V-ed) + 명사
challenging task 도전적인/어려운 과제	detailed plan 상세한 계획
rewarding experience 보람 있는 경험	limited time 제한된 시간
demanding guest 요구가 많은 손님	reserved seat 예약된 좌석
outstanding performance 뛰어난 공연	scheduled meeting 계획된 회의
outstanding debts 미불 채무	revised report 수정된 보고서
leading company 선두 회사	attached file 첨부된 파일
overwhelming desire 압도적 염원	experienced employee 경력이 있는 직원
existing machine 기존의 기계	finished product 완성된 제품
remaining seat 남아 있는 좌석	expected result 예상된 결과
fast-growing industry 빠르게 성장하는 산업	reduced cost 감소된 비용

Mr. Kim has outstanding debts of over $900. Kim 씨는 900달러가 넘는 미불 채무가 있다.
→ outstood debts [×]

3 분사형 감정 형용사: 주어가 감정을 유발시키면 현재분사, 주어가 감정을 느끼면 과거분사를 쓴다.

satisfying - satisfied 만족감을 주는 – 만족한	boring - bored 지루하게 하는 – 지루한
confusing - confused 혼란을 주는 – 혼란스러운	tiring - tired 피곤하게 하는 – 피곤한
encouraging - encouraged 격려하는 – 격려된	disappointing - disappointed 실망을 주는 – 실망한
interesting - interested 흥미로운 – 흥미 있어 하는	fascinating - fascinated 매력적인 – 매료된
surprising - surprised 놀라운 – 놀란	exciting - excited 신나는 – 신난

정답 p.079

A 괄호 안의 두 개의 분사들 중 알맞은 것을 선택하세요.

1 The news that there won't be a pay raise this year is (disappointing / disappointed).

2 DTC, Inc. is (pleasing / pleased) to offer a flexible working-hours system for all employees.

3 China's (fast-growing / fast-grown) economy is contributing to widespread job creation.

4 The (detailing / detailed) schedule is written in the booklet.

5 Only (experiencing / experienced) workers can apply for the job in Seattle.

6 Mr. Bell was (surprising / surprised) to hear that his coworker Ms. Hunt had quit her job.

7 Everyone disagreed with the idea (suggesting / suggested) by Ms. Anderson from the Sales Department.

8 The number of people (immigrating / immigrated) to Europe is dramatically increasing.

B 빈칸에 들어갈 가장 적절한 표현을 고르세요.

1 Individuals ------- for a bank loan must complete three applications.

(A) apply
(B) applied
(C) applying
(D) application

2 Skiworth is the ------- manufacturer of ski equipment in the Netherlands.

(A) lead
(B) leads
(C) leaded
(D) leading

3 Free delivery and installation at JVC Electronics are available for a ------- time.

(A) limit
(B) limited
(C) limiting
(D) limitation

4 Although the meeting was -------, the two companies finally reached an agreement.

(A) tire
(B) tires
(C) tired
(D) tiring

02 분사구문

부사절을 현재/과거분사로 시작하는 **부사구로 바꾼 것**이 분사구문이다.

1 분사구문 만들기

■ 부사절을 부사구로 만드는 과정

	부사절 / 주절
① 접속사 생략 * 시간, 이유, 조건, 양보의 부사절 접속사 생략 가능 (when, while, because, since, as, if, although 등)	① ~~Because~~ she felt tired, Ms. Hudson refused to work late. 그녀는 피곤했기 때문에, Hudson 씨는 늦게까지 일하기를 거부했다.
② 부사절의 주어 생략 * 주절의 주어와 같은 경우에만 생략 가능	② ~~Because she~~ felt tired, Ms. Hudson refused to work late. [she = Ms. Hudson]
③ 동사를 아래와 같이 바꿈 * 주절과 시제가 같을 때: V-ing * 주절보다 한 시제 앞설 때: having p.p. * 수동일 때: (being) p.p., (having been) p.p.	③ Feeling tired, Ms. Hudson refused to work late. [부사절 과거시제 = 주절 과거시제]

2 분사구문의 종류: 다양한 의미의 접속사가 생략되므로, 주절과의 관계를 살핀 후 어떤 의미의 접속사가 생략되었는지 파악할 수 있어야 한다.

시간	**Having talked** to his wife, Mr. Kim decided to join the company's baseball team. → After he had talked to his wife, Mr. Kim decided to join the company's baseball team. 아내와 얘기한 후, Kim 씨는 회사 야구팀에 가입하기로 결정했다.
이유	**Arriving** late, Ms. Lane missed the beginning part of the presentation. → Because she arrived late, Ms. Lane missed the beginning part of the presentation. 늦게 도착했기 때문에, Lane 씨는 발표의 첫 부분을 놓쳤다.
조건	**Becoming** a member, you will be invited to our cultural events. → If you become a member, you will be invited to our cultural events. 회원이 되시면, 귀하는 저희 문화행사에 초대될 것입니다.
양보	**(Being) disappointed** with the results, the manager kept smiling. → Although he was disappointed with the results, the manager kept smiling. 결과에 실망했음에도 불구하고, 매니저는 계속 미소지었다.

3 접속사가 있는 분사구문: 분명한 의미를 전달하기 위하여 접속사를 남겨두는 경우도 있다. 특히 「While / When / After / Before + V-ing」이 자주 쓰인다.

After checking his e-mail address one more time, I clicked the send button.
→ After I checked his e-mail address one more time, I clicked the send button.
그의 이메일 주소를 다시 한 번 확인한 뒤, 나는 보내기 버튼을 눌렀다.

정답 p.080

A 밑줄 친 분사구문을 because / after / although 중 하나로 시작하는 부사절로 바꾼 다음 문장을 해석하세요.

1 Being located in a quiet area, Jack's Restaurant is always crowded with customers.

부사절: ______________________, Jack's Restaurant is always crowded with customers.

해석: ______________________

2 Getting approval from the CEO, the marketing team implemented the new project.

부사절: ______________________, the marketing team implemented the new project.

해석: ______________________

3 Being built 30 years old, the building still looks very modern.

부사절: ______________________, the building still looks very modern.

해석: ______________________

4 Having been brought up in Australia, Ms. Cole understands the country's culture well.

부사절: ______________________, Ms. Cole understands the country's culture well.

해석: ______________________

B 빈칸에 들어갈 가장 적절한 표현을 고르세요.

1 ------- in a quiet spot near the river, the Swan Hotel attracts people who want to relax and unwind.

(A) Situated
(B) Situation
(C) Situating
(D) To be situated

2 ------- sales racks on the second floor, we can display more new products.

(A) To Add
(B) Added
(C) Adding
(D) Addition

3 ------- one of the partners in the firm, Mr. Ali is able to access confidential documents.

(A) Be
(B) To be
(C) Being
(D) Having been

4 After ------- about the dramatic decrease in sales, the CEO decided to lay off 20 percent of the employees.

(A) hear
(B) heard
(C) hearing
(D) being heard

실전연습

정답 p.080

PART 5 빈칸에 들어갈 가장 적절한 표현을 고르세요.

1 Building residents ------- about utility fees should consider the option of prepaying.

(A) concern
(B) concerns
(C) concerned
(D) be concerned

2 ------- on the Internet, the new beauty product is selling three times better than it did during the last quarter.

(A) Advertising
(B) Advertised
(C) To advertise
(D) Advertisement

3 Mr. Harrison will retire in August, finishing his ------- 20-year career as a technical researcher.

(A) distinguish
(B) distinguishes
(C) distinguishing
(D) distinguished

4 Ms. Mason was ------- to hear that Mr. Hudson decided to join her consulting firm.

(A) please
(B) pleases
(C) pleased
(D) pleasing

5 The marketing director was ------- with the public's positive response to the new product.

(A) satisfy
(B) to satisfy
(C) satisfied
(D) satisfaction

6 The new TV commercial ------- a couple of weeks ago seems to be pretty effective at attracting more customers.

(A) launch
(B) launched
(C) launching
(D) to be launched

7 ------- selected the employee of the month, Ms. Anderson now has access to the free parking area and can enjoy a 20% employee discount.

(A) Be
(B) Been
(C) Being
(D) To be

8 Anyone ------- in applying for the volunteer work needs to talk to the Human Resources director.

(A) interest
(B) interests
(C) interested
(D) interesting

PART 7 지문과 문제를 읽고 정답을 고르세요.

Questions 9-10 refer to the following text message chain.

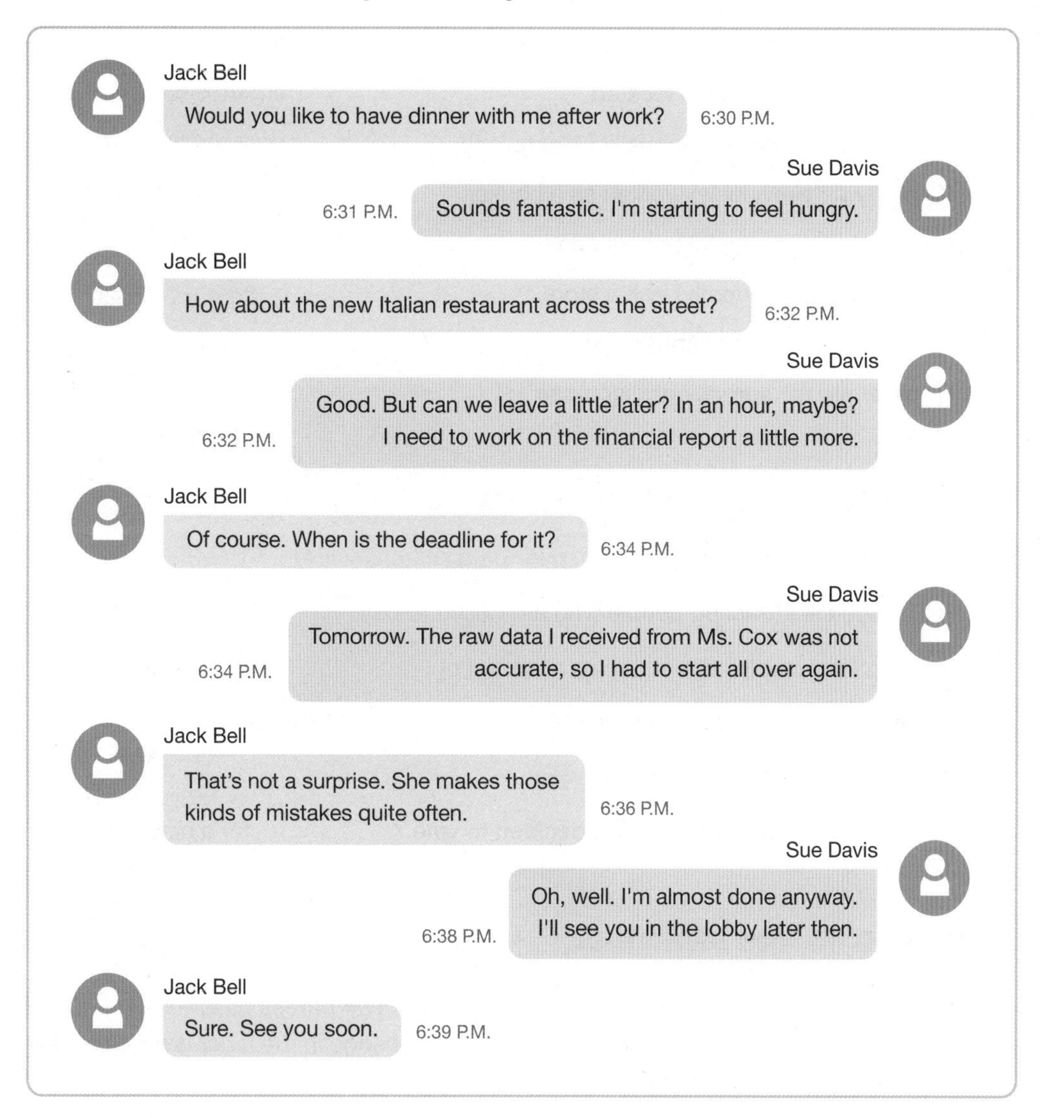

9 What time will Mr. Bell and Ms. Davis most likely meet?

(A) Around 6:40 P.M.

(B) Around 7:10 P.M.

(C) Around 7:40 P.M.

(D) Around 8:10 P.M.

10 At 6:36 P.M., what does Mr. Bell mean when he writes, "That's not a surprise."?

(A) He expected Ms. Cox to make a mistake.

(B) He is pleased that Ms. Cox is improving.

(C) He believes anyone can make mistakes.

(D) He thinks that Ms. Cox is reliable.

토익 필수 어구 ✓ 부사 I

정답 p.082

A 주어진 우리말에 맞는 부사를 골라 표시하세요.

1	leave (□ promptly / □ firmly)	신속히 떠나다
2	(□ consistently / □ highly) deny facts	일관되게 사실을 부인하다
3	vote (□ properly / □ anonymously)	익명으로 투표하다
4	be (□ ideally / □ directly) located	이상적으로 위치해 있다
5	change a password (□ annually / □ regularly)	비밀번호를 매년 바꾸다
6	(□ partly / □ previously) worked as a banker	이전에 은행원으로 일했다
7	(□ closely / □ nearly) 50 people came	거의 50명이 왔다
8	(□ frequently / □ fluently) visit a store	그 상점을 자주 방문하다
9	(□ relatively / □ reasonably) high	상대적으로 높은
10	(□ gradually / □ surprisingly) increase	점차 증가하다

B 주어진 우리말에 맞게 빈칸에 알맞은 말을 써 넣으세요.

1 이 지역은 상대적으로 높은 월세를 기꺼이 내려는 사람들을 끌어들이고 있다.

→ This area is attracting people who are willing to pay __________ high rents.

2 한국에서의 고급 제품의 판매가 점차적으로 감소하고 있다.

→ Sales of luxury goods in Korea are __________ decreasing.

3 위원회는 익명으로 회장을 선출하기로 결정했다.

→ The committee members have decided to vote __________ for a new chairman.

C 빈칸에 들어갈 가장 적절한 표현을 고르세요.

1 Helen's Café is ------- located for tourists who want a quick coffee break after seeing historical places.

(A) closely
(B) previously
(C) ideally
(D) promptly

2 The two parties have ------- argued for a change in the labor law for the last 3 months.

(A) relatively
(B) consistently
(C) approximately
(D) fluently

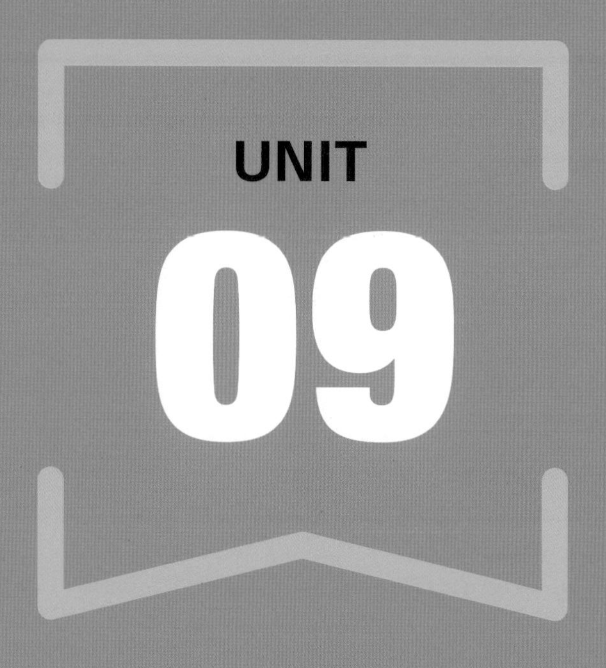

PART 5 접속사

01. 부사절 접속사

02. 등위 접속사 / 상관 접속사

PART 6 회람

◉ 실전 연습

Today's GOAL

PART 5
- 시간, 조건, 양보, 이유 등 다양한 부사절 접속사의 종류와 의미를 알아보자.
- 등위 접속사인 and, but, or, so의 의미를 공부하고, 상관 접속사를 덩어리로 암기해보자.

PART 6
- 회람(memo) 지문은 이메일과 형식이 유사하다.
- 접속사를 고르는 문제가 출제되면, 빈칸이 포함된 문장 및 앞뒤의 내용을 파악해서 정답을 고르도록 한다.

01 부사절 접속사

주절과 **종속절(부사절)**을 부사절 접속사로 **연결**한다.

1 시간, 조건의 부사절 접속사: 부사절 접속사의 종류는 다양하기 때문에 주절과 부사절의 의미를 파악하여 적절한 접속사를 찾아낼 수 있어야 한다.

시간	when ~할 때 while ~하는 동안 until ~할 때까지	since ~이래로 by the time ~할 때쯤 as soon as ~하자마자	before ~하기 전에 after ~한 후에
조건	if 만약 ~라면 = provided (that) = providing (that)	unless 만약 ~이 아니라면 = if not	as long as ~하는 한 once 일단 ~하면

▶ 시간, 조건의 부사절에서는 미래시제 대신 현재시제를 쓴다.

When the meeting **ends**, the CEO will come to see you. 회의가 끝날 때, 최고경영자가 와서 당신을 만날 것입니다.
→ will end [×]

If we **miss** the train, we will have to take a taxi. 우리가 기차를 놓친다면, 우리는 택시를 타야 할 것이다.
→ will miss [×]

2 이유, 양보, 기타 부사절 접속사

이유	because ~ 때문에 = since, as
양보	although 비록 ~일지라도 = even though, though, while 반면에

기타	so ~ that / such ~ that 매우 ~해서 ~하다 in case ~의 경우에 대비하여 except that ~를 제외하고 as if 마치 ~인 것처럼

Because the price of oil is increasing, flight tickets are expected to cost more in the near future.
유가가 상승하고 있기 때문에, 가까운 미래에 항공권이 더 비싸질 것으로 예상된다.

3 접속사 vs. 전치사: 비슷한 의미를 갖는 접속사와 전치사를 구분해야 한다. 접속사 뒤에는 주어와 동사가 오고, 전치사 뒤에는 명사가 온다.

	의미	접속사 + 주어 + 동사	전치사 + 명사
이유	~ 때문에	because	because of = due to
양보	~에도 불구하고	although	in spite of = despite
시간	~하는 동안에	while	for / during

Because of the increase in the price of oil, flight tickets are expected to cost more in the near future.
유가의 인상 때문에, 가까운 미래에 항공권이 더 비싸질 것으로 예상된다.

▶ 접속부사는 접속의 의미를 가지고 있기는 하지만, 부사이기 때문에 문장과 문장을 연결할 수 없다.

접속부사

therefore 그러므로 moreover 더욱이 however 그러나 nevertheless 그럼에도 불구하고

실력 쌓기

정답 p.082

A 주어진 우리말과 일치하도록 빈칸에 알맞은 말을 써 넣으세요.

1 구인 광고를 냈음에도 불구하고, 아무도 그 자리에 지원하지 않았다.

→ ______________ we posted a job advertisement, no one applied for the position.

2 우리가 건물 준공 검사에 합격하지 못한다면, 즉시 가게를 폐쇄해야 할 것이다.

→ ______________ we fail to pass the building inspection, we will have to close the store immediately.

3 내일 사장님이 참석하실 수 없기 때문에, 프레젠테이션은 연기될 것이다.

→ ______________ the CEO is not available tomorrow, the presentation will be postponed.

4 독감 때문에 Freeman 씨는 결근한다고 전화했다.

→ ______________ the flu, Mr. Freeman called in sick.

5 극비가 아니라면, 정보를 공유하셔도 됩니다.

→ ______________ it is confidential, you are allowed to share the information.

6 그의 훌륭한 근무 실적에도 불구하고, 그는 승진하지 못했다.

→ ______________ his great work performance, he failed to get a promotion.

7 부회장님이 출장 중인 동안에 Nixon 씨가 예산 회의를 주도했다.

→ ______________ the vice president was away on business, Mr. Nixon led budget meetings.

B 빈칸에 들어갈 가장 적절한 표현을 고르세요.

1 It was a pleasure to discuss business opportunities ------- we visited your New York office.

(A) when
(B) during
(C) for
(D) though

2 ------- the new play receives a positive response, HOD Production will schedule more performances.

(A) If
(B) Unless
(C) In spite of
(D) Therefore

3 The construction of the Kimberly Bridge has to be delayed ------- the approval process.

(A) because
(B) because of
(C) since
(D) as

4 ------- the medical staff members at YNB Clinic worked until 9 last week, they didn't get paid overtime.

(A) Even
(B) If
(C) Despite
(D) Although

02 등위 접속사 / 상관 접속사

대등한 단어, 구, 절을 연결하는 등위 접속사와 짝을 이루는 상관 접속사가 있다.

1 등위 접속사: 대등한 두 단어, 구, 절을 연결하는 접속사로 and, but, or, so가 있다. 문장의 의미를 파악하여 적절한 등위접속사를 삽입할 수 있어야 한다.

종류	의미	예문
추가 (and)	그리고	the supervisor **and** the staff [단어 연결: 명사] 관리자와 직원들
대조 (but)	하지만	The director is hardworking **but** not creative. [단어 연결: 형용사] 그 책임자는 열심히 일하지만 창의적이지는 않다.
선택 (or)	또한	in writing **or** in person [구 연결] 서면으로 또는 직접 만나서
결과 (so)	그래서	Ms. Bin had the flu, **so** he didn't come to work. [절 연결] Bin 씨가 독감에 걸려서 출근하지 않았다.

2 상관 접속사: 짝을 이루는 상관 접속사는 덩어리로 암기해두어야 한다.

both A and B A와 B 둘 다	not only A but (also) B A뿐만 아니라 B도
either A or B A 이거나 B인	not A but B A가 아니라 B
neither A nor B A도 B도 아닌	

Both Mr. Davis **and** Ms. Price used to work for Star Co. Davis 씨와 Price 씨 두 사람 다 Star 사에서 함께 일했었다.
→ or, not [×]

The office communication system is **not only** effective **but (also)** economical.
그 사무 통신 시스템은 효과적일 뿐만 아니라 경제적이다.

3 등위 접속사, 상관 접속사의 수 일치: 주어로 쓰일 경우에 동사의 수 일치에 주의하자.

복수동사 사용	A and B both A and B

B에 수 일치	either A or B neither A nor B not only A but (also) B not A but B

Both the accountant **and** his secretary are on vacation. 회계사와 그의 비서 둘 다 휴가 중이다.
→ is [×]

Neither the staff members **nor** the manager was allowed to access the information.
→ were [×]
사원들과 관리자 모두 그 정보에 접근이 허락되지 않았다.

정답 p.083

A 각각의 문장에서 어법상 틀린 부분을 찾아 고치세요.

1 Both the CEO or the chief executives are positive about the latest model of the laptop.

2 Neither personal phone calls and e-mails are allowed in the building.

3 Not only his fluent English but also his excellent manners is impeccable.

4 The reason for the decrease in the birthrate will be revealed either this month and next month.

5 The design employee was hired last month, but it is too early to evaluate her performance.

6 Potential applicants are encouraged to either apply by e-mail but by mail.

7 The CEO was sure of the success of the project, and he was proven wrong.

8 The seminar is about the strengths but weaknesses of the new accounting system.

B 빈칸에 들어갈 가장 적절한 표현을 고르세요.

1 The contract expired yesterday, ------- the two companies have agreed to extend it for one more year.

(A) or
(B) but
(C) for
(D) when

2 All the customers remained calm ------- alert when the fire alarm went off.

(A) or
(B) after
(C) so
(D) but

3 May's Department Store offers clients ------- a gift certificate or a 10-percent discount.

(A) either
(B) neither
(C) both
(D) rather

4 Both the factory ------- the customer service center are located in India.

(A) or
(B) nor
(C) and
(D) but

실전연습

정답 p.083

PART 5 빈칸에 들어갈 가장 적절한 표현을 고르세요.

1 ------- we receive the necessary funding from our investors, we can continue with our initial plans for the expansion.

(A) Once
(B) Because of
(C) However
(D) So

2 ------- you include the original receipt in the mail, your return will be processed in an efficient manner.

(A) If
(B) Before
(C) Despite
(D) Unless

3 All the employees can choose either to work from home ------- to commute to work.

(A) or
(B) nor
(C) and
(D) so

4 Tickets to the art exhibition can be purchased on the Internet ------- at the ticket office in the main reception area of the Tate Art Center.

(A) or
(B) if
(C) but
(D) for

5 Mr. Kim ------- Mr. Choi, the editors of ABB Magazine, have been chosen as the co-recipients of the best journalist of the year award.

(A) but
(B) or
(C) nor
(D) and

6 ------- its automated ticketing system, KH Airline offers the best prices on trips to Southeast Asian counties.

(A) As
(B) As if
(C) In spite of
(D) Because of

7 The report produced by the team was ------- well researched nor properly supported with scientific data.

(A) because
(B) neither
(C) never
(D) however

8 Mr. Fraser is being considered for a promotion ------- he does not have an impressive record of achievement.

(A) if
(B) after
(C) until
(D) even though

PART 6 지문을 읽고 각각의 빈칸에 들어갈 가장 적절한 표현을 고르세요.

Questions 9-12 refer to the following memo.

Date: August 24
To: All floor staff
From: Dennis Lee, HR manager

I am writing to ------- (**9.**) you that due to the upcoming holiday next week, your peer evaluations are due tomorrow rather than next Wednesday. All employees will be out of the office from Monday to Wednesday. ------- (**10.**) you fail to submit your evaluations by tomorrow, the overall performance review will be delayed. This could also disrupt salary negotiations and promotion processes.

Your peer evaluations ------- (**11.**) in by 5:00 P.M. tomorrow so that they can be reflected on your annual employee performance review. ------- (**12.**).

We appreciate your cooperation as always.

9 (A) complain
(B) remind
(C) discuss
(D) persuade

10 (A) Whereas
(B) Because
(C) If
(D) As

11 (A) have to turn
(B) has to turn
(C) had to be turned
(D) have to be turned

12 (A) If you have to cancel your meeting, please notify us.
(B) Salary negotiations are likely to happen next month.
(C) Please make sure to pick up one of the request forms.
(D) Please direct any questions or concerns to the HR Department.

토익 필수 어구 ✓ 부사 II

정답 p.085

A 주어진 우리말에 맞는 부사를 골라 표시하세요.

1 last (□ approximately / □ largely) 2 hours — 대략 2시간 지속되다
2 handle the matter (□ discreetly / □ casually) — 문제를 신중히 처리하다
3 test the equipment (□ personally / □ periodically) — 기계를 정기적으로 테스트하다
4 available (□ exclusively / □ extensively) to members — 회원에게 독점적으로 이용 가능한
5 work (□ closely / □ rarely) with my colleagues — 동료들과 긴밀히 협력하다
6 be announced (□ initially / □ shortly) — 곧 발표되다
7 (□ publicly / □ completely) apologize for a loss — 공개적으로 손실에 대해 사과하다
8 most (□ notably / □ originally) the prices — 특히 가격 면에서
9 (□ readily / □ soon) available — 쉽게 이용 가능한
10 (□ individually / □ unanimously) pass — 만장 일치로 통과시키다

B 주어진 우리말에 맞게 빈칸에 알맞은 말을 써 넣으세요.

1 두 은행 간의 합병은 신중하게 처리되어야 한다.
→ The merger between the two banks has to be handled ______________.

2 예산 제안서는 만장일치로 승인되었다.
→ The budget proposals were ______________ approved.

3 상세 스케줄은 인터넷에서 손쉽게 이용 가능합니다.
→ The detailed schedule is ______________ available on the Internet.

C 빈칸에 들어갈 가장 적절한 표현을 고르세요.

1 The Olympia Company is attracting foreign investors, most ------- big Chinese banks.

(A) notably
(B) gradually
(C) shortly
(D) immediately

2 The Felton Opera Hall in New York can accommodate ------- 30,000 people.

(A) discreetly
(B) publicly
(C) temporarily
(D) approximately

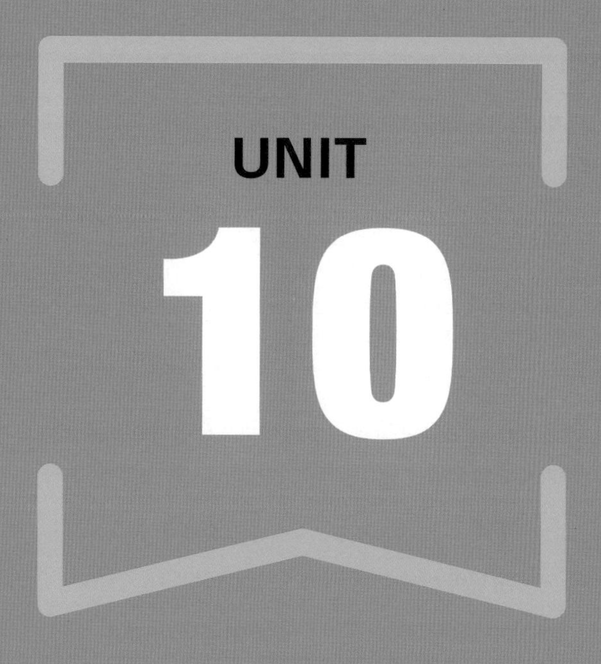

PART 5 관계사
01. 관계대명사
02. 관계부사

PART 7 이중 지문

실전 연습

Today's GOAL

PART 5
- 선행사와 격에 따라 달라지는 관계대명사의 종류를 익혀두자.
- 관계대명사와 관계부사의 차이를 파악하자.

PART 7
- 주어진 두 개의 지문을 동시에 읽고 문제 풀이에 필요한 정보를 두 지문에서 찾아내는 연습을 하자.
- 한 지문에서만 정보를 찾아 문제를 풀 수 있는 유형이 있고, 두 지문을 동시에 보아야만 풀 수 있는 문제가 있다.

01 관계대명사

관계대명사는 '접속사 + 대명사'의 역할을 하는 말로, 두 문장에서 공통되는 말을 연결하여 한 문장으로 만든다.

1 관계대명사의 역할: **관계대명사는 접속사와 같이 두 문장을 연결하는 역할을 하고, 이때 두 문장에서 공통되는 어구 대신에 관계대명사를 쓴다.**

We decided to choose a caterer. + The caterer serves the best food.
공통 어구 = caterer

→ We decided to choose **a caterer** who serves the best food. [who = 관계대명사]
우리는 최상의 음식을 제공하는 출장 요리 업체를 선정하기로 하였다.

2 관계대명사의 종류: **관계대명사는 생략된 공통 어구가 문장에서 했던 역할에 따라서 주격, 소유격, 목적격으로 구분된다. 예를 들어 공통 어구가 주어의 역할을 했다면 주격 관계대명사를 쓰면 된다.**

선행사	주격	소유격	목적격 (생략 가능)
사람	who/that	whose	who(m)/that
사물	which/that	of which/whose	which/that

Employees who just started working at this firm should be trained for two weeks.
[주격 관계대명사 + 동사]
이 회사에서 막 일을 시작한 직원들은 2주 동안 교육을 받아야 한다.

Mr. Chang, whose column appeared in yesterday's newspaper, is currently working as our advisor.
[소유격 관계대명사 + 명사]
Chang 씨는, 그의 칼럼이 어제 신문에 기고되었는데, 현재 우리 회사의 고문으로 일하고 있다.

You can return **all the items** (which/that) you purchased. 당신이 구매한 모든 물건들을 반품할 수 있다.
[목적격 관계대명사 + 주어 + 동사]

3 관계대명사의 생략: **'목적격 관계대명사'와 '주격 관계대명사 + be동사'는 생략할 수 있다.**

'목적격 관계대명사'의 생략	The restaurant (that/which) I booked a table at turned out to be very good. 내가 자리를 예약한 식당은 아주 괜찮은 곳으로 밝혀졌다.
'주격 관계대명사 + be동사'의 생략	Those (who are) interested in this position should apply by the end of the month. 이 자리에 관심이 있는 분들은 월말까지 지원해야 합니다.

실력 쌓기

정답 p.085

A 각각의 두 문장을 알맞은 관계대명사를 이용하여 연결한 다음 해석하세요.

1 The client visited our branch. The client was pretty satisfied with our products.

문장 합치기: The client ______

해석: ______

2 The team hired a new sales manager. The new sales manager is expected to play a big role in improving sales.

문장 합치기: The team hired a new sales manager ______

해석: ______

3 Our shipping system offers a variety of options. These options include air and sea transportation.

문장 합치기: Our shipping system offers a variety of options ______

해석: ______

4 An employee will get a 2-week paid vacation. His performance last year was superb.

문장 합치기: An employee ______

해석: ______

5 The upcoming sale is the first one. The company has announced the sale.

문장 합치기: The upcoming sale is the first one ______

해석: ______

B 빈칸에 들어갈 가장 적절한 표현을 고르세요.

1 The TV program ------- you recommended was full of inappropriate language.

(A) that
(B) whose
(C) who
(D) of which

2 Any person ------- would like to get a refund should present the original receipt.

(A) who
(B) whom
(C) which
(D) whose

3 Greenco is an organization ------- mission is to raise awareness of environmental issues.

(A) who
(B) what
(C) whose
(D) which

4 We are going to meet the candidate ------- got the highest score in person.

(A) whom
(B) which
(C) whose
(D) who

02 관계부사

관계부사는 '접속사 + 부사'의 역할을 하는 말로, **시간, 장소, 이유, 방법**을 나타낼 때 사용된다.

1 관계부사의 역할: 관계부사는 '접속사 + 부사'를 대신하는 말로, 문장에서 '부사구'를 대신하면서 접속사와 같이 두 문장을 연결하는 역할을 한다.

2020 is the year. + I started working at this company in 2020. *공통어구: the year = 2020
→ 2020 is **the year** in which I started working at this company.
[전치사(in) + 관계대명사(which) = 관계부사(when)]
→ 2020 is **the year** (when) I started working at this company.

2 관계부사의 종류: 관계부사는 의미에 따라 시간, 장소, 이유, 방법 등의 관계부사로 나눌 수 있다.

시간	when	January 24 is **the day** (when) the company was founded. 1월 24일이 회사가 설립된 날이다.
장소	where	This is **the building** where the first sales conference will be held. 이 건물이 첫 번째 판매 회의가 열릴 곳이다.
이유	why	That is **the reason** (why) he refused the job offer. 그것이 그가 일자리 제안을 거절한 이유이다.
방법	how	This is the way we celebrate special days. 이것이 우리가 특별한 날을 축하하는 방식이다. That is how things should be. 일이 그렇게 되어야 한다. * 방법의 관계부사 how를 쓸 때는 the way를 반드시 생략해야 한다.

* 관계부사 when과 why는 생략할 수 있다.

3 관계대명사와 관계부사의 구분: 관계대명사 뒤에는 불완전한 문장(주어나 목적어가 빠져 있는 문장)이 오는 반면, 관계부사 뒤에는 완전한 문장(주어, 목적어 등은 있고 부사구만 빠져 있는 문장)이 온다.

관계대명사 + 불완전한 문장	관계부사 + 완전한 문장 (부사구만 빠져 있음)
We are currently looking for a consulting firm that can help us save costs. 우리는 현재 우리의 비용 절감을 도와줄 컨설팅 회사를 찾고 있다. * 관계대명사 that 뒤에 있는 문장에 주어가 빠져 있음.	The office where I am currently working is located on the 10th floor. 내가 현재 일하고 있는 사무실은 10층에 있다. * 관계부사 where 뒤에 문장에는 주어와 동사가 모두 있고, 부사구(in the office)만 빠져 있음.

정답 p.086

A 빈칸에 알맞은 관계부사를 쓴 다음 각각의 문장을 해석하세요.

1 The CEO visited the new warehouse ________ all of its electric products are stored.

해석: ________

2 That is the reason ________ passengers came to the airline office.

해석: ________

3 Ms. Yang applied to the company ________ she had previously worked.

해석: ________

4 The conference will be held on the day ________ the president is retiring.

해석: ________

5 We need to create an environment ________ employees work pleasantly.

해석: ________

6 He refused to comment on ________ the M&A process was conducted.

해석: ________

7 The main exhibit room, ________ most of the major artwork is displayed, is located on the ground floor.

해석: ________

B 빈칸에 들어갈 가장 적절한 표현을 고르세요.

1 Mr. Chang asked me the reason ------- the vice president resigned.

(A) who
(B) where
(C) why
(D) how

2 The convention center ------- the annual shareholders' meeting is going to be held is within walking distance.

(A) when
(B) where
(C) what
(D) that

3 The upcoming seminar will discuss ------- new businesses can attract potential customers.

(A) how
(B) where
(C) what
(D) that

4 Last spring was the season ------- our profits were at an all-time high.

(A) where
(B) how
(C) why
(D) when

실전연습

정답 p.086

PART 5 빈칸에 들어갈 가장 적절한 표현을 고르세요.

1 The company is looking for someone ------- has extensive experience in the field of team management and performance reviews.

(A) who
(B) which
(C) what
(D) where

2 QRCT is a company ------- provides microchips to computer manufacturers.

(A) that
(B) what
(C) who
(D) whose

3 This is the hotel ------- we are supposed to hold a banquet for the new managers.

(A) how
(B) which
(C) that
(D) where

4 The employee ------- performance evaluation was so good can enjoy two weeks of paid vacation.

(A) who
(B) whose
(C) which
(D) where

5 A shortage of staff members is the main reason ------- the factory is running extremely slowly.

(A) where
(B) who
(C) why
(D) which

6 We are planning to release those products ------- received positive feedback from the target group during the trial period.

(A) who
(B) which
(C) what
(D) whose

7 Candidates ------- applications are not complete will not be considered for the position.

(A) who
(B) whom
(C) whose
(D) that

8 Please make sure to install the new software on all the computers ------- you use in the office.

(A) who
(B) that
(C) why
(D) where

PART 7 두 개의 지문과 문제를 읽고 정답을 고르세요.

Questions 9-13 refer to the following announcement and schedule.

23rd International Music Festival (October 20-22)

It's time for the 23rd annual International Music Festival(IMF) again. We are pleased to announce this year's festival will take place from October 20 to 22. —[1]—.

Starting this Friday, you'll be able to purchase three-day passes for the special price of $130. —[2]—. The passes will be sale for the regular price of $175 after this promotion ends. Single-day tickets will also be available for $60. —[3]—.

The festival will focus on performances by major local and international musicians and will also feature music classes, workshops, and special sessions by professors and lecturers from local music academies to give students the opportunity to learn from masters. —[4]—.

23rd International Music Festival [Schedule]

Day 1	Day 2	Day 3
• **4:00 P.M. ~ 6:00 P.M.** Opening performance by Rock Star	• **2:00 P.M. ~ 4:00 P.M.** Workshop on the music industry	• **2:00 P.M. ~ 4:00 P.M.** Music class for kids
• **6:00 P.M. ~ 8:00 P.M.** Master class 1	• **4:00 P.M. ~ 6:00 P.M.** Master class 2	• **4:00 P.M. ~ 6:00 P.M.** Autograph session
• **8:00 P.M. ~ 10:00 P.M.** Performance by Westbound Train	• **6:00 P.M. ~ 10:00 P.M.** Collaborative performance by local artists	• **6:00 P.M. ~ 10:00 P.M.** Closing performance by Fred Young

9 What is true about the music festival?

(A) The target audience is mainly students.
(B) It will last for 2 days.
(C) It takes place every year.
(D) It primarily focuses on music performances.

10 In which of the positions marked [1], [2], [3], and [4] does the following sentence best belong?

"The special ticket sale will last only for 3 days."

(A) [1]
(B) [2]
(C) [3]
(D) [4]

11 How much do people have to pay to participate in the 3-day festival after the promotion is over?

(A) $60
(B) $130
(C) $175
(D) $180

12 Which of the following activities is not available on the 21st of October?

(A) A chance to get autographs
(B) Local artists' performances
(C) A class given by music professionals
(D) A practical opportunity to learn about the music industry

13 In the announcement, the word "feature" in paragraph 3, line 2, is closest in meaning to

(A) separate
(B) include
(C) advertise
(D) create

토익 필수 어구 ✓ 숙어 I

정답 p.088

A 주어진 우리말에 맞는 표현을 골라 표시하세요.

1 (□ retreat / □ return) to normal — 정상화되다
2 (□ do / □ get) business with — ~와 거래를 하다
3 at the (□ late / □ latest) — 늦어도
4 (□ cope / □ take care) with a crisis — 위기에 대처하다
5 help (□ in advance / □ immediately) — 미리 도와주다
6 with (□ terms / □ regard) to the topic — 주제와 관련해서
7 count (□ on / □ off) the team — 팀에 의존하다
8 (□ concerning / □ according to) a report — 보고서에 따르면
9 (□ in person / □ in brief) — 직접
10 (□ participate / □ commute) in an event — 행사에 참여하다

B 주어진 우리말에 맞게 빈칸에 알맞은 말을 써 넣으세요.

1 적어도 3일 먼저 워크숍에 등록을 해야 한다.
→ You should sign up for the workshop three days ____________.

2 그 사건 후에 모든 것이 정상으로 돌아갔다.
→ Everything ____________ immediately after the incident.

3 Quinn 박사는 조사를 직접 시행했다.
→ Dr. Quinn carried out the investigation ____________.

C 빈칸에 들어갈 가장 적절한 표현을 고르세요.

1 Everyone on the marketing team is encouraged to ------- in the workshop.

(A) register
(B) participate
(C) engage
(D) involve

2 The department is looking for someone with the ability to ------- wisely with crises.

(A) take
(B) cope
(C) meet
(D) return

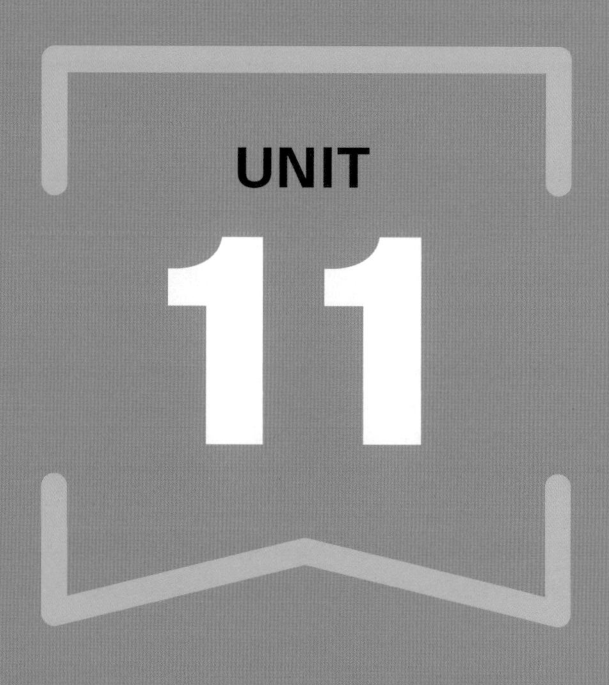

Today's GOAL

PART 5
- 직설법과 가정법의 차이를 알아보자.
- 가정법 과거, 과거완료, 미래의 동사 형태를 공부하고, if가 생략되었을 때 일어나는 도치에 대하여 알아보자.

PART 6
- Part 6에 출제되는 신문 기사 지문을 연습해 보자.
- Part 7에 출제되는 경우와 마찬가지로 신문 기사 지문의 내용 파악이 상대적으로 어려우므로, 문장 삽입 문제가 다른 지문들보다 어렵게 느껴질 수 있다.

01 가정법의 형태

현재 또는 과거의 사실과 반대되는 가정을 할 때 가정법을 쓰고, 가정법 과거, 과거완료, 미래가 있다.

1 직설법과 가정법: 실현 가능성이 있는 가정을 할 경우에는 직설법(단순 조건문)을 쓰고 실현 가능성이 희박한 경우에는 가정법을 쓴다. 직설법에서는 if절에 현재시제, 주절에는 미래 조동사 will을 쓴다. 반면, 가정법에서는 if절에 과거시제, 주절에는 조동사의 과거형 would, could, might를 사용한다.

직설법	If the meeting **is** canceled, everyone **will** leave work early. 만약 회의가 취소된다면, 모두 일찍 퇴근할 것이다. [미팅 취소 가능성 있음]
가정법	If the meeting **were** canceled, everyone **would** leave work early. 만약 회의가 취소된다면, 모두 일찍 퇴근할 텐데. [미팅 취소 가능성 희박] * if절에서 be동사는 was와 were 둘 다 사용할 수 있다.

2 가정법 과거와 과거완료: 가정법 과거는 현재나 미래의 사실을 반대로 가정할 때 사용하고, 현재보다 한 시제 앞선 과거시제를 사용한다. 가정법 과거완료는 과거의 반대 사실을 가정할 때 사용하며, 과거보다 한 시제 앞선 과거완료 시제를 쓴다.

	가정법 과거	가정법 과거완료
형태	If + 주어 + 과거동사, 주어 + would + 동사원형	If + 주어 + had p.p., 주어 + would + have + p.p.
해석	만약 ~라면, ~할 텐데.	만약 ~했더라면, ~했을 텐데.
예문	If I **were** you, I **would accept** the job offer. 만약 내가 너라면, 그 직업 제안을 수락할 텐데.	If I **had studied** harder, I **would have passed** the exam. 만약 내가 더 열심히 공부했더라면, 시험에 합격했을 텐데.

3 가정법 미래와 혼합 가정법: if절에 should가 나오는 가정법 미래는 가능성이 낮은 미래 상황을 가정할 때 쓴다. 가정법 과거와 과거완료가 한 문장에 등장하는 혼합 가정법은 if절에 가정법 과거완료, 주절에 가정법 과거가 나온다. '만약 ~했었더라면, ~할 텐데'로 해석한다.

가정법 미래	If you **should** have any problems, we **will** be here to help you. 만약 문제가 생긴다면, 저희가 도와드리겠습니다. [문제가 있을 가능성이 낮음]
혼합 가정법	If I **had bought** the house, I **would be** rich now. (had bought: 가정법 과거완료 / would be: 가정법 과거) 만약 내가 그 집을 샀더라면, 지금 나는 부자일 텐데.

실력 쌓기

정답 p.089

A 주어진 우리말을 참고하여 괄호 안의 동사를 알맞은 형태로 바꾸어 문장을 완성하세요.

1 만약 주문을 변경할 필요가 있으시다면, 저희 고객 서비스 직원이 도와드리겠습니다. (assist)

→ If you should need to change your order, our customer service representative ________ you.

2 내가 시간이 더 있다면, 퇴근 후 운동을 할 텐데. (exercise)

→ If I had more time, I ________ after work.

3 Brown 씨네 가족이 충분한 돈이 있다면, 그들 소유의 아파트를 살 수 있을 텐데. (purchase)

→ If the Browns had enough money, they ________ their own apartment.

4 Park 씨가 Duo 사의 일자리를 수락했었더라면, 그녀는 보스턴에서 일했을 텐데. (accept)

→ If Ms. Park ________ the job offer from Duo Co., she would have worked in Boston.

5 CEO가 시간이 있다면, 내일 잠재적인 후보자들을 인터뷰할 것이다. (have)

→ If the CEO ________ time, he will interview potential candidates tomorrow.

6 내가 어제 회사 회식에 가지 않았었더라면, 지금 피곤하지 않을 텐데. (go)

→ If I ________ to the company dinner yesterday, I would not feel tired now.

7 선풍기에서 잡음이 많이 난다면, 저희 수리팀이 가서 고쳐드리겠습니다. (create)

→ If the fan ________ a lot of noise, our repair team will go there and fix it.

B 빈칸에 들어갈 가장 적절한 표현을 고르세요.

1 If you ------- trouble accessing the Wi-Fi network at our hotel, we will assist you anytime.

(A) has
(B) had
(C) will have
(D) should have

2 If the board of directors had decided not to fire Greg Johns, he ------- the chief financial officer.

(A) will be
(B) was
(C) would have been
(D) will have been

3 If you ------- your password to your bank account on a regular basis, you could avoid identity theft.

(A) change
(B) changes
(C) changed
(D) will change

4 If Sarah Cosmetics opened a shop in Taiwan, it ------- extremely successful.

(A) becomes
(B) became
(C) will become
(D) would become

02 가정법 도치

가정법 문장에서 **if가 생략되면** 생략을 표시하기 위하여 주어와 (조)동사 순서가 바뀌는 **도치**가 일어난다.

1 가정법 미래 도치구문: **if가 생략되면, 조동사 should가 문장 맨 앞으로 나온다. 주어 뒤에 동사원형이 오는 것에 주의하자.**

가정법 미래	If + 주어 + should + 동사원형, 주어 + will + 동사원형 / 명령문
If 생략 가정법 미래	Should + 주어 + 동사원형, 주어 + will + 동사원형 / 명령문

If you **should experience** any difficulties, our staff members **will be** happy to assist you.
→ **Should** you **experience** any difficulties, our staff members **will be** happy to assist you.
만약 어떤 문제라도 발생한다면, 저희 직원이 기꺼이 도와드리겠습니다.

2 가정법 과거 도치구문: **보통 were가 포함된 가정법 과거 문장이 도치된다. if가 생략되면 were가 문장 맨 앞으로 나오고 주절의 동사형태는 'would + 동사원형'이다.**

가정법 과거	If + 주어 + were, 주어 + would + 동사원형
If 생략 가정법 과거	Were + 주어, 주어 + would + 동사원형

If I were interested in books, I **would join** the company book club.
→ **Were** I interested in books, I **would join** the company book club.
만약 내가 책에 관심이 있다면, 회사 독서회에 가입할 텐데.

3 가정법 과거완료 도치구문: **if가 생략되면 Had가 문장 제일 앞으로 오고 주어 뒤에는 과거분사(p.p.)가 나오는 것에 유의한다. 주절에는 가정법 과거완료의 동사형태(would have p.p.)가 나온다.**

가정법 과거완료	If + 주어 + had p.p., 주어 + would + have + p.p.
If 생략 가정법 과거완료	Had + 주어 + p.p., 주어 + would + have + p.p.

If I had attended the conference, I **would have met** some potential business partners.
→ **Had** I **attended** the conference, I **would have met** some potential business partners.
만약 내가 그 컨퍼런스에 참석했었다면, 잠재 사업 파트너들을 만났었을 텐데.

실력 쌓기

정답 p.089

A 각각의 가정법 문장을 if가 생략된 가정법 도치구문으로 바꾸세요.

1 If my supervisor had not helped me, I would have quit my job.

→ ....

2 If you should join the Mark Electronics Program now, you will receive extra benefits.

→ ....

3 If Ms. Kelly had performed better last year, she would have been a candidate for promotion.

→ ....

4 If Mr. Wade had led the marketing conference, it would have been much more informative.

→ ....

5 If you should need any assistance, don't hesitate to call us.

→ ....

6 If the e-mail were written more clearly, it would help us understand the situation better.

→ ....

7 If Mr. Bell were to love talking to customers, he would become a great sales representative.

→ ....

B 빈칸에 들어갈 가장 적절한 표현을 고르세요.

1 ------- Mr. Mason well prepared for the questions, he would answer them in a more professional manner.

(A) Were
(B) Be
(C) If
(D) While

2 ------- Ms. Fox finished her training courses successfully last month, she would not have to retake them this month.

(A) Had
(B) Have
(C) If
(D) Should

3 Had the seminars been interesting and useful, the attendees ------- positive comments.

(A) give
(B) would give
(C) have given
(D) would have given

4 ------- you get a bank loan, please feel free to ask any questions you might have.

(A) So
(B) Only
(C) Should
(D) Since

정답 p.090

PART 5 빈칸에 들어갈 가장 적절한 표현을 고르세요.

1 If the waitstaff ------- more attentive to customers, the food critic who visited there yesterday would have written a better review of the restaurant.

(A) was
(B) am
(C) had been
(D) has been

2 If the customer service center conducted a survey on the new design, it ------- helpful to understand both the good and bad points of the design.

(A) was
(B) is
(C) would be
(D) will be

3 If the landlord had not raised the rent, Ms. Wells ------- for a new place now.

(A) does not look for
(B) was not looking for
(C) will not be looking for
(D) would not be looking

4 If the company had implemented the advisor's suggestion, the problem ------- prevented more efficiently.

(A) will be
(B) would be
(C) would have been
(D) would have done

5 ------- you experience computer problems again, please call us at 555-9087 at any time.

(A) If
(B) Should
(C) Will
(D) For

6 If the interest rates ------- dramatically last quarter, the company would not have had a financial crisis.

(A) had not increased
(B) have not increased
(C) did not increase
(D) does not increase

7 ------- you signed up for the workshops online, you would have received a 15-percent discount.

(A) If
(B) Have
(C) Because
(D) Had

8 If the electronic equipment broke down within 2 days of purchase, we ------- you a refund.

(A) give
(B) gave
(C) will give
(D) would give

PART 6 지문을 읽고 각각의 빈칸에 들어갈 가장 적절한 표현을 고르세요.

Questions 9-12 refer to the following article.

LONDON (17 June) - DJ Entertainment announced today that Mr. Peter Evans ------- (**9.**) to vice president of the company. Mr. Evans has been the creative force for many successful television shows and movies. His new ------- (**10.**) involve exporting DJ Entertainment movies to the Asian market. ------- (**11.**). Mr. Evans has been working for DJ Entertainment since 2009. He started working as an executive producer. One of his big hit shows includes *Neighbors*, which brought in $500 million to the company. Mr. Evans is highly ------- (**12.**) by his colleagues for his excellent leadership and outstanding work ethics.

9 (A) promoted
(B) has promoted
(C) has been promoting
(D) has been promoted

10 (A) trends
(B) suggestions
(C) superiors
(D) responsibilities

11 (A) Therefore, he will be in charge of the Personnel Department.
(B) He will also supervise the Overseas Sales Department.
(C) For example, he visited many counties in Asia.
(D) Accordingly, he will be transferred to Los Angeles.

12 (A) regard
(B) regards
(C) regarding
(D) regarded

토익 필수 어구 ✓ 숙어 II

정답 p.092

A 주어진 우리말에 맞는 표현을 골라 표시하세요.

1 be (□ willing / □ likely) to help 기꺼이 도와주다

2 be (□ reliable / □ reluctant) to apply 신청하기를 꺼리다

3 be (□ famous / □ hopeless) for its design 디자인으로 유명하다

4 be (□ pessimistic / □ optimistic) about the results 결과에 낙관적이다

5 be (□ entitled / □ useful) to a pension 연금을 받을 자격이 있다

6 be (□ fortunate / □ associated) with the cost 가격과 연관이 있다

7 be (□ intensive / □ intended) for adult readers 성인 독자를 위해 만들어지다

8 be (□ familiar / □ exchanged) for a new one 새로운 것으로 교환되다

9 be (□ promoted / □ demoted) to manager 관리자로 승진하다

10 be (□ proud / □ made) of paper 종이로 만들어지다

B 주어진 우리말에 맞게 빈칸에 알맞은 말을 써 넣으세요.

1 이사회 회원들은 일등석을 탈 자격이 있다.

→ The members of the board of directors are ______________ first-class travel.

2 Jang 씨는 취업이 될 가능성에 대해 낙관적이다.

→ Mr. Jang is ______________ his chances of getting hired.

3 Chai 주식회사에서 만든 새 휴대폰 모델은 유럽 사용자들을 대상으로 하고 있다.

→ The new cell phone model made by Chai, Inc. is ______________ European users.

C 빈칸에 들어갈 가장 적절한 표현을 고르세요.

1 The director of the sales team seemed ------- to get involved in the project.

(A) related
(B) reluctant
(C) familiar
(D) useful

2 We were pleased to learn that Ms. Collins was ------- to CEO.

(A) made
(B) proud
(C) exchanged
(D) promoted

PART 5 전치사

01. 시간, 장소, 위치의 전치사
02. 기타 전치사와 주의해야 할 전치사구

PART 7 삼중 지문

◉ 실전 연습

Today's **GOAL**

PART 5 다양한 종류의 전치사의 의미를 바르게 익혀두도록 하자.
비슷한 의미의 전치사와 접속사를 구분하는 연습을 해 두자.
전치사가 포함된 다양한 숙어들도 익혀두도록 하자.

PART 7 토익 지문에서 출제되는 삼중 지문 유형을 연습해 보자.
각각의 지문에 대해 출제되는 문제뿐만 아니라, 두 개 혹은 세 개의 지문을 모두 이해해야 풀 수 있는 문제가 출제 된다.

01 시간, 장소, 위치의 전치사

전치사는 그 의미에 따라서 **시간, 장소, 위치의 전치사**로 나뉠 수 있다.

1 시간과 관련된 전치사

in + 계절, 년도, 월, 세기	at + 시각, 하루의 때	on + 요일, 날짜, 특정한 날	by + 시점 (~까지 완료)
in summer in March	at 7 o'clock at night	on Sunday on Christmas Eve	by the end of the month
until + 시점 (~까지 계속)	**since + 시점 (~이후로)**	**after + 시점 (~ 후에)**	**before / prior to + 시점 (~ 전에)**
until next Thursday	since last February	after the break	before lunchtime prior to the meeting
for + 숫자, during + 기간 (~ 동안에)	**in + 기간 (~ 후에)**	**within + 기간 (~ 이내에)**	**over + 기간 (~에 걸쳐서)**
for 3 weeks during the weekend	in 30 minutes	within two weeks	over the next couple of weeks

The shipment should be received **by** the end of the week. 배송은 주말까지 완료되어야 한다.
The store won't be open **until** next month. 상점은 다음 달이 되어야 오픈할 것이다.

2 장소, 위치와 관련된 전치사

in (~ 안에)	at (~ 지점에)	on (~ 위에)	between (~ 사이에)
in the building in town	at the intersection at the terminal	on the second floor on the door	between the bakery and the market
beside / next to (~ 옆에)	**in front of (~ 앞에)**	**behind (~ 뒤에)**	**around (~ 주위에)**
beside the door next to the store	in front of the building	behind the hotel	around the corner
across from (~의 건너편에)	**throughout (~ 도처에)**	**over (~ 위에)**	**under (~ 아래)**
across from the building	throughout the country	over the fence	under the bridge

You can find the vending machine **across from** the lounge. 라운지 건너편에서 자판기를 찾을 수 있다.
The people waiting **in** the lobby are my clients. 로비에서 기다리고 있는 분들은 제 고객들입니다.

실력 쌓기

정답 p.092

A 주어진 우리말과 일치하도록 빈칸에 알맞은 말을 써 넣으세요.

1 그 음악 축제는 보통 5월에 열린다.

→ The music festival is usually held ________ May.

2 연구개발 부서는 월말까지 그 프로젝트를 완성할 것이다.

→ The R&D Department will complete the project ________ of the month.

3 다음 며칠간 우리는 영업 실적 향상을 위한 방법들을 논의할 것이다.

→ ________ the next couple of days, we will discuss ways to promote sales.

4 지난 3년간 우리의 영업 실적은 감소해왔다.

→ ________ the past 3 ________, our sales have been declining.

5 당신의 방을 확보하기 위해서는 3일 이내에 보증금을 내야 합니다.

→ You should make a deposit ________ in order to secure your room.

6 1월 23일 이후에 도착한 지원서는 고려되지 않을 것이다.

→ Applications received ________ will not be considered.

7 Carson 씨에 대한 루머가 회사 전체에 퍼져나갔다.

→ The rumor about Mr. Carson has spread ________.

B 빈칸에 들어갈 가장 적절한 표현을 고르세요.

1 Sales of our motor parts have increased by ten percent ------- each of the last six months.

(A) during
(B) for
(C) while
(D) from

2 For your information, the quarterly sales report should be turned in ------- the next sales meeting.

(A) prior to
(B) within
(C) from
(D) since

3 Our new branch is located on 7th Street across ------- the city library.

(A) of
(B) from
(C) opposite
(D) at

4 Visitors to Peppi & Co. are permitted to park their cars in front ------- this building.

(A) at
(B) in
(C) on
(D) of

02 기타 전치사와 주의해야 할 전치사구

기타 전치사에는 **이유, 양보, 목적** 등의 의미를 나타내는 다양한 전치사들이 있다. 또한 관용적으로 자주 쓰이는 전치사구들도 꼼꼼히 익혀 두도록 하자.

1 기타 전치사

because of = due to (~ 때문에)	**despite = in spite of (~에도 불구하고)**	**for (~을 위해서)**	**without (~ 없이)**
because of the bad weather	despite the failure	for your visit	without any information
thanks to (~ 덕분에)	**like (~와 같은)**	**such as (~와 같은)**	**as (~로서)**
thanks to your help	people like you	books such as this	as a manager
against (~에 반대하여)	**with (~와 함께, ~을 가지고)**	**through (~을 통해서)**	**by (~에 의해서, ~ 옆에)**
against his opinion	with coworkers with flowers in their hands	through our Web site	a book by the author

As a manager, Mr. Smith will have to make a lot of important decisions.
매니저로서, Smith 씨는 중요한 결정을 많이 내려야 할 것이다.

2 주의해야 할 전치사 관용 표현

except (for) ~을 제외하고 with regard to ~에 관해 in person 직접 in public 대중적으로 for sales 판매용	aside from ~와는 별도로 in regard to ~와 관련하여 under construction 공사 중인 under consideration 고려 중인 for free 무료로	in addition to ~ 외에도 in advance 미리 until further notice 추가 공지가 있을 때까지 at your convenience 당신이 편할 때 at no extra charge 추가 비용 없이	in place of ~을 대신하여 in particular 특히 out of stock 재고가 없는 out of order 고장이 난 in general 일반적으로

The items you ordered are **out of stock.** 귀하께서 주문하신 물품들은 재고가 없습니다.

3 전치사 vs. 접속사: 전치사는 다음에 명사나 동명사, 명사구 등을 취하는 반면, 접속사는 주어 + 동사를 취한다.

Although Ms. Park lived in Spain for 3 years, her Spanish is not fluent. [접속사 + 주어 + 동사]
Park 씨가 스페인에서 3년간 살았음에도 불구하고, 그녀의 스페인어는 유창하지 않다.

In spite of living in Spain for 3 years, Ms. Park's Spanish is not fluent. [전치사구 + 명사구]
3년간의 스페인 생활에도 불구하고, Park 씨의 스페인어는 유창하지 않다.

A 주어진 우리말과 일치하도록 빈칸에 알맞은 말을 써 넣으세요.

1 회사 야유회는 폭설 때문에 취소될 것이다..

→ The company picnic will be canceled __________ the heavy snow.

2 보호 헬멧 없이는 누구도 공사 현장에 머무를 수 없다.

→ No one is allowed to be at the construction site __________ a protective helmet.

3 고객 서비스 센터에 곧장 전화하는 대신에 웹사이트를 방문해 보실 수도 있습니다.

→ You can visit our Web site __________ directly calling the customer service center.

4 Gibson 씨는 회장을 직접 만나고 싶어 했다.

→ Ms. Gibson wanted to meet the president __________.

5 저희가 문구류를 추가 비용 없이 제공할 것입니다.

→ We will provide you with stationery items __________.

6 계약 갱신에 대한 당신의 제안은 현재 고려 중입니다.

→ Your suggestion about the renewal of the contract is now __________.

7 공사 중인 지역을 돌아다닐 때는 각별히 주의해야 한다.

→ You should be extra careful when you go around the area __________.

B 빈칸에 들어갈 가장 적절한 표현을 고르세요.

1 All inquiries with ------- to your reservation should be directed to the customer service center.

(A) regarding
(B) regardless
(C) regard
(D) regarded

2 The annual conference has been postponed ------- further notice.

(A) for
(B) until
(C) by
(D) owing to

3 ------- great advances in biotechnology, doctors will be able to discover medical problems more easily.

(A) Thanks to
(B) In spite of
(C) Instead of
(D) In place

4 ------- repeated requests from users, the online shopping mall decided not to provide free shipping services.

(A) In spite
(B) Despite
(C) Such as
(D) Except for

실전연습

정답 p.093

PART 5 빈칸에 들어갈 가장 적절한 표현을 고르세요.

1 Many education researchers say that children learn ------- extensive playing with friends.

(A) through
(B) for
(C) at
(D) instead of

2 ------- of the shortage of staff members, the team finally completed the long-term project.

(A) Despite
(B) In addition
(C) Apart
(D) In spite

3 You should notify us at least two weeks ------- the expiration date.

(A) prior
(B) after
(C) before
(D) though

4 The Bloomfield Museum of Modern Art is open every day ------- national holidays.

(A) such
(B) unlike
(C) except
(D) due to

5 We would not be able to meet the deadline ------- proper funding and resources provided by management.

(A) with
(B) without
(C) than
(D) across

6 ------- many other candidates, Mr. Miller has a wide range of expertise in advertising.

(A) Because of
(B) Toward
(C) Unlike
(D) Throughout

7 Our sales team will be conducting market research to analyze customer needs ------- the next couple of weeks.

(A) since
(B) over
(C) from
(D) at

8 If you would like to apply for financial assistance, you should submit a form in ------- by visiting the office.

(A) general
(B) person
(C) public
(D) stock

PART 7 세 개의 지문과 문제를 읽고 정답을 고르세요.

Questions 9-13 refer to the following article, flyer, and coupon.

Foodland Supermarket Has Grand Opening in Bloomington

By Lorraine Park / October 10

A new Foodland store will have its grand opening at 11:30 A.M. on October 23 in Bloomington. Foodland, co-owned by local businessmen Daniel Roy and Jim Lieberman, is a major supermarket chain, and it employs 300 people in this area. "The residents of Bloomington have been asking for more supermarkets in the neighborhood for years, and this store is expected to boost the local economy," county councilman Ken Mackey said yesterday. The new location is on the corner of Wellington Avenue and Canal Street. For more information, call 555-3241.

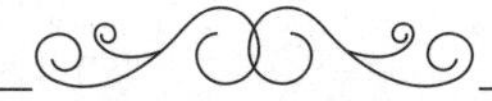

★ ★ ★ FOODLAND ★ ★ ★

This Friday, October 23

Join us as we celebrate our grand opening.

FREE FOOD SAMPLES throughout the store

GIVEAWAYS for all customers

Save even more with our **GRAND OPENING SPECIALS!**

BUY YOUR GROCERIES WITH THE FOODLAND APP. **IT'S FREE AND SUPER EASY TO USE.**
Download the app today and GET 10,000 BONUS POINTS!

GET 10% OFF ON ALL STORE ITEMS, except liquor and gifts.

THE BEST FRESH MEAT, SEAFOOD, FRUITS, AND VEGETABLES!

FOODLAND SUPERMARKET

PRINT THIS COUPON AND VISIT THE STORE or SHOP ONLINE
AND USE CODE OPENING AT CHECKOUT

20% OFF any purchase

- Valid from Friday to Sunday (10/23 ~ 10/25).
- Can be combined with other offers.

9 What can be inferred about Foodland?

(A) It has opened its first grocery store in the area.
(B) It is run by one entrepreneur.
(C) It is one of the biggest food distributors in town.
(D) It employs international workers.

10 What is expected to happen on the day Foodland opens?

(A) Gifts will be given.
(B) International food will be tasted.
(C) Free face painting will be done.
(D) Free apps will become available.

11 What does a person need to do to get bonus points?

(A) Spend more than 100 dollars
(B) Purchase a certain item
(C) Download a free app
(D) Present a coupon

12 What is the maximum discount customers can get?

(A) 10%
(B) 20%
(C) 30%
(D) 40%

13 What is NOT true about the coupon deal?

(A) It can be used with other promotions.
(B) It is valid only for 3 days.
(C) It can be used offline only.
(D) It can be applied to every item at the store.

토익 필수 어구 ✓ 전치사

정답 p.095

A 주어진 우리말에 맞는 전치사를 골라 표시하세요.

1 (□ behind / □ ahead of) schedule — 일정보다 앞서
2 as a (□ result / □ cause) of tests — 시험의 결과로
3 in (□ response / □ reply) to your demand — 당신의 요구에 대한 응답으로
4 in the (□ event / □ case) of bad weather — 날씨가 나쁜 경우에는
5 in (□ case / □ event) of an emergency — 비상시에는
6 on the (□ way / □ road) home — 집에 가는 길에
7 on (□ instead / □ behalf) of all staff members — 전 직원을 대신하여
8 (□ regardless / □ regard) of gender — 성별에 관계 없이
9 with (□ regard / □ regret) to a job opening — 공석과 관련 해서
10 (□ according / □ accordance) to a recent survey — 최근 조사에 따르면

B 주어진 우리말에 맞게 빈칸에 알맞은 말을 써 넣으세요.

1 보수가 예정보다 일찍 끝날 것이다.

→ The renovation will be completed ....

2 새로운 방침에 관한 문의가 많이 있었다.

→ There were a lot of inquiries .... the new policy.

3 최근 연구에 따르면, 차량 충돌 사고의 50퍼센트 이상이 밤에 일어난다.

→ .... recent studies, over 50 percent of car crashes took place during the nighttime.

C 빈칸에 들어갈 가장 적절한 표현을 고르세요.

1 We would like to express our deepest thanks to Mr. Takahashi on ------- of all employees.

(A) beside
(B) regard
(C) behalf
(D) contrary

2 Please do not use the elevator in ------- of fire.

(A) event
(B) case
(C) terms
(D) besides

기본기를 탄탄하게 다져주는 토익 준비서

개정판

참 쉬운 토익

박혜영·전지원 공저

기본편

LC+RC

정답 및 해설

다락원

참 쉬운 토익

개정판

LC+RC

정답 및 해설

Listening Comprehension

PART 1 1인 인물 사진
PART 3 회사 업무

PART 1 | 1인 인물 사진

p.012

유형 파악하기

01-02

1 (A), (C)   2 (A), (C)

1

(A) The man is moving the furniture.
(B) The man is selling a sofa.
(C) The man is wearing a pair of slacks.
(D) The man is pushing the sofa.

(A) 남자는 가구를 옮기고 있다.
(B) 남자는 소파를 팔고 있다.
(C) 남자는 바지를 입고 있다.
(D) 남자는 소파를 밀고 있다.

어휘 **slacks** 바지

2

(A) He is inspecting some machinery.
(B) He is standing on the equipment.
(C) He is holding a document in his hand.
(D) He is getting in the vehicle.

(A) 그는 기계를 검사하고 있다.
(B) 그는 장비 위에 서 있다.
(C) 그는 손에 서류를 쥐고 있다.
(D) 그는 차량에 탑승하고 있다.

실력 쌓기

A

01-03

1 (B)   2 (B)   3 (A)   4 (B)

1

(A) The woman is wearing a pantsuit.
(B) The woman is picking up some documents.
(C) The woman is throwing some paper.
(D) The woman is putting on her shoes.

(A) 여자는 바지 정장을 입고 있다.
(B) 여자는 문서를 줍고 있다.
(C) 여자는 종이를 던지고 있다.
(D) 여자는 신발을 신고 있다.

해설 사진 속의 여자가 바닥에 떨어진 문서를 줍고 있는 상황이므로 정답은 (B)이다. pick up은 '~을 줍다'라는 의미의 표현이다. 옷을 입고 있는 '상태'는 is wearing으로 표현하고 옷을 입는 '동작'은 is putting on으로 나타내므로 (D)는 정답이 될 수 없다.

2

(A) The athlete is going down the stairs
(B) She is running up the stairs.
(C) The woman is working out at the gym.
(D) The woman is wearing a swimsuit.

(A) 운동선수가 계단을 내려가고 있다.
(B) 그녀는 계단을 뛰어 올라가고 있다.
(C) 여자는 체육관에서 운동하고 있다.
(D) 여자는 수영복을 입고 있다.

해설 사진 속의 여자가 계단을 뛰어 올라가고 있는 모습이다. 여자가 'working out(운동)'을 하고 있는 것은 맞지만 실외에서 운동을 하고 있으므로 (C)를 정답으로 고르지 않도록 주의한다.

3

(A) She is trying on a coat.
(B) She is buttoning up a coat.
(C) She is picking up some laundry.
(D) She is unpacking her stuff.

(A) 그녀는 코트를 입어보고 있다.
(B) 그녀는 코트의 버튼을 채우고 있다.
(C) 그녀는 세탁물을 찾고 있다.
(D) 그녀는 짐을 풀고 있다.

해설 사진 속의 여자는 거울 앞에서 입은 옷을 살펴보고 있으므로, (A)가 사진을 가장 잘 묘사한 문장이 된다. 사진에 코트가 보인다고 해서 (B)를 정답으로 고르지 않도록 주의한다.

4

(A) A man is putting up a poster.
(B) A man is watching a board.
(C) A man is drawing on the board.
(D) A man is collecting handouts.

(A) 남자는 포스터를 붙이고 있다.
(B) 남자는 게시판을 보고 있다.
(C) 남자는 게시판에 그림을 그리고 있다.
(D) 남자는 유인물을 모으고 있다.

해설 사진 속의 남자는 게시판에서 뭔가를 살펴 보고 있으므로 정답은 (B)가 된다. put up a poster는 '포스터를 붙이다'라는 의미의 표현이다.

PART 3 | 회사 업무

p.014

유형 파악하기

01-06

W Sam, I've just finished writing up the proposal for the DG Corporation.
M Wow, you are so fast. It took only a few days.
W Yeah, I worked hard until late at night. So I wonder if you have some time to proofread it.
M Sure. When do you need it by?
W How about this afternoon? I'd like to finalize it as soon as possible.

실력 쌓기

A

01-07

1 (B)   2 (D)   3 (D)

M Hello. Is it possible to speak to Mr. Bremen?
W I am afraid he is in meetings all morning.
M When do you think he will be back? I really need to go over some figures with him. It's urgent.
W I don't think he will be back until 3 in the afternoon. Why don't you send him a text message? He might be able to check his messages during a meeting.
M All right, I will try that. Thanks.

M 여보세요, Bremen 씨와 통화할 수 있을까요?
W 죄송하지만, Bremen 씨는 아침 내내 회의 중이에요.
M 언제 그가 돌아올까요? 그와 수치를 꼭 검토해야 하거든요. 매우 급한 일이에요.
W 그는 오후 3시나 되어야 돌아올 거예요. 그에게 문자를 남겨보시면 어떨까요? 회의 중이라도 메시지를 확인할 수 있을 거예요.
M 네. 그렇게 해 볼게요. 감사합니다.

1

남자는 왜 전화를 하는가?
(A) 회의를 하기 위해서
(B) 뭔가를 검토하기 위해서
(C) 모임 일정을 잡기 위해서
(D) 질문을 하기 위해서

해설 초반부에서 남자는 'I really need to go over some figures with him(그와 수치를 검토해야 한다)'이라고 말하였으므로 (B) To review something이 전화의 목적이 될 수 있다. '검토하다'라는 의미의 'go over'가 'review'로 바꾸어 표현되었다.

2

여자는 누구일 것 같은가?
(A) 영업 사원
(B) 여행사 직원
(C) 팀장
(D) 비서

해설 Bremen 씨의 일정에 관해 잘 알고 있는 것으로 보아 여자는 Bremen 씨의 '비서(secretary)'임을 알 수 있다.

3

남자는 다음에 무엇을 할 것 같은가?
(A) 여자와 수치를 검토할 것이다.
(B) 오후에 다시 전화할 것이다.
(C) 사무실로 즉시 방문할 것이다.
(D) Bremen 씨에게 직접 연락할 것이다.

해설 여자가 남자에게 'send him a text message(그에게 문자를 보내라)'라고 하였으므로 (D)의 'Contact Mr. Bremen in person(Bremen 씨에게 직접 연락하다)'이 정답이다. 'leave a text message'가 보기에서는 'contact ~ in person'으로 바꾸어 표현되었다.

실전 연습

p.016

01-09

1 (B)	2 (B)	3 (C)	4 (B)
5 (B)	6 (A)	7 (D)	8 (B)
9 (C)	10 (B)	11 (B)	12 (A)

PART 1

1

(A) The man is picking up some plants.
(B) The man is carrying some flowers.
(C) The man is planting some seeds.
(D) The man is working in the yard.

(A) 남자는 식물을 꺾고 있다.
(B) 남자는 꽃을 옮기고 있다.
(C) 남자는 씨를 심고 있다.
(D) 남자는 마당에서 일하고 있다.

해설 사진 속의 남자는 꽃 화분을 옮기고 있으므로 (B)가 정답이다. plants, planting, in the yard 등의 관련 구문만 듣고 (A), (C), (D)를 고르지 않도록 주의해야 한다.

2

(A) She is trying on a dress.
(B) She is looking at herself in the mirror.
(C) She is buying some clothes.
(D) She is holding a clothes rack.

(A) 그녀는 원피스를 입어 보고 있다.

(B) 그녀는 거울에 자신의 모습을 비춰보고 있다.
(C) 그녀는 옷을 사고 있다.
(D) 그녀는 옷걸이를 들고 있다.

해설 사진 속의 여자는 거울에 자신의 모습을 비춰 보고 있으므로 (B)가 정답이 된다. a dress, buying clothes, clothes rack(옷걸이) 만을 듣고 (A), (C), (D)를 고르지 않도록 주의한다.

어휘 **try on** 입어보다 **clothes rack** 옷걸이

3
(A) A man is running on a treadmill.
(B) A man is working out at the gym.
(C) A man is running on a track.
(D) A man is sweating a lot.

(A) 남자는 러닝머신에서 뛰고 있다.
(B) 남자는 체육관에서 운동하고 있다.
(C) 남자는 트랙에서 뛰고 있다.
(D) 남자는 땀을 많이 흘리고 있다

해설 사진 속의 남자는 러닝머신(treadmill)이 아니라 트랙(track)에서 뛰고 있으므로 정답은 (C)이다. working out은 '운동하다'라는 의미의 표현이다.

어휘 **treadmill** 러닝머신 **sweat** 땀; 땀을 흘리다

4
(A) A man is putting on a helmet.
(B) A man is inspecting a machine.
(C) A man is checking the hood.
(D) The equipment has been cleaned.

(A) 남자는 헬멧을 쓰고 있다.
(B) 남자는 기계를 검사하고 있다.
(C) 남자는 후드를 확인하고 있다.
(D) 기계가 청소되었다.

해설 사진 속의 남자는 기계를 검사하고 있으므로 (B)가 정답이다. 남자가 헬멧을 쓰고 있기는 하지만, 쓰고 있는 상태(is wearing)이지 동작(is putting on)은 아니므로 (A)는 정답이 될 수 없다. is wearing은 입고(쓰고) 있는 '상태'를, is putting on은 입고 있는 '동작'을 나타내는 표현이다.

어휘 **put on** 착용하다 **inspect** 점검하다

5
(A) A woman is driving a bus.
(B) A woman is boarding a bus.
(C) The bus is being parked.
(D) A woman is getting off the vehicle.

(A) 여자는 버스를 운전하고 있다.
(B) 여자는 버스에 올라타고 있다.
(C) 버스는 주차되고 있다.
(D) 여자는 차량에서 내리고 있다.

해설 사진 속의 여자는 버스에 탑승하고 있으므로 (B)가 정답이 된다. get off는 '(버스 등에서) 내리다'라는 표현으로, 이와 반대로 탄다고 할 때는 get on을 써야 한다.

어휘 **board** 탑승하다 **get off** 내리다

6
(A) The man is pointing at the screen.
(B) The man is fixing a computer.
(C) The man is talking with a sales clerk.
(D) The man is drawing a graph.

(A) 남자는 스크린을 가리키고 있다.
(B) 남자는 컴퓨터를 고치고 있다.
(C) 남자는 판매 사원과 이야기를 하고 있다.
(D) 남자는 그래프를 그리고 있다.

해설 사진 속의 남자는 손가락으로 컴퓨터 화면을 가리키고 있으므로 (A)가 정답이다. 컴퓨터 화면 속에 그래프가 있다고 해서 (D) The man is drawing a graph.를 답으로 고르지 않도록 주의한다.

어휘 **point at** ~을 가리키다 **clerk** 점원

PART 3

[7-9]

W 7) **I have to tell you that we are facing a delay in the iPower Launch project.** We could really use some help.
M1 What caused this delay?
M2 Can we still meet the deadline? This project is very important.
W 8) **The delay is due to some unexpected changes in the client's requirements.**
M1 9-1) **Why don't we request additional support? I can send an e-mail to the director and ask for more manpower.**
M2 Great! 9-2) **I'll talk to some colleagues in other departments and ask them if they can lend us a hand.**

W "iPower 출시" 프로젝트가 지연될 상황에 직면했다는 소식을 전해야겠군요. 우리는 정말로 도움이 필요해요.
M1 지연의 원인은 무엇인가요?
M2 우리가 아직 마감 기한을 지킬 수 있을까요? 이 프로젝트는 정말 중요해요.
W 지연은 고객의 요구사항에 예상하지 못한 변경이 있었기 때문이에요.
M1 추가 지원을 요청하는 것이 어떨까요? 제가 이사님께 이메일을 보내서 더 많은 인력을 요청해 볼게요.
M2 좋아요! 저는 다른 부서의 동료들에게 도움을 빌릴 수 있는지 물어 볼게요.

어휘 **face** 직면하다 **launch** 출시 **meet the deadline** 마감 기한을 지키다 **unexpected** 예상하지 못한 **client** 고객 **requirement** 요구사항 **additional** 추가적인 **support** 지원 **manpower** 인력

7

화자들은 주로 무엇에 대해 논의하는가?

(A) 회사 행사의 변경

(B) 홍보 프로젝트를 위한 예산

(C) 인사팀에서 온 이메일

(D) 출시 프로젝트의 지연

해설 대화의 첫 부분에서 여자는 특정 제품의 출시 프로젝트가 지연되었다는 사실을(I have to tell you that we are facing a delay in the iPower Launch project) 말하고 있다. 이어서 지연을 해결하는 방안들에 대해 논의하고 있으므로 정답은 (D)이다.

8

문제의 원인은 무엇인가?

(A) 기술적인 문제

(B) 예상하지 못한 변경

(C) 의사소통 오류

(D) 이사의 실수

해설 지연의 이유로 여자가 언급한 것은 고객의 예상치 못한 변경 요청(The delay is due to some unexpected changes in the client's requirements.)이므로, 정답은 (B)이다.

9

남자들이 제안하는 것은 무엇인가?

(A) 고객과 이야기하는 것

(B) 프로젝트를 전면 취소하는 것

(C) 추가적인 지원과 인력을 요청하는 것

(D) 아이디어를 내기 위한 회의 일정을 잡는 것

해설 대화의 마지막 부분에서, 남자 1은 추가 인력 지원 배치를, 남자 2는 타 부서에 지원 요청을 하겠다고 말했다. 그러므로 정답은 (C)이다.

[10-12]

M Hi, Lisa! 10) **We are planning to have an advertising campaign** for our new product. I wonder if you have any thoughts about it.

W Not right now, but 11) **I will try to come up with some good ideas before the meeting next week.**

M All right. By the way, I am afraid we may have to reschedule next week's meeting. 12) **John has some other things to do on that day.**

W I have no problem with that. When is good for everyone?

M 안녕하세요, Lisa! 우리 신제품을 위해서 판촉 행사를 할 계획이에요. 혹시 이와 관련해서 좋은 의견 있나 궁금해서요.

W 지금 당장은 없지만 다음 주 회의 전에 좋은 아이디어를 좀 내 볼게요.

M 좋아요. 그건 그렇고, 미안하지만 다음 주 회의 일정을 조정해야 할 것 같아요. John이 그날 할 일이 있어서요.

W 저는 괜찮아요. 언제가 모두에게 좋을까요?

어휘 **campaign** 캠페인, 활동 **come up with** 생각해 내다 **reschedule** 일정을 변경하다

10

화자들은 무엇을 할 계획인가?

(A) 그들의 상사와 이야기할 것이다.

(B) 광고를 위해 이벤트를 시작할 것이다.

(C) 신제품을 출시할 것이다.

(D) 캠페인의 일정을 다시 조정할 것이다.

해설 대화의 초반부에서 'We are planning to have an advertising campaign(우리는 판촉 행사를 기획하고 있다)'이라고 하였으므로 (B)가 정답이 된다. have an advertising campaign이 start an event for advertisement로 표현되었다.

11

여자는 다음 주 전에 무엇을 할 것인가?

(A) 그녀는 초안을 생각해 낼 것이다.

(B) 그녀는 아이디어를 짜 낼 것이다.

(C) 그녀는 보고서를 준비할 것이다.

(D) 그녀는 제안서를 쓸 것이다.

해설 대화의 중반부에서 여자가 'I will try to come up with some good ideas before the meeting next week(다음 주 회의 전에 좋은 아이디어를 좀 내 볼게요)'이라고 하였으므로 (B)가 정답이 된다. come up with는 '아이디어 등을 생각해 내다'라는 의미의 표현으로, 보기에서는 brainstorm으로 달리 표현되었다.

12

왜 화자들은 다음주에 회의를 할 수 없는가?

(A) 동료들 중 한 명이 시간이 되지 않는다.

(B) 참가자들 중 한 명이 아프다.

(C) 제품이 아직 출시되지 않았다.

(D) 그들은 휴가를 갈 필요가 있다.

해설 대화의 후반부에서 'John has some other things to do on that day(John은 그날 다른 할 일이 있다)'라고 한 것으로 보아 (A)가 정답이 된다. has other things to do가 보기에서는 not available로 달리 표현되었다. 어떤 사람이 'not available'이라고 할 때는 '시간이 되지 않는다'는 의미로 쓰인다.

토익 필수 어구 - 회사 업무 관련 p.020

A

1 ⓔ 2 ⓒ 3 ⓑ 4 ⓓ 5 ⓐ

B

1 ⓑ 2 ⓐ 3 ⓐ 4 ⓑ 5 ⓐ

C

1 get back to　　2 make it to
3 shut down　　4 deal with
5 make an announcement

PART 2 의문사 의문문 I
PART 4 전화 메시지

PART 2 | 의문사 의문문 I　p.022

실력 쌓기

A　02-02

1 (A)	2 (A)	3 (B)	4 (C)
5 (A)	6 (B)	7 (A)	8 (C)

1
What time does the bank open?
(A) At nine o'clock.
(B) On Wednesday.
(C) Yes, it's close to the ATM.
몇 시에 은행이 문을 여나요?
(A) 9시요.
(B) 수요일에요.
(C) 네, 그것은 ATM에 가까워요.

해설 'What + 명사(time)'를 사용하여 은행이 몇 시에 여는지 묻고 있다. 따라서 시각으로 답한 보기 (A)가 정답이다. 의문사 의문문에 yes/no로 답할 수 없으므로 보기 (C)는 오답이다.

2
Who should I talk to about ordering office supplies?
(A) Mr. Smith is in charge of that.
(B) No, I didn't place the order.
(C) We have plenty of paper.
사무용품을 주문하는 것에 대해 누구에게 얘기해야 하나요?
(A) Smith 씨가 담당하고 있어요.
(B) 아니요, 제가 주문을 하지 않았어요.
(C) 우리는 충분한 종이가 있어요.

해설 의문사 Who로 물었기 때문에 직접적으로 Smith 씨라고 답한 (A)가 정답이다. 보기 (C)는 office supplies(사무용품)와 연관 어휘인 paper(종이)를 사용해서 혼동을 주고 있다.

3
Who chose the hotel for the New York conference?
(A) Maybe next month.
(B) Ms. Choi from Human Resources.
(C) For five days.
누가 뉴욕 컨퍼런스 때 묵을 호텔을 선택했죠?
(A) 아마도 다음달요.
(B) 인사부 Choi 씨요.
(C) 5일 동안요.

해설 의문사 who에 대한 답을 골라야 하므로 Choi 씨라고 답한 보기 (B)가 정답이다. 보기 (A) Maybe next month.(아마도 다음 달요)는 when 의문문에 대한 답이다.

4
What do you think of the new software?
(A) My computer needs updating.
(B) Yes, that's a good idea.
(C) It is better than the old one.
새 소프트웨어에 대해서 어떻게 생각하세요?
(A) 제 컴퓨터는 업데이트를 해야 해요.
(B) 네, 좋은 생각이에요.
(C) 예전 것 보다 더 나아요.

해설 What do you think of(~에 대해서 어떻게 생각하세요)는 의견을 묻는 질문이므로 Yes로 답한 보기 (B)는 오답이다. '예전 것 보다 더 낫다'며 자신의 의견을 말한 보기 (C)가 정답이다.

5
What is happening on the fiftieth floor?
(A) A meeting is being held.
(B) No, it's on the second floor.
(C) To attend the ceremony.
50층에서 무슨 일이 일어나고 있나요?
(A) 회의가 열리고 있어요.
(B) 아니요. 2층에 있어요.
(C) 행사에 참석하기 위해서요.

해설 What이 주어로 사용된 질문이다. 무엇이 일어나고 있는지 물었기 때문에 보기 (A)가 정답이다. 보기 (C) To attend the ceremony.(행사에 참석하기 위해서요)는 Why 의문문에 대한 답이다.

6
Who does this briefcase belong to?
(A) I put it on the shelf.
(B) That's Karen's.
(C) Mr. Cho found it.
이 서류 가방은 누구 것인가요?
(A) 제가 선반에 두었어요.
(B) Karen 것이에요.
(C) Cho 씨가 찾았어요.

해설 서류 가방이 Who(누구)의 소유인지 묻고 있기 때문에 Karen의 것이라고 답한 (B)가 정답이다. 보기 (A) I put it on the shelf.는 Where 의문문에 대한 답이다.

7

Which restaurant did you book for tonight?

(A) Ruth Dining downtown.

(B) Yes, the food was great.

(C) It's seven o'clock.

오늘 밤 어떤 식당을 예약했죠?

(A) 시내에 있는 Ruth Dining요.

(B) 네, 음식이 맛있어요.

(C) 7시에요.

해설 'Which + 명사'를 사용하여 오늘 저녁 식사를 예약한 식당이 어떤 식당인지를 묻고 있다. 따라서 식당 이름으로 답한 보기 (A)가 정답이다. 의문사 의문문에 Yes로 답한 (B)는 오답이다.

8

Who is giving the presentation on the marketing budget?

(A) Yes, I am.

(B) The budget is tight.

(C) Ask Ms. Johnson in the Personnel Department.

누가 마케팅 예산에 대한 프레젠테이션을 할 건가요?

(A) 네, 저는 그래요.

(B) 예산이 빠듯해요.

(C) 인사부의 Johnson 씨에게 물어보세요.

해설 Who로 묻는 의문문에 간접적으로 답한 (C)가 정답이다. 보기 (A)는 의문사 의문문에 Yes로 답하였으므로 오답이고, 보기 (B)는 문제에 나온 budget을 보기에 그대로 들려주면서 혼동을 주고 있다.

PART 4 | 전화 메시지 p.024

유형 파악하기

02-05

M Good afternoon, Mr. Davis. This is Brian from the Carrington Hotel in London. I'm calling to confirm the conference rooms you booked with us for the second week of August. You reserved 5 rooms for 40 people. If all the information is correct, please give me a call. My office hours are from 8 A.M. to 7 P.M

실력 쌓기

A

02-06

1 (A) 2 (A) 3 (B)

M You've reached Nick Jones Car Repair. We offer repair and maintenance for all types of vehicles. We are proud of our reputation for offering the best prices with excellent service in Orange County. We are open from Monday through Saturday from 7 A.M. to 8 P.M. Please be aware that we discontinued our towing services. If you need to get your car towed, please contact Pacific Towing at 333-7655. Thank you.

M Nick Jones 자동차 수리 센터입니다. 저희는 모든 종류의 차량을 수리, 보수하고 있습니다. 오렌지주에서 가장 좋은 가격으로 훌륭한 서비스를 제공하여 얻은 명성을 자랑스럽게 생각하고 있습니다. 저희는 월요일부터 토요일 아침 7시부터 저녁 8시까지 영업합니다. 저희의 견인 서비스는 중단되었음을 알려드립니다. 만약 견인이 필요하시면 333-7655번으로 Pacific Towing에 연락 주시기 바랍니다. 감사합니다.

1

어떤 종류의 사업체가 메시지를 녹음하였는가?

(A) 자동차 수리점

(B) 건설 회사

(C) 견인 회사

(D) 자동차 제조사

해설 두 번째 문장 'We offer repair and maintenance for all types of vehicles.(저희는 모든 종류의 차량을 수리, 보수 하고 있습니다.)'로 보아 자동차 수리점임을 알 수 있다. 따라서 보기 (A)가 정답이다.

2

회사는 무엇을 자랑스럽게 생각하는가?

(A) 훌륭한 가격

(B) 빠른 서비스

(C) 도움되는 직원

(D) 편리한 위치

해설 'We are proud of our reputation for offering the best prices with excellent service(가장 좋은 가격으로 훌륭한 서비스를 제공하여 얻은 명성을 자랑스럽게 생각하고 있습니다)'에서 답을 찾을 수 있다. 담화의 'best prices'를 보기에서 'great prices'로 바꾸어 표현하였으므로 보기 (A)가 정답이 된다.

3

화자는 왜 전화 번호를 제공했는가?

(A) 더 빠른 서비스를 위하여

(B) 견인 서비스를 위하여

(C) 할인된 가격을 위하여

(D) 새로운 제품을 위하여

해설 'If you need to get your car towed, please contact Pacific Towing at 333-7655.(만약 견인이 필요하시면 333-7655번으로 Pacific Towing에 연락주시기 바랍니다.)'라고 했으므로 보기 (B)가 정답이 된다.

실전 연습 p.026

02-08

1 (B)	2 (C)	3 (C)	4 (A)
5 (B)	6 (A)	7 (B)	8 (A)
9 (C)	10 (A)	11 (A)	12 (C)
13 (D)	14 (C)	15 (B)	16 (D)

PART 2

1

What is the fastest way to get to Central Station?

(A) It will take 20 minutes.

(B) Take the number 6 bus.

(C) Usually at least once a month.

중앙역에 가는 가장 빠른 방법이 무엇이죠?

(A) 20분 걸릴 거예요.

(B) 6번 버스를 타세요.

(C) 보통 적어도 한 달에 한 번요.

해설 역에 가는 가장 빠른 방법을 묻는 질문에 6번 버스를 타라고 답한 (B)가 정답이다. (A)는 걸리는 시간(How long)에 대한 답이고 (C)는 빈도(How often)를 묻는 질문에 대한 답이다.

2

What is the name of the company you're working for now?

(A) For Mr. Jackson.

(B) It's a great job.

(C) JC Motors.

현재 근무하고 계시는 회사의 이름이 무엇이죠?

(A) Jackson 씨를 위해서요.

(B) 그건 정말 좋은 직업이에요.

(C) JC Motors요.

해설 회사의 이름을 묻는 질문에 회사 이름을 말한 보기 (C)가 정답이다. 보기 (B)는 질문에서 들린 working, company와 관련된 어휘인 job을 써서 혼동을 주고 있다.

3

Who is the woman speaking to Mr. Foster?

(A) He is on the third floor.

(B) They are talking about the new project.

(C) She's a journalist for the local daily paper.

Foster 씨와 이야기하는 여자분은 누구시죠?

(A) 그는 3층에 있어요.

(B) 그들은 새 프로젝트에 대해서 이야기하고 있어요.

(C) 그녀는 지역 일간 신문사에서 일하는 기자예요.

해설 누구(Who)인지 묻는 질문에 'She is a journalist(그녀는 기자예요)'라고 답한 보기 (C)가 정답이다. 보기 (A)는 주어가 he이기도 하고, Where 의문문에 대한 답이 되므로 오답이다.

어휘 **local** 지역의 **journalist** 기자, 저널리스트

4

What time are you meeting your client?

(A) At five in the afternoon.

(B) We failed to sign the contract.

(C) I have plenty of time.

몇 시에 당신의 고객을 만나시나요?

(A) 오후 5시에요.

(B) 계약 체결하는 것에 실패했어요.

(C) 저는 시간이 많아요.

해설 What time에 대한 답을 찾아야 하므로 보기 (A)가 정답이다. 보기 (C)는 문제에서 들린 동일 어휘 time을 써서 혼동을 주고 있다.

어휘 **client** 고객 **sign the contract** 계약서에 서명하다

5

Who'll be the next marketing director now that Mr. Parker resigned?

(A) Yes, he will resign in a week.

(B) Ms. Robinson will be.

(C) I am happy for him.

Parker 씨가 사직하면 이제 누가 다음 마케팅 책임자가 될까요?

(A) 네, 그는 일주일 후에 사직할 거예요.

(B) Robinson 씨가 될 거예요.

(C) 그가 잘 돼서 기뻐요.

해설 누가 다음 마케팅 책임자가 될지 묻는 질문에 답을 찾아야 하므로 보기 (B)가 정답이 된다. 의문사 의문문은 yes/no로 답할 수 없으므로 보기 (A)는 오답이다.

6

Which advertisement do you like better, the green one or the red one?

(A) The green one seems better.

(B) Yes, the red one.

(C) That's a good choice.

어떤 광고가 더 나아요, 초록색 광고요, 빨간색 광고요?

(A) 초록색 광고가 더 좋아 보여요.

(B) 네, 빨간색 광고요.

(C) 잘 선택하셨어요.

해설 둘 중 하나를 선택해야 하는 선택 의문문이다. 따라서 초록 광고가 더 낫다고 답한 보기 (A)가 정답이 된다. 선택 의문문에는 yes/no로 답할 수 없기 때문에 보기 (B)는 오답이다.

어휘 **advertisement** 광고

7

What shift is Mr. Collins working on Friday?

(A) I met him a few minutes ago.

(B) The afternoon one.

(C) Saturday is better.

금요일에 Collins 씨는 무슨 교대조에 일하세요?
(A) 몇 분 전에 그를 만났어요.
(B) 오후 교대조요.
(C) 토요일이 더 좋아요.

해설 무슨 교대조(What shift)인지 묻는 질문에 대한 답은 'The afternoon one.(오후 교대조요.)'이 적합하다. 보기 (A)는 When 의문문에 대한 답이 될 수 있다.

어휘 **shift** 교대조

8

Who should I talk to about the office equipment?
(A) Mr. Simpson on the management team.
(B) Yes, that's a new copy machine.
(C) It's on level four.

사무 장비에 대해서 누구와 논의해야 하죠?
(A) 관리팀의 Simpson 씨요.
(B) 네, 새 복사기예요.
(C) 그건 4층에 있어요.

해설 누구와 논의해야 하는지 묻는 질문에 대한 답이므로 '관리팀의 Simpson 씨요'라고 답한 보기 (A)가 정답이다. 보기 (C)는 Where 의문문에 대한 답이다.

어휘 **office equipment** 사무 장비 **level** 층

9

What do you think of the new marketing manager?
(A) The marketing strategy was successful.
(B) He was promoted in November.
(C) It is too early to say.

새로운 마케팅 매니저에 대해서 어떻게 생각하세요?
(A) 마케팅 전략이 성공적이었어요.
(B) 그는 11월에 승진했어요.
(C) 아직 말하기는 너무 일러요.

해설 'What do you think of ~'는 '의견'을 묻는 질문이다. 새 마케팅 매니저에 대한 의견을 물었지만 아직 말하기에는 너무 이르다 (It is too early to say.)라고 답한 보기 (C)가 정답이다.

10

Who was chosen for the advertising project?
(A) I have no idea.
(B) Mr. Scott was transferred to the New York office.
(C) It was successful.

누가 광고 프로젝트를 하기로 선택되었죠?
(A) 모르겠어요.
(B) Scott 씨는 뉴욕 사무실로 전근 갔어요.
(C) 성공적이었어요.

해설 Who가 주어로 쓰인 의문문이다. 누가 선택되었는지를 묻는 질문에 대해 모르겠다며 간접적으로 답한 보기 (A)가 정답이다.

PART 4

[11-13]

W Hi. This is Ann Lopez. I recently bought a red backpack from your Web site. This morning, I received it, but, disappointingly, it was a yellow backpack. I thought about keeping it even though 11) **it was not the color I ordered,** but I still prefer it in red. 12) **I'm going to mail it tomorrow**, but the problem is that my address will change next week because I'm moving to a new apartment. 13) **I wonder if you can send the new product to my new address.** Please call me back with an answer as soon as possible.

W 안녕하세요. 저는 Ann Lopez입니다. 저는 최근에 귀사의 웹사이트에서 빨간색 배낭을 샀습니다. 오늘 아침에 가방을 받았지만 실망스럽게도 노란색 배낭이었습니다. 제가 주문한 색과 달랐음에도 불구하고 그냥 두려고 했지만 여전히 빨간색이 더 좋을 것 같습니다. 내일 우편으로 보내려고 하는데요, 문제는 제가 새 아파트로 이사가면서 다음 주에 주소가 바뀔 거라는 겁니다. 새 제품을 제 새로운 주소로 보내주실 수 있는지 궁금합니다. 가능한 한 빨리 저에게 답을 주시기를 바랍니다.

어휘 **recently** 최근에 **disappointingly** 실망스럽게도 **even though** ~에도 불구하고 **as soon as possible** 가능한 한 빨리

11

제품에 무슨 문제가 있는가?
(A) 색이 잘못되었다.
(B) 사이즈가 잘못되었다.
(C) 손상되었다.
(D) 너무 비싸다.

해설 'it was not the color I ordered(제가 주문한 색과 달랐다)'라고 했으므로 보기 (A) It is the wrong color.(색이 잘못되었다)가 정답이 된다.

12

화자가 내일 할 일은 무엇인가?
(A) 환불을 받을 것이다.
(B) 새 집으로 이사 갈 것이다.
(C) 제품을 돌려 보낼 것이다.
(D) 상점을 방문할 것이다.

해설 'I'm going to mail it tomorrow(내일 우편으로 보낼 것이다)'라고 했으므로 보기 (C) She is going to send the product back.(제품을 돌려 보낼 것이다.)이 정답이 된다.

13

화자가 가능한 한 빨리 알고 싶어 하는 것은 무엇인가?
(A) 사이즈가 바뀔 수 있는지

(B) 추가 할인을 받을 수 있는지
(C) 추가 제품이 팔릴 수 있는지
(D) 다른 주소가 사용될 수 있는지

해설 'I wonder if you can send the new product to my new address.(새 제품을 제 새로운 주소로 보내주실 수 있는지 궁금합니다.)'라고 했으므로 보기 (D) Whether a different address can be used(다른 주소가 사용될 수 있는지)가 정답이 된다.

[14-16]

M Hello. This is Bailey Kim from GT Electronics. I faxed a form to order office furniture the other day. But 14) **I need to change the number of desks to 10** since the Human Resources Department decided to hire some more employees. It would also be great if you could deliver everything a little earlier. I was just told that 15) **there will be a quarterly board meeting on Wednesday**, so it will be too crowded in the office. 16) **Please let me know if you can deliver the order before Tuesday**. Thank you.

M 안녕하세요. GT Electronics의 Bailey Kim입니다. 저는 며칠 전에 사무실 가구 주문을 위하여 주문서를 팩스로 보냈습니다. 하지만 인사부에서 더 많은 직원을 채용하기로 결정해서 책상 개수를 10개로 바꿔야 합니다. 그리고 모든 제품은 조금 더 일찍 보내주실 수 있다면 정말 좋을 것 같습니다. 수요일에 분기별 중역 회의가 있다는 소식을 조금 전에 들었는데, 그렇다면 사무실이 너무 복잡할 것 같습니다. 화요일 전에 주문 제품을 배달해 주실 수 있는지 알려주세요. 감사합니다.

어휘 **the other day** 일전에, 며칠 전에 **deliver** 배달하다 **quarterly** 분기별의 **crowded** 복잡한, 붐비는

주문서 87652

품목	수량
커피 테이블	1
옷장	3
책상	7
책장	10

14

시각 정보를 보시오. 원본 주문서의 어떤 수량이 더 이상 정확하지 않는가?
(A) 1
(B) 3
(C) 7
(D) 10

해설 'I need to change the number of desks to 10.(책상 개수를 10개로 바꿔야 합니다.)'라고 했으므로 책상 개수로 적힌 '7'이 틀린 정보이다. 따라서 정답은 (C)이다.

15

수요일에는 무슨 행사가 있을 것인가?
(A) 설명회
(B) 업무 회의
(C) 직원 파티
(D) 직원 교육

해설 'there will be a quarterly board meeting on Wednesday(수요일에 분기별 중역 회의가 있다)'라고 했으므로 a quarterly board meeting을 a business meeting으로 바꾼 보기 (B)가 정답이 된다.

16

화자는 왜 회신 전화를 원하는가?
(A) 관리자와 이야기하기 위하여
(B) 제품을 더 주문하기 위하여
(C) 주문을 취소하기 위하여
(D) 배송일을 확인하기 위하여

해설 'Please let me know if you can deliver the order before Tuesday.(화요일 전에 주문 제품을 배달해 줄 수 있는지 알려주세요.)'라고 했으므로 보기 (D) To confirm a delivery date(배송일을 확인하기 위하여)가 정답이 된다.

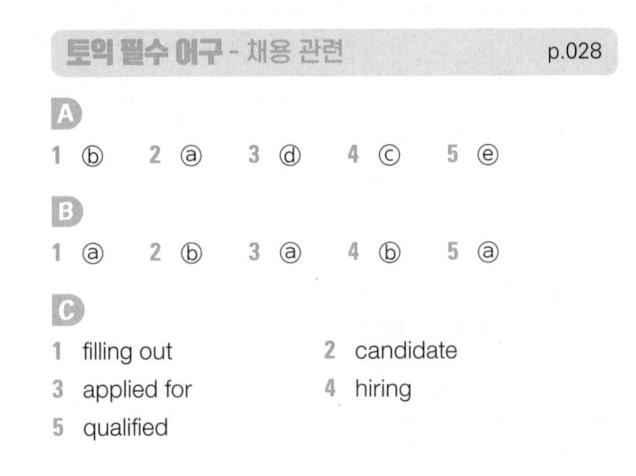

토익 필수 어구 - 채용 관련 p.028

A

1 ⓑ 2 ⓐ 3 ⓓ 4 ⓒ 5 ⓔ

B

1 ⓐ 2 ⓑ 3 ⓐ 4 ⓑ 5 ⓐ

C

1 filling out 2 candidate
3 applied for 4 hiring
5 qualified

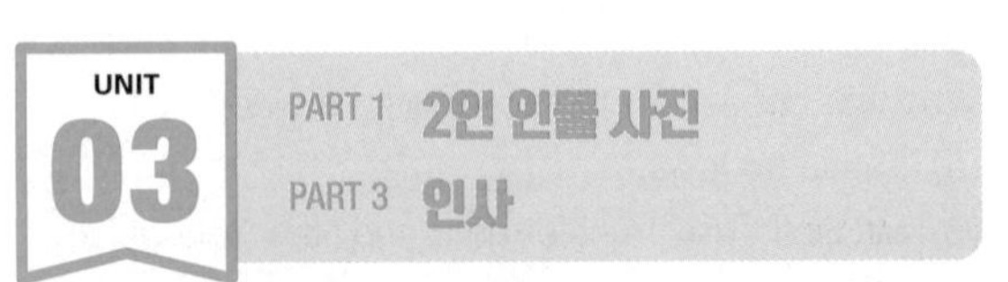

UNIT 03
PART 1 2인 인물 사진
PART 3 인사

PART 1 | 2인 인물 사진 p.030

유형 파악하기 03-02

1 (A), (C) 2 (A), (C)

1

(A) The women are shaking hands.
(B) The women are wearing coats.

(C) One of the women is wearing glasses.
(D) One of the women is waving goodbye.

(A) 여자들은 악수를 하고 있다.
(B) 여자들은 코트를 입고 있다.
(C) 여자들 중 한 명은 안경을 쓰고 있다.
(D) 여자들 중 한 명은 손을 흔들어 작별 인사를 하고 있다.

2

(A) They are sitting on a sofa.
(B) The shelves are stacked on the floor.
(C) They are watching a screen.
(D) They are seated at a table.

(A) 그들은 소파에 앉아 있다.
(B) 선반이 바닥에 쌓여 있다.
(C) 그들은 화면을 보고 있다.
(D) 그들은 테이블에 앉아 있다.

실력 쌓기

A 03-03

1 (A) 2 (C) 3 (D) 4 (B)

1

(A) They are looking at the document.
(B) They are handing out documents.
(C) They are laughing out loud.
(D) They are writing up a report.

(A) 그들은 문서를 보고 있다.
(B) 그들은 문서를 나눠주고 있다.
(C) 그들은 큰 소리로 웃고 있다.
(D) 그들은 보고서를 작성하고 있다.

해설 사진 속의 두 인물 모두의 시선이 문서를 향하고 있으므로 (A)가 정답이 된다. hand out은 '유인물을 나눠주다'라는 의미이고, write up은 '작성하다'라는 의미의 표현이다.

2

(A) They are posting some posters.
(B) They are writing a public notice.
(C) One of the men is writing a note on the board.
(D) One of the men is helping the other one.

(A) 그들은 포스터를 붙이고 있다.
(B) 그들은 공지를 작성하고 있다.
(C) 남자들 중 한 명은 보드에 메모를 쓰고 있다.
(D) 남자들 중 한 명은 다른 남자를 돕고 있다.

해설 사진 속의 한 명은 보드에 뭔가를 적고 있으므로 (C)가 정답이 된다. 보드에 작성하고 있는 사람은 한 명이므로 (B)를 정답으로 고르지 않도록 주의한다. (A)의 post up은 '게시하다'라는 의미의 표현이다.

3

(A) A flowerpot has been placed on the chair.
(B) The coffee cups are washed.
(C) The women are ordering desserts.
(D) The women are looking at each other.

(A) 화분이 의자 위에 놓여 있다.
(B) 커피 컵이 씻겨진다.
(C) 여자들은 디저트를 주문하고 있다.
(D) 여자들은 서로를 쳐다보고 있다.

해설 사진 속의 여자들은 서로 마주보고 있으므로 (D)가 정답이다. 커피와 연관된 어휘인 dessert가 사용된 (C) The women are ordering desserts.를 답으로 고르지 않도록 주의한다. (A)의 place는 명사로 '장소'라는 의미로 쓰이지만, 동사로는 '놓다, 두다'라는 의미로 쓰임을 알아 둔다.

4

(A) They are taking out some coffee.
(B) They are studying the menu.
(C) The glasses have been cleared away.
(D) The tableware has been placed on the counter.

(A) 그들은 커피를 가지고 나가고 있다.
(B) 그들은 메뉴를 살펴보고 있다.
(C) 유리잔이 치워졌다.
(D) 식기류가 카운터에 놓여 있다.

해설 사진 속의 남자와 여자는 둘 다 메뉴판을 들고 살펴보고 있으므로 (B)가 정답이다. 테이블 위에 유리잔(glasses)이 있다고 해서 (C)를 답으로 고르지 않도록 주의한다. (D)의 식기류(tableware)는 카운터가 아닌 테이블 위에(on the table) 놓여 있으므로 (D)는 오답이 된다.

PART 3 | 인사

p.032

유형 파악하기

03-06

W I saw an advertisement on the website for a job opening in your department. I am calling to find out if the position is still available.

M Yes, sure. We are getting applications until next Thursday. Please send your résumé along with a cover letter.

W All right, I see. When is the interview scheduled for?

M A week from next Thursday. We will contact you after we review your qualifications.

실력 쌓기

A 03-07

1 (C) 2 (A) 3 (C)

W Hello, Nicolas. I wonder if I can take some time off next week.
M Is it something urgent? You know everybody in the department is so busy with the Melton Project.
W I know, but I have a family emergency. And I need to take care of it next week.
M All right. So how many days do you need to take off?
W Two days, Wednesday and Thursday.

W 안녕하세요. Nicolas. 제가 다음 주에 좀 쉴 수 있을까 해서요.
M 혹시 급한 일인가요? 아시다시피 우리 부서의 모두가 Melton 프로젝트로 너무 바쁘잖아요.
W 네 알고 있어요. 하지만 가족 문제가 있어서요. 그리고 저는 그것을 다음 주에 처리해야 해요.
M 알겠어요. 그래서 며칠을 쉬어야 하나요?
W 수요일과 목요일, 이틀요.

1

Nicolas는 누구일 것 같은가?
(A) 고객
(B) 비서
(C) 관리자
(D) 동료

해설 여자의 'Hello, Nicolas.'라는 인사를 통해 남자가 Nicolas임을 알 수 있다. 대화의 초반 부에서 여자가 남자에게 'I wonder if I can take some time off next week.(다음 주에 좀 쉴 수 있는지 궁금해요.)'라고 말한 것으로 보아 남자는 여자의 상급자임을 알 수 있다. 따라서 '관리자' 라는 의미의 (C) A supervisor가 정답이 된다.

2

여자는 무엇을 하기를 원하는가?
(A) 휴식을 취하는 것
(B) 가족과 만나는 것
(C) 아이들을 돌보는 것
(D) 휴가를 가는 것

해설 여자는 대화에서 'family emergency(가족 문제)'가 있어서 'take some time off(좀 쉬다)'하기를 원한다고 하였으므로 (A)가 정답이 된다. take some time off가 take a break로 달리 표현되었다. (D)의 go on a vacation은 '바캉스를 떠난다'는 의미로, 이틀 정도 휴가를 내는 것을 의미하기에는 무리가 있다.

3

남자는 다음에 무엇을 할 것 같은가?
(A) 여자와 함께 이틀간 쉰다.
(B) 여자의 요구를 거절한다.
(C) 여자의 요청을 승인한다.
(D) 다시 자신의 상사와 이야기한다.

해설 남자는 대화의 마지막 부분에서 'All right(알겠다)'라고 하면서, 'how many days do you need to take off?(휴가가 며칠 필요하느냐?)'라고 물었으므로 여자의 휴가 요청을 승인할 것이라는 것을 알 수 있으므로 (C)가 정답이다.

실전 연습

p.034

03-09

1 (A)	2 (C)	3 (A)	4 (B)
5 (C)	6 (B)	7 (D)	8 (C)
9 (B)	10 (B)	11 (B)	12 (C)

PART 1

1

(A) They are bending over to examine the machine.
(B) They are checking the equipment on the wall.
(C) They are wearing uniforms.
(D) Some parts of the machine have been put away.

(A) 그들은 기계를 검사하기 위해 몸을 숙이고 있다.
(B) 그들은 벽에 있는 장비를 점검하고 있다.
(C) 그들은 유니폼을 입고 있다.
(D) 기계의 몇몇 부품들이 치워졌다.

해설 사진 속의 인물들은 몸을 숙여 기계를 살펴보고 있으므로 (A)가 정답이다. bend over는 '몸을 구부리다'라는 의미의 표현이다. (B)는 장비를 정비하고 있는 것은 맞지만, 장비가 벽에 붙어 있는 것은 아니므로 정답이 될 수 없다.

어휘 **bend** 구부리다 **examine** 점검하다 **put away** 치우다

2

(A) They are watching a performance.
(B) They are leaning against the wall.
(C) One of them is holding some paper.
(D) One of them is wearing sunglasses.

(A) 그들은 공연을 보고 있다.
(B) 그들은 벽에 기대어 있다.
(C) 그들 중 한 명은 종이를 들고 있다.
(D) 그들 중 한 명은 선글라스를 끼고 있다.

해설 두 사람이 난간에 기대어 먼 곳을 바라보고 있는 사진이다. 두 사람 중 한 명은 손에 종이를 들고(holding paper) 있으므로 (C)가 정답이다. lean against는 '~에 기대다'라는 뜻이지만, 벽이 아닌 난간(railing)에 기대어 있으므로 (B)는 정답이 될 수 없다.

3

(A) Some documents have been placed on the counter.
(B) They are working on the computer.
(C) The man is holding a document.
(D) They are seated around the counter.

(A) 몇 개의 문서들이 카운터에 놓여 있다.
(B) 그들은 컴퓨터로 일하는 중이다.
(C) 남자는 문서를 들고 있다.
(D) 그들은 카운터에 둘러 앉아 있다.

해설 남자는 서서 통화하고 있고, 여자는 주방 카운터 앉아서 문서를 읽고 있다. 카운터에 서류들이 놓여 있는 모습을 묘사하고 있는 (A)가 정답이다.

4

(A) They are traveling in a car.
(B) They are checking a car.
(C) One of the men is fixing a car.
(D) One of the men is handing a tool to the other one.

(A) 그들은 차로 여행하고 있다.
(B) 그들은 차량을 점검하고 있다.
(C) 남자들 중 한 명이 차를 고치고 있다.
(D) 남자들 중 한 명이 다른 사람 사람에게 연장을 건네주고 있다.

해설 사진 속의 두 남자는 차량을 점검하고(checking a car) 있다. 따라서 정답은 (B)이다. 사진만으로는 차를 고치고 있는 것(fixing a car)인지 확신할 수 없으므로 (C)는 정답이 될 수 없다.

5

(A) They are preparing a meal.
(B) They are walking in the kitchen.
(C) The vegetables have been placed on the table.
(D) The cooks are cleaning up.

(A) 그들은 식사를 준비하고 있다.
(B) 그들은 주방에서 걷고 있다.
(C) 채소들이 테이블 위에 놓여 있다.
(D) 요리사들이 청소를 하고 있다.

해설 사진 속의 두 사람은 주방에서 뭔가를 하고 있고, 테이블 위에는 채소들이 놓여 있으므로 (C)가 정답이다. (B)에 나오는 walking을 working으로 이해하여 답으로 고르지 않도록 주의해야 한다.

6

(A) They are getting ready for a run.
(B) They are leaning on a railing.
(C) The floor has been mopped.
(D) There is a tree in the pond.

(A) 그들은 달릴 준비를 하고 있다.
(B) 그들은 난간에 기대고 있다.
(C) 바닥이 걸레질이 되었다.
(D) 연못에 나무가 있다.

해설 사진 속의 두 사람은 난간에 기대어 서 있으므로 (B)가 정답이 된다. 사진 속에 나무들이 있기는 하지만 연못에 있는 것은 아니므로 (C)는 정답이 될 수 없다.

PART 3

[7-9]

M Hi. I am Peter Chan. 7-1) **I have an interview for a position** in the Sales Department here.
W Hello, Mr. Chan. 7-2) **Let me check on that for you.** Oh, yeah. You have a 3 o'clock appointment.
M Yeah. I am supposed to meet with the head of the department.
W Yes, you're right. 8) **You will be having your interview in room 201. It is at the end of the hallway on the right.** But I am afraid 9) **you have to wait a few more minutes** in front of the room since another interview isn't finished yet.
M No problem.

M 안녕하세요. 저는 Peter Chan이에요. 여기 영업부에 면접을 보러 왔는데요.
W 안녕하세요. Chan 씨. 제가 확인을 해 볼게요. 네. 3시 약속이시네요.
M 네. 부서장님과 만나기로 되어 있어요.
W 네. 맞아요. 201호에서 면접이 진행되기로 되어 있어요. 201호는 복도 끝에, 오른쪽에 있어요. 그런데 죄송하지만, 아직 다른 면접이 끝나지 않아서, 방 앞에서 몇 분 더 기다리셔야 할 거예요.
M 네, 괜찮습니다.

어휘 **appointment** 약속 **be supposed to** ~하기로 되어 있다 **department** 부서 **hallway** 복도 **in front of** ~의 앞에서

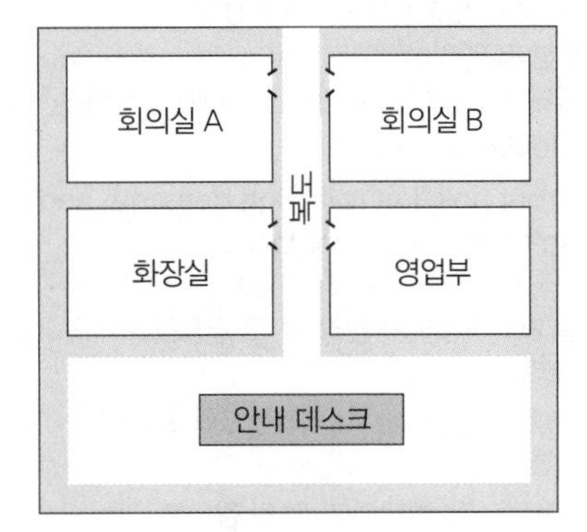

7

여자는 누구일 것 같은가?
(A) 면접 대상자
(B) 영업 사원
(C) 인터뷰 진행자
(D) 접수 담당자

해설 대화의 초반부에서 인터뷰를 하러 온 사람을 안내해 주고 있으므로 여자의 직업은 접수 담당자(receptionist)임을 알 수 있다.

8

시각 정보를 보시오. 남자는 어디로 갈 것 같은가?
(A) 영업부로
(B) 회의실 A로
(C) 회의실 B로
(D) 접수처로

해설 여자가 남자에게 'at the end of the hallway on the right(복도 끝 오른쪽에)'에서 면접이 있을 예정이라고 하였으므로 남자가 갈 곳은 (C)이다.

9

여자는 남자에게 무엇을 요청했는가?
(A) 그의 일정을 다시 확인하라
(B) 몇 분 더 기다리라
(C) 몇 분 뒤에 다시 돌아오라
(D) 인터뷰를 금방 끝내라

해설 여자는 남자에게 'you have to wait a few more minutes(몇 분 더 기다려야 한다)'라고 하였으므로, 여자가 요청하는 것은 (B)임을 알 수 있다.

[10-12]

M1 10-1) **I've decided to retire from my position** and will be turning in a resignation letter.
M2 10-2) **Oh, that's surprising, Mr. Smith.** What led you to this decision?
M1 It's time for me to get some well-deserved rest.
M2 11-1) **We'll miss your advice and expertise.**
W 11-2) **I couldn't agree more.** Everybody respects you for that.
M1 Thanks. By the way, finding the right replacement worries me.
M2 I think the HR Department will start looking for candidates internally.
W 12) **Your position is in high demand, and it won't stay vacant for long.**

M1 저는 저의 직책에서 물러나기로 결정했고 사직서를 제출할 거예요.
M2 오, 놀랍군요, Smith 씨. 이러한 결정을 내리신 이유는 무엇인가요?
M1 충분한 휴식을 취할 때가 된 것 같아요.
M2 우리는 당신의 조언과 전문 지식이 그리울 거예요.
W 정말로 그래요. 모두가 그것에 대해 당신을 존경하고 있어요.
M1 고마워요. 그런데, 적절한 후임자 찾는 것이 걱정되네요.
M2 인사팀이 내부에서 후보자들을 찾기 시작할 거예요.
W 당신의 직책에는 높은 수요가 있어서, 공석인 상태가 오래 가지는 않을 거예요.

어휘 **resignation letter** 사직서 **expertise** 전문 지식 **replacement** 후임자 **candidate** 후보자 **vacant** 비어 있는

10

화자들은 주로 무엇에 대해 이야기하는가?
(A) 휴가 계획
(B) Smith 씨의 은퇴
(C) 성과 평가
(D) 잠재적인 후보자들

해설 대화의 첫 부분에서 남자 1은 은퇴를 결심했다고(I've decided to retire from my position) 말했다. 이어서 남자 2는 남자 1의 이름을 언급하며, 그와 같은 결정을 내린 이유를 물었다. 따라서 대화의 주제는 남자 1, 즉, Smith 씨의 은퇴임을 알 수 있으므로 정답은 (B)이다.

11

여자가 "I couldn't agree more"라고 말할 때 그녀가 의미하는 것은?
(A) 그녀는 상황에 대해 혼란스러워한다.
(B) 그녀는 Smith 씨의 지도와 지식을 그리워할 것이다.
(C) 그녀는 은퇴 결정에 강력히 동의한다.
(D) 그녀는 결정을 내리기 위해 더 많은 정보가 필요하다.

해설 남자 2가 그의 충고와 전문 지식을 그리워할 것이라고 했고, 여자는 'I couldn't agree more(전적으로 동의합니다)'라고 했다. 따라서 정답은 (B)이다.

12

여자가 직책에 대해 암시하는 것은 무엇인가?
(A) 대체될 수 없다.
(B) 내부에서 적절한 후보를 찾는 것은 어렵다.
(C) 빨리 채워질 것이다.
(D) 후임자를 찾는 데 오래 걸릴 것이다.

해설 대화의 마지막 부분에서 여자는 직책이 인기 있어서 공석인 상태가 오래 가지는 않을 것이라고 했다. 따라서 정답은 (C)이다.

토익 필수 어구 - 인사 관련 p.038

A

1 ⓑ 2 ⓒ 3 ⓓ 4 ⓐ 5 ⓔ

B

1 ⓐ 2 ⓐ 3 ⓐ 4 ⓑ 5 ⓐ

C

1 expertise 2 raise
3 responsibilities 4 promotion
5 morale

PART 2 의문사 의문문 II
PART 4 안내 방송

PART 2 | 의문사 의문문 II

p.040

실력 쌓기

A 04-02

1 (B)	2 (A)	3 (A)	4 (A)
5 (A)	6 (C)	7 (B)	8 (B)

1

When will Mr. Banks come back to the office?
(A) No, I haven't seen him.
(B) You'll have to ask his secretary.
(C) In front of the building.

Banks 씨는 언제 사무실로 돌아오죠?
(A) 아니요, 저는 그를 보지 못했어요.
(B) 그의 비서에게 물어봐야 할 거예요.
(C) 건물 앞에서요.

해설 When 의문문에 대한 간접적인 답으로 '그의 비서에게 물어보라(You'll have to ask his secretary)'라고 답한 보기 (B)가 정답이다. 의문사 의문문은 yes/no로 답할 수 없으므로 보기 (A)는 오답이고, 보기 (C)는 Where 의문문에 대한 답이다.

2

When are you planning to visit the new branch office in Chicago?
(A) Next week.
(B) Between 5th Avenue and Broadway.
(C) For three weeks.

시카고에 있는 새 사무실을 언제 방문할 예정이에요?
(A) 다음 주에요.
(B) 5번가와 브로드웨이 사이요.
(C) 3주간요.

해설 When에 대한 답으로 'Next week.(다음 주)'이라고 답한 (A)가 정답이다. (C)는 How long(얼마나 오래)에 대한 답이다.

3

Where can I mail this package?
(A) At the post office next to our building.
(B) Yes, I can help you.
(C) The address was wrong.

어디에서 제가 이 소포를 보낼 수 있죠?
(A) 우리 빌딩 옆에 있는 우체국에서요.
(B) 네, 제가 도와드릴게요.
(C) 주소가 잘못되었어요.

해설 Where(어디에)를 사용한 질문에 대한 답으로 장소로 답한 (A)가 정답이다.

4

Where should I meet you at the hotel?
(A) In the lobby.
(B) All the rooms were booked.
(C) It starts at seven o'clock.

호텔 어디에서 당신을 만나야 하죠?
(A) 로비에서요.
(B) 모든 방이 꽉 찼어요.
(C) 7시에 시작해요.

해설 Where(어디에)를 사용한 질문에 대한 답으로 장소로 답한 보기 (A) In the lobby.(로비에서요.)가 정답이다. 보기 (B)는 문제에서 들린 hotel과 연관 어휘(room, book)를 사용해 혼동을 주고 있다.

5

When will the mayoral election take place?
(A) At the beginning of March.
(B) A few candidates.
(C) At the community center.

시장 선거는 언제 있을 예정인가요?
(A) 3월 초에요.
(B) 후보자 몇 명요.
(C) 시민회관에서요.

해설 When 의문문에 대한 답으로 시간으로 답한 보기 (A) At the beginning of March.(3월 초에요.)가 정답이다.

6

When are you going to send out the agenda for the 11 o'clock meeting?
(A) Conference room A is the best.
(B) 12 o'clock sounds better.
(C) Please give me 10 minutes.

11시 회의의 안건을 언제 보낼 거죠?
(A) 컨퍼런스 룸 A가 제일 좋아요.
(B) 12시가 더 나을 것 같아요.
(C) 10분만 기다려주세요.

해설 보기 (A) 는 장소를 묻는 Where 의문문에 대한 답을 주고 있고, (B)에서 언급된 '12시'는 11시 회의에 대한 안건을 보낼 시간으로는 적절하지 않다. 문맥상 10분만 기다려주면 안건을 보내겠다는 의미를 만드는 (C)가 가장 적합한 답변이다.

7

Where does Jack place the confidential documents?
(A) He has a key to the safe.
(B) Why don't you ask him?
(C) There used to be one.

Jack이 기밀 문서를 어디에 두지요?

(A) 그가 금고 열쇠를 가지고 있어요.
(B) 그에게 물어보는 것이 어때요?
(C) 하나 있었어요.

해설 간접적인 답변이 정답으로 자주 출제된다. Jack이 기밀 문서를 어디에(Where) 두는지 묻는 질문에 '그에게 물어보는 게 어때요?(Why don't you ask him?)'라고 답한 (B)가 간접적인 답변이 된다.

8

Where should I set up the projector?
(A) Sometime next week.
(B) In conference room A.
(C) I bought it from the electronics shop.

프로젝터를 어디에 설치해야 하죠?
(A) 다음 주 언젠가요.
(B) 컨퍼런스 룸 A에요.
(C) 제가 전자 제품 가게에서 샀어요.

해설 어디에(Where) 프로젝터를 설치할지 묻는 질문에 장소로 답한 보기 (B)가 정답이 된다.

PART 4 | 안내 방송 p.042

유형 파악하기

04-05

W Ladies and gentlemen, welcome to San Francisco Airport. The local time is 5:00 P.M. and the temperature is 6 degrees Celsius. For your safety, please remain seated with your seatbelts fastened until the captain turns off the seatbelt sign. You may use your cellular phones if you wish. Please check your personal belongings around you and use caution when opening the overhead bins. If you need assistance, one of our crew members will be pleased to assist you. Thank you for choosing Asian Airways, and we are looking forward to seeing you again on board. Have a nice stay!

실력 쌓기

A

04-06

1 (B) 2 (A) 3 (D)

M Good afternoon, passengers. Welcome aboard Star Airlines flight 405 with service from Incheon to Hong Kong. We are currently second in line for takeoff and are expected to fly in approximately ten minutes. For your safety, please make sure you secure all your personal belongings in the overhead compartments or under your seat. We offer complimentary water. However, alcoholic drinks and snacks are available to purchase. We take only credit cards unless you spend less than five dollars. Please check the menu in your seatback pocket and contact our crew. Thank you for choosing Star Airlines. Enjoy your flight.

M 안녕하세요 승객 여러분. 인천에서 홍콩까지 운항하는 Star Airlines 405편에 탑승하신 것을 환영합니다. 현재 두 번째로 이륙하기 위해 대기하고 있으며 약 10분 후에 이륙할 예정입니다. 여러분의 안전을 위하여 모든 개인 소지품을 머리 위 짐칸이나 좌석 아래에 보관해 주시기 바랍니다. 저희는 물을 무료로 제공합니다. 하지만 알코올 음료나 간식은 구매하실 수 있습니다. 5달러 이하일 경우를 제외하고는 신용카드만 사용하실 수 있습니다. 좌석 앞 주머니에 메뉴가 있으니 확인하시고 저희 승무원에게 문의하여 주십시오. Star Airlines를 선택해 주셔서 감사합니다. 즐거운 비행이 되시기를 바랍니다.

가벼운 식사

식사와 음료	가격
즉석 라면	4달러
샌드위치	8달러
맥주	6달러
와인	9달러

1

비행기가 이륙할 때까지 얼마나 걸릴 것인가?
(A) 5분
(B) 10분
(C) 15분
(D) 20분

해설 'expected to fly in approximately ten minutes.(약 10분 후에 이륙할 것입니다.)'라고 했으므로 보기 (B)가 정답이 된다.

2

화자는 승객들에게 무엇을 할 것을 요청하는가?
(A) 소지품을 안전하게 보관하라
(B) 전자제품 전원을 꺼라
(C) 안전벨트를 매라
(D) 귀국 카드를 작성하라

해설 'you secure all your personal belongings in the overhead compartments or under your seat.(모든 개인 소지품을 머리 위 짐 칸이나 좌석 아래에 보관해 주시기 바랍니다.)'라고 했으므로 보기 (A)가 정답이 된다.

3

시각 정보를 보시오. 어떤 물품이 현금으로 구매 가능한가?
(A) 샌드위치
(B) 맥주
(C) 와인
(D) 즉석 라면

해설 'We take only credit cards unless you spend less than five dollars.(5달러 이하일 경우를 제외하고는 신용카드만 사용하실 수 있습니다.)'라고 했으므로, 5달러 이하여야만 현금으로 계산할 수 있다. 도표에서 5달러 이하인 물품은 Instant noodles(즉석 라면)뿐이므로 (D)가 정답이다.

실전 연습

p.044

04-08

1 (B)	2 (B)	3 (B)	4 (C)
5 (B)	6 (A)	7 (B)	8 (C)
9 (B)	10 (B)	11 (D)	12 (C)
13 (C)	14 (A)	15 (C)	16 (B)

PART 2

1

When will the draft of the contract be ready?
(A) Yes, the CEO signed it.
(B) On October second.
(C) A fifteen-percent discount.

언제 계약서 초안이 준비되나요?
(A) 네, CEO가 사인했어요.
(B) 10월 2일에요.
(C) 15% 할인요.

해설 의문사 의문문은 yes/no로 답할 수 없으므로 보기 (A)는 오답이다. When 의문문에 대한 답으로 정확한 날짜를 말한 보기 (B) On October second.(10월 2일에요.)가 정답이다.

어휘 **draft** 초안 **contract** 계약서

2

Where is the nearest place to grab a bite to eat?
(A) Let's have coffee here.
(B) Go one more block.
(C) No, I'm not hungry.

간단하게 식사할 가장 가까운 곳은 어디죠?
(A) 여기에서 커피를 마셔요.
(B) 한 블록 더 가세요.
(C) 아니요, 배고프지 않아요.

해설 Where 의문문에 대한 답을 묻고 있다. 보기 (A)와 (C)는 음식과 관련된 연관 어휘를 사용해서 혼동을 주는 오답이다. 정답은 그 장소를 찾아가는 방법을 알려준 보기 (B)이다.

3

When is the next meeting at the district office?
(A) Just down the street.
(B) On the last Thursday of the month.
(C) To discuss the parking lot issue.

구청에서 하는 다음 회의는 언제인가요?
(A) 바로 길 아래에 있어요.
(B) 그달 마지막 목요일에요.
(C) 주차장 문제를 논의하기 위해서요.

해설 When 의문문의 질문에 정확한 일정을 밝힌 보기 (B)가 정답이다. 보기 (A)는 Where에 대한 답이고, 보기 (C)는 Why에 대한 답이다.

어휘 **district office** 구청 **parking lot** 주차장

4

Where will you make the lunch reservation?
(A) For eight people.
(B) Tomorrow at 1 o'clock.
(C) Kelly will make it for me.

점심 예약은 어디로 할 거예요?
(A) 8명요.
(B) 내일 1시요.
(C) Kelly가 저를 대신해서 할 거예요.

해설 점심 예약이 어디(where)로 되었는지 묻는 질문에 간접적으로 답한 보기 (C)가 정답이다.

5

When will you submit an article to the *World Business Journal*?
(A) The news was interesting.
(B) Pretty soon.
(C) He is a well-known publisher.

언제 *World Business Journal*에 기사를 제출할 거죠?
(A) 그 뉴스는 흥미로웠어요.
(B) 곧 할 거예요.
(C) 그는 잘 알려진 출판인이에요.

해설 언제(When) 기사를 제출할 것인지 묻는 질문에 대한 답으로 'Pretty soon.(곧 할 거예요.)'이라고 말한 보기 (B)가 정답이다.

어휘 **submit** 제출하다 **article** 기사 **publisher** 출판인

6

Where is the entrance to the town hall?
(A) Around the corner to the left.
(B) Do you have your ID?
(C) It opens at 10 A.M.

시청으로 들어가는 입구가 어디예요?
(A) 왼쪽에 모퉁이 부근에 있어요.
(B) 신분증 있으세요?

(C) 오전 10시에 열어요.

해설 시청으로 들어가는 입구의 위치를 묻고 있다. 따라서 길을 알려준 보기 (A)가 정답이 된다.

어휘 **entrance** 입구 **town hall** 시청, 읍사무소

7

When did you sell your house on Pine Street?

(A) It was located on a noisy street.

(B) Last month.

(C) Through a real estate office.

Pine 가에 있는 집을 언제 파셨어요?

(A) 시끄러운 거리에 자리잡고 있어요.

(B) 지난달에요.

(C) 부동산을 통해서요.

해설 언제(When) 집을 팔았는지에 대한 답으로 'Last month.(지난달에요.)'라고 답한 (B)가 정답이다. (C)는 How에 대한 답이다.

어휘 **real estate office** 부동산

8

When does Ms. Park want to pick up her dress?

(A) I will help you with that.

(B) How about this red one?

(C) She said she'd be here at 1 P.M.

Park 씨는 그녀의 드레스를 언제 찾아가기를 원하죠?

(A) 제가 도와드릴게요.

(B) 이 빨간색은 어때요?

(C) 그녀가 오후 1시에 여기로 올 거라고 말했어요.

해설 언제(When) Park 씨가 드레스를 찾을지 묻는 질문에 대한 답으로 Park 씨의 일정에 대해 말한 보기 (C)가 정답이 된다.

9

Where did you buy that lovely raincoat?

(A) I saw the weather forecast.

(B) Thanks. It's from DC Fashion.

(C) You're welcome.

그 예쁜 우비는 어디에서 샀어요?

(A) 날씨 예보를 봤어요.

(B) 고마워요. DC Fashion에서요.

(C) 천만에요.

해설 (A)는 문제에서 들린 raincoat와 관련된 어휘 weather forecast를 써서 혼동을 주는 오답 보기이다. 우비를 어디서 샀는지 묻는 질문에 대한 정답은 장소 질문에 대한 답을 주는 (B)이다.

10

When are you interviewing the top three candidates?

(A) In meeting room 3.

(B) In about thirty minutes.

(C) Every May.

언제 상위 후보자 세 명을 인터뷰 할 거예요?

(A) 3번 회의실에서요.

(B) 약 30분 후에요.

(C) 5월마다요.

해설 언제(When) 인터뷰를 할지 묻는 질문에 30분 후라고 답한 보기 (B) In about thirty minutes.가 정답이 된다.

어휘 **candidate** 후보자

PART 4

[11-13]

W Ladies and gentlemen, 11) **welcome to the Shakespeare Theater** for the play *The Course of Love*. The show will take about two and a half hours, and there will be an intermission. 12) **During the intermission, refreshments can be purchased in the lobby.** All the lights will be turned off shortly, so please remain seated. 13) **After the show, the director and leading characters will appear on the stage to share their ideas about the play.** Thank you and enjoy the show.

W 신사 숙녀 여러분, 연극 *사랑의 행로*를 관람하기 위하여 셰익스피어 극장에 오신 여러분을 환영합니다. 연극은 2시간 30분 정도 지속될 것이고 중간 휴식 시간이 있습니다. 휴식 시간 동안에는 로비에서 다과를 구매하실 수 있습니다. 모든 불이 곧 꺼질 예정이오니 모두 자리에 앉아 주시기 바랍니다. 연극이 끝난 후에는 감독과 주연 배우들이 연극에 대한 생각을 공유하기 위하여 무대에 오를 것입니다. 감사합니다. 즐겁게 감상해주십시오.

어휘 **theater** 극장 **play** 연극 **intermission** (연극, 뮤지컬의) 중간 휴식시간 **refreshments** 다과 **purchase** 구입하다 **turn off** 끄다 **shortly** 곧 **leading character** 주연배우

11

이 안내방송은 어디에서 나오고 있을 것 같은가?

(A) 박물관에서

(B) 공항에서

(C) 학교에서

(D) 극장에서

해설 'welcome to the Shakespeare Theater(셰익스피어 극장에 오신 여러분을 환영합니다)'라고 했으므로 보기 (D) In a theater(극장에서)가 정답이 된다.

12

휴식시간 동안에 무엇이 판매될 것인가?

(A) 책

(B) 포스터

(C) 음식

(D) 사진

해설 'During the intermission, refreshments can be purchased in the lobby.(휴식 시간 동안에는 로비에서 다과를 구매하실 수 있습니다.)'라고 했으므로 refreshments를 food라고 바꾸어 쓴 보기 (C)가 정답이 된다.

13

연극 후에 무슨 일이 일어날 것인가?

(A) 사진을 찍을 것이다.
(B) 사인회가 열릴 것이다.
(C) 대화가 있을 것이다.
(D) 상을 수여할 것이다.

해설 'After the show, the director and leading characters will appear on the stage to share their ideas about the play.(연극이 끝난 후에는 감독과 주연 배우들이 연극에 대한 생각을 공유하기 위하여 무대에 오를 것입니다.')라고 했으므로 정답은 (C) A talk will be given.(대화가 있을 것이다)이 된다.

[14-16]

M Good morning, passengers. 14) **Welcome on board First Express Bus.** My name is John Nixon, and I'm your driver for your journey to Hampton today. 16-1) **The trip normally takes one and a half hours.** However, I just got a message from the main office that 15) **there is heavy traffic congestion on Highway 5R due to road construction.** Therefore, 16-2) **it will take an extra 30 minutes** to get to our destination. Thank you for your attention and enjoy the ride.

M 안녕하세요 승객 여러분. First Express Bus에 탑승하신 것을 환영합니다. 제 이름은 John Nixon이며, 저는 여러분을 햄프턴까지 모실 운전사입니다. 이 여행은 보통 1시간 30분이 소요됩니다. 하지만 도로 공사 때문에 고속도로 5R에 교통 혼잡이 심각하다는 소식을 조금 전에 본사에서 받았습니다. 따라서 목적지에 도착하는 데까지 추가 30분 더 걸릴 것입니다. 들어 주셔서 감사 드리며 즐거운 여행 되십시오.

어휘 **passenger** 승객 **on board** 탑승한 **journey** 여행 **traffic congestion** 교통 혼잡 **due to** ~ 때문에 **construction** 공사 **destination** 목적지

14

이 안내방송은 어디에서 들릴 것 같은가?

(A) 버스에서
(B) 기차에서
(C) 비행기에서
(D) 배에서

해설 'Welcome on board First Express Bus(First Express Bus에 탑승하신 것을 환영합니다)'라고 했으므로 이 공지는 버스에서 나오고 있음을 알 수 있다.

15

지연의 원인은 무엇인가?

(A) 차 사고
(B) 파업
(C) 도로 보수 공사
(D) 행진

해설 'there is heavy traffic congestion on Highway 5R due to road construction.(도로 공사 때문에 고속도로 5R에 교통 정체가 심각하다)'라고 했으므로 정답은 road construction을 road repairs로 바꾼 보기 (C)가 정답이다

16

목적지까지 도착하는 데 얼마나 걸릴 것인가?

(A) 1시간
(B) 2시간
(C) 2시간 반
(D) 1시간 반

해설 안내방송의 앞부분에서 'The trip normally takes one and a half hours.(이 여행은 보통 1시간 30분이 소요됩니다.)'라고 했다. 하지만 교통이 혼잡하여 30분 더 걸릴 것(it will take an extra 30 minutes to get to our destination)이라고 하였으므로, 목적지에 도착하는데 걸리는 시간은 총 2시간이 될 것임을 알 수 있다.

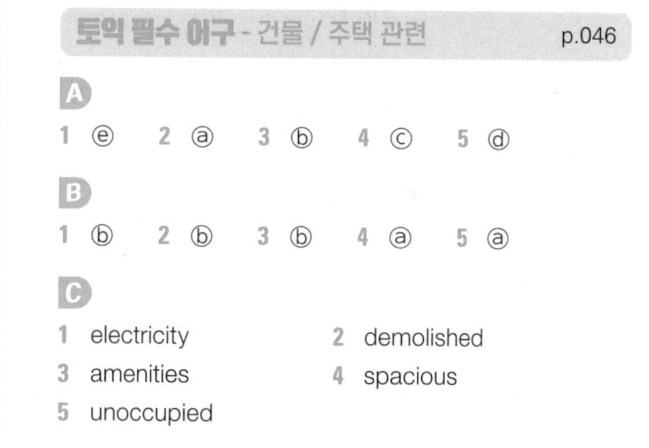

토익 필수 어구 - 건물 / 주택 관련 p.046

A

1 ⓔ 2 ⓐ 3 ⓑ 4 ⓒ 5 ⓓ

B

1 ⓑ 2 ⓑ 3 ⓑ 4 ⓐ 5 ⓐ

C

1 electricity 2 demolished
3 amenities 4 spacious
5 unoccupied

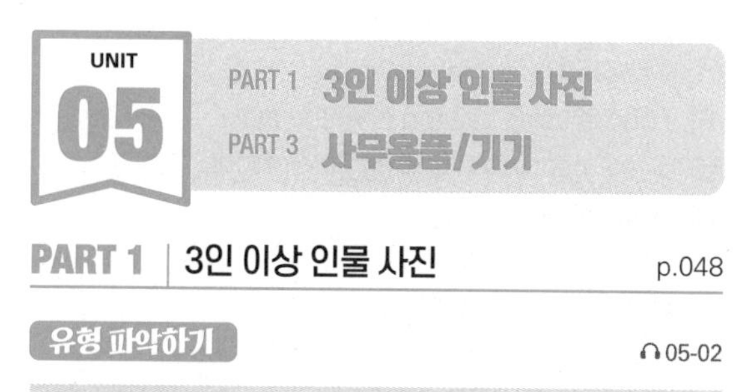

UNIT 05
PART 1 3인 이상 인물 사진
PART 3 사무용품/기기

PART 1 3인 이상 인물 사진

p.048

유형 파악하기 05-02

1 (A), (B), (C) 2 (B), (C), (D)

1

(A) People are seated around the table.

(B) Two of them are shaking hands.
(C) Some documents have been placed on the table.
(D) A computer has been turned off.

(A) 사람들이 테이블에 둘러 앉아 있다.
(B) 사람들 중 두 명은 악수를 하고 있다.
(C) 몇몇 문서들이 테이블 위에 놓여 있다.
(D) 컴퓨터는 꺼져 있다.

2

(A) Passengers are lining up to get their boarding passes.
(B) Passengers are getting off the plane.
(C) The plane has arrived at the airport.
(D) People are going down the stairs.

(A) 승객들이 탑승권을 받기 위해 줄을 서 있다.
(B) 승객들은 비행기에서 내리고 있다.
(C) 비행기는 공항에 도착했다.
(D) 사람들이 계단을 내려오고 있다.

어휘 **line up** 줄을 서다 **boarding pass** 탑승권

실력 쌓기

A 05-03

1 (B) 2 (A) 3 (B) 4 (B)

1

(A) A fountain is being cleaned.
(B) People are gathered around the fountain.
(C) Some people are feeding birds.
(D) People are waiting to see the performance.

(A) 분수대가 청소되고 있다.
(B) 사람들이 분수 주변에 모여 있다.
(C) 몇몇 사람들은 새에게 먹이를 주고 있다.
(D) 사람들은 공연을 보기 위해 기다리고 있다.

해설 중앙의 큰 분수대 주변에 사람들이 모여 있는 상황이므로 (B)가 정답이다. are gathered는 '모여 있다'라는 표현이다.

2

(A) People are in the restaurant.
(B) Food is being cleared from the table.
(C) Some people are enjoying their food.
(D) A waitress is taking an order.

(A) 사람들이 식당에 있다.
(B) 음식이 테이블에서 치워지고 있다.
(C) 몇몇 사람들이 음식을 맛있게 먹고 있다.
(D) 여자 종업원이 주문을 받고 있다.

해설 사진 속의 인물들은 식당에 있음을 알 수 있으므로 (A)가 정답이다. 가운데 있는 여자 종업원이 음료를 서빙하고 있으므로 주문을 받고 있다고 한 (D)는 정답이 아니다.

3

(A) They are working on a farm.
(B) A plant is being planted.
(C) They are putting seeds in a pot.
(D) They are sitting on the ground.

(A) 그들은 농장에서 일하고 있다.
(B) 식물이 심어지고 있다.
(C) 그들은 화분에 씨앗을 넣고 있다.
(D) 그들은 땅에 앉아 있다.

해설 사진 속의 인물들이 식물을 땅에 심고 있으므로 (B) A plant is being planted.가 정답이 된다. 사진 묘사 문제에서는 인물들의 동작을 'People are planting ~'처럼 능동으로 표현하지 않고 'A plant is being planted ~'와 같이 수동으로 표현되는 경우도 있으므로 주의하자.

4

(A) People are having a conference.
(B) An interview is being conducted.
(C) Some furniture is being arranged.
(D) People are looking at each other.

(A) 사람들이 회의를 하고 있다.
(B) 인터뷰가 진행되고 있다.
(C) 몇몇 가구가 배치되고 있다.
(D) 사람들이 서로를 바라보고 있다.

해설 사진은 3명의 면접관이 한 명의 여자를 인터뷰하고 있는 모습을 보여주고 있다. 따라서 (B)가 정답이 된다. conduct는 '시행하다'라는 의미의 동사이다.

PART 3 | 사무 용품/기기 p.050

유형 파악하기

05-06

W Oh, no. This photocopier is broken again. It's the third time this month. How should I copy the handouts for my presentation in the afternoon?
M If you are in a hurry, you can use the copy machine in the R&D Department. That one is pretty new.
W That's a good idea. I might as well go there. I have tons of copies to make.
M Hurry up before the line becomes too long.

실력 쌓기

A 05-07

1 (B) 2 (A) 3 (C)

M Do you know where we keep the printer cartridges?

W1 I am not sure about that. You might want to ask Lisa. She is the one who orders them regularly.

M Okay. Hey, Lisa, where can I find the printer cartridges?

W2 Oh, we usually keep them in the black cabinet near the water dispenser.

M I already looked there, but they weren't there.

W2 Oh, then I think we have run out of them. I will call Woods Office Supplies and have some delivered immediately.

M 우리가 프린터 카트리지를 어디에 보관하는지 알고 있나요?

W1 확실히 모르겠어요. Lisa에게 한번 물어보세요. 그녀가 정기적으로 카트리지를 주문하고 있거든요.

M 알겠어요. 저기, Lisa. 프린터 카트리지를 어디서 찾을 수 있을까요?

W2 보통은 정수기 근처에 있는 검은 캐비닛에 보관해요.

M 그곳은 벌써 찾아봤는데, 거기엔 없었어요.

W2 아, 그러면 다 떨어진 것 같네요. 제가 Woods Office Supplies에 전화해서 바로 배달해주도록 할게요.

1

남자는 무엇을 하기를 원하는가?

(A) Lisa와 회의하는 것

(B) 카트리지를 찾는 것

(C) 물을 마시는 것

(D) 프린터를 고치는 것

해설 남자는 대화의 초반부에서 'Do you know where we keep the printer cartridges?(어디에 프린터 카트리지를 보관하는지 알고 있나요?)'라고 물었으므로 카트리지를 찾으려 한다는 것을 알 수 있다. 따라서 (B)가 정답이다.

2

Lisa와 이야기하기 전에 남자는 무엇을 했는가?

(A) 카트리지를 찾기 위해 캐비닛을 살펴보았다.

(B) 사무 용품점에 주문하려고 전화를 했다.

(C) 직접 프린터를 고치려고 했다.

(D) Woods Office Supplies에 갔다.

해설 Lisa가 'we usually keep them in the black cabinet(우리는 보통 그것들을 검은 캐비닛에 보관한다)'이라고 말했고, 남자가 'I already looked there(그곳은 이미 찾아 보았다)'라고 한 것으로 보아, 남자는 이미 캐비닛을 살펴보았음을 알 수 있다.

3

Lisa는 다음에 무엇을 할 것인가?

(A) 새 프린터를 살 것이다.

(B) 기술자를 부를 것이다.

(C) 사무 용품을 주문할 것이다.

(D) 정수기를 옮길 것이다.

해설 대화의 후반부에서 Lisa는 'I will call Woods Office Supplies and have them delivered(Woods Office Supplies에 전화해서 배달되도록 하겠다)'라고 하였으므로 (C)가 정답이다.

실전 연습 p.052

05-09

1 (B)	2 (A)	3 (B)	4 (C)
5 (C)	6 (A)	7 (D)	8 (A)
9 (B)	10 (B)	11 (B)	12 (A)

PART 1

1

(A) People are working on a project.

(B) A computer is being used.

(C) Some food has been placed on the table.

(D) All of them are typing on their computers.

(A) 사람들은 프로젝트 관련 일을 하고 있다.

(B) 컴퓨터가 사용되고 있다.

(C) 약간의 음식이 테이블에 놓여 있다.

(D) 모든 사람들은 컴퓨터에 타이핑을 하고 있다.

해설 사진에서 사람들이 컴퓨터 주변에 모여 뭔가를 보고 있다. 사람들의 동작을 능동의 형태인 'People are using a computer.'로 표현하지 않고, (B)와 같이 'A computer is being used.'로 표현한 것에 유의하여야 한다.

2

(A) People are gathered around the statue.

(B) They are looking at the performance.

(C) A monument is being installed.

(D) People are taking pictures.

(A) 사람들이 조각상 주변에 모여 있다.

(B) 그들은 공연을 보고 있다.

(C) 기념비가 설치되는 중이다.

(D) 사람들이 사진을 찍고 있다.

해설 사진 속의 사람들이 큰 조각상 주변에 모여 있으므로 (A)가 정답이 된다. 사진에 보이는 조형물이 현재 설치가 되고 있는 것(is being installed)은 아니므로 (C)는 정답이 될 수 없다.

어휘 **gather** 모이다 **performance** 공연 **monument** 기념비

3

(A) They are selling jewelry.

(B) A necklace is being shown.

(C) They are looking for some rings.

(D) A counter is being cleared.

(A) 그들은 보석을 팔고 있다.
(B) 목걸이가 보여지고 있다.
(C) 그들은 반지를 찾고 있다.
(D) 카운터가 치워지고 있다.

해설 점원이 두 명의 손님들에게 목걸이를 보여주고 있으므로 정답은(B)이다. 상품을 판매하는 것으로 보이는 인물은 1명이므로 (A)는 정답이 될 수 없다.

4

(A) Students are taking notes.
(B) People are looking at the computer.
(C) A lecture is being given.
(D) They are giving a speech.

(A) 학생들이 노트 필기를 하고 있다.
(B) 사람들은 컴퓨터를 보고 있다.
(C) 강의가 이루어지고 있다.
(D) 그들은 연설을 하고 있다.

해설 사진 속에서 한 남자가 앞에 서 있고, 나머지 사람들은 의자에 앉아 있으므로, 강의가 이루어지는 모습임을 알 수 있다. 따라서 (C) A lecture is being given.이 정답이다. 사람들이 컴퓨터 앞에 앉아 있다고 해서 (B)를 정답으로 고르지 않도록 한다.

5

(A) They are cleaning the tools.
(B) They are taking care of the patients.
(C) They are working in the lab.
(D) They are putting on gloves.

(A) 그들은 도구를 닦고 있다.
(B) 그들은 환자들을 돌보고 있다.
(C) 그들은 실험실에서 일하고 있다.
(D) 그들은 장갑을 끼고 있다.

해설 사진 속의 사람들은 보안경을 쓰고 가운을 입은 채 실험실 안에서 일을 하고 있음을 알 수 있다. 이를 가장 잘 나타낸 문장은 (C) They are working in the lab.이 된다.

6

(A) They are walking down the stairs.
(B) They are in a meeting.
(C) They are wearing protective clothing.
(D) The stairs are being cleaned.

(A) 그들은 계단을 걸어 내려오고 있다.
(B) 그들은 회의 중이다.
(C) 그들은 방호복을 착용하고 있다.
(D) 계단이 청소되고 있다.

해설 사진 속에 있는 사람들은 계단을 내려오고 있으므로 (A)가 정답이 된다. walk down the stairs는 '계단을 내려온다'라는 의미로, go downstairs로 바꿔 쓸 수 있다.

PART 3

[7-9]

M Hello. 7-1) **I am Jack Smith from the Maintenance Department.** Is there something wrong?
W Yes. 8) **My office is steaming hot today.** 7-2) **I think there is something wrong with the air conditioning.**
M When did you turn it on?
W About 30 minutes ago. And it usually gets cool in 30 minutes.
M All right, 7-3) **I will go down and have a look at it.** 9) **But I have to drop by the Accounting Department first.** They seem to have the same problem there.

M 안녕하세요. 관리팀 Jack Smith입니다. 뭔가 문제가 있나요?
W 네. 제 사무실이 너무 더워요. 제 생각에는 에어컨 장치에 문제가 있어요.
M 에어컨을 언제 켰나요?
W 30분 전쯤에요. 보통은 30분 뒤에는 시원해지거든요.
M 알겠어요. 제가 내려가서 한 번 볼게요. 하지만 먼저 회계팀에 들러야 해요. 거기도 같은 문제가 있는 것 같아요.

어휘 **Maintenance Department** 관리팀 **drop by** ~에 들르다

7

남자는 누구일 것 같은가?
(A) 비서
(B) 경비원
(C) 영업 사원
(D) 기술자

해설 남자는 관리팀 소속임을(I am Jack Smith from the Maintenance Department) 알 수 있다. 여자가 남자에게 'I think there is something wrong with the air conditioning.(에어컨 장치에 문제가 있다.)'고 말했고, 이에 대해, 남자가 'I will go down and have a look at it(내가 살펴보러 가겠다)'로 말했다. 이러한 단서들을 통해 남자는 'technician(기술자)'임을 알 수 있다.

8

여자의 문제는 무엇인가?
(A) 그녀는 사무실의 더위를 참을 수가 없다.
(B) 그녀는 사무실이 추워지면 참을 수가 없다.
(C) 그녀는 에어컨을 켤 수가 없다.
(D) 그녀는 스위치가 어디에 있는지를 모른다.

해설 여자가 'My office is steaming hot today(내 사무실이 오늘 너무 덥다)'라고 하였으므로 (A)가 정답이 된다.

9

남자가 다음에 할 일은 무엇인가?

(A) 여자의 사무실을 즉시 방문한다.
(B) 회계팀을 방문한다.
(C) 주 냉방 장치를 수리한다.
(D) 고객 서비스 센터에 전화한다.

해설 대화의 마지막 부분에서 남자는 'I will go down and have a look at it. But I have to drop by the Accounting Department first(제가 내려가서 볼게요. 하지만 먼저 회계팀에 들러야 해요)'라고 하였으므로, 회계팀을 방문할 것임을 알 수 있다.

[10-12]

W [10-1)] **Office Land is having its huge annual sale next week.** We were sent this coupon, and I think it's a really good deal.

M Office Land? [11)] **Isn't it a little too far from here? It's about a 1-hour drive.**

W I know, but [10-2)] [12)] **we ran out of paper**, and it has this special offer only for 2 days. [10-3)] **We can't miss it.**

M All right. I will go with you.

W Office Land가 다음 주에 대규모 연례 세일 행사를 하네요. 거기서 이 쿠폰을 보내왔는데, 굉장히 좋은 조건인 것 같아요.

M Office Land요? 거기는 여기서 좀 멀지 않나요? 거의 한 시간을 운전해야 하는 거리예요.

W 알고 있어요. 하지만, 종이가 다 떨어졌고, 특별 행사가 이틀 동안만 진행돼요. 놓칠 수 없는 기회예요.

M 네, 알겠어요. 그럼 저도 같이 갈게요.

어휘 **annual** 연례의 **run out of** 다 떨어지다

Office Land에서만 유효합니다.

사무용품 하나를 구매하시면 하나를 무료로 드립니다.
다른 판촉 행사와 중복 사용할 수 없습니다.
이번 주 금요일과 토요일에만 유효합니다.
(10/23-24)

10

여자는 무엇을 하자고 제안하는가?

(A) 사무 용품을 주문하기 위해 상점에 전화한다
(B) 종이를 사기 위해 상점을 방문한다
(C) 쿠폰북을 받기 위해 상점에 들른다
(D) 주 공급 업체를 바꾼다

해설 여자가 대화 초반에 'Office Land is having its huge annual sale next week(Office Land가 다음 주에 대규모 연례 세일 행사를 하네요)'라고 하면서, 'we ran out of paper(종이가 다 떨어졌다)'라고 말한 다음, 'we can't miss it(놓칠 수 없다)'라고 말했다. 따라서 종이를 사러 Office Land에 방문할 것임을 유추해 볼 수 있다.

11

Office Land에 대해 남자는 뭐라고 말했는가?

(A) 좋은 가격에 괜찮은 물건이 없다.
(B) 위치가 그다지 편리하지 않다.
(C) 제품의 품질이 만족스럽지 못하다.
(D) 훌륭한 판촉 행사를 한다.

해설 남자는 'Isn't it a little too far from here? It's about a 1-hour drive.(거기는 여기서 좀 멀지 않나요? 거의 한 시간을 운전해야 하는 거리예요.)'라고 했으므로 Office Land의 위치가 'not very convenient(그다지 편리하지 않음)'을 알 수 있다.

12

시각 정보를 보시오. 화자들은 어떤 특가 제공을 받게 될 것인가?

(A) 무료 종이 한 박스
(B) 무료 선물
(C) 할인
(D) 무료 배송

해설 대화에서 여자가 'we ran out of paper(종이가 다 떨어졌다)'라고 했고, 쿠폰에서 'Buy 1 and get 1 free(하나를 사면, 하나를 더 줌)'라고 하였으므로 여자가 종이를 사면 하나 더 받게 될 것이라는 것을 유추해 볼 수 있다. 따라서 (A)가 정답이다.

토익 필수 어구 - 사무 용품/기기 관련 p.056

1 ⓒ　2 ⓐ　3 ⓑ　4 ⓓ　5 ⓔ

1 ⓐ　2 ⓑ　3 ⓐ　4 ⓐ　5 ⓐ

1 replacement parts　2 original receipt
3 express delivery　4 shipping fee
5 billing problem

PART 2 의문사 의문문 III

PART 4 광고 방송

PART 2 | 의문사 의문문 III

p.058

실력 쌓기

A 06-02

1 (A)	2 (A)	3 (C)	4 (A)
5 (A)	6 (C)	7 (A)	8 (A)

1

How many chairs should I order?

(A) Three should be enough.

(B) On the Internet.

(C) Star Furniture is having a sale now.

제가 책상 몇 개를 주문해야 하죠?

(A) 3개면 충분 할 거예요.

(B) 인터넷에서요.

(C) Star 가구점이 지금 할인 중이에요.

해설 'How many chairs ~?'는 개수를 묻는 질문이기 때문에 3개라고 답한 보기 (A) Three should be enough.가 정답이 된다.

2

How often does your company conduct performance reviews?

(A) Only once a month.

(B) The show was fantastic.

(C) I got an 8 out of 10.

당신의 회사는 직원 평가를 얼마나 자주 수행하나요?

(A) 한 달에 한 번만 해요.

(B) 그 공연은 환상적이었어요.

(C) 10점에서 8점을 받았어요.

해설 'How often ~?'은 빈도를 묻는 질문이다. 따라서 한 달에 한 번이라고 답한 보기 (A) Only once a month.가 정답이 된다.

3

Why are you meeting with Mr. Brown this afternoon?

(A) In the conference room on the second floor.

(B) Approximately 5 hours.

(C) To discuss the new accounting system.

오늘 오후에 왜 Brown 씨와 만나시나요?

(A) 2층 컨퍼런스 룸에서요.

(B) 5시간 정도요.

(C) 새로운 회계 시스템을 논의하기 위해서요.

해설 Why 의문문으로 이유를 묻고 있다. to부정사는 '~하기 위하여'라는 의미가 있어서 이유를 묻는 질문에 적절한 답이 될 수 있다. 따라서 보기 (C)가 정답이 된다.

4

How is your new job going?

(A) It is better than I expected.

(B) I applied for it yesterday.

(C) To have a higher salary.

새 직장은 어떻게 되어 가고 있어요?

(A) 제가 기대했던 것보다 더 좋아요.

(B) 어제 지원했어요.

(C) 더 높은 월급을 받기 위해서요.

해설 'How is 주어 going?'은 '어떻게 진행되고 있나'를 묻는 질문이다. 따라서 보기 (A)가 정답이 된다.

5

Why don't you leave early today?

(A) I think I should.

(B) You look sick.

(C) I'm sorry I'm late.

오늘 일찍 가는 게 어때요?

(A) 그래야 할 것 같아요.

(B) 아파 보이세요.

(C) 늦어서 죄송해요.

해설 'Why don't you ~?'는 제안 의문문이다. 일찍 가는 것이 어떤지 제안하는 말에 이에 동의하는 보기 (A)가 정답이 된다.

6

How much does this suitcase cost?

(A) How about the blue one?

(B) We don't take credit cards.

(C) Let me check with my manager.

이 여행 가방은 얼마예요?

(A) 파란색은 어때요?

(B) 저희는 신용카드를 받지 않아요.

(C) 제가 매니저에게 확인해 볼게요.

해설 'How much ~?'는 가격을 묻는 질문이다. 이에 대한 간접적인 답변인 보기 (C) Let me check with my manager.(제가 매니저에게 확인해 볼게요.)가 정답이 된다.

7

Why was traffic so bad?

(A) Because there's a graduation ceremony.

(B) I checked the weather report.

(C) Yes, I think so, too.

왜 교통 상황이 저렇게 나쁘죠?

(A) 졸업식이 있기 때문이에요.

(B) 제가 날씨 예보를 확인했어요.

(C) 네, 저도 그렇게 생각해요.

해설 교통 상황이 나쁜 이유(Why)를 묻고 있다. 이에 대해 직접적인 이유를 설명하는 보기 (A)가 정답이 된다.

8

How can I renew my driver's license?
(A) There's an online form available.
(B) To visit my relatives.
(C) No later than March first.

어떻게 운전 면허증을 갱신하죠?
(A) 온라인 양식으로 하면 돼요.
(B) 제 친척을 방문하기 위해서요.
(C) 3월 1일 이전에요.

해설 How가 방법을 묻는 의문사로 쓰였다. 면허증 갱신 방법을 묻는 질문에 온라인으로 할 수 있다고 답한 (A)가 정답이 된다.

PART 4 | 광고 방송 p.060

유형 파악하기

06-05

W Happy Fathers' Day! Are you looking for a gift for your father? Then visit Ian's Market! We're having a special sale featuring perfect gifts for fathers ranging from barbeque grills to fishing equipment to hiking clothes for men. On Friday, the first 100 customers will receive a free set of tools. In addition, complimentary coffee and donuts will be provided to all of our customers. We are looking forward to seeing you at Ian's Market.

실력 쌓기

A

06-06

1 (B) 2 (C) 3 (C)

W Are you thinking about getting a smartwatch? Then look no further! We are thrilled to present the latest and hottest trend: the UltraSmart77 smartwatch. This cutting-edge smartwatch is designed to improve your lifestyle and keep you connected to the digital world. Packed with the latest technology, the UltraSmart77 comes with various features from monitoring your health to checking messages and notifications with a simple glance at your wrist. It is not just a smart gadget. It is your ultimate companion for a smarter and more efficient life. Preorder now and get a pair of Bluetooth earphones for free. Don't miss out on this incredible opportunity. Join the trend and enhance your everyday experiences!

W 스마트워치를 생각 중이신가요? 더 이상 찾을 필요가 없습니다! 최신 핫 트렌드-UltraSmart77 스마트워치를 소개하게 되어 기쁩니다 이 최첨단 스마트워치는 여러분의 라이프스타일을 개선하고 여러분을 디지털 세계와 연결된 상태를 유지하도록 설계되었습니다. 최신 기술로 가득 찬 UltraSmart77은 여러분의 건강을 체크하는 것부터 손목을 한 번 보는 것만으로 메시지와 알림을 확인하는 등 다양한 기능을 제공합니다. 이것은 단순한 스마트 기기가 아닙니다. 더 스마트하고 효율적인 삶을 위한 최고의 동반자입니다. 지금 예약하시면 블루투스 이어폰을 무료로 받을 수 있습니다. 이 믿을 수 없는 기회를 놓치지 마세요. 트렌트에 동참하고 일상의 경험을 향상시키세요!

1

무엇이 광고되고 있는가?
(A) 스마트폰
(B) 스마트워치
(C) 피트니스 트래커
(D) 가상 현실 게임 콘솔

해설 담화의 첫 부분에서 스마트워치 광고임을 밝히고 있다. 정답은 (B)이다.

2

화자가 "It is not just a smart gadget"이라고 말할 때, 그녀가 의미하는 것은 무엇인가?
(A) 체육관에서 업무용으로 사용된다.
(B) 비싸고 호화로운 것이다.
(C) 삶의 효율성을 향상시킨다.
(D) 기본 기능들을 제공한다.

해설 인용된 문장 바로 뒤에 'It is your ultimate companion for a smarter and more efficient life'라는 내용이 이어지고 있다. 이는 '더 스마트하고 효율적인 삶을 위한 최고의 동반자'라는 의미인데, 보기 중에서 이와 일치하는 것은 (C)이다.

3

화자에 의하면, 선주문을 하게 되면 어떤 일이 일어나는가?
(A) 제품을 무료로 업그레이드할 수 있다.
(B) 무료 보증을 받을 수 있다.
(C) 보너스 액세서리를 받을 수 있다.
(D) 할인 혜택을 받을 수 있다.

해설 선주문과 관련된 내용은 'Preorder now and get a pair of Bluetooth earphones for free.'이다. 즉, 선주문을 하면 블루투스 이어폰을 무료로 받을 수 있다는 내용이므로 정답은 (C) 이다.

실전 연습

p.062

06-08

1 (B)	2 (C)	3 (A)	4 (C)
5 (A)	6 (B)	7 (C)	8 (A)
9 (A)	10 (A)	11 (A)	12 (A)
13 (D)	14 (C)	15 (D)	16 (A)

PART 2

1

How many rooms did you reserve?

(A) Yes, it had a lot of rooms.

(B) Five of them.

(C) For the company workshop.

몇 개의 방을 예약했어요?

(A) 네, 방이 많았어요.

(B) 5개요.

(C) 회사 워크샵을 위해서요.

해설 How many를 사용하여 개수를 묻고 있다. 따라서 직접적으로 5개 라고 답한 보기 (B)가 정답이다. 보기 (A)는 질문에 들린 room을 그대로 사용해서 혼동을 주고 있다.

2

How should I pay the rent for my apartment?

(A) By the end of every month.

(B) It is affordable.

(C) Do you have a checking account?

아파트 월세를 어떻게 내야 하죠?

(A) 매달 말까지요.

(B) 가격이 적당하네요.

(C) 당좌 예금 계좌가 있어요?

해설 How를 사용하여 방법을 묻는 질문이다. 월세 내는 방법을 묻는 질문에 '당좌 예금 계좌가 있어요?'라고 묻는 보기 (C)가 정답이다. 당좌 예금 계좌가 있으면 수표로 계산할 수 있기 때문에 간접적인 답이 될 수 있다.

어휘 **affordable** (가격이) 알맞은 **checking account** 당좌 예금 계좌

3

Why don't we meet at 7 o'clock instead?

(A) That won't be a problem.

(B) Because the meeting is canceled.

(C) Sure, 8 o'clock sounds good.

대신 7시에 만나는 게 어때요?

(A) 문제 없어요.

(B) 회의가 취소되었기 때문이에요.

(C) 물론이죠, 8시 좋아요.

해설 '~하는 것이 어때요?'를 뜻하는 'Why don't we ~?' 의문문이다. 7시에 만나는 것을 제안했고 이에 대한 답으로 문제 없다고 답한 보기 (A)가 정답이 된다. 보기 (B)는 이유를 묻는 Why의문문에 대한 답이므로 오답이다.

4

How long will it take to repaint the office?

(A) Eric can do it.

(B) Once a year.

(C) About three days.

사무실을 다시 페인트 칠하는 데 얼마나 걸리죠?

(A) Eric이 할 수 있어요.

(B) 1년에 한 번요.

(C) 약 3일요.

해설 'How long ~?'은 얼마나 오래 걸리는지 묻는 질문이다. 사무실을 칠하는 데 얼마나 걸리는지 묻고 있으므로 약 3일 걸린다고 답한 보기(C)가 정답이 된다.

5

Why don't you try that French restaurant with Ann?

(A) I have been there three times.

(B) She is a great chef.

(C) On February third.

Ann과 그 프랑스 식당에 가 보는 것이 어때요?

(A) 저는 거기에 세 번 가 봤어요.

(B) 그녀는 훌륭한 주방장이에요.

(C) 2월 3일에요.

해설 'Why don't you ~?'를 사용하여 그 프랑스 식당에 가 볼 것을 제안하였다. 이에 대해 자신은 그 곳에 세 번 가 봤다며, 그 곳에 가지 않을 것임을 간접적으로 드러낸 보기 (A)가 정답이 된다. 보기 (B)는 질문에 들린 restaurant와 관련된 어휘인 chef를 써서 혼동을 주고 있다.

6

How much paper do we need to order?

(A) It comes to 400 dollars.

(B) Two boxes is enough.

(C) Two copies of the report.

종이를 얼마나 주문해야 하나요?

(A) 총 400달러가 돼요.

(B) 두 박스면 충분해요.

(C) 보고서 2장요.

해설 'How much ~'를 사용하여 양을 묻고 있다. 얼마나 많은 종이를 주문해야 하는지 물었으므로 2박스가 필요하다고 말한 보기 (B)가 정답이다.

어휘 **come to~** (총계가) ~이 되다 **copy** 한 부 **report** 보고서

7

How is the online advertising going?

(A) You can send it by e-mail.

(B) I will take care of it.
(C) Unfortunately, not very well.

온라인 광고는 어떻게 되고 있어요?
(A) 이메일로 보낼 수 있어요.
(B) 제가 처리할게요.
(C) 불행히도, 잘 안 되고 있어요.

해설 How를 사용하여 상태를 묻고 있다. 광고가 어떻게 되고 있는지 묻는 질문에 잘 안 되고 있다며 부정적으로 답한 보기 (C)가 정답이 된다.

어휘 **advertising** 광고 **by e-mail** 이메일로 **take care of** ~을 돌보다, 처리하다 **unfortunately** 불행히도

8

Why did the marketing director go to Seattle?
(A) To attend a seminar.
(B) For 3 hours.
(C) The flight was delayed.

마케팅 책임자가 시애틀에 왜 갔어요?
(A) 세미나에 참석하려고요.
(B) 3시간 동안요.
(C) 비행기가 연착되었어요.

해설 Why를 사용하여 시애틀에 간 이유를 묻고 있고, 이에 to부정사를 사용하여 '세미나에 참석하기 위하여'로 답한 보기 (A)가 정답이다.

9

How often do you go to the art gallery?
(A) Once in a while.
(B) The paintings were extraordinary.
(C) Sorry. I will be away on business.

얼마나 자주 미술관에 가세요?
(A) 가끔 한 번씩요.
(B) 그림들이 대단했어요.
(C) 죄송해요. 저는 출장 중일 거예요.

해설 'How often ~?'은 빈도를 묻는 질문이다. 이에 대한 답으로 가끔 한 번 간다고 답한 보기 (A)가 정답이다. 질문에 들린 gallery와 연상 어휘인 paintings가 들린 보기 (B)는 오답 보기이다.

어휘 **art gallery** 미술관 **extraordinary** 대단한, 놀라운

10

Why are you traveling to Dallas?
(A) I'd like to spend some time with my cousins.
(B) For two days.
(C) I'm thinking about taking the train there.

왜 댈러스로 여행 가는 거예요?
(A) 제 사촌들과 시간을 보내고 싶어서요.
(B) 이틀 동안요.
(C) 거기로 기차를 타고 갈 생각이에요.

해설 이유를 묻는 질문이다. 댈러스로 여행 가는 이유를 묻는 질문에 사촌들과 시간을 보내고 싶다고 답한 보기 (A)가 정답이다.

PART 4

[11-13]

W [11-1] Do you want to get a degree in business administration without leaving your current job? [11-2] Then Cyber MBR College is the perfect choice for you. You can increase your career opportunities by taking the MBR College degree online program. [12-1] All of our students are proud of the fact that they learn from the same well-regarded faculty who teach on the campus of MBR College. [12-2] So don't worry about the quality of the education. [13] We will have an information session on July nineteenth. If you are interested, please fill in the online registration form today!

W 현재 하시는 일을 계속하면서 경영 학위를 취득하고 싶으세요? 그렇다면 사이버 MBR 대학이 여러분을 위한 완벽한 선택입니다. MBR 대학 온라인 프로그램을 수강함으로써 취업의 기회를 높일 수 있습니다. 모든 학생들은 MBR 대학 교정에서 수업하고 계시는 훌륭한 강사들로부터 똑같이 배울 수 있다는 것을 자랑스럽게 생각하고 있습니다. 그러니 교육의 질에 대해서는 걱정하지 마세요. 7월 19일에 설명회를 엽니다. 관심 있으신 분은 오늘 온라인 신청서를 작성해 주세요!

어휘 **degree** 학위 **business administration** 경영학 **current** 현재의 **opportunity** 기회 **well-regarded** 높이 평가되는, 잘 알려진 **quality** 질 **information session** 설명회 **fill in** (양식)~을 작성하다

11

무엇이 광고 되고 있는가?
(A) 온라인 비즈니스 프로그램
(B) 오프라인 리더십 교육
(C) 강사 교육 코스
(D) 기술 프로그램

해설 광고 처음 부분의 'Do you want to get a degree in business administration without leaving your current job? Then Cyber MBR College is the perfect choice for you. (하시는 일을 계속하면서 경영 학위를 취득하고 싶으세요? 그렇다면 사이버 MBR 대학이 여러분을 위한 완벽한 선택입니다.)'라고 했으므로 온라인 비즈니스 프로그램을 광고하고 있음을 알 수 있다.

12

광고에 따르면, 그 프로그램은 어떤 점을 강조하고 있는가?
(A) 교육의 질
(B) 프로그램의 기간
(C) 편리한 장소
(D) 합리적인 수강료

해설 'All of our students are proud of the fact that they learn from the same well-regarded faculty who teach on the campus of MBR College.(모든 학생들은 MBR 대학 교정에서 수업하고 계시는 훌륭한 강사들로부터 똑같이 배울 수 있다는 것을 자랑스럽게 생각하고 있습니다.)'라고 했고 그 뒤에 바로 'don't worry about the quality of the education.(교육의 질에 대해서는 걱정하지 마세요)'라고 했으므로 정답은 (A)이다.

13

7월 19일에는 무슨 일이 일어나는가?

(A) 등록 기간이 끝날 것이다.

(B) 입학식이 열릴 것이다.

(C) 무료 수업이 열릴 것이다.

(D) 설명회가 열릴 것이다.

해설 'We will have an information session on July nineteenth.(7월19일에 설명회를 엽니다.)'라고 했으므로 정답은 보기 (D)이다.

[14-16]

M If you are interested in woodworking, and looking for woodworking projects or ideas, look no further! 14) 15) **_Andy's Woodworking Magazine_ has tutorials, tips, and techniques for people who are new to woodworking. It will improve your woodworking skills immediately.** Every month, you will receive free DIY furniture plans so that you won't have to waste time on custom designs anymore. 16) **If you subscribe online, you will be invited to a free workshop** focusing on how to build shelves. Visit our Web site for more information.

M 목공에 관심이 있고 목공 프로젝트나 아이디어를 찾고 계신다면, 더 이상 찾지 마세요! *Andy의 목공 잡지*가 목공을 처음 시작하시는 분들을 위한 지도서와 정보, 그리고 기술들을 제공합니다. 이를 통해 여러분의 목공 기술을 즉시 향상 시킬 수 있습니다. 매달 무료 DIY 가구 도면을 받아 보실 수 있어서 더 이상 맞춤 디자인을 하는 데 시간을 낭비하실 필요가 없습니다. 온라인으로 구독하시면, 선반을 만드는 방법에 대한 무료 워크숍에 초대합니다. 더 많은 정보는 저희 웹사이트를 방문해 주세요.

어휘 **woodworking** 목공 **tutorial** 지도서, 개별지도 **technique** 기술 **immediately** 즉시, 바로 **subscribe** 구독하다 **shelf** 선반

14

무엇이 광고되고 있는가?

(A) 가구

(B) 집

(C) 잡지

(D) 정원 도구

해설 '*Andy's Woodworking Magazine* has tutorials, tips, and techniques(*Andy의 목공 잡지*가 지도서와 정보, 그리고 기술들을 제공합니다.)'라고 했으므로 잡지를 광고하고 있음을 알 수 있다. 따라서 (C)가 정답이 된다.

15

광고에서 강조되고 있는 것은 무엇인가?

(A) 가벼움

(B) 내구성

(C) 합리적인 가격

(D) 따라 하기 쉬운 설명

해설 'techniques for people who are new to woodworking. It will improve your woodworking skills immediately(목공을 처음 시작하시는 분들을 위한 기술들을 제공합니다. 목공 기술을 바로 향상 시킬 수 있습니다)'라고 했으므로 보기 (D) The easy-to-follow guides(따라 하기 쉬운 설명)가 정답이 된다.

16

어떤 특별 혜택이 제공되는가?

(A) 무료 강의

(B) 할인

(C) 샘플 가구

(D) 무료 배송

해설 'If you subscribe online, you will be invited to a free workshop focusing on how to build shelves.(만약 온라인으로 구독하시면, 선반을 만드는 방법에 대한 무료 워크숍에 초대해 드립니다.)'라고 했으므로 free workshop을 free lesson으로 바꾼 보기 (A)가 정답이다.

토익 필수 어구 - 쇼핑 관련 p.064

A

1 ⓔ 2 ⓓ 3 ⓒ 4 ⓑ 5 ⓐ

B

1 ⓐ 2 ⓐ 3 ⓑ 4 ⓐ 5 ⓑ

C

1 on display
2 exclusively
3 a full refund
4 a reasonable price
5 beverages

PART 1 사물/배경 사진
PART 3 회사 행사

PART 1 | 사물/배경 사진 p.066

유형 파악하기

07-02

1 (B), (C) 2 (C), (D)

1

(A) The heavy vehicle is being towed.
(B) The road is under construction.
(C) There is a heavy vehicle at a construction site.
(D) The driver is working on a hill.

(A) 중장비가 견인되고 있다.
(B) 도로가 공사 중이다.
(C) 공사 현장에 중장비가 있다.
(D) 운전자는 언덕에서 일하고 있다.

어휘 **heavy vehicle** 중장비 **under construction** 공사 중인 **construction site** 공사 현장

2

(A) There are shelves on the wall.
(B) The boxes are being picked up.
(C) The boxes are stored on the shelves.
(D) The boxes are stacked up.

(A) 벽에 선반이 있다.
(B) 상자들이 집어지고 있다.
(C) 상자들이 선반에 보관되어 있다.
(D) 상자들이 쌓여 있다.

어휘 **shelf** 선반 **stack up** 쌓아 올리다

실력 쌓기

A 07-03

1 (A) 2 (B) 3 (B) 4 (B)

1

(A) There are folders in the cabinet.
(B) The drawers are closed.
(C) Labels are being attached.
(D) The cabinet has been locked.

(A) 캐비닛에 파일이 있다.
(B) 서랍이 닫혀 있다.
(C) 라벨이 부착되고 있다.
(D) 캐비닛이 잠겨 있다.

해설 서랍장 안에 파일(폴더)이 가득 들어 있는 사진이다. 문서를 보관하는 파일은 folder라고 하므로, 정답은 (A)이다. (B)는 라벨이 부착되어 있는 상태이지, '부착되고 있는 중'은 아니므로 오답이다.

2

(A) The table is reserved for someone.
(B) The chairs are unoccupied.
(C) The food has been cleared away.
(D) The furniture has been sold.

(A) 테이블이 누군가를 위해 예약되어 있다.
(B) 의자에 아무도 앉아 있지 않다.
(C) 음식이 치워져 있다.
(D) 가구가 판매되었다.

해설 테이블과 의자가 모두 비어 있는 사진이다. 의자에 아무도 앉지 않는 상황은 unoccupied(점유되지 않는)라는 표현을 쓰므로 (B)가 정답이다.

3

(A) There are cars parked on the road.
(B) The car is covered with snow.
(C) The car is ready to drive.
(D) The car has broken down.

(A) 도로에 차가 주차되어 있다.
(B) 차가 눈으로 덮여 있다.
(C) 차가 운행 준비가 되어 있다.
(D) 차가 고장이 났다.

해설 눈으로 뒤덮인 차가 주차되어 있는 사진이다. '~로 뒤덮여 있다'라는 표현은 is covered with로 (B)가 정답이 된다. (D)의 break down은 '차가 고장 났다'는 의미로 토익에서 자주 등장한다.

4

(A) There is a couch near the flowers.
(B) Plants have been placed on the ground.
(C) The driveway is being cleaned.
(D) The bench is being painted.

(A) 꽃 근처에 일인용 소파가 있다.
(B) 식물들이 땅에 놓여져 있다.
(C) 차량 진입로가 청소되고 있다.
(D) 벤치는 페인트칠이 되어 있다.

해설 땅에 식물들이 놓여 있는 사진이다. '~이 놓여 있다'라는 표현은 is placed로 표현할 수 있고, 사진에 등장한 식물들은 plants이므로 (B)가 정답이다.

PART 3 | 회사 행사 p.068

유형 파악하기

07-06

W Hello. This is the H&R Convention Center. How may I help you?

M This is Michael from the ANT Corporation. I am calling to check on the availability of a room for our workshop next month.
W When is the workshop?
M It's from the 7th to the 9th of August. There will be 30 people.
W Just a moment. Let me check my booking sheet.

실력 쌓기

A

07-07

1 (C) 2 (A) 3 (A)

M Hi, Angela. Have you heard about the upcoming seminar on stress management?
W Yes, I have. Recently, I've been under a lot of pressure. It looks like this is something I really need at the moment. I am going to sign up for it today.
M Good for you. I heard it's going to be led by a renowned psychologist. And it will be beneficial for us to learn some effective ways to manage stress in our daily lives.
W I know what you mean. How about you? Have you already signed up for it?
M Actually, I have got other things already planned on that day. It's a shame.

M 안녕, Angela. 스트레스 관리 세미나에 대해 들어봤어요?
W 네, 들어봤어요. 최근에 정말 많은 압박을 받고 있어요. 그것은 지금 저에게 정말로 필요한 것 같더라구요. 오늘 신청하려고 해요.
M 잘했어요. 유명한 심리학자가 세미나를 진행할 것이라고 들었어요. 그리고 우리의 일상에서 스트레스를 관리하는 효과적인 방법들을 배우는 것은 우리에게 유익할 거예요.
W 무슨 말인지 알겠어요. 당신은 어떤가요? 이미 세미나에 신청했나요?
M 사실, 저는 그날 다른 일정이 이미 있어요. 안타깝네요.

1

곧 있을 세미나는 무엇에 대한 것인가?
(A) 현명하게 계획을 세우는 방법
(B) 세미나를 준비하는 방법
(C) 일상의 압박을 처리하는 방법
(D) 가입 신청 양식을 만드는 방법

해설 대화의 첫 부분에서 세미나는 스트레스를 관리하는 것을(on stress management) 목적으로 한다고 언급되어 있다. 또한, 대화의 중반부에서 남자는 세미나를 통해 일상의 스트레스를 관리하는 효율적인 방법을 배우는 것(to learn some effective ways to manage stress in our daily lives)에 대해 다시 한 번 언급했다. 따라서 정답은 (C)이다.

2

여자는 오늘 무엇을 할 것인가?
(A) 세미나에 등록하는 것
(B) 세미나에 대해 문의하는 것
(C) 관리자로부터 서명을 받는 것
(D) 심리학자를 만나러 가는 것

해설 여자는 첫 번째 대화에서 오늘 등록할 것(I am going to sign up for it today.)이라고 말했다. 따라서 정답은 (A)이다.

3

남자가 "It's a shame"이라고 말할 때 그가 의미하는 것은?
(A) 그는 세미나에 참석하지 못하는 것이 좋지 않다고 생각한다.
(B) 그녀가 세미나에 대해 모르는 것이 당혹스럽다.
(C) 그는 세미나에 대해 그녀에게 말하지 않은 것을 안타까워한다.
(D) 그는 세미나의 내용에 만족하지 못한다.

해설 'It's a shame'은 '안타깝다'는 의미인데, 인용된 문장 앞의 내용은 '다른 일정이 있어서 세미나에 참석하지 못한다'는 것이다. 따라서 정답은 (A)이다.

실전 연습

p.070

07-09

1 (A)	2 (B)	3 (B)	4 (C)
5 (D)	6 (A)	7 (B)	8 (B)
9 (B)	10 (B)	11 (B)	12 (C)

PART 1

1

(A) There is a path through the woods.
(B) Trees are being planted.
(C) The road is being paved.
(D) Trees have been cut down.

(A) 숲 사이로 길이 나 있다.
(B) 나무가 심어지고 있다.
(C) 길이 포장되고 있다.
(D) 나무가 잘렸다.

해설 숲 속에 길이 나 있는 사진이다. 'path'는 '길'이라는 의미로 토익에 자주 출제되는 단어이다. trees, road 등의 단어만을 듣고 (B), (C), (D)를 답으로 고르지 않도록 주의해야 한다.

2

(A) Cakes are being baked.
(B) Desserts are on display.
(C) Labels have been attached to the cakes.

(D) Cakes are being cut.

(A) 케이크가 구워지고 있다.
(B) 디저트가 전시되어 있다.
(C) 라벨이 케이크에 부착되어 있다.
(D) 케이크가 잘리고 있다.

해설 진열대에 빵, 케이크 등의 디저트가 진열되어 있는 사진이다. on display는 '~이 전시되어 있는'이라는 의미로 (B)가 정답이다.

3

(A) A boat is sailing on the water.
(B) There is a boat by the dock.
(C) A boat is being built.
(D) A boat has been painted.

(A) 보트 한 척이 물 위에서 떠다니고 있다.
(B) 부두 옆에 보트가 있다.
(C) 보트가 만들어지고 있다.
(D) 보트가 페인트칠 되었다.

해설 부두에 배 한 척이 놓여 있는 사진이다. by the dock은 '부두 옆에'라는 의미의 표현으로 (B)가 정답이 된다. 보트가 물 위에서 sailing(항해)을 한다고는 볼 수 없으므로 (A)는 오답이다. 보트가 페인트칠 되었는지 여부는 사진만 보고는 알 수 없다.

4

(A) The room is being cleaned.
(B) The bed is being arranged.
(C) A guitar is leaning against the wall.
(D) A desk is between the chairs.

(A) 방은 청소되고 있다.
(B) 침대가 배치되고 있다.
(C) 기타가 벽에 기대어져 있다.
(D) 책상이 의자 사이에 놓여 있다.

해설 기타가 벽에 기대어져 있는 사진이므로 (C)가 정답이다. lean against는 '~에 기대어 있다'라는 의미의 토익 빈출 어구이다. 방이 청소되고 있거나 침대가 배치되고 있는 중은 아니므로 (A)와 (B)는 정답이 될 수 없다.

5

(A) The chairs are being arranged.
(B) The drawers are on display.
(C) The room has been remodeled.
(D) Lights are hanging on the ceiling.

(A) 의자들이 배치되고 있다.
(B) 서랍장이 전시되어 있다.
(C) 방이 리모델링되어 있다.
(D) 조명등이 천장에 달려 있다.

해설 3개의 조명 등이 천장에 달려 있으므로 (D)가 정답이다. hang은 '걸려 있다'라는 의미의 동사이다. chairs나 drawers(서랍)가 등장한다고 해서 (A)나 (B)를 답으로 고르지 않도록 주의해야 한다.

6

(A) Some fruits have been placed on a tray.
(B) The kitchen sink has been installed.
(C) Kitchen tools have been set on the floor.
(D) A plant is being watered.

(A) 과일이 쟁반에 놓여 있다.
(B) 주방 싱크대가 설치되어 있다.
(C) 주방 기구들이 바닥에 놓여 있다.
(D) 식물에 물을 주고 있다.

해설 쟁반에 과일이 담겨 있는 것을 볼 수 있다. on a tray는 '쟁반에'라는 의미로서 정답은 (A)가 된다.

PART 3

[7-9]

M [7] **How many people do you think will attend the employee workshop next month?**
W I sent applications to 40 people a couple of weeks ago. [8] **About 30 people signed up for it.**
M Good. I should finalize the menu with the caterer. But before I do that, I need to know the exact number of participants.
W There are one or two other people interested in the workshop. [9] **I will talk to them right away to see if they are coming.** Then, I will let you know as soon as the registration period ends.

M 다음 달 직원 워크숍에 사람들이 얼마나 참석할 거라고 생각하세요?
W 2-3주 전에 40명에게 신청서를 보냈어요. 30명 정도가 신청했어요.
M 좋아요. 출장 연회 업체와 음식 메뉴를 확정해야 하거든요. 그걸 하기 전에, 정확한 참석자 수를 알아야 해서요.
W 워크숍에 관심 있어 하는 사람들이 한두 명 더 있었어요. 그 사람들이 올 건지 제가 바로 알아볼게요. 등록 기간이 끝나면 바로 알려드릴게요.

어휘 **attend** 참석하다 **application** 신청서 **sign up for** 신청하다 **caterer** 출장 연회 업체 **participant** 참가자 **registration** 등록

7

화자들은 주로 무엇에 대해 이야기 하고 있는가?
(A) 회사 워크숍에 대한 피드백
(B) 참석자의 수
(C) 음식 메뉴
(D) 출장 연회 업체의 선정

해설 대화 초반부에 남자가 'How many people do you think will attend the employee workshop next month?(다음 달 직원 워크숍에 사람들이 얼마나 참석할 거라고 생각하세요?)'라고 말한 것으로 보아 참석자의 수가 대화의 주된 내용임을 알 수 있다.

8

몇 명의 사람들이 워크숍에 참석할 것 같은가?
(A) 대략 20명
(B) 대략 30명
(C) 대략 40명
(D) 대략 50명

해설 여자는 초반부에 'About 30 people signed up for it(대략 30명이 신청했다)'이라고 하였으므로 (B)가 정답이다.

9

여자는 다음에 무엇을 할 것인가?
(A) 매니저와 이야기한다.
(B) 참석 가능성이 있는 사람들에게 전화한다.
(C) 출장 뷔페 업체에 전화한다.
(D) 컨벤션 센터에 연락한다.

해설 대화 후반부에서 여자는 'There were one or two people interested in the workshop. I will talk to them right away to see if they are coming(워크숍에 관심이 있어하는 사람들이 한두 명 더 있었어요. 그 사람들이 올 건지 제가 바로 알아볼게요)'라고 하였으므로 여자는 참석 가능성이 있는 사람들에게 전화를 할 것임을 알 수 있다. 따라서 (B)가 정답이다.

[10-12]

W [10-1) **Are you sure this is the right direction to the conference hall?** It is taking longer than I expected.
M I was sure, but now I'm losing confidence.
W Then why don't we find somebody who can help us? [11) **Otherwise, we may not be able to make it on time.**
M That's a good idea. Oh, [12) **there is a store ahead.** [10-2) **Let me park the car while you ask someone there.**

W 이 길이 컨퍼런스 홀로 가는 길이 맞아요? 제가 생각했던 것 보다 오래 걸리네요.
M 확신했었는데, 이제는 슬슬 자신감이 없어지네요.
W 그러면 우리를 도와줄 사람을 좀 찾아보면 어때요? 안 그러면 제 시간에 도착하지 못할 수도 있어요.
M 좋은 생각이에요. 저 앞에 상점이 있네요. 당신이 거기 가서 누군가에게 물어보는 동안 제가 주차를 할게요.

어휘 **direction** 방향 **confidence** 확신 **on time** 제시간에

10

화자들은 어디에 있는가?
(A) 컨퍼런스 홀에
(B) 차에
(C) 상점에
(D) 신호등에

해설 대화의 첫 부분에서 여자는 남자에게 'Are you sure this is the right direction to the conference hall?(이 길이 컨퍼런스 홀로 가는 길이 맞나요?)'라고 물었고, 마지막 부분에서 남자는 'Let me park the car(제가 차를 주차할게요)'라고 말하는 것으로 보아 화자들은 차 안에 있음을 알 수 있다.

11

여자가 걱정하는 것은 무엇인가?
(A) 그들이 길을 잃을 수도 있다.
(B) 그들이 정시에 도착하지 못할 수도 있다.
(C) 기름이 다 떨어질 수도 있다.
(D) 그들이 운전에 지쳐버릴 수도 있다.

해설 여자는 'Otherwise, we may not be able to make it on time(안 그러면 제시간에 도착하지 못할 수도 있어요)'라고 말하였으므로 (B)가 정답이다. 대화의 make it on time이 보기에서는 arrive on time으로 달리 표현되었다.

12

남자가 제안하고 있는 것은 무엇인가?
(A) 사무실로 돌아가자
(B) 컨퍼런스 홀에 전화해 보자
(C) 도움을 요청하자
(D) 뭔가를 사기 위해 상점에 들르자

해설 남자가 마지막 부분에서 'there is a store ahead. Let me park the car while you ask someone there(상점이 앞에 있으니, 당신이 가서 물어보는 동안 주차를 하겠다)'라고 한 것으로 보아 누군가에게 도움을 요청하는 것을 제안하고 있음을 알 수 있다.

토익 필수 어구 - 회사 행사 관련 p.074

A

1 ⓔ 2 ⓐ 3 ⓑ 4 ⓓ 5 ⓒ

B

1 ⓑ 2 ⓑ 3 ⓑ 4 ⓑ 5 ⓐ

C

1 make it to 2 sign up
3 hold a meeting 4 conduct a survey
5 organize a banquet

PART 2 일반 의문문 I
PART 4 라디오 방송

PART 2 | 일반 의문문 I

p.076

실력 쌓기

A 08-02

1 (A)	2 (A)	3 (B)	4 (A)
5 (C)	6 (C)	7 (A)	8 (A)

1

Are you interested in joining the company's book club?
(A) Sure, why not?
(B) Sorry. I haven't read it yet.
(C) Every Thursday after work.

회사 독서회에 가입하시는 것에 관심 있으세요?
(A) 물론이죠, 왜 안 되겠어요?
(B) 죄송해요, 아직 못 읽어 봤어요.
(C) 퇴근 후 매주 목요일이에요.

해설 be interested in은 '~하는 것에 관심이 있다'는 표현이다. 독서회 가입에 관심이 있는지를 물었고, 그에 대해 긍정의 답을 한 보기 (A)가 정답이 된다. 보기 (B)는 문제에 들린 book과 연관된 어휘 read를 사용하여 혼동을 주고 있다.

2

Is Mr. King going on vacation this week?
(A) He is not sure about that.
(B) I am looking forward to it.
(C) To New Zealand.

King 씨는 이번 주에 휴가를 가나요?
(A) 그는 그것에 대해 확신하지 못해요.
(B) 저는 그것을 기대하고 있어요.
(C) 뉴질랜드로요.

해설 King 씨의 휴가 계획을 묻고 있다. 따라서 보기 (A) He is not sure about that.(그는 그것에 대해 확신하지 못해요.)이 정답이 된다. 보기 (C) To New Zealand.(뉴질랜드로요.)는 휴가를 어디로 가는지를 물었을 경우 답변이 된다.

3

Are you responsible for the product design?
(A) It has a nice color.
(B) No, Mr. Adams is.
(C) Here is the contract.

당신이 제품 디자인에 대한 책임자이신가요?
(A) 색상이 좋네요.
(B) 아니요, Adams 씨예요.
(C) 여기 계약서 있어요.

해설 제품 디자인에 대한 책임자인지 물었고 부정으로 답한 보기 (B) No, Mr. Adams is.(아니요, Adams 씨예요.)가 정답이 된다.

4

Is there an aisle seat available?
(A) Sorry, but only window seats are left.
(B) Boarding starts in thirty minutes.
(C) Sure, a vegetarian meal is available.

복도측 좌석이 남아 있나요?
(A) 죄송하지만 창가 좌석만 남아 있어요.
(B) 30분 후에 탑승이 시작됩니다.
(C) 물론이죠, 채식이 준비되어 있어요.

해설 'Is there ~?'는 '~이 있습니까?'라는 의미이다. 복도측 좌석이 있는지를 물었고, 부정으로 답한 보기 (A) Sorry, but only window seats are left.(죄송하지만 창가 좌석만 남아 있어요.)가 정답이 된다. 보기 (B), (C)는 모두 연관 어휘를 사용한 혼동 보기이다.

5

Is Ms. Reed in charge of the research project?
(A) She is in the laboratory.
(B) The charge was quite high.
(C) I think someone else is taking care of it.

Reed 씨가 그 연구 프로젝트에 대해 책임을 지고 있어요?
(A) 그녀는 실험실에 있어요.
(B) 그 비용이 꽤 높았어요.
(C) 다른 누군가가 그것을 처리하고 있을 것 같아요.

해설 연구 프로젝트의 책임자인지 묻는 질문에 확실하지는 않지만 다른 사람이라고 답한 보기 (C)가 정답이 된다.

6

Are there vending machines in this building?
(A) The equipment is new.
(B) No one asked me.
(C) Yes, on the second floor.

이 건물에 자동판매기가 있나요?
(A) 그 장비는 새것이에요.
(B) 아무도 저에게 묻지 않았어요.
(C) 네, 2층에 있어요.

해설 'Are there ~ ?'는 '~가 있습니까?'라는 의미이다. 자판기가 있는지에 대한 질문에 긍정으로 답하고 장소를 알려준 보기 (C) Yes, on the second floor.(네, 2층에 있어요.)가 정답이 된다.

7

Were you able to set up the stereo in the living room?
(A) No, I need some help.
(B) The room was spacious.

(C) That's a good idea.

거실에 스테레오를 설치할 수 있었어요?

(A) 아니요, 도움이 필요해요.

(B) 방이 넓었어요.

(C) 좋은 생각이에요.

해설 be동사 과거형으로 묻고 있다. 스테레오 설치를 할 수 있었는지 묻는 질문에 아직 못했고 도움이 필요하다고 말한 (A)가 정답이 된다. (B)는 문제에 들린 room을 다시 들려주어서 혼동을 주고 있다.

8

Are the fliers for the new products ready now?

(A) No, we are still working on them.

(B) I'd love to, but I can't.

(C) Yes, they sell very well.

새 제품들에 대한 전단이 지금 준비되었어요?

(A) 아니요, 아직 하고 있어요.

(B) 그러고 싶지만 할 수 없어요.

(C) 네, 그것들은 매우 잘 팔리고 있어요.

해설 전단이 준비되었는지 묻는 질문에 부정으로 답한 보기 (A) No, we are still working on them.(아니요, 아직 하고 있어요.)이 정답이 된다.

PART 4 | 라디오 방송 p.078

유형 파악하기

08-05

M You're listening to 101.7 traffic news. If you head south on Valley Road on your way back home from work, expect some delays. Road construction workers are making repairs on one of the lanes, and the work will take place for at least a week, so commuters should try to avoid the road during this time. Stay tuned for the local news coming up. We'll be right back after a commercial break.

실력 쌓기

A

08-06

1 (A) 2 (A) 3 (C)

W Good morning, everyone. I hope you're enjoying this beautiful day today. It is sunny, and there's not a cloud in the sky all around the country. The weather is perfect for outdoor activities. But this mild weather won't last long. Starting tomorrow, the temperature will drop to below freezing, and it looks like we will get a heavy snowstorm. The roads will be so slippery that it will be a good idea to leave your cars at home and use public transportation instead. Stay tuned for the latest economic news coming up next.

W 좋은 아침입니다, 여러분. 여러분이 오늘 이 아름다운 날을 즐기면 좋겠습니다. 오늘은 화창하고 전국에 걸쳐 하늘에 구름 한 점 없습니다. 야외 활동하기에 최적의 날씨입니다. 하지만 이런 온화한 날씨는 오래 지속되지 않을 것입니다. 내일부터 기온이 영하로 떨어지고 심한 눈보라가 올 것으로 예상됩니다. 도로가 매우 미끄러우니 차를 집에 두고 대신에 대중교통을 이용하시는 것이 좋을 것 같습니다. 다음에 이어지는 최신 경제 뉴스도 계속 청취해 주십시오.

1

이 라디오 방송은 무엇에 관한 것인가?

(A) 날씨

(B) 도로 상황

(C) 지역 행사

(D) 속보

해설 방송에 들린 어휘를 종합하여 정답을 고를 수 있다. beautiful day, sunny, cloud, weather 등의 어휘와 내용으로 보아 보기 (A) The weather(날씨)가 정답이 된다.

2

화자는 내일 무엇을 하기를 추천하고 있는가?

(A) 운전하지 않기

(B) 실내에 머물기

(C) 도로를 쓸기

(D) 세차하지 않기

해설 'The roads will be so slippery that it will be a good idea to leave your cars at home and use public transportation instead.(도로가 매우 미끄러우니 차를 집에 두고 대신에 대중교통을 이용하시는 것이 좋을 것 같습니다.)'라고 했으므로 정답은 (A) Not driving(운전하지 않기)이다.

3

청자들은 다음에 무엇을 들을 것인가?

(A) 광고

(B) 인터뷰

(C) 비즈니스 뉴스

(D) 음악

해설 'Stay tuned for the latest economic news coming up next.(다음에 이어지는 최신 경제 뉴스도 계속 청취해 주세요.)'라고 했으므로 economic news를 business news로 바꾸어 쓴 보기 (C)가 정답이 된다.

실전 연습 p.080

08-08

1 (C)	2 (B)	3 (A)	4 (C)
5 (B)	6 (B)	7 (A)	8 (C)
9 (C)	10 (A)	11 (C)	12 (B)
13 (D)	14 (C)	15 (D)	16 (A)

PART 2

1

Were there enough copies of the handouts for the participants?

(A) How many copies do you need?
(B) The lecture was educational.
(C) There were just enough for everyone.

참석자들을 위한 충분한 인쇄물이 있었어요?

(A) 몇 부 필요하세요?
(B) 강의는 교육적이었어요.
(C) 간신히 모든 사람들에게 줄 만큼 있었어요.

해설 'Were there ~?'는 'Are there ~?'의 과거형으로 '~이 있었어요?'를 묻고 있다. 충분한 인쇄물이 있었는지 묻는 질문에 딱 맞게 있었다고 답한 보기 (C) There were just enough for everyone.(간신히 모든 사람들에게 줄 만큼 있었어요.)이 정답이 된다.

어휘 **copy** 한 부 **handout** 인쇄물 **participant** 참석자 **educational** 교육적인

2

Are you going to the movie festival next week?

(A) Every two years.
(B) I wish I could.
(C) In San Francisco.

다음 주에 영화제에 갈 거예요?

(A) 2년마다요.
(B) 그럴 수 있으면 좋겠어요.
(C) 샌프란시스코에서요.

해설 다음 주에 영화제에 갈지 묻는 미래시제 의문문이다. 갈 수 있다면 좋겠지만 그럴 수 없다고 답한 보기 (B) I wish I could.(그럴 수 있으면 좋겠어요.)가 정답이 된다. 보기 (A)는 How often을 사용한 질문에 대한 답이 된다.

어휘 **movie festival** 영화제

3

Is it going to take a long time to repair the copy machine?

(A) No, it will only take less than an hour.
(B) Yes, the car broke down.
(C) The machine is not working now.

복사기를 고치는 데 시간이 오래 걸릴까요?

(A) 아니요, 한 시간도 채 걸리지 않을 거예요.
(B) 네, 차가 고장 났어요.
(C) 그 기계는 지금 작동하지 않아요.

해설 의문사가 없는 의문문은 yes/no로 답할 수 있다. 복사기 수리에 오랜 시간이 걸릴지를 묻는 질문에 오래 걸리지 않는다고 답한 보기 (A) No, it will only take less than an hour.(아니요, 한 시간도 채 걸리지 않을 거예요.)가 정답이 된다.

어휘 **repair** 수리하다 **break down** 고장 나다 **work** 작동하다

4

Is the safety inspector coming this Friday?

(A) You need to wear a helmet.
(B) Every Thursday.
(C) No, it's been rescheduled.

안전 검사관이 이번 주 금요일에 올까요?

(A) 안전모를 써야 해요.
(B) 매주 목요일에요.
(C) 아니요, 스케줄이 조정되었어요.

해설 안전 검사관이 이번 주 금요일에 오는지를 묻는 질문에 일정이 조정되었다고 말한 (C)가 정답이 된다. (A)는 문제에서 들린 safety와 관련된 어휘 helmet을 사용하여 혼란을 주고 있다. (B)는 How often을 사용하여 빈도를 물었을 때 가능한 답변이다.

어휘 **safety inspector** 안전 검사관 **reschedule** 재조정하다

5

Was there a lot of traffic on the way here?

(A) No, it was crowded.
(B) Yes, there's a rock concert today.
(C) That's terrific news.

여기 오는 길에 교통이 막혔어요?

(A) 아니요, 복잡했어요.
(B) 네, 오늘 록 콘서트가 있어요.
(C) 아주 좋은 뉴스에요.

해설 교통이 막혔는지에 대한 질문에 그렇다고 답한 후 이유를 설명한 보기 (B) Yes, there's a rock concert today.(네, 오늘 록 콘서트가 있어요.)가 정답이 된다. 보기 (C)는 traffic과 발음이 유사한 terrific을 사용해 혼동을 주고 있다.

어휘 **traffic** 교통상황 **on the way** 도중에 **crowded** 복잡한, 붐비는 **terrific** 아주 좋은, 훌륭한

6

Are you still reading the book I lent you?

(A) The rent is reasonable.
(B) I finished it a few days ago.
(C) From the public library.

제가 빌려준 책을 아직 읽고 있어요?

(A) 월세가 적절해요.
(B) 며칠 전에 다 읽었어요.

(C) 공공 도서관에서요.

해설 빌려준 책을 아직 읽고 있는지 묻는 질문에 며칠 전에 읽기를 마쳤다고 답한 보기 (B) I finished it a few days ago.가 정답이 된다. 보기 (C)는 질문에 들린 book과 연관된 어휘인 public library를 사용하여 혼동을 주고 있다.

어휘 **reasonable** 적절한, 합리적인 **public library** 공공 도서관

7

Is Ian interested in signing up at the gym across the street?

(A) He is considering it.

(B) He is on a diet.

(C) He bought some heavy weights.

Ian은 길 건너 체육관에 등록하는 것에 관심이 있나요?

(A) 고려 중이에요.

(B) 다이어트 중이에요.

(C) 무거운 역기를 샀어요.

해설 체육관 등록에 관심이 있는지 묻는 질문에 현재 고려 중이라고 답한 보기 (A)가 정답이다. 보기 (C)는 gym의 연상 어휘인 weights를 사용하여 혼동을 주고 있다.

어휘 **sign up at** ~에 등록하다 **gym** 체육관 **across** ~를 건너서 **consider** 고려하다 **be on a diet** 다이어트 중이다 **weight** 역기

8

Is Mr. Holmes the chairman of the finance committee?

(A) To choose a new executive director.

(B) No, the business is going down.

(C) He was, but Ms. Rogers is now.

재정 위원회의 의장이 Holmes 씨예요?

(A) 새 중역을 선정하기 위해서요.

(B) 아니요, 사업이 기울고 있어요.

(C) 그랬었죠, 하지만 지금은 Rogers 씨예요.

해설 Holmes 씨가 의장인지 묻는 질문에 과거에는 그랬지만 지금은 다른 사람이라고 답한 보기 (C) He was, but Ms. Rogers is now.(그랬었죠, 하지만 지금은 Rogers 씨예요.)가 정답이 된다.

어휘 **executive** 임원, 중역 **committee** 위원회

9

Was the deadline for the budget report extended?

(A) I can't change the names.

(B) It is too small for the new project.

(C) No, it's due this week.

예산 보고서의 마감일이 연장되었어요?

(A) 이름을 바꿀 수가 없어요.

(B) 그 새 프로젝트에는 너무 작아요.

(C) 아니요, 이번 주까지예요.

해설 마감일이 연장되었는지 묻는 질문에 부정으로 답하고 이번 주까지라고 답한 보기 (C) No, it's due this week.(아니요, 이번 주까지예요.)이 정답이 된다.

어휘 **deadline** 마감일 **budget** 예산 **extend** 연장하다

10

Is there an electronics shop on this street?

(A) There used to be one.

(B) The stove is not working.

(C) They close at 7 o'clock.

이 거리에 전자 제품 상점이 있어요?

(A) 예전에 하나 있었어요.

(B) 그 스토브는 고장 났어요.

(C) 그들은 7시에 닫아요.

해설 'Is there ~?'는 '~이 있어요?'를 묻는 질문이다. 전자 제품 상점이 있는지 물었고 과거에는 있었다고 답해 지금은 없음을 간접적으로 드러낸 (A) There used to be one.(예전에 하나 있었어요.)이 정답이다.

어휘 **electronics** 전자 제품 **used to** (과거에) ~이었다, ~하곤 했다

PART 4

[11-13]

W [11)] **We are excited to announce that the brand-new Jefferson Children's Hospital is officially open for everyone in the community.** And let me say that it's not an ordinary hospital. It's a whole new level of excellence, especially for young patients! This new hospital offers top-class medical care, advanced facilities, and also fun play areas for kids who are afraid of going to the hospital. So visitors should expect no more scary hospital atmospheres. Jefferson Children's Hospital is all about making kids feel at home. [12)] **It is also amazing that people in the area won't have to travel far for medical care anymore.** [13)] **For reservations and inquiries about the hospital, visit its Web site.**

W 우리는 Jefferson 어린이병원이 이 지역 사회의 모두를 위해 공식적으로 개원했다는 소식을 알리게 되어 기쁩니다. 그리고 말씀드리고 싶은 것은, 이것은 평범한 병원이 아닌, 완전히 새로운 훌륭한 수준으로서, 특히 어린 환자들을 위한 시설입니다! 이 새로운 병원은 최고 수준의 의료, 고급 시설, 그리고 병원에 가는 것을 무서워하는 어린이들을 위한 재미있는 놀이 공간도 제공합니다. 그래서 무서운 병원 분위기는 더 이상 예상되지 않습니다. Jefferson 어린이 병원이 가장 중요하게 여기는 것은 아이들이 집에 있는 것처럼 느끼도록 하는 것입니다. 또한, 이제 더 이상 의료 치료를 위해 멀리 가지 않아도 되는 것이 놀라울 정도입니다. 병원에 대한 예약 및 문의 사항을 위해, 병원의 웹사이트를 방문하시기 바랍니다.

어휘 **brand-new** 완전 새 것인 **officially** 공식적으로 **community** 지역 사회 **ordinary** 평범한 **whole** 전체의, 모든 **excellence** 뛰어남, 탁월함 **facility** 시설 **atmosphere** 분위기 **be all about** ~이 전부이다, ~이 최고이다

11

무엇이 안내되고 있는가?
(A) 개원 일정의 변경
(B) 병원의 이전
(C) 새로운 의료 센터의 개원
(D) 오래된 병원의 보수 공사

해설 담화의 첫 부분에 안내 방송의 목적이 언급되어 있다. 화자는 새 병원의 개원을 알리기 되어 기쁘다고(We are excited to announce that the brand-new Jefferson Children's Hospital is officially open for everyone in the community.) 했으므로, 정답은 (C)이다.

12

화자는 제퍼슨 어린이병원에 대해 무엇을 암시하고 있는가?
(A) 그것은 공사 중이다.
(B) 그것은 지역민들에게 가까운 곳에 있다.
(C) 그것은 진료비가 비싸다.
(D) 그것은 성인 환자들에게도 진료를 제공한다.

해설 담화 후반부의 'It is also amazing that people in the area won't have to travel far for medical care anymore.'라는 내용을 통해서, 병원은 지역민들에게서 가까운 곳에 위치해 있다는 것을 알 수 있다. 정답은 (B)이다.

13

어떻게 예약을 할 수 있는가?
(A) 전화해서
(B) 병원으로 가서
(C) 이메일을 보내서
(D) 웹사이트에 방문해서

해설 마지막 부분에서 예약이나 병원에 대한 문의사항이 있으면, 웹사이트에 방문하라고(For reservations and inquiries about the hospital, visit its Web site.) 했으므로 정답은 (D)이다.

[14-16]

M 14) **Welcome back to the show. I'm your host**, James Parker. Today, we'll be talking to the winner of the Anderson Music Awards, Brantley Lee. His new album released this May is becoming popular all around the world.
16) **Right now, let's listen to the title song, *Why Can't You?* and then he will join us for an interview** about his new album and 15) **Asian tour scheduled for December.**

M 계속 시청해주셔서 감사합니다. 저는 여러분의 진행자, James Parker입니다. 오늘 저희는 Anderson 음악상의 우승자인 Brantley Lee와 이야기 나눠보겠습니다. 올해 5월에 발매된 그의 새 앨범은 전 세계에서 인기를 끌고 있습니다. 바로 지금, 타이틀 곡인 *Why Can't you?*를 들어보겠습니다. 그리고 난 후 앨범과 12월로 정해진 아시아 순회 공연에 관해 인터뷰를 하도록 하겠습니다.

어휘 **winner** 승자, 수상자 **release** 공개하다 **schedule** 일정을 잡다

14

화자는 누구인가?
(A) 기상 캐스터
(B) 가수
(C) 진행자
(D) 음악 제작자

해설 지문 맨 첫 문장 'Welcome back to the show.'에서 지금 어떤 쇼가 방송 중임을 짐작할 수 있으며, 'I'm your host, James Parker.(저는 여러분의 진행자, James Parker입니다.)'라고 했으므로 화자는 쇼 진행자임을 알 수 있다. 따라서 (C)가 정답이다.

15

12월에는 무슨 일이 일어날까?
(A) 새 앨범이 발매될 것이다.
(B) TV 쇼가 시작할 것이다.
(C) 상이 주어질 것이다.
(D) 음악 순회 공연이 시작될 것이다.

해설 'Asian tour scheduled for December(12월로 정해진 아시아 순회 공연)'라고 했으므로 12월에 일어날 일은 보기 (D) Music tours will begin.(음악 순회 공연이 시작될 것이다.)이 정답이 된다.

16

청자들은 노래가 끝난 후에 무엇을 듣게 되는가?
(A) 인터뷰
(B) 날씨 상황
(C) 광고
(D) 교통 뉴스

해설 'Right now, let's listen to the title song, *Why Can't You?* and then he will join us for an interview'에서 타이틀 곡을 들은 다음 인터뷰를 하겠다고 했으므로 보기 (A) An interview(인터뷰)가 정답이 된다.

토익 필수 어구 - 날씨 / 환경 관련 p.082

A

1 ⓒ 2 ⓑ 3 ⓔ 4 ⓐ 5 ⓓ

B

1 ⓐ 2 ⓐ 3 ⓑ 4 ⓐ 5 ⓐ

C

1 inclement
2 pollution
3 dusty
4 scenic
5 litter

PART 2 일반 의문문 II

PART 3 여행 / 출장

PART 2 | 일반 의문문 II

p.084

실력 쌓기

A

09-02

1 (A)	2 (B)	3 (C)	4 (A)
5 (B)	6 (B)	7 (A)	8 (B)

1

Do you live around here?

(A) Yes, within walking distance.

(B) No, I don't talk about it.

(C) I will leave tomorrow.

여기 근처에 사시나요?

(A) 네, 걸어갈 수 있는 거리에요.

(B) 아니요. 저는 그것에 대해 이야기하지 않아요.

(C) 저는 내일 떠날 거예요.

해설 일반동사 의문문이다. 근처에 사느냐는 질문에 대해 걸어갈 수 있는 거리라고 답한 (A)가 정답이다. (C)는 동사 live와 혼돈을 주기 위해 leave를 포함시킨 오답이다.

2

Have you ever considered quitting your job?

(A) I've never seen it.

(B) No, I am happy with this job.

(C) She hasn't done it yet.

당신의 직업을 그만 두는 것을 고려해 본 적이 있나요?

(A) 그것을 결코 본 적이 없어요.

(B) 아니요. 저는 이 직업에 만족합니다.

(C) 그녀는 그것을 아직 하지 않았어요.

해설 현재완료가 쓰인 의문문으로 '경험'을 묻는 질문이다. 직업을 그만 두는 것을 고려해 본 적이 있느냐는 질문에, 이 직업에 만족한다고 답하여 직업을 그만 두는 것을 고려해 본 적이 없음을 나타낸 (B)가 정답이다.

3

May I sit next to you?

(A) I am occupied with something.

(B) This seat is already clean.

(C) Sorry, but someone is sitting here.

당신 옆에 앉아도 될까요?

(A) 저는 뭔가에 몰두해 있어요.

(B) 이 자리는 이미 깨끗해요.

(C) 죄송하지만 누가 앉아 있어요.

해설 'May I ~?'는 '~해도 될까요?'라는 뜻으로, 허락을 구하는 표현이다. 당신 옆에 앉아도 되느냐는 질문에 죄송하지만, 누가 앉아 있다고 답하여 그 자리에 앉을 수 없음을 나타낸 (C)가 정답이다.

4

Should I turn on the air conditioner?

(A) Actually, you can't. It's broken.

(B) Yes, you should turn right.

(C) It's too complicated.

제가 에어컨을 켜야 할까요?

(A) 실은, 안 됩니다. 그건 고장 났어요.

(B) 네, 당신은 오른쪽으로 돌아야해요.

(C) 그건 너무 복잡해요.

해설 'Should I ~?'는 '제가 ~하는 것이 좋을까요?'라는 뜻의 조동사 의문문이다. 에어컨을 켜야 하느냐는 질문에 대해 '실은, 안 된다. 고장 났다'고 답한 (A)가 정답이다.

5

Does Sarah know what to do next?

(A) I don't know what to do.

(B) I've already explained it to her.

(C) Yes, she did.

Sarah는 다음에 무엇을 해야 할지 알고 있나요?

(A) 저는 뭘 해야 할지 모르겠어요.

(B) 제가 이미 그녀에게 설명했어요.

(C) 네, 그녀가 했어요.

해설 'Sarah는 다음에 무엇을 해야 할지 알고 있는가'라는 질문에 대해, '제가 이미 그녀에게 설명했어요'라고 답하여 Sarah가 무엇을 할지 알고 있을 것임을 나타낸 (B)가 정답이다. 일반 의문문에 대한 답으로 Yes만 듣고 (C)를 답으로 고르지 않도록 주의해야 한다.

6

Do you want to share a taxi to the airport?

(A) I'd like a break.

(B) Actually, Jack is giving me a ride.

(C) I will be back then.

공항까지 택시를 같이 타고 가실래요?

(A) 저는 쉬고 싶어요.

(B) 실은, Jack이 저를 태워다 줄 거예요.

(C) 제가 그때 돌아 올게요.

해설 공항까지 택시를 같이 타겠느냐는 질문에 대해 'Jack이 태워다 줄 것이다'라고 한 (B)가 정답이다. give ~ a ride는 '~를 태워주다'라는 의미의 토익 빈출 표현이다.

7

May I ask you where you're from?

(A) I am from London.

(B) He came from the other branch.

(C) You may ask her.

어디 출신인지 물어봐도 될까요?

(A) 런던에서 왔어요.

(B) 그는 다른 지점에서 왔어요.

(C) 그녀에게 물어보세요.

해설 'May I ~?'는 '~해도 될까요?'라는 뜻으로 허락을 구하는 표현이다. 어디 출신인지 물어도 되느냐는 질문에 대해 런던에서 왔다고 답한 (A)가 정답이다.

8

Should we change caterers?

(A) The food you ordered was good.

(B) I think that would be ideal.

(C) I haven't changed it.

우리가 출장 연회 업자를 바꿔야 할까요?

(A) 당신이 주문한 음식이 좋았어요.

(B) 그게 더 좋겠네요.

(C) 저는 그걸 아직 바꾸지 못했어요.

해설 'Should we ~?'는 '우리가 ~해야 할까요?'라는 의미로 상대방에게 조언을 구할 때 쓰는 표현이다. 출장 연회 업자를 바꿔야 하는가라는 상대방의 조언을 구하는 질문에 대해 '그게 더 좋겠네요' 라고 답한 (B)가 정답이다.

PART 3 | 여행 / 출장 p.086

유형 파악하기

09-05

W I'd like to book a flight from Seattle to Los Angeles for tomorrow.

M Well, the flight is almost full. The economy seats are all sold out.

W Oh, no. But I have to leave tomorrow. Otherwise, I won't be able to make it to an important meeting.

M Hmm… Let me see. I can book you in business class. But I am afraid you have to pay double the price of an economy-class ticket.

실력 쌓기

A 09-06

1 (B) 2 (A) 3 (B)

M Hey, Ms. Williams. I will be away for the next couple of days. You know that, right?

W Yes, are you going on vacation?

M Yeah, I am leaving on Thursday to spend a few days in Mexico with my family. I am looking forward to it.

W Sounds exciting. When are you coming back?

M I am coming back from Mexico on Monday. But I will be in the office on Tuesday.

M Williams 씨, 저는 며칠간 자리를 비울 예정이에요. 알고 계시죠?

W 네, 휴가를 가시나요?

M 네, 가족과 며칠간 멕시코에서 보내기 위해 목요일에 떠날 거예요. 아주 기대하고 있어요.

W 재미있겠네요. 언제 돌아오시나요?

M 멕시코에서는 월요일에 올 거예요. 하지만 사무실에는 화요일부터 나올 거예요.

1

화자들은 무엇에 대해 이야기하고 있는가?

(A) 그들의 주말 계획

(B) 휴가

(C) 출장

(D) 여행 경비

해설 남자가 'I will be away for the next couple of days(며칠간 자리를 비울 예정이에요)'라고 한 후, 대화의 중반 부에 'I am leaving on Thursday to spend a few days in Mexico with my family(가족과 며칠간 멕시코에서 보내기 위해 목요일에 떠날 거예요)'라고 하였으므로 두 사람은 '휴가'에 대해 이야기하고 있음을 알 수 있다.

2

여자는 남자의 계획에 대해 뭐라고 말하는가?

(A) 재미있겠다.

(B) 어려울 것 같다.

(C) 아주 나쁠 것 같다.

(D) 피곤하겠다.

해설 대화 중반부 남자의 말에 여자가 'sounds exciting(재미있겠네요)'라고 한 것으로 보아 (A)가 정답이다. 대화의 exciting이 보기에서는 fun으로 달리 표현 되었다.

3

남자는 언제 사무실로 돌아올 것인가?

(A) 월요일에

(B) 화요일에

(C) 수요일에

(D) 목요일에

해설 대화의 마지막 부분에서 남자는 'I will be in the office on Tuesday(사무실에는 화요일에 나올 거예요)'라고 하였으므로 (B)가 정답이다.

실전 연습

p.088

09-08

1 (A)	2 (B)	3 (A)	4 (B)
5 (A)	6 (B)	7 (A)	8 (B)
9 (A)	10 (B)	11 (A)	12 (D)
13 (B)	14 (B)	15 (D)	16 (A)

PART 2

1

Do you have time to review this draft?

(A) Sure, when is good for you?

(B) Sorry, but I didn't finish the draft.

(C) I don't have the time.

이 초안을 검토할 시간 있어요?

(A) 물론이죠, 언제가 좋으세요?

(B) 죄송하지만, 초안을 끝내지 못했어요.

(C) 저는 몇 시인지 몰라요.

해설 일반 동사의 의문문이다. 초안을 검토할 시간이 있느냐는 질문에, 물론 있다고 한 후, 언제가 좋은지를 물은 (A)가 정답이다.

2

Can I ask you for a favor?

(A) I didn't ask him for a favor.

(B) Sorry, but I am just about to leave.

(C) It was too hard.

부탁 좀 하나 드려도 될까요?

(A) 나는 그에게 도움을 요청하지 않았어요.

(B) 죄송하지만, 저는 지금 막 나가려고 했어요.

(C) 그건 너무 어려웠어요.

해설 'Can I ~?'는 '~해도 될까요?'라는 의미로 허락을 구하는 질문이다. 부탁을 좀 하나 해도 되는지 묻는 질문에, 죄송하지만 막 나가려 했다고 답하여 거절의 의사를 밝힌 (B)가 정답이다.

어휘 **ask a favor** 부탁하다 **be about to** 막 ~하려 하다

3

Have you seen Mr. Wilson this morning?

(A) He is on vacation.

(B) He is my new secretary.

(C) I haven't been there.

오늘 아침에 Wilson 씨 봤어요?

(A) 그는 휴가 중이에요.

(B) 그는 저의 새 비서에요.

(C) 저는 거기에 가 본 적이 없어요.

해설 현재완료 의문문이다. 오늘 아침에 Wilson 씨를 봤냐는 질문에 그는 휴가 중이라고 말하여 그를 보지 못했음을 간접적으로 나타낸 (A)가 정답이다.

4

Do you happen to know where the quarterly report is?

(A) The next quarterly meeting is January.

(B) I think I saw it in the office cabinet.

(C) It didn't happen to me.

혹시 분기 보고서가 어디에 있는지 알아요?

(A) 다음 분기 회의는 1월이에요.

(B) 사무실 캐비닛에서 본 것 같아요.

(C) 그 일은 저에게 일어나지 않았어요.

해설 'Do you happen to know ~?'는 '혹시 ~를 아세요?'라는 의미의 일반 동사 의문문이다. 분기 보고서가 어디 있는지 아느냐는 질문에 사무실 캐비닛에서 봤다고 답한 (B)가 정답이다.

5

Should we change the conference schedule?

(A) That's what the president wants.

(B) The schedule hasn't been released yet.

(C) I won't go there.

우리가 컨퍼런스 일정을 바꿔야 할까요?

(A) 그게 회장님이 원하시는 거예요.

(B) 일정이 아직 나오지 않았어요.

(C) 저는 거기에 가지 않을 거예요.

해설 'Should we ~?'는 '우리가 ~ 해야 할까요?'라는 의미로 상대에게 조언을 구할 때 쓰는 표현이다. 컨퍼런스 일정을 바꿔야 하느냐는 질문에 그게 회장님이 원하는 것이라고 답하여 일정을 변경할 필요가 있음을 시사한 (A)가 정답이다.

어휘 **release** 발표하다, 공개하다

6

Will you need anything while I am out?

(A) Mr. Brown just stepped out.

(B) I will call you if I need anything.

(C) I didn't say anything.

제가 나가 있는 동안 뭔가가 필요하실까요?

(A) Brown 씨는 막 나갔어요.

(B) 뭔가 필요하면 제가 전화할게요.

(C) 저는 아무 말도 하지 않았어요.

해설 제가 나가 있는 동안 뭔가가 필요하겠느냐는 질문에 대해 필요한 게 있으면 전화하겠다고 답한 (B)가 정답이다.

어휘 **step out** 나가다

7

Have you finished contacting all our customers?

(A) I am still working on it.

(B) I haven't called her.

(C) I wanted to contact you.

우리의 모든 고객들에게 연락하는 것을 마쳤나요?

(A) 여전히 진행 중이에요.

(B) 저는 그녀에게 전화하지 않았어요.

(C) 저는 당신에게 연락하고 싶었어요.

해설 현재완료 의문문이다. 모든 고객들에게 연락을 했느냐는 질문에 대해 여전히 진행 중이라고 답하여 아직 마치지 못했음을 나타낸 (A)가 정답이다.

8

Does this bus go to the subway station?

(A) The subway station is a long way to walk.

(B) No, take the other one.

(C) The subway is not running now.

이 버스가 지하철역에 가나요?

(A) 지하철역은 걷기에는 멀어요.

(B) 아니요, 다른 것을 타세요.

(C) 지하철은 운행이 중지되었어요.

해설 일반 동사 의문문이다. 버스가 지하철역에 가느냐는 질문에 대해 그렇지 않다고 한 후, 다른 것을 타라고 답한 (B)가 정답이다.

9

Did you tell Martha about the promotion?

(A) She already knows about it.

(B) You will be promoted this time.

(C) The promotion was not that successful.

Martha에게 승진에 대해 말했나요?

(A) 그녀는 이미 알고 있어요.

(B) 당신은 이번에 승진할 거예요.

(C) 홍보가 그렇게 성공적이지 않았어요.

해설 일반 동사 의문문이다. Martha에게 승진에 대해 말했느냐는 질문에 대해 그녀가 이미 알고 있었다고 답한 (A)가 정답이다.

10

Do we have to cancel the sales event?

(A) You have to organize it.

(B) I don't think so.

(C) The event turned out to be good.

우리가 판매 행사를 취소해야 할까요?

(A) 당신이 그것을 준비해야 해요.

(B) 저는 그렇게 생각하지 않아요.

(C) 그 행사는 결국은 잘 되었어요.

해설 일반 동사 의문문이다. 판매 행사를 취소해야 하느냐는 질문에 대해 그렇게 생각하지 않는다고 답한 (B)가 정답이다.

어휘 **turn out** (일·진행·결과가 특정 방식으로 되다)

PART 3

[11-13]

W Sam, 11-1) **I just found out that there is a strike at one of our factories in Shanghai.** I think somebody has to go to see what the problem is.

M1 But 11-2) **everybody is busy with the payroll. I don't think we can spare anyone.** Oh, 12-1) **why don't we ask Mike?**

W Good. 12-2) **Mike, are you finished with what you've been doing?**

M2 Almost. I will probably be done this afternoon. Do you need something?

W Well, 13-1) **we are looking for someone who can go to Shanghai this week.** There is a strike going on there.

M2 12-3) 13-2) **I think I will be available for that.**

W Sam, 상하이에 있는 우리 공장 중 하나에서 파업이 있다고 들었어요. 누군가가 가서 문제가 뭔지 봐야 할 것 같아요.

M1 하지만 모두가 급여 지급 명세서 때문에 바빠요. 누구를 따로 배정할 수 없을 것 같아요. 아, Mike에게 물어보면 어떨까요?

W 좋아요. Mike, 하고 있던 일은 끝났나요?

M2 거의 끝났어요. 오늘 오후쯤 되면 마무리될 거예요. 뭐 필요하신가요?

W 이번 주에 상하이에 갈 사람을 찾고 있어요. 거기에서 지금 파업이 진행 중이거든요.

M2 제가 그 일을 할 시간이 될 것 같네요.

어휘 **strike** 파업 **payroll** 급료 지급 명세서; 급여 총액 **spare** 할애하다, 내어주다 **available** 사용 가능한

11

무엇이 문제인가?

(A) 모두가 너무 바빠서 상하이에 갈 수가 없다.

(B) 파업이 너무나 오랫동안 진행되었다.

(C) 급여 시스템이 고장이 났다.

(D) 공장 하나가 문을 닫았다.

해설 상하이에서 파업이 있는데 남자가 'everybody is busy with the payroll. I don't think we can spare anyone(모두 급여 지급 명세서 때문에 바빠서, 누구를 따로 배정할 수 없을 것 같다)'라고 한 것으로 보아 (A)가 정답이 될 수 있다.

12

어떻게 문제가 해결되었는가?

(A) 파업이 끝났다.

(B) Sam이 도와주겠다고 했다.

(C) 출장이 취소되었다.

(D) Mike가 돕겠다고 나섰다.

해설 대화의 마지막 부분에서 Mike는 'I will be available for that(내가 그 일을 할 시간이 될 것 같다)'라고 말한 것으로 보아 (D)가 정답이 된다.

13

남자가 "제가 그 일을 할 시간이 될 것 같네요"라고 말했을 때 남자가 의도하는 바는 무엇인가?
(A) 그는 급여 작업을 도울 것이다.
(B) 그는 기꺼이 상하이에 갈 것이다.
(C) 그는 하루 쉴 것이다.
(D) 그는 돌아올 준비가 되었다.

해설 남자가 이 말을 하기 전에 여자는 'we are looking for someone who can go to Shanghai this week(이번 주에 상하이에 갈 사람을 찾고 있어요)'라고 하였고 남자는 '그 일을 할 시간이 될 것 같다'고 답했으므로 남자의 의도는 상하이에 가는 것임을 알 수 있다.

[14-16]

M I have to go away on business next week.
W 14-1) **What do you need me to do?**
M 14-2) **I need you to organize the trip for me.** I'm thinking of 15) **leaving for Italy next Thursday and coming back on Sunday.**
W Is there a budget for your flight and accommodations?
M Yes. 14-3) 16) **You can contact our travel agency,** and I think someone there will handle everything needed for my trip.

M 저는 다음 주에 출장을 가야 해요.
W 제가 뭘 해드려야 할까요?
M 저를 위해 출장을 좀 준비해 주면 좋겠어요. 다음 주 목요일에 이탈리아로 떠나서 일요일에 돌아올 거예요.
W 비행기와 숙소를 위한 예산이 마련되어 있나요?
M 네. 우리 여행사에 연락해보세요. 제 생각엔 그곳의 누군가가 제 출장에 필요한 모든 것을 준비해 줄 거예요.

어휘 **organize** 준비하다 **budget** 예산 **accommodations** 숙박 시설 **travel agency** 여행사

14

여자는 누구일 것 같은가?
(A) 여행사 직원
(B) 비서
(C) 관리자
(D) 접수 직원

해설 남자가 여자에게 'I need you to organize the trip for me(내 출장을 준비해 주면 좋겠다)'라고 말했으므로, 보기 중에서 (A)의 '여행사 직원'이나 (B)의 '비서'가 정답 후보가 된다. 남자가 마지막에 'You can contact our travel agency, and I think someone there will handle everything needed for my trip.'이라고 하면서 여행사에 연락을 해보라고 하였으므로, 남자와 대화를 하고 있는 여자는 남자의 '비서'임을 알 수 있다.

15

남자는 언제 돌아올 계획인가?
(A) 내일
(B) 이번 주 목요일
(C) 이번 주 토요일
(D) 다음 주 일요일

해설 남자는 'coming back on Sunday(일요일에 돌아올 것)'라고 하였으므로, (D)가 정답이다.

16

여자는 다음에 무엇을 할 것인가?
(A) 여행사에 전화를 한다.
(B) 비행기 표를 예약한다.
(C) 숙소를 준비한다.
(D) 회계팀에 연락한다.

해설 남자가 마지막에서 여행사에 연락을 해보라고 하였으므로 비서인 여자는 여행사에 전화를 할 것임을 알 수 있다. 따라서 (A)가 정답이 된다.

토익 필수 어구 - 여행 / 출장 관련 p.090

A

1 ⓑ 2 ⓔ 3 ⓒ 4 ⓐ 5 ⓓ

B

1 ⓐ 2 ⓐ 3 ⓐ 4 ⓑ 5 ⓐ

C

1 get to
2 connecting flight
3 drop, off
4 check your schedule
5 pick, up

UNIT 10 PART 2 부정 의문문 / 부가 의문문 PART 4 사내 공지 / 회의

PART 2 부가 의문문 / 부정 의문문 p.092

실력 쌓기

A 10-02

1 (B) 2 (C) 3 (B) 4 (C)
5 (A) 6 (B) 7 (B) 8 (A)

1

You sent an e-mail to Mr. Dean, didn't you?

(A) Sure, I can call him now.

(B) No, I didn't send it yet.

(C) Yes, I sent it by mail.

당신이 Dean에게 이메일을 보냈어요, 그렇지 않아요?

(A) 물론이죠, 지금 그에게 전화를 할 수 있어요.

(B) 아니요, 아직 보내지 않았어요.

(C) 네, 우편으로 보냈어요.

해설 부정 부가 의문문이다. 이메일을 보냈으면 yes로 답하고 보내지 않았으면 no로 답하는 것이 옳다. 따라서 아직 보내지 않았다고 답한 보기 (B) No, I didn't send it yet.(아니요, 아직 보내지 않았어요.)가 질문에 대한 적절한 답변이 된다.

2

Haven't you opened the front gate yet?

(A) Can you leave it open?

(B) No, I didn't close it.

(C) Yes, thirty minutes ago.

아직 정문을 열지 않았나요?

(A) 열어 놓으시겠어요?

(B) 아니요, 제가 닫지 않았어요.

(C) 열었어요, 30분 전에요.

해설 부정 의문문으로서, 정문을 열지 않았는지 묻고 있다. 문을 열었으면 yes로 답하고 열지 않았으면 no로 답해야 한다. 따라서 yes라고 하여 문을 열었음을 알린 후, 문을 연 시점을 추가로 알려 준 (C) Yes, thirty minutes ago.(네, 30분 전에요.)가 정답이 된다.

3

Elizabeth is organizing the promotional events, isn't she?

(A) Sales were down.

(B) I think Lisa is.

(C) Yes, we all enjoyed them.

Elizabeth는 판촉 행사를 준비하고 있어요, 그렇지 않나요?

(A) 판매가 줄었어요.

(B) Lisa인 것 같아요.

(C) 네, 저희 모두 즐거웠어요.

해설 부정 부가 의문문이다. Elizabeth가 판촉 행사를 준비하고 있는지 묻는 질문에 Lisa가 준비하고 있는 것 같다고 한 보기 (B)가 정답이 된다.

4

The train to the village runs every two hours, doesn't it?

(A) No, it takes three hours.

(B) You have to get a ticket first.

(C) Yes, the next one is coming in 10 minutes.

마을로 가는 기차는 두 시간마다 한 대씩 운행하지요, 그렇지 않나요?

(A) 아니요, 3시간이 걸려요.

(B) 먼저 표를 사야 해요.

(C) 네, 다음 기차는 10분 후에 와요.

해설 부정 부가 의문문이다. 기차가 두 시간에 한 대씩 운행하는지 묻는 질문에 긍정으로 대답한 후, 다음 기차는 10분 더 기다려야 한다고 답한 보기 (C)가 정답이 된다.

5

Didn't Ms. Kent organize the annual company picnic?

(A) She's done it for the last five years.

(B) It's a monthly event.

(C) Everyone enjoyed it.

Kent 씨가 연례 회사 야유회를 준비하고 있지 않나요?

(A) 그녀가 지난 5년간 그것을 해왔어요.

(B) 그것은 월간 행사예요.

(C) 모두 즐거워했어요.

해설 부정 의문문으로서, Kent 씨가 야유회를 준비하고 있는지를 묻고 있다. Yes를 생략하고, 그녀가 지난 5년간 그것을 준비해왔다고 하여 Kent씨가 회사 야유회를 준비하고 있음을 간접적으로 전달한 (A) She's done it for the last five years.가 정답이다. 보기 (B)는 질문에 들린 annual과 연관 어휘인 monthly를 사용하여 혼동을 주고 있다.

6

Aren't the new employees starting work today?

(A) Yes, it was yesterday.

(B) No, the date has been changed.

(C) How about after lunch?

그 신입 직원들이 오늘부터 근무를 시작하지 않나요?

(A) 네, 어제였어요.

(B) 아니요, 날짜가 변했어요.

(C) 점심 후는 어때요?

해설 부정 의문문으로서, 신입 직원이 오늘부터 일을 시작하지 않는지 묻고 있다. 그러므로 근무를 시작하면 yes, 시작하지 않으면 no로 답해야 한다. 부정으로 답하고 날짜가 변경되었다고 한 보기 (B)가 정답이 된다.

7

You didn't take the memo to the Accounting Department, did you?

(A) No, she forgot to bring it.

(B) I dropped it off this morning.

(C) The sales figures look encouraging.

당신은 회계 부서에 메모를 가져다 주지 않았어요, 그렇죠?

(A) 아니요, 그녀가 가져오는 것을 잊었어요.

(B) 오늘 아침에 가져다 줬어요.

(C) 판매 수치가 고무적이네요.

해설 긍정 부가 의문문이다. 메모를 전달했는지 여부를 묻고 있으므로, 전달했으면 yes, 전달하지 않았으면 no로 답해야 한다. yes를 생략하고, 오늘 아침에 가져다 줬다고 답변한 (B) I dropped it off this morning.이 정답이 된다.

8

You enjoyed the musical performance in Martin Hall, didn't you?

(A) No, we've seen a better one.

(B) I went there with Helen.

(C) A famous musician from London.

Martin Hall에서 열린 음악 공연은 즐거웠어요, 그렇지 않았나요?

(A) 아니요, 더 좋은 것도 봤었어요.

(B) Helen과 거기에 갔어요.

(C) 런던에서 온 유명한 음악가요.

해설 부정 부가 의문문으로서, 음악 공연이 즐거웠는지 여부를 묻고 있다. No로 답하고 이전에 다른 것이 더 좋았다고 답한 보기 (A) No, we've seen a better one.(아니요, 더 좋은 것도 봤었어요.)이 정답이 된다.

PART 4 | 사내 공지 / 회의 p.094

유형 파악하기

10-05

M Hello, everyone. I called this meeting to talk about our office move. The new location is on Broadway across from the public library. As we discussed before, this move should benefit everyone. First of all, it will be just two blocks from subway line A. Since most of our employees take the subway to work, it will be convenient. Secondly, it is spacious. At the moment, we are short of room, and we are planning to hire more staff members. Therefore, this move will solve our problem. Please check our Web site for more details.

실력 쌓기

A

10-06

1 (A) 2 (C) 3 (D)

W Good morning. Welcome to the staff meeting. Our customer service team just gave me the results of the customer survey on our new clothing line, so I'd like to review them with you. In general, customers are quite happy with our new products, especially the colors. But there is one area we need to improve as soon as possible. Right now, I'd like you to come up with some ideas on how to make improvements on the issue that got the lowest score. When you are ready, I will give each of you a chance to speak.

W 좋은 아침입니다. 직원 회의에 오신 것을 환영합니다. 저희 고객 서비스 팀이 새로운 의상 라인에 관한 고객 설문지 결과를 저에게 방금 주었습니다. 그래서 여러분과 함께 검토해 보고 싶습니다. 고객들은 전반적으로 저희의 새 제품에 만족하고 있으며, 특히 색상을 좋아하고 있습니다. 하지만 저희가 가능한 한 빨리 향상시켜야 하는 분야가 하나 있습니다. 지금은, 가장 낮은 점수를 받은 문제를 어떻게 향상시켜야 할지 아이디어를 생각해 주시기 바랍니다. 준비되시면, 각자 말할 기회를 드리도록 하겠습니다.

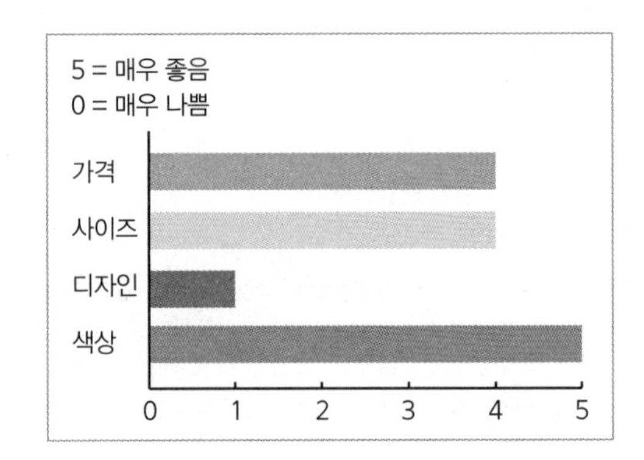

1

화자는 어떤 산업 분야에 종사하는가?

(A) 패션

(B) 소프트웨어 개발

(C) 재정 서비스

(D) 집안 장식

해설 'Our customer service team just gave me the results of the customer survey on our new clothing line(저희 고객 서비스 팀이 새로운 의상 라인에 관한 고객 설문지 결과를 저에게 방금 주었습니다)'라고 했으므로 보기 (A) Fashion(패션)이 정답이 된다.

2

시각 정보를 보시오. 화자가 청자에게 생각하라고 한 것은 무엇인가?

(A) 가격

(B) 사이즈

(C) 디자인

(D) 색상

해설 'Right now, I'd like you to come up with some ideas on how to make improvements on the issue that got the lowest score.(지금은, 가장 낮은 점수를 받은 문제를 어떻게 향상시켜야 할지 아이디어를 생각해 주시기 바랍니다.)'라고 했다. 그래프에서 점수가 가장 낮은 항목은 디자인이다. 따라서 청자들이 생각해야 하는 것은 (C) Designs이다.

3

청자들이 잠시 후에 할 일은 무엇인가?

(A) 보고서 쓰기

(B) 고객에게 연락하기

(C) 고객 센터에 전화하기

(D) 아이디어를 제시하기

해설 'When you are ready, I will give each of you a chance to speak.(준비되시면, 각자 말할 기회를 드리도록 하겠습니다.)'라고 했으므로 보기 (D) Present some ideas(아이디어를 제시하기)가 정답이다.

실전 연습

p.096

10-08

1 (A)	2 (C)	3 (A)	4 (B)
5 (B)	6 (C)	7 (B)	8 (C)
9 (B)	10 (A)	11 (C)	12 (B)
13 (A)	14 (D)	15 (A)	16 (D)

PART 2

1

Didn't you say you found a new beverage supplier?

(A) Yes, it offers reasonable prices.

(B) Drinks are on sale.

(C) In the convenience store.

새 음료수 공급업체를 찾았다고 하지 않았어요?

(A) 네, 그곳은 합리적인 가격을 제시해요.

(B) 음료수는 할인 중이에요.

(C) 편의점에서요.

해설 부정 의문문으로서, 새 공급 업체를 찾았으면 yes, 찾지 못했으면 no라고 답해야 한다. 찾았다는 긍정의 답과 함께 그곳이 합리적인 가격을 제시한다고 부연 설명한 (A) Yes, it offers reasonable prices.가 정답이다.

어휘 **beverage** 음료수 **supplier** 공급업자 **reasonable** 합리적인 **on sale** 할인 중인 **convenience store** 편의점

2

You've faxed a copy of your identification to the agency, haven't you?

(A) Visit their Web site.

(B) Sending an e-mail is better.

(C) No, it completely slipped my mind.

당신은 대행사에 신분증 사본을 팩스로 보냈어요, 그렇지 않아요?

(A) 웹사이트를 방문하세요.

(B) 이메일을 보내는 것이 더 좋아요.

(C) 아니요, 제가 완전히 잊었어요.

해설 부정 부가 의문문으로서, 팩스를 보냈으면 yes, 보내지 않았으면 no라고 답해야 한다. 부정으로 답하고 완전히 잊었다고 말한 보기 (C) No, it completely slipped my mind.가 정답이 된다.

어휘 **identification** 신분증 **agency** 대행사 **completely** 완전히 **slip one's mind** 깜박하다

3

Don't you like our new product design?

(A) It is better than I expected.

(B) I'd like to, but I can't go.

(C) Yes, mine is new.

저희의 새 제품 디자인이 마음에 들지 않으세요?

(A) 제가 기대했던 것 보다 더 좋아요.

(B) 그러고 싶지만 갈 수 없어요.

(C) 네, 제 것은 새것이에요.

해설 부정 의문문이다. 자신들의 디자인이 마음에 들지 않는지 묻는 질문에 본인의 예상보다 더 좋았다고 한 보기 (A)가 정답이 된다.

4

Haven't you already seen the doctor?

(A) In the waiting room.

(B) No, I haven't had time.

(C) Yes, tomorrow is fine.

벌써 진찰을 받은 게 아니었어요?

(A) 대기실에서요.

(B) 아니요, 시간이 없었어요.

(C) 네, 내일은 괜찮아요.

해설 부정 의문문이다. 의사에게 진찰을 받지 않았는지 묻고 있으므로, 진찰을 받았으면 yes, 받지 않았으면 no라고 답해야 한다. 부정으로 답하고 이유를 설명한 보기 (B) No, I haven't had time.(아니요, 시간이 없었어요.)이 정답이 된다.

5

You know where the Kent Company file is, don't you?

(A) Tomorrow at three o'clock.

(B) Have you checked the cabinet?

(C) It's piled up.

Kent 사 파일이 어디에 있는지 아시죠, 그렇지 않아요?

(A) 내일 3시요.

(B) 캐비닛을 확인해 봤어요?

(C) 그것이 쌓였어요.

해설 부정 부가 의문문으로서, 파일의 위치를 아는지 여부를 묻고 있다. 이에 대해 캐비닛을 확인해 봤냐고 되묻는 보기 (B) Have you checked the cabinet?(캐비닛을 확인해 봤어요?)이 정답이 된다.

6

Doesn't he ride his bike to work?

(A) I rented a car.

(B) Because of traffic.

(C) Not today.

그는 자전거 타고 출근하지 않아요?

(A) 제가 차를 빌렸어요.

(B) 교통 상황 때문이에요.

(C) 오늘은 아니에요.

해설 부정 의문문이다. 그가 자전거를 타고 출근하지 않느냐는 질문에 '오늘은 아니다'라고 답한 (C) Not today.가 정답이다. 보기 (A)는 bike와 연관 어휘인 car를 사용하여 혼동을 주고 있다.

7

You haven't heard who was chosen as the chairman, have you?

(A) Yes, I turned it off.

(B) It hasn't been decided yet.

(C) Mr. Kane works the nightshift.

누가 회장으로 선출되었는지 듣지 못하셨죠, 그렇죠?

(A) 네, 제가 껐어요.

(B) 아직 결정되지 않았어요.

(C) Kane 씨는 야간 근무를 해요.

해설 긍정 부가 의문문이다. 누가 회장으로 선출되었는지 듣지 못했냐고 묻는 질문에 아직 결정되지 않았다고 답한 보기 (B) It hasn't been decided yet.이 정답이 된다.

어휘 **chairman** 회장 **turn off** (불 등을) 끄다 **nightshift** 야간 근무

8

Isn't there an apartment available on Main Street?

(A) The road is quiet.

(B) I will do it right now.

(C) Not at this moment.

Main 가에 비어 있는 아파트가 있지 않나요?

(A) 거리가 조용해요.

(B) 제가 바로 할게요.

(C) 지금은 아니에요.

해설 부정 의문문이다. 비어 있는 아파트가 있지 않았는지 묻는 질문에 부정으로 답한 보기 (C) Not at this moment.(지금은 아니에요.)가 정답이 된다.

9

The meeting with the management team was informational, wasn't it?

(A) Didn't you get the information?

(B) Yes, I learned a lot.

(C) Because many people were absent.

관리팀과의 회의는 배울 것이 많았어요, 그렇지 않아요?

(A) 그 정보를 못 받았어요?

(B) 네, 많이 배웠어요.

(C) 많은 사람들이 불참했기 때문이에요.

해설 부정 부가 의문문으로서, 회의가 배울 것이 많았는지 묻고 있다. 이에 대해 긍정으로 답한 (B) Yes, I learned a lot.(네, 많이 배웠어요.)이 정답이 된다.

어휘 **informational** 정보를 제공하는 **absent** 결석한, 불참한

10

Aren't you going to take the direct flight to Edinburgh from here?

(A) I can't afford it.

(B) He said it indirectly.

(C) The airport was closed.

여기에서 에든버러로 가는 직항 비행기를 타지 않으실 건가요?

(A) 그럴 형편이 되지 않아요.

(B) 그가 간접적으로 말했어요.

(C) 공항이 폐쇄되었어요.

해설 부정 의문문이다. 보기 (B)와 (C)는 질문에서 들린 direct flight와 관련 있는 어휘 indirectly, airport를 써서 혼동을 주고 있다. 가격이 비싸서 직항 비행기를 타지 못한다는 내용인 보기 (A) I can't afford it.(그럴 형편이 되지 않아요.)이 정답이 된다.

어휘 **direct flight** 직항 **afford** ~할 여유가 있다

PART 4

[11-13]

W 11-1) **Good afternoon, IAO International employees.** I called this meeting to share some good news. 11-2) 12) **We've finally achieved this quarter's sales goals for funds and stocks.** I'd like to tell you how much I appreciate your exceptional work. I know you've been working hard to get contracts with investors for the last few months. 13) **Therefore, management has decided to give you a bonus this month.** Thank you again for your hard work!

W 안녕하세요, IAO International 직원 여러분. 여러분과 좋은 소식을 나누기 위하여 이 회의를 소집했습니다. 이번 분기의 펀드와 주식의 판매 목표를 달성했습니다. 여러분의 우수한 업무 성과에 대해 얼마나 감사하고 있는지 말씀 드리고 싶습니다. 지난 몇 달 동안 투자자들과 계약을 성사시키기 위하여 정말 열심히 일했다는 것을 알고 있습니다. 따라서, 경영진은 이달에 여러분께 보너스를 지급하기로 결정했습니다. 열심히 일해 주셔서 다시 한번 감사 드립니다!

어휘 **share** 공유하다 **achieve** 성취하다 **quarter** 분기 **fund** 펀드 **stock** 주식 **appreciate** 감사하다 **exceptional** 우수한

11

청자들은 누구인가?

(A) 투자자
(B) 중역
(C) 은행원
(D) 주주

해설 'Good afternoon, IAO International employees.(안녕하세요, IAO International 직원 여러분)'라고 했으므로 어떤 회사의 직원들이 대상임을 알 수 있다. 하지만 이것으로는 정답을 고를 수 없으므로 더 들어보면, 다음 문장 'We've finally achieved this quarter's sales goals for funds and stocks.'에서 해당 직원들이 펀드와 주식을 판매하는 사람들임을 알 수 있다. 따라서 (C) Bankers(은행원)가 정답이 된다.

12

화자는 왜 청자들을 칭찬했는가?

(A) 경영을 도와준 것 때문에
(B) 목표를 달성한 것 때문에
(C) 시장을 분석한 것 때문에
(D) 새 제품을 개발하는 것 때문에

해설 'We've finally achieved this quarter's sales goals for funds and stocks. I'd like to tell you how much I appreciate your exceptional work.'에서 청자들이 이번 분기의 판매 목표를 달성했고 우수한 업무 성과에 대해 감사하다고 했으므로 보기 (B) For meeting the goals(목표를 달성한 것 때문에)가 정답이 된다.

13

청자들이 받을 것으로 예상되는 것은 무엇인가?

(A) 추가 임금
(B) 보너스 휴가
(C) 무료 선물
(D) 회사 주식

해설 'Therefore, management has decided to give you a bonus this month.(따라서, 경영진은 이달에 여러분께 보너스를 지급하기로 결정했습니다.)'라고 했으므로 bonus를 extra money로 바꾼 보기 (A) Extra money(추가 임금)가 정답이다.

[14-16]

M [14] **We are pleased to announce a significant and hopefully positive policy change in the work environment.** Since we understand the importance of work and life balance, [15] **we've decided to implement flexible working hours and remote work wherever possible.** This will be effective starting on the first day of next month. If you have any feedback or concerns, we encourage you to talk to one of the HR team members. [16] **We are also going to hold a short workshop to give you more detailed information about this change.** Thank you for your continued hard work, and we hope this will shape the future of our company in a positive way.

M 근무 환경에서 중요하고 긍정적일 것으로 기대되는 정책 변경을 알리게 되어 기쁩니다. 우리는 업무와 생활의 균형의 중요성을 이해하기 때문에, 가능한 경우 유연한 근무제와 원격 근무를 시행하기로 결정했습니다. 이것은 다음 달 첫날부터 발효됩니다. 피드백이나 우려 사항이 있으면, 인사팀 중 한 명과 이야기하실 것을 권장합니다. 또한, 이 변경에 대한 자세한 정보를 제공하기 위한 짧은 워크샵을 개최할 예정입니다. 계속해서 열심히 근무해 주셔서 감사하며, 이것이 우리 회사의 미래를 긍정적으로 형성하는 데 도움이 되길 바랍니다.

어휘 **significant** 중대한 **hopefully** 바라건대 **positive** 긍정적인 **policy** 정책 **implement** 시행하다 **flexible** 유연한 **effective** 시행되는, 발효되는 **concern** 우려, 걱정 **detailed** 상세한, 자세한

14

담화의 목적은 무엇인가?

(A) 새로운 근무 환경에 대한 의견을 모으기 위해서
(B) 직원들에게 과도한 근무의 위험에 대해 경고하기 위해서
(C) 원격 근무의 가능성에 대해 논의하기 위해서
(D) 직원들에게 회사의 중요한 변경 사항에 대해 알리기 위해서

해설 담화의 첫 부분에서 중대한 정책의 변경을 알리게 되어 기쁘다고 했으므로 정답은 (D)이다.

15

회사는 무엇을 하기로 결정했는가?

(A) 새로운 근무 제도 시행
(B) 더 많은 인사부 직원 고용
(C) 직원들과의 의사소통 방법 찾기
(D) 미래를 위한 더 많은 사업 개발

해설 정책의 변경에 대한 구체적인 내용은 도입부 바로 다음의 'we've decided to implement flexible working hours and remote work wherever possible'이라는 부분에서 언급되었다. 즉, 유연근무제와 재택근무를 시행한다는 내용인데, 이는 근무 제도와 관련된 것이므로 정답은 (A)이다.

16

직원들은 이 변경 사항에 대해 더 많은 정보를 어떻게 얻을 수 있는가?

(A) 제공된 매뉴얼을 읽어서
(B) 팀 관리자와 이야기해서

(C) 인사 부서에 이메일을 보내서
(D) 워크샵에 참석해서

해설 담화의 마지막 부분에 정책 변경에 대한 자세한 정보를 전달하기 위한 워크샵을 개최한다는(We are also going to hold a short workshop to give you more detailed information about this change) 내용이 언급되었다. 따라서 정답은 (D)이다.

토익 필수 어구 - 업무 / 회의 관련 p.098

A

1 ⓑ 2 ⓒ 3 ⓓ 4 ⓔ 5 ⓐ

B

1 ⓑ 2 ⓐ 3 ⓐ 4 ⓑ 5 ⓑ

C

1 conflict
2 get ready for
3 upcoming
4 enroll
5 presentation

PART 2 선택 의문문 / 간접 의문문
PART 3 공공 장소

PART 2 선택 의문문 / 간접 의문문 p.100

실력 쌓기

A 11-02

1 (C) 2 (B) 3 (A) 4 (A)
5 (B) 6 (A) 7 (A) 8 (B)

1
Which do you prefer, sales or marketing?
(A) I am a new sales representative.
(B) I applied to the company.
(C) Neither. I like accounting.

영업과 마케팅 중에 어떤 일이 더 좋으세요?
(A) 저는 새로 온 영업 사원이에요.
(B) 저는 그 회사에 지원했어요.
(C) 둘 다 별로예요. 저는 회계팀이 좋아요.

해설 선택 의문문이다. 영업과 마케팅 중에 어떤 것이 더 좋으냐는 질문에 'Neither(둘 다 별로다)'라고 답한 (C)가 답이 된다. 이와 유사한 답으로 'either'가 있는데, 이는 어떤 쪽도 상관없다는 뜻으로 쓰인다. 질문에 나온 sales만 듣고 (A)를 선택하지 않도록 주의한다.

2
Do you know if there is a printing shop near here?
(A) I can't print this.
(B) I think there is one across the street.
(C) You can check with me.

이 근처에 혹시 인쇄소가 있는지 알고 있나요?
(A) 저는 이것을 인쇄할 수가 없어요.
(B) 길 건너편에 하나 있어요.
(C) 저한테 확인하시면 돼요.

해설 간접 의문문이다. 인쇄소가 있는지 알고 있느냐는 질문에 대해 길 건너편에 있다고 위치를 알려준 (B)가 정답이다.

3
Would you like to sit indoors or outdoors?
(A) I'd like some fresh air.
(B) It's not necessary.
(C) I would like to reserve a table.

실내에 앉으시겠어요, 아니면 밖에 앉으시겠어요?
(A) 저는 맑은 공기를 쐬고 싶어요.
(B) 그건 필요 없어요.
(C) 저는 테이블을 예약하고 싶어요.

해설 선택 의문문이다. 실내 아니면 밖에 앉고 싶은지를 묻는 질문에 대해 '맑은 공기를 쐬고 싶어요'라고 하여 밖에 앉고 싶다는 답변을 간접적으로 한 (A)가 정답이 된다.

4
Have you already made a reservation, or would you like me to do it?
(A) Would you do that for me?
(B) It's already full.
(C) I didn't make a reservation.

벌써 예약을 하셨나요, 아니면 제가 해드릴까요?
(A) 저 대신 좀 해 주시겠어요?
(B) 그건 이미 다 찼어요.
(C) 저는 예약을 하지 않았어요.

해설 선택 의문문이다. 예약을 했는지 아니면 대신 해주기를 원하는지를 묻는 질문에 대해 '저 대신 좀 해주시겠어요?'라고 답한 (A)가 정답이 된다. 질문에 대해 평서문뿐만 아니라 의문문이나 요청문 등도 답이 될 수 있음을 기억해 두자.

5
Can you tell me whether Jenny is coming or not?
(A) Jenny didn't go there.
(B) We are not sure yet.
(C) I can't make it.

Jenny가 오는지 안 오는지 알려주실 수 있나요?
(A) Jenny는 거기에 가지 않았어요.
(B) 우리는 아직 확실하지 않아요.
(C) 저는 제때에 갈 수 없어요.

해설 간접 의문문이다. Jenny가 오는지를 알려달라는 질문에 대해 아직 확실하지 않다고 답한 (B)가 정답이다. (C)의 'make it'은 '~에 제시간에 도착하다'라는 의미의 표현이다.

6

May I ask you which company you worked at before?
(A) I was a VP at Dex & Co.
(B) I'd like to work for a marketing firm.
(C) I have a lot of job experience.

이전에 어떤 회사에서 일하셨는지 물어봐도 될까요?
(A) 저는 Dex & Co의 부사장이었어요.
(B) 저는 마케팅회사에서 일하고 싶어요.
(C) 저는 경력이 많아요.

해설 간접 의문문이다. 'May I ask ~?'는 '제가 ~를 물어봐도 될까요?'라는 의미로 상대방에게 공손하게 뭔가를 물을 때 사용할 수 있는 표현이다. 어떤 회사에서 일했는지를 묻는 질문에 대해 Dex & Co의 부사장이었다고 답한 (A)가 정답이다.

7

Which city will you travel to first, Sydney or Melbourne?
(A) Neither. I don't enjoy traveling.
(B) I've never been there.
(C) I've always wanted to visit there.

시드니와 멜버른 중에 어떤 도시를 먼저 여행하고 싶으세요?
(A) 둘 다 별로예요. 저는 여행을 즐기지 않아요.
(B) 저는 거기에 가 본 적이 없어요.
(C) 저는 늘 그곳에 가고 싶었어요.

해설 여행하고 싶은 도시를 묻는 선택 의문문이다. 그에 대한 알맞은 답은 'neither(둘 다 별로다)'라고 답한 (A)가 된다.

8

Could you tell me why you didn't take the offer?
(A) Actually, I wanted to make an offer.
(B) The salary was not what I had expected.
(C) I didn't talk about it.

그 제안을 왜 받아들이지 않았는지 말씀해 주실 수 있나요?
(A) 사실, 저는 제안을 하고 싶었어요.
(B) 급여가 제 예상과 달랐어요.
(C) 저는 그것에 대해 이야기하지 않았어요.

해설 제안을 받아들이지 않은 이유를 묻는 간접 의문문이다. 질문에 대해 급여가 예상했던 것과 달랐다고 답한 (B)가 정답이 된다.

PART 3 공공 장소 p.102

유형 파악하기

11-05

W Good afternoon. What can I do for you today?
M I'd like to send this parcel to Japan.
W Please pass the parcel through the open window so that I can see how much it weighs. Do you want to send it by airmail?
M Yes, please. How long will it take?
W It will get there in about 7 days.

실력 쌓기

A

11-06

1 (A) 2 (B) 3 (D)

W Doctor's office. How can I help you?
M I would like to make an appointment with Dr. Howard. My name is Jack Allen.
W What do you need to see the doctor about?
M I've been coughing for the past few days. And it has been getting worse each day.
W Dr. Howard is off today. Can this wait until tomorrow?
M Okay.

W 병원입니다. 무엇을 도와드릴까요?
M Howard 선생님에게 예약을 좀 하고 싶어요. 제 이름은 Jack Allen입니다.
W 무엇 때문에 예약하시려고 하나요?
M 지난 며칠 동안 기침을 해서요. 매일 더 심해지는 것 같아요.
W Howard 선생님은 오늘 쉬는 날이세요. 내일 까지 기다리실 수 있나요?
M 네.

1

여자는 누구일 것 같은가?
(A) 접수 담당 직원
(B) 환자
(C) 의사
(D) 기술자

해설 병원에서 예약을 안내하고 있는 것으로 보아 여자는 접수 담당 직원임을 알 수 있다.

2

남자의 문제는 무엇인가?
(A) 그는 약속을 지키기엔 너무 바쁘다.
(B) 그는 몸이 좋지 않다.
(C) 그는 회사에 갈 수 없다.
(D) 그는 내일까지 기다릴 수 없다.

해설 남자는 'I have been coughing for the past few days(지난 며칠 동안 기침을 한다)'라고 하였으므로 몸이 좋지 않음을 알 수 있다. 대화의 have been coughing이 보기에서는 not feeling well로 달리 표현되었다.

3
여자는 Howard 박사에 대해 뭐라고 말하는가?
(A) 그의 일정이 오늘은 꽉 찼다.
(B) 그는 내일까지 병원에 없을 것이다.
(C) 그는 몸이 좋지 않다.
(D) 그는 오늘 시간이 되지 않는다.

해설 여자는 마지막 말에서 'Dr. Howard is off today(Howard 선생님이 오늘은 휴무이다)'라고 하였으므로 (D)가 정답이 된다. 대화의 'is off today'가 보기에서는 'is not available today'로 달리 표현되었다.

실전 연습

p.104

11-08

1 (B)	2 (A)	3 (A)	4 (B)
5 (A)	6 (C)	7 (A)	8 (B)
9 (A)	10 (B)	11 (C)	12 (B)
13 (C)	14 (B)	15 (A)	16 (B)

PART 2

1
Can you tell me where Mr. Yang is currently working?
(A) I am working in the sales division.
(B) Sorry, but we are not supposed to tell anybody.
(C) We are running out of supplies.
Yang 씨가 현재 어디에서 일하고 있는지 알려주실 수 있나요?
(A) 저는 영업부에서 일하고 있어요.
(B) 죄송하지만, 저희는 누구에게도 말씀드릴 수 없어요.
(C) 현재 우리는 용품이 다 떨어진 상태예요.

해설 간접 의문문이다. Yang 씨가 어디서 일하느냐는 질문에 대해 말씀드릴 수 없다고 답한 (B)가 정답이다.

어휘 **division** 부서 **be supposed to** ~하기로 되어 있다
run out of 다 떨어지다

2
Would you like to take the subway or a taxi?
(A) Either is fine with me.
(B) Traffic isn't so bad at this time of day.
(C) Let me check the itinerary first.
지하철을 타고 싶으세요, 아니면 택시를 타고 싶으세요?
(A) 저는 아무거나 괜찮아요.
(B) 이 시간에는 교통 상황이 그렇게 나쁘지 않아요.
(C) 제가 일정표를 먼저 확인해 볼게요.

해설 지하철 혹은 택시 중 어떤 것을 타고 싶은지를 묻는 선택 의문문에 대해 아무거나 괜찮다고 답한 (A)가 정답이다. 선택 의문문에 대한 답으로 'neither' 혹은 'either' 등이 자주 등장한다.

어휘 **traffic** 교통 **itinerary** 일정표

3
Where do you want to go first, the shoe shop or the grocery store?
(A) I need to buy some food.
(B) The shoe shop has a lot of good selections.
(C) We have a lot of options.
신발 가게와 식료품점 중에 어디를 먼저 가고 싶으세요?
(A) 저는 음식을 좀 사야 해요.
(B) 그 신발 가게에는 다양하고 좋은 상품들이 많이 있어요.
(C) 우리에게는 많은 옵션이 있어요.

해설 신발 가게와 식료품점 중에 어디를 먼저 가고 싶느냐는 선택 의문문에 음식을 살 필요가 있다고 답하여 식료품점을 먼저 갈 것임을 간접적으로 답변한 (A)가 정답이 된다. 이렇게 주어진 선택 사항을 직접 말하지 않고도 간접적으로 답을 할 수 있음을 기억하자.

4
Do you know where Jack is having a meeting?
(A) He is probably in a meeting right now.
(B) Ask his secretary.
(C) Yes, I often meet with clients.
Jack이 어디서 회의를 하는지 알고 계신가요?
(A) 그는 아마 지금 회의 중일 거예요.
(B) 그의 비서에게 물어보세요.
(C) 네. 저는 종종 고객들과 만나요.

해설 간접 의문문이다. Jack이 어디서 회의를 하는지 알고 있느냐는 질문에 대해 비서에게 물어보라고 답한 (B)가 정답이 된다.

5
Did the manager say when she would be back?
(A) No, she didn't say anything about it.
(B) She will leave the office right away.
(C) She is not good at managing.
매니저가 언제 돌아올지 이야기했나요?
(A) 아니요, 그에 대해 전혀 이야기하지 않았어요.
(B) 그녀는 당장 사무실을 떠날 거예요.
(C) 그녀는 관리 능력이 좋지 않아요.

해설 매니저가 언제 돌아올지 이야기했는가를 묻는 질문에 그에 대해 전혀 이야기하지 않았다고 답한 (A)가 정답이다.

6
Do you happen to know where the post office is?
(A) I mailed it the other day.
(B) Those things happen.
(C) You can refer to the area map.
우체국이 어디 있는지 혹시 아시나요?
(A) 저는 며칠 전에 그것을 발송했어요.

(B) 그런 일이 있을 수도 있죠.

(C) 지역 안내도를 참고하세요.

해설 우체국이 어디 있는지 아느냐는 질문에 대해 지역 안내도를 참고 하라고 한 (C)가 정답이다. 'Do you happen to ~?'는 '혹시 ~를 하는가?'라는 의미로 토익에 자주 출제되는 표현이다.

7

Would you like to leave first, or can you wait for me?

(A) I am running a little late.

(B) You are the one who should wait.

(C) Don't wait for me.

먼저 가실래요, 아니면 저를 기다리실래요?

(A) 저는 좀 늦어지고 있어요.

(B) 기다려야 할 사람은 당신이에요.

(C) 저를 기다리지 마세요.

해설 먼저 갈지 아니면 기다리고 싶은지를 묻는 선택 의문문에 대해 자신은 좀 늦어지고 있다며 기다리겠다는 의미로 답한 (A)가 정답이 된다.

8

Do you think we should reduce the number of staff members?

(A) I have never hired anyone like that.

(B) I don't think that will be necessary.

(C) Nobody took care of it.

우리가 직원의 숫자를 줄여야 할까요?

(A) 저는 저런 사람을 고용해 본 적이 없어요.

(B) 그럴 필요는 없을 것 같아요.

(C) 아무도 그 일을 처리하지 않았어요.

해설 직원의 숫자를 줄여야 하는지 묻는 질문에 대해 그것이 필요할 것 같지 않다고 답한 (B)가 정답이 된다. 'Do you think we should ~?'는 '우리가 ~을 해야 할 것 같은가요?'라는 의미로 상대방의 조언을 구하는 표현이다.

9

Did you hear that there is going to be an employee training session?

(A) Yes, I would like to participate in it.

(B) Jenny took part in the training session last year.

(C) I won't go over it.

직원 교육이 있을 거라는 이야기를 들었나요?

(A) 네, 저도 참석하고 싶어요.

(B) Jenny가 작년에 교육에 참여했어요.

(C) 저는 그것을 검토하지 않을 거예요.

해설 직원 교육이 있을 거라는 이야기를 들었느냐는 간접 의문문에 대해 알고 있고, 자신도 참석하고 싶다고 답한 (A)가 정답이다.

10

Can I take the day off tomorrow, or should I wait?

(A) Three of us are on vacation.

(B) This is not a good time for a day off.

(C) You should take off the label.

제가 내일 휴가를 낼 수 있을까요, 아니면 기다려야 할까요?

(A) 우리 중 3명이 휴가 중이에요.

(B) 지금은 휴가를 내기에 좋은 때가 아니에요.

(C) 당신은 그 라벨을 떼어내야 해요.

해설 내일 휴가를 쓸 수 있는지 아니면 기다려야 하는지를 묻는 선택 의문문에 지금은 휴가를 내기에 좋은 때가 아니라고 답한 (B)가 정답이다. (C)의 take off는 '~을 떼어내다' 라는 의미로 쓰였다.

PART 3

[11-13]

W Good evening. 11-1) **I am your server**, Wendy. Today, we have 3 lunch specials. 11-2) **You can see them on this menu.**

M Oh, the second one looks good. But can I have a green salad instead of mashed potatoes? I would like a beefsteak, but I don't want to eat potatoes.

W Sorry, sir. 12) **You cannot mix them up.**

M Then 13) **I will just have the one with spaghetti.**

W 안녕하세요. 저는 담당 서버 Wendy입니다. 오늘 저희에게 3개의 런치 스페셜이 준비되어 있어요. 여기 메뉴를 보시면 돼요.

M 두 번째 것이 좋아 보이네요. 하지만 으깬 감자 대신에 그린 샐러드를 먹을 수 있을까요? 소고기 스테이크를 먹고 싶은데, 감자는 별로거든요.

W 죄송하지만, 메뉴를 섞으실 수는 없어요.

M 그러면 스파게티가 있는 메뉴로 할게요.

어휘 **mashed** 으깨진 **mix up** 섞다

오늘의 특선

1. 닭가슴살 그린 샐러드
2. 으깬 감자를 곁들인 비프 스테이크
3. 갓구운 빵을 곁들인 미트볼 스파게티
4. 구운 콩을 곁들인 클럽 샌드위치

11

남자는 누구일 것 같은가?

(A) 식당 주인

(B) 출장 음식 제공 업자

(C) 손님

(D) 웨이터

해설 서버인 여자가 남자에게 메뉴를 주었고, 남자는 음식 메뉴에 대해 묻고 주문을 하고 있다. 따라서 남자는 식당의 손님일 것이다.

12

여자는 런치 스페셜에 대해 뭐라고 언급했는가?

(A) 무료 음료를 마실 수 있다.

(B) 음식의 종류를 바꿀 수 없다.

(C) 2개 이상 주문할 수 없다.

(D) 무료로 먹을 수 있다.

해설 여자는 런치 스페셜을 설명하면서 'You cannot mix it up (메뉴를 섞을 수 없다)'고 하였으므로 각 런치 스페셜의 음식 종류를 바꿀 수 없음을 알 수 있다.

13

시각 정보를 보시오. 남자는 어떤 메뉴를 선택할 것인가?

(A) 1

(B) 2

(C) 3

(D) 4

해설 남자는 마지막에 'I will just have the one with spaghetti(스파게티가 있는 것으로 먹겠다)'고 하였으므로 (C)를 선택할 것임을 알 수 있다.

[14-16]

M 14-1) **This is the apartment** I've been talking about. 14-2) **It's a two-bedroom apartment.** And 14-3) **it's fully furnished.** It's $900 a month. 14-4) **That includes utilities.**

W This looks good. The rent is a little more than I expected. But I really like the location.

M Yes, 15) **it's only 5 minutes to the subway station.**

W Yeah, but 16) **I have to look at one more place.** Then, I will decide.

M 이것이 제가 얘기하던 아파트예요. 방 2개짜리 아파트죠. 가구를 다 갖추고 있고요. 한 달에 900달러예요. 수도와 전기료 등이 포함되어 있고요.

W 좋아 보이네요. 월세가 제가 생각했던 것 보다 좀 더 높아요. 하지만 위치가 정말 마음에 들어요.

M 네. 지하철 역까지 5분 거리예요.

W 네. 하지만 한 군데 더 둘러봐야 할 것 같아요. 그리고 결정할게요.

어휘 **furnished** 가구가 비치된 **location** 지역, 위치

14

대화는 어디에서 일어날 것 같은가?

(A) 여행사에서

(B) 부동산 중개소에서

(C) 백화점에서

(D) 가구점에서

해설 남자와 여자가 아파트에 대해 이야기하고 있으므로 (B)가 정답이 된다. A two-bedroom apartment, furnished, utilities 등의 단어가 단서가 된다.

15

남자는 아파트에 대해 뭐라고 말하는가?

(A) 대중교통을 이용하기에 편리하다.

(B) 필요한 가구가 없다.

(C) 여자가 생각했던 것 보다 저렴하다.

(D) 오래 남아 있지 않을 것이다.

해설 남자는 'it's only 5 minutes to the subway station(지하철 역까지 5분 거리이다)'라고 말하였으므로 (A)가 정답이다.

16

다음에 여자는 무엇을 할 것인가?

(A) 또 다른 부동산 중개인에게 전화를 한다.

(B) 한 집을 더 방문한다.

(C) 계약서에 서명한다.

(D) 지하철역으로 걸어간다.

해설 대화의 마지막 부분에 여자는 'I have to look at one more place(한 군데를 더 봐야 한다)'라고 하였으므로 (B)가 정답이다.

토익 필수 어구 - 공공 장소 관련 p.106

A

1 ⓔ 2 ⓐ 3 ⓑ 4 ⓒ 5 ⓓ

B

1 ⓐ 2 ⓐ 3 ⓑ 4 ⓐ 5 ⓑ

C

1 set up an account 2 include utilities

3 fill out the form 4 get some vaccinations

5 out of ingredients

UNIT
12
PART 2 평서문
PART 4 인물 소개 / 연설 / 발표

PART 2 | 평서문 p.108

실력 쌓기

A 12-02

1 (C) 2 (C) 3 (A) 4 (C)

5 (C) 6 (B) 7 (B) 8 (A)

1

We are running out of gas.

(A) Turn right here.

(B) Oil prices are rising.

(C) Is there a gas station near here?

기름이 다 떨어져 가요.

(A) 여기에서 오른쪽으로 도세요.

(B) 기름 가격이 오르고 있어요.

(C) 근처에 주유소가 있나요?

해설 기름이 다 떨어져 간다는 문제점을 이야기하였고 이에 대해 근처에 주유소가 있는지 묻는 답이 가장 자연스럽다. 따라서 보기 (C) Is there a gas station near here?(근처에 주유소가 있나요?)가 정답이 된다. 문제에 들린 gas와 연관 어휘인 oil을 사용한 보기 (B)는 오답이다.

2

This was the most inspiring speech I've ever heard.

(A) You did a wonderful job.

(B) The auditorium was renovated.

(C) It could have been better.

이 연설은 제가 들었던 연설 중에 가장 감동적이었어요.

(A) 당신은 정말 잘 하셨어요.

(B) 강당이 보수되었어요.

(C) 더 잘 할 수도 있었을 텐데요.

해설 연설에 대한 긍정적인 의견을 전달하고 있다. 이에 대해 겸손하게 아쉬움을 표현한 보기 (C) It could have been better.(더 잘 할 수도 있었을 텐데요.)가 정답이 된다.

3

My computer broke down last night.

(A) Didn't you buy it last week?

(B) Only if I have time.

(C) It depends on the price.

제 컴퓨터가 지난밤에 고장 났어요.

(A) 지난주에 사지 않으셨어요?

(B) 제가 시간이 있을 때만 가능해요.

(C) 가격에 따라 다르죠.

해설 컴퓨터가 고장 났다는 문제점을 언급하였고 이에 대해 지난주에 샀는데 벌써 고장이 났냐는 뜻을 전한 보기 (A) Didn't you buy it last week?(지난주에 사지 않으셨어요?)이 정답이 된다.

4

Ms. Rhoads couldn't make it to the presentation.

(A) A couple of days ago.

(B) I led the presentation.

(C) Yes, she was there.

Rhoads 씨는 프레젠테이션에 오지 못하셨어요.

(A) 며칠 전에요.

(B) 제가 프레젠테이션을 이끌었어요.

(C) 왔었어요, 거기에 계셨어요.

해설 부정의 평서문이다. 오지 못하셨다는 내용에 대해 긍정의 답, 즉 왔다고 답하려면 yes, 오지 못했다고 답하려면 no라고 해야 한다. Rhoads 씨가 프레젠테이션에 오지 못했다는 말에, 그녀가 왔었다고 정정해준 보기 (C) Yes, she was there.(왔었어요, 거기에 계셨어요.)가 정답이다.

5

Please don't tell anyone about the news.

(A) He is a news reporter.

(B) I'd be happy to.

(C) Don't worry about it.

그 소식에 대해 아무에게도 말하지 말아주세요.

(A) 그는 뉴스 기자예요.

(B) 그러고 싶어요.

(C) 걱정하지 마세요.

해설 그 소식을 아무에게도 말하지 말라고 부탁하고 있다. 이에 대해 동의하는 뜻을 전달한 (C) Don't worry about it.(걱정하지 마세요.)이 정답이 된다.

6

The World Travel Agency faxed a list of hotels to you.

(A) He is on a business trip to Boston.

(B) I'll look at it later.

(C) They booked two rooms.

World Travel Agency가 당신에게 호텔 목록을 팩스로 보냈어요.

(A) 그는 보스턴으로 출장 갔어요.

(B) 나중에 볼게요.

(C) 그들은 방 두 개를 예약했어요.

해설 호텔 목록을 보냈다는 정보를 전달하고 있는데, 이에 대해 다음에 살펴 보겠다고 답한 보기 (B)가 정답이 된다. 보기 (C)는 hotel과 관련된 어휘인 book(예약하다)을 써서 혼동을 주고 있다.

7

Mr. Shin is not feeling well today.

(A) Are you feeling okay?

(B) I hope he gets better soon.

(C) He speaks three languages.

Shin 씨는 오늘 몸이 안 좋으세요.

(A) 괜찮으세요?

(B) 그가 곧 나아지길 바라요.

(C) 그는 세 가지 언어를 해요.

해설 Shin 씨가 몸이 좋지 않다는 내용에 괜찮아졌으면 좋겠다고 한 보기 (B) I hope he gets better soon.(그가 곧 나아지길 바라요.)이 정답이 된다.

8

I'll order today's special.

(A) That is an excellent idea.

(B) Today is Wednesday.

(C) This restaurant opened a week ago.

오늘의 특선 요리를 주문할게요.

(A) 훌륭한 생각이에요.

(B) 오늘은 수요일이에요.
(C) 이 식당은 일주일 전에 열었어요.

해설 오늘의 특선 요리를 주문 한다는 말에 긍정적인 호응을 하는 (A) That is an excellent idea.(훌륭한 생각이에요.)가 정답이 된다. (B)는 질문에서 들린 today와 동일 어휘를 사용하여 혼동을 주고, (C)는 연관 어휘인 restaurant를 사용하여 혼동을 주고 있다.

PART 4 | 인물 소개 / 연설 / 발표 p.110

유형 파악하기

12-05

M Welcome to the PK Company's 5th anniversary celebration. We recognize one employee every year who has gone beyond our expectations by naming him or her the employee of the year. This year's winner will be awarded a plaque along with a check for $200 as an extra thank you for all the exceptional work that person has done. I'm proud to announce that the PK Company's employee of the year is Emma Rose. Congratulations and please come up on to the stage!

실력 쌓기

A

12-06

1 (A) 2 (D) 3 (C)

W Hello, everyone. We are here today to show our respect and love for Professor Ruth Lavens, who spent 40 years teaching at our university. Professor Lavens has been a great influence on all of us during this time. Despite an entire lifetime of teaching experience, she never told any of us what we should or should not be doing. Instead, she was always there to help us in the nicest manner. On behalf of the faculty, I would like to express our gratitude. Thank you and have a happy retirement. Now, we would like to welcome Ruth to say a few words before she leaves us. Everyone, please stand up and join me in welcoming Ruth.

W 안녕하세요 여러분. 저희는 오늘 우리 대학에서 지난 40년간 가르쳐 오신 Ruth Lavens 교수님을 위한 존경과 사랑을 표하기 위해 이 자리에 모였습니다. 이 시간 동안에 Lavens 교수님은 우리 모두에게 커다란 영향을 주었습니다. 평생의 교수 경험에도 불구하고 저희에게 무엇을 해야 한다거나 하지 말아야 한다고 말씀하지 않으셨습니다. 대신에, 친절하게 저희들을 도와 주시려고 항상 제자리에 계셨습니다. 교수진을 대표하여 감사함을 표현하고 싶습니다. 감사합니다. 그리고 행복한 은퇴가 되시기를 바랍니다. 그럼, 저희를 떠나시기 전에 말씀을 들을 수 있도록 Ruth 교수님을 모셔보겠습니다. 여러분, 모두 일어서서 Ruth 교수님을 환영해 주십시오.

1

무엇이 축하되고 있는가?
(A) 교수님의 은퇴
(B) 스승의 날
(C) 올해의 최고 교수
(D) 대학의 기념일

해설 담화의 앞부분에서 Lavens 교수님의 약력을 소개한 후, 후반부에서 'Thank you and have a happy retirement.(감사합니다. 그리고 행복한 은퇴가 되시기를 바랍니다.)'라고 했으므로 보기 (A) The retirement of a professor(교수님의 은퇴)가 정답이 된다.

2

Ruth Lavens에 대하여 언급된 것은 무엇인가?
(A) 그녀는 가장 오래 가르쳤다.
(B) 그녀는 많은 수상을 하였다.
(C) 그녀는 코디네이터로 일하였다.
(D) 그녀는 다른 사람들을 도와준다.

해설 화자는 담화에서 'Despite an entire lifetime of teaching experience, she never told any of us what we should or should not be doing. Instead, she was always there to help us in the nicest manner.(평생의 교수 경험에도 불구하고 저희에게 무엇을 해야 한다거나 하지 말아야 한다고 말씀하지 않으셨습니다. 대신에, 친절하게 저희들을 도와 주시려고 항상 제자리에 계셨습니다.)'라고 했다. help를 supportive로 바꾼 보기 (D) She is supportive of others.(그녀는 다른 사람들을 도와준다.)가 정답이 된다.

3

다음에 일어날 일은 무엇일 것 같은가?
(A) 음악이 시작할 것이다.
(B) 추첨이 열릴 것이다.
(C) 연설이 있을 것이다.
(D) 상이 주어질 것이다.

해설 'Now, we would like to welcome Ruth to say a few words before she leaves us.(그럼, 저희를 떠나시기 전에 말씀을 들을 수 있도록 Ruth 교수님을 모셔보겠습니다.)'라고 했으므로 보기 (C) A speech will be given.(연설이 있을 것이다.)이 정답이 된다.

실전 연습

p.112

12-08

1 (B)	2 (A)	3 (A)	4 (B)
5 (B)	6 (C)	7 (C)	8 (A)
9 (B)	10 (A)	11 (A)	12 (B)
13 (B)	14 (A)	15 (D)	16 (A)

PART 2

1

We might have to cancel the employee picnic.

(A) Which holiday resort?

(B) Isn't it too late to cancel?

(C) Yes, everyone was there.

우리는 회사 야유회를 취소해야 할지도 모르겠어요.

(A) 어떤 휴양지예요?

(B) 취소하기에는 너무 늦지 않았나요?

(C) 네, 모든 사람들이 거기에 있었어요.

해설 회사 야유회를 취소해야 할 수도 있다는 말을 듣고 그 결정이 부적절하지 않은지를 묻는 보기 (B) Isn't it too late to cancel?(취소하기에는 너무 늦지 않았나요?)이 가장 자연스럽다. picnic의 연관 어휘인 holiday resort를 사용한 보기 (A)는 오답이다.

2

The accounting system needs to be fixed.

(A) Yes, Mr. Kim will repair it today.

(B) I should have called him.

(C) I'd like to review the sales figures.

회계 시스템을 고쳐야 해요.

(A) 네, Kim 씨가 오늘 수리할 거예요.

(B) 그에게 전화를 했어야 해요.

(C) 매출액을 검토하고 싶어요.

해설 회계 시스템이 잘못되었다는 문제점을 지적하고 있다. 이에 대해 오늘 수리할 것이라고 답한 보기 (A) Yes, Mr. Kim will repair it today.(네, Kim 씨가 오늘 수리할 거예요.)가 정답이 된다.

어휘 **accounting** 회계 **sales figure** 매출액

3

The weather is not very cold today.

(A) I don't think so.

(B) Only if the weather is nice.

(C) Springtime is perfect for outdoor events.

날씨가 오늘 많이 춥지 않아요.

(A) 저는 그렇게 생각하지 않아요.

(B) 날씨가 좋으면요.

(C) 봄철은 야외 활동하기에 최고예요.

해설 날씨가 별로 춥지 않다는 정보를 전달했다. 이와 다른 의견을 말한 보기 (A) I don't think so.(저는 그렇게 생각하지 않아요.)가 정답이 된다. 보기 (B)는 질문에 들린 어휘와 같은 weather를 써서 혼동을 주는 오답이다.

4

I will introduce you to our new staff member.

(A) Don't you like him?

(B) I think I've met him.

(C) In meeting room five.

신입 직원을 소개해 드릴게요.

(A) 그가 마음에 들지 않나요?

(B) 그를 만났던 것 같아요.

(C) 5번 회의실에서요.

해설 신입 직원을 소개한다는 말에 그 직원을 만난 적이 있는 것 같다고 말한 보기 (B) I think I've met him.(그를 만났던 것 같아요.)이 자연스럽다.

5

Mr. Austin called while you were in the meeting.

(A) I got the wrong number.

(B) Thank you for letting me know.

(C) The meeting went very well.

회의하시는 동안에 Austin 씨가 전화했어요.

(A) 제가 잘못 걸었어요.

(B) 알려줘서 고마워요.

(C) 회의는 매우 잘 되었어요.

해설 정보를 전달해 주는 말에 감사함을 표하는 답변이 자연스럽다. 따라서 보기 (B) Thank you for letting me know.(알려줘서 고마워요.)가 정답이다.

6

I think I left my umbrella in the bookstore.

(A) I haven't finished reading it.

(B) I guess it was about 5:30.

(C) Why don't you give them a call?

서점에 제 우산을 놓고 온 것 같아요.

(A) 그것을 읽는 것을 끝내지 못했어요.

(B) 5시 30분쯤이었던 것 같아요.

(C) 그들에게 전화를 해 보는 것이 어때요?

해설 서점에 우산을 놓고 왔다는 문제를 이야기하고 있다. 이에 대해 해결책을 제시하는 보기 (C) Why don't you give them a call?(그들에게 전화를 해 보는 것이 어때요?)이 정답이다.

7

There are a lot of errors in this document.

(A) Which one would you prefer?

(B) We need a break.

(C) Kelly will proofread it soon.

이 문서에는 오류가 매우 많아요.

(A) 어떤 것을 더 선호하세요?

(B) 저희는 휴식이 필요해요.
(C) Kelly가 그것을 곧 교정 볼 거예요.

해설 문서에 오류가 많다는 문제에 대하여 곧 교정될 것이라고 말한 보기 (C) Kelly will proofread it soon.(Kelly가 그것을 곧 교정 볼 거예요.)이 정답이 된다.

8

I found the professional development program useful.
(A) I couldn't agree more.
(B) They are professionals.
(C) It was installed last month.

저는 그 직업 개발 프로그램이 유용하다는 것을 알았어요.
(A) 전적으로 동의해요.
(B) 그들은 전문가들이에요.
(C) 지난달에 설치되었어요.

해설 프로그램이 유용하다고 한 의견에 대하여 동의를 표시한 보기 (A) I couldn't agree more.(전적으로 동의해요.)가 정답이 된다.

어휘 **professional** 전문적인, 전문가 **development** 개발

9

Let's check the details of the company banquet.
(A) How did you like it?
(B) Sure, anytime.
(C) Oh, I forgot to bring the key.

회사 연회의 세부사항을 확인해 보죠.
(A) 어떠셨어요?
(B) 물론이죠, 언제든지요.
(C) 오, 열쇠를 가져오는 것을 잊었어요.

해설 세부사항을 살펴보자고 제안하였고, 이에 대해 긍정의 답을 한 보기 (B) Sure, anytime.(물론이죠, 언제든지요.)이 정답이 된다.

어휘 **detail** 세부사항 **banquet** 연회

10

I heard Mr. Woods will be retiring at the end of this year.
(A) Who told you that?
(B) The farewell party is over.
(C) It should be completed by this week.

Woods 씨가 올해 연말에 은퇴하신다고 들었어요.
(A) 누가 말해 줬어요?
(B) 송별회는 끝났어요.
(C) 이번 주까지 완료되어야 해요.

해설 Woods 씨의 은퇴 소식을 들었다는 말에 누구에게 들었는지 물어보는 보기 (A) Who told you that?(누가 말해 줬어요?)이 자연스러우므로 정답이다.

어휘 **retire** 은퇴하다 **farewell** 작별, 송별

PART 4

[11-13]

M Good evening, everyone. 11) **Welcome to the Springfield Top Construction Projects Awards.** Tonight, we will honor the top 3 building teams that created the best projects this year. 12) **The juries of industry leaders in design and construction have judged all the projects registered based on five criteria:** eco-friendliness, innovation, teamwork, convenience, and safety. 13) **The winning team has the highest score in total. Please join me in giving them a warm round of applause.**

M 안녕하세요, 여러분. 스프링필드 최고 건설 프로젝트 시상식에 오신 것을 환영합니다. 오늘 밤 저희는 올해 최고의 프로젝트를 만들어 낸 상위 3개의 건설 팀에게 시상할 것입니다. 디자인과 건설계의 선두주자이신 심사위원단이 5개의 심사 기준인 환경친화성, 혁신성, 팀워크, 편리성, 그리고 안전성에 기초하여 등록된 모든 프로젝트를 심사하였습니다. 우승팀은 총점이 가장 높은 팀입니다. 그들에게 따뜻한 박수를 보내 주십시오.

어휘 **construction** 공사 **award** 상 **honor** 명예를 주다 **jury** 심사위원단 **judge** 판단하다 **register** 등록하다 **based on** ~에 기초한 **criteria** 기준 **eco-friendliness** 환경친화성 **innovation** 혁신 **convenience** 편리성 **a round of applause** 한 차례의 박수

프로젝트	점수
ST 공항 보수	89
퀸 대학교 도서관	96
Mary's 백화점	70
High Street 주차장	92

11

청자들은 누구일 것 같은가?
(A) 건축가
(B) 과학자
(C) 기자
(D) 패션 디자이너

해설 'Welcome to the Springfield Top Construction Projects Awards.(스프링필드 최고 건설 프로젝트 시상식에 오신 것을 환영합니다.)'라고 했는데, 보기들 중에서 건설 프로젝트 관련 시상식에 참가한 사람들로 보기에 가장 적절한 사람들은 (A)의 Architects(건축가)이다.

12

몇 가지 기준이 언급되었는가?
(A) 6
(B) 5

(C) 4
(D) 3

해설 'The juries of industry leaders in design and construction have judged all the projects registered based on five criteria(디자인과 건설계의 선두주자이신 심사위원단이 5개의 심사 기준에 기초하여 등록된 모든 프로젝트를 심사하였습니다.)'라고 했으므로 정답은 5개이다.

13

시각 정보를 보시오. 어떤 프로젝트가 가장 먼저 발표될 것인가?
(A) ST 공항 보수
(B) 퀸 대학교 도서관
(C) Mary's 백화점
(D) High Street 주차장

해설 '우승팀은 총점이 가장 높은 팀입니다. 그들에게 따뜻한 박수를 보내 주십시오.(The winning team has the highest score in total. Please join me in giving them a warm round of applause.)'라고 했으므로 표에서 96점으로 가장 높은 점수를 받은 '퀸 대학교 도서관' 프로젝트가 안내방송에 이어서 가장 먼저 수상자로 발표될 것임을 알 수 있다.

[14-16]

W Good evening, everyone! Thank you all for coming to the grand opening of our downtown office. As most of you know, 14) **Peter and I started this business in a small office in Brooklyn.** And we have become a forty-million-dollar company with 120 full-time employees. We couldn't have done it without you. 15) **I would like to thank you all for your extraordinary work and contributions to the company.** As a token of our appreciation, 16) **we have a small gift for each of you, so don't forget to take it.** Now please enjoy the banquet.

W 좋은 저녁입니다, 여러분! 저희 다운타운 사무실의 개점식에 와 주셔서 감사드립니다. 여러분 대부분이 아시듯이, Peter와 저는 브루클린에 있는 작은 사무실에서 이 사업을 시작했습니다. 그리고 정직원 120명을 가진 4백만 달러 가치의 회사가 되었습니다. 여러분 없이는 그렇게 할 수 없었을 것입니다. 열심히 일해 주시고, 회사에 기여해 주셔서 여러분 모두에게 감사드리고 싶습니다. 감사의 표시로 여러분 모두에게 작은 선물을 준비했으니, 잊지 말고 가져가세요. 자 지금부터 연회를 즐겨주세요.

어휘 **employee** 직원 **extraordinary** 우수한 **contribution** 기여 **token** 표시 **appreciation** 감사 **banquet** 연회

14

화자는 누구일 것 같은가?
(A) 회사 창업자
(B) 공무원
(C) 부동산 중개인
(D) 매장 관리자

해설 'Peter and I started this business in a small office in Brooklyn.(Peter와 저는 브루클린에 있는 작은 사무실에서 이 사업을 시작했습니다.)'이라고 했으므로 화자는 창업자임을 알 수 있다. 따라서 정답은 보기 (A) A company founder(회사 창업자)이다.

15

화자는 왜 "여러분 없이는 그렇게 할 수 없었을 것입니다."라고 말하는가?
(A) 그녀는 일에 재능이 없다.
(B) 그녀는 더 많은 직원을 희망한다.
(C) 그녀는 직원을 잃고 싶지 않다.
(D) 그녀는 직원에게 감사를 표하고 싶다.

해설 'We couldn't have done it without you.(여러분 없이는 그렇게 할 수 없었을 것입니다.)' 뒤에 'I would like to thank you all for your extraordinary work and contributions to the company.(열심히 일해 주시고, 회사에 기여해 주셔서 여러분 모두에게 감사드리고 싶습니다.)'라고 했다. 직원들 없이는 성공을 이루지 못했다는 문맥이므로 보기 (D) She wants to express her gratitude to the staff.(그녀는 직원에게 감사를 표하고 싶다.)가 정답이다.

16

청자들은 무엇을 요청 받았는가?
(A) 선물을 가져가기
(B) 무대에서 공연하기
(C) 연설하기
(D) 토론을 시작하기

해설 'we have a small gift for each of you, so don't forget to take it.(여러분 모두에게 작은 선물을 준비했으니, 잊지 말고 가져가세요.)'이라고 했으므로 보기 (A) Pick up their gifts(선물을 가져가기)가 정답이다.

토익 필수 어구 - 회사 조직 관련 p.114

A

1 ⓔ 2 ⓑ 3 ⓐ 4 ⓓ 5 ⓒ

B

1 ⓐ 2 ⓑ 3 ⓐ 4 ⓑ 5 ⓐ

C

1 personnel 2 advisor
3 editor 4 vice president
5 manufacturers

Reading Comprehension

PART 5 주어와 동사
PART 6 편지

01 | 주어 자리에 오는 말들 p.118

실력 쌓기

1 Some candidates
2 To reduce the number of customer complaints
3 A Q&A session
4 What our clients like about our service
5 The initial plan for the project
6 The company's new president
7 Providing hotel guests with good service
8 The development of new business facilities

1 몇몇의 지원자들은 그 직책에 맞는 자격을 갖추고 있지 않았다.
2 고객 불만의 수를 줄이는 것이 이달의 목표이다.
3 질의 응답 시간이 발표 뒤에 이어질 것이다.
4 고객들이 우리 서비스에 관해 마음에 들어 하는 부분은 우리의 신속함이다.
5 그 프로젝트에 대한 초기 계획은 우리 예상보다 빨리 수립될 것이다.
6 회사의 새로운 회장은 아직 선출되지 않았다.
7 호텔 고객들에게 좋은 서비스를 제공하는 것은 우리의 우선순위이다.
8 새로운 비즈니스 시설의 개발은 더 많은 직원의 고용을 가능하게 할 것이다.

B

1 (C) 2 (D) 3 (B) 4 (B)

1 소포는 3일 후에 당신의 집에 배달될 것이다.

해설 주어를 완성하는 문제로 관사 the 뒤에 들어갈 말은 명사이므로 정답은 (C)이다.

어휘 **deliver** 배달하다

2 이 프로젝트에 적극적으로 참여해 주시면 감사하겠습니다.

해설 '당신의 적극적인 참여'라는 주어를 완성해야 하는 문제이다. 형용사 active 뒤에 들어가는 말은 명사가 적합하므로 보기 중 명사인 (D)가 정답이다.

어휘 **active** 능동적인, 적극적인 **appreciate** 감사하다 **participate** 참여하다

3 새로운 시스템을 실행하는 것은 당신의 인내심과 노력을 필요로 할 것이다.

해설 '새로운 시스템을 실행하는 것은'이라는 주어를 완성해야 한다. a new system을 목적어로 취하면서 주어의 역할을 할 수 있는 동명사 Implementing이 빈칸에 알맞다.

어휘 **require** 요구하다, 필요로 하다 **patience** 인내 **effort** 노력 **implement** 실행하다 **implementation** 실행, 이행

4 대부분의 고객들이 원하는 것은 낮은 가격과 좋은 품질이다.

해설 '대부분의 고객들이 원하는 것은'이라는 주어를 완성해야 한다. 따라서 '~하는 것은'이라는 의미의 명사절을 만드는 What이 정답이다.

02 | 주어와 동사의 일치 p.120

실력 쌓기

A

1 are
2 were given
3 decide
4 delivered
5 discussed
6 concluded
7 is

1 그들 대부분은 현재 시험 결과에 만족하고 있다.
2 어제 세미나의 참석자들에게는 무료 샘플이 주어졌다.
3 내일 정오에, 이사회는 다음 CEO가 누가 될지 결정할 것이다.
4 당신의 소포는 지불이 완료되고 나면 바로 배달될 것이다.
5 그 이슈는 가능한 한 빨리 논의되어야 한다.
6 지난주에, 엔지니어들이 오작동은 전기 회로 누전에 의한 것이라고 결론지었다.
7 우리의 모든 제품의 품질을 향상시키는 것이 우리의 현재 목표이다.

B

1 (B) 2 (B) 3 (C) 4 (C)

1 직원들에게 적절한 교육 기회를 주는 것은 중요하다.

해설 주어인 It과 어울리는 동사를 찾는 문제이다. 가주어 it에 알맞은 동사는 단수인 is가 알맞으므로 (B)가 정답이다.

어휘 **proper** 적절한 **opportunity** 기회

2 새로운 소프트웨어를 설치하는 것은 우리가 예상했던 것보다 오래 걸리고 있다.

해설 Installing new software에 어울리는 동사를 찾는 문제이다. 동명사 주어는 단수 동사와 쓰고, '시간이 ~걸린다'라는 의미의 동사 take가 필요하므로, 현재 시간이 걸리고 있음을 나타낸 (B) is taking이 정답이다.

3 Johnson 씨는 몇 년 전에 이 회사의 회계사로 일하기 시작했다.

해설 Mr. Johnson이라는 주어와, a few years ago라는 부사구에 어울리는 동사를 찾는 문제이다. 의미상 'Johnson 씨는 몇 년 전에 회계사로 일하기 시작했다'는 의미가 되어야 자연스러우므로, 과거 동사인 (C)가 정답이다.

어휘 **accountant** 회계사

4 사무실 건물은 많은 나무와 잔디로 둘러싸여 있다.

해설 알맞은 동사를 찾는 문제이다. 주어인 The office building은 사물이고 단수이며, 문맥상 '사무실 건물이 나무에 둘러싸여 있다'라는 의미가 되어야 한다. 따라서 정답은 수동태이며 단수 동사인 (C)이다.

실전 연습

p.122

1 (D)	2 (B)	3 (A)	4 (A)
5 (B)	6 (B)	7 (D)	8 (A)
9 (B)	10 (A)	11 (A)	12 (A)

PART 5

1

새로운 고속도로의 건설은 분명 다른 지역에서 더 많은 관광객들을 끌어들일 것이다.

(A) construct
(B) constructing
(C) constructive
(D) construction

해설 '새로운 고속도로의 건설'이라는 의미의 주어를 완성해야 하는 문제로 빈칸에는 'of + 전치사구'의 수식을 받는 명사가 필요하다. 보기 중 명사는 (D)이므로 (D)가 정답이다.

어휘 **definitely** 분명히, 확실히 **attract** 끌어들이다 **construct** 건설하다 **constructive** 건설적인 **construction** 건설

2

회사의 새로운 이사는 100명 이상의 직원들을 해고하기로 결정하였다.

(A) decide
(B) has decided
(C) is decided
(D) to decide

해설 주어인 The company's new director에 어울리는 동사를 찾는 문제이다. 주어는 3인칭 단수이고, 문맥상 '회사의 이사가 결정했다'라는 의미의 능동형 동사가 필요하므로 (B) has decided가 정답이 된다.

어휘 **director** 이사 **lay off** 해고하다

3

당신이 고객이 원하는 것을 알고자 한다면, 고객 설문조사를 실행하는 것은 매우 유용하다.

(A) is
(B) are
(C) be
(D) were

해설 Conducting a customer survey에 알맞은 동사를 찾는 문제이다. 동명사가 주어로 쓰일 때 동사는 단수 동사를 쓰므로 (A)가 정답이다.

어휘 **customer** 고객 **survey** 설문조사

4

이 스마트워치에 대해 고객들이 인정하는 것은 경쟁력 있는 가격과 우수한 품질이다.

(A) What
(B) That
(C) Which
(D) Where

해설 빈칸부터 smartwatch까지가 문장의 주어이다. '고객들이 인정하는 것은'이라는 의미를 완성시키는 것은 (A)의 What이다.

어휘 **customer** 고객 **appreciate** 인정하다; 감사하다 **competitive** 경쟁력 있는

5

휴가 계획에 대한 정보는 회사 게시판에 게시될 것이다.

(A) post
(B) be posted
(C) posts
(D) posting

해설 Information about vacation plans에 어울리는 동사를 완성하는 문제이다. 빈칸 앞에 미래를 나타내는 조동사 will이 있고, '휴가 계획에 관한 정보가 게시될 것이다'라고 해야 의미가 자연스러우므로, will과 함께 수동형을 만드는 (B) be posted가 정답이 된다.

어휘 **bulletin board** 게시판 **post** 게시하다

6

그 분야에서 충분한 경험을 갖추는 것은 당신이 더 나은 직업을 가질 수 있도록 해 줄 것이다.

(A) Have
(B) Having
(C) Had
(D) Be had

해설 '그 분야에서 충분한 경험을 가지는 것은'이라는 의미의 주어를 완성해야 한다. 빈칸 뒤에 enough experience(충분한 경험)라는 목적어를 취하면서 문장에서 주어의 역할을 할 수 있는 것은 동명사이므로 (B)가 정답이다.

어휘 **field** 분야 **enable** ~을 가능하게 하다

7

신임 대통령의 선출은 다음 주 월요일에 끝나고 공식적으로 발표될 것이다.

(A) select
(B) selects
(C) selecting
(D) selection

해설 빈칸은 정관사 the 뒤에 있고 전치사 of 앞에 있으므로 명사가 와야 하는 자리이다. 따라서 정답은 '선출'이라는 의미의 명사인 (D)이다.

어휘 **conclude** 끝내다; 결론내리다 **officially** 공식적으로 **select** 선택하다 **selection** 선택, 선정

8

할인 쿠폰이 우리가 어제 보낸 봉투에 동봉되어 있다.

(A) Discount
(B) Discounts
(C) Discounting
(D) Discounted

해설 문맥상 '할인 쿠폰이 동봉되어 있다'라는 의미가 되어야 하므로 '할인 쿠폰'이라는 복합 명사를 만들어서 주어를 완성해야 한다. 따라서 coupon과 함께 쓰여 '할인 쿠폰'이라는 의미를 만드는 (A) Discount가 정답이다.

어휘 **enclose** 동봉하다 **envelope** 봉투

PART 6

[9-11]

James Brown 씨
월드 여행사
2341 Seaside 거리
호놀룰루, HI 96822

Brown 씨께,

저의 이력서를 검토해 주시고 인터뷰를 진행해 주셔서 감사합니다. 저에게 귀사에서 비서로 일할 수 있게 제안해 주셔서 감사합니다.

안타깝게도, 이번에는 귀하의 제안을 거절해야 할 것 같습니다. 사실은 저는 국내에서 가장 큰 여행사로부터 여행사 직원으로 일하도록 제안을 받았습니다. 그리고 여행사 직원으로 일하는 것이 제가 오랫동안 바라왔던 일입니다.

그럼에도 불구하고, 귀사에서 일할 수 없게 되어 매우 안타깝습니다. **제 결정을 이해해 주시기 바랍니다.**

감사합니다.
Deborah Higgins

어휘 **agency** 대행사 **review** 검토하다 **résumé** 이력서 **interview** 면접 **offer** 제안하다 **secretary** 비서 **decline** 거절하다 **nevertheless** 그럼에도 불구하고

9

(A) apologize
(B) appreciate
(C) regret
(D) contribute

해설 문맥상 '비서직을 제안해 주셔서 감사하다'라고 해야 자연스러우므로 '감사하다'라는 의미의 동사 appreciate가 정답이 된다.

10

(A) have been
(B) has been
(C) have
(D) has

해설 주어 I와 어울리면서 문맥상 어울리는 동사의 형태를 찾는 문제이다. 문맥상 자신이 일자리를 제공 받았다고 해야 자연스러우므로 offer의 수동형이 빈칸에 알맞은 말이 된다. 보기에서는 수동형인 (A)와 (B)가 있지만 주어 I에 어울리는 형태는 (A)의 have been이다.

11

(A) is
(B) are
(C) have been
(D) had been

해설 동명사 주어인 'working as a travel agent(여행사 직원으로 일하는 것)'에 어울리는 동사는 단수형으로 (A) is가 알맞다. (D)의 had been이 들어가면 '여행사 직원으로 일하는 것을 오랫동안 바라왔었다(그러나 지금은 아니다)'의 의미가 되어 전체 문맥상 적절하지 못하므로 정답이 아니다.

12

(A) 제 결정을 이해해 주시기 바랍니다.
(B) 귀하와 일했던 것은 정말 즐거웠습니다.
(C) 귀하로부터 곧 소식을 듣게 되기를 바랍니다.
(D) 귀사에서 근무하게 될 기회를 얻고 싶습니다.

해설 빈칸의 앞부분에서 '귀사에서 일할 수 없게 되어 매우 안타깝습니다'라고 하였고 그 전에는 '다른 회사로부터 일자리를 제안 받았다'라고 언급하였다. 따라서 'I hope you will understand your decision(제 결정을 이해해 주시기 바랍니다)'이 문맥의 흐름상 가장 자연스럽다.

토익 필수 어구 - 동사 I

p.124

A

1 attempt	2 apply
3 result	4 account
5 dispose	6 adhere
7 interfere	8 attribute
9 look	10 lead

B

1 adhere to
2 look over
3 interfere with

C

1 (B)

사무실을 떠나기 전에 꼭 개인 문서들을 처리해 주시기 바랍니다.

해설 'dispose of~'는 '~을 처분하다/처리하다'라는 의미의 표현이다.

2 (C)

그 문서들을 검토한 후에, Lee 씨는 그 팀이 더 많은 책임을 떠맡을 수 없다는 결론을 내렸다.

해설 'look over'는 '~을 검토하다'라는 의미의 표현이다.

01 단순시제와 진행시제 p.126

실력 쌓기

A

1 takes	2 completes
3 are	4 are building
5 attended	6 will send
7 has	8 created

1 연례 광고 회의는 매년 뉴욕에서 개최된다.
2 Kim 씨가 성공적으로 프로젝트를 완수하면, 그는 판매 팀장으로 승진할 것이다.
3 인사부의 모든 사람들은 지금 직원 교육으로 바쁘다.
4 건설 인부들은 Sunset 로에 새 공장을 건설하고 있다.
5 Baker 씨는 작년에 두바이에서 사업 컨퍼런스에 참가했다.
6 다음 3월에, Green Industries는 방콕의 새 사무실에서 일할 직원 다섯 명을 보낼 것이다.
7 Jack's Gym은 최신 기구와 전문적인 개인 트레이너를 보유하고 있다.
8 Cho 씨는 2020년에 건전하고 유망한 사업 계획을 수립했다.

B

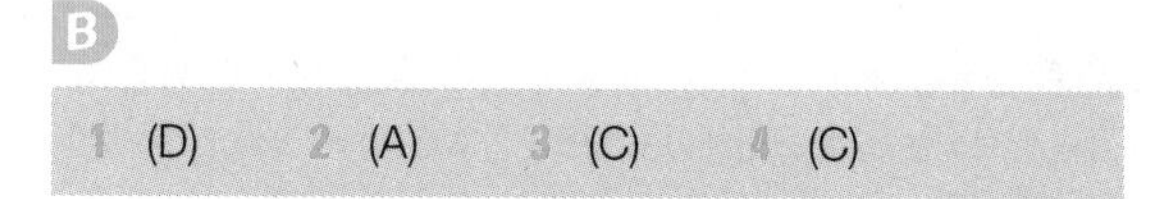
1 (D) 2 (A) 3 (C) 4 (C)

1 다음 달에 Cole 씨는 런던에 있는 본사로 전근을 갈 것이다.

해설 빈칸에 알맞은 시제의 동사를 넣는 문제이다. 'Next month(다음 달)'라는 미래 표현과 어울리는 시제는 미래형 will be transferred이므로 (D)가 정답이다.

어휘 **transfer** 이동하다, 전근 가다 **headquarters** 본사

2 매일 있는 국립 박물관 가이드 투어는 2층에서 2시에 시작한다.

해설 매일 일어나는 투어이기 때문에 반복적인 동작을 나타내는 현재시제가 가장 적절하다. tours가 복수 주어이므로 (A) begin이 정답이다.

어휘 **daily** 매일 일어나는 **guided tour** 가이드가 있는 여행

3 Simpson Manufacturing 사는 높은 수요를 충족하기 위하여 경험이 있는 직원을 고용하고 있다.

해설 빈칸은 동사 자리로, 주어인 Simpson Manufacturing Co.에 맞는 동사를 찾는다. 주어는 3인칭 단수이므로 is hiring이 정답이다. 현재에 일시적으로 일어나는 일에는 현재진행시제를 쓴다.

어휘 **hire** 고용하다 **demand** 수요

4 지난달, 책임자는 신문에 광고하기 전에 강사들에게 공석을 먼저 알려주었다.

해설 시제에 알맞은 동사를 넣는 문제이다. last month(지난달)는 과거 표현이므로 과거시제인 informed가 정답이다.

어휘 **coordinator** 조정자; 책임자 **inform A of B** A에게 B를 알려주다 **instructor** 강사 **job opening** 일자리

02 완료시제 p.128

실력 쌓기

1 have known
2 had started
3 have lived
4 have filled
5 will have already started
6 received
7 has recently ordered

B

1 (C) 2 (B) 3 (C) 4 (C)

1 그 공장의 생산성은 새 제조 시스템의 도입 이후로 향상되었다.

해설 since는 '~ 이래로'라는 의미로, since 다음에는 과거시제가 쓰이고, since 앞의 주어 동사 부분에는 현재완료시제가 어울린다. 따라서 정답은 (C) has improved이다.

어휘 **productivity** 생산성 **manufacturing** 제조업

2 Prince 사는 지난 10년 동안 최고의 화학물질 공급업체였다.

해설 '지난 10년 전부터 현재까지 최고의 화학물질 공급업체로 있어왔다'는 의미는 현재완료시제로 표현할 수 있으므로 정답은 (B) has been이다.

어휘 **chemical** 화학물질; 화학의 **supplier** 공급업체

3 Miller 씨의 책들은 출간된 이래로 비평가로부터 좋은 평가를 받은 적이 없다.

해설 빈칸 뒤에는 주어 동사가 나오므로 빈칸은 접속사 자리이고, 앞의 시제가 현재완료, 빈칸 뒤의 시제가 과거이므로 '~ 이래로'를 뜻하는 since가 적합하다.

어휘 **review** 비평 **critic** 비평가 **publish** 출판하다

4 Fashion 주식회사는 Chu 씨가 취소를 요청하기 전에 이미 상품을 배송하였다.

해설 취소 요청을 과거에 했는데 배송은 취소 요청보다 이전에 일어났으므로, 과거 이전의 일을 표현하는 대과거가 들어가야 한다. 따라서 (C) had already shipped가 정답이다.

어휘 **ship** 배송하다 **order** 주문 **ask for** ~를 요청하다 **cancelation** 취소

실전 연습 p.130

1 (D)	2 (A)	3 (D)	4 (B)
5 (C)	6 (D)	7 (B)	8 (D)
9 (D)	10 (A)	11 (B)	

PART 5

1

연구원들은 완벽한 새 모델을 개발하기 위하여 지난 2년간 열심히 일해오고 있다.

(A) work
(B) worked
(C) are working
(D) have been working

해설 over the last 2 years(지난 2년간)는 과거부터 현재까지 계속되는 동작을 나타내므로 현재완료진행시제가 어울린다. 보기 중 완료의 의미를 나타내는 동사는 '일해 오고 있는 중이다'라는 의미의 (D)이다.

어휘 **researcher** 연구원 **develop** 개발하다

2

지역 주민회관에서는 실업자를 위한 다양한 취업 지원 프로그램을 보유하고 있다.

(A) has
(B) is having
(C) to have
(D) had had

해설 일반적인 사실을 나타낼 때에는 현재시제가 가장 적절하다. 따라서 현재시제인 (A)가 정답이 된다.

어휘 **community** 지역사회 **employment** 취업, 고용 **the unemployed** 실업자

3

시의회는 지역사회의 체육 시설을 위한 자금을 늘리기로 결정했다.

(A) to decide
(B) are deciding
(C) to have decided
(D) has decided

해설 빈칸은 주어 뒤 동사 자리이므로, 동사 형태가 아닌 (A)와 (C)는 정답에서 제외된다. 최근에 결정한 사항에 대해서는 현재완료시제로 표현하는 것이 적절하다. 따라서 정답은 (D)이다.

어휘 **council** 의회 **funding** 자금 **facility** 시설

4

Anderson 주식회사의 시장 조사는 지난 분기에 제품 디자인을 향상시켰다.

(A) improves
(B) improved
(C) is improving
(D) has improved

해설 last quarter(지난 분기)는 분명한 과거 표현이기 때문에 과거시제인 (B) improved가 정답이 된다.

5

다음 주 이 시간에, 우리는 마케팅 부서와 함께 AI Insight 프로젝트의 업무를 하고 있을 것이다.

(A) have worked
(B) will be worked
(C) will be working
(D) will have worked

해설 빈칸은 동사 자리로서, 문장 맨 앞에 at this time next week이 있으므로 미래시제 보기들 중에서 정답을 고른다. 주어인 we와 동사의 관계가 능동이므로 능동형인 (C)가 정답이 된다.

6

인사부장은 올해 말까지 직원 평가를 완료할 것이다.

(A) completes
(B) had completely
(C) will be completed
(D) will have completed

해설 by the end of this year(올해 말까지)로 보아 미래 특정 시점에 완료되는 일을 표현해야 하므로 (D) will have completed가 정답이 된다.

어휘 **employee review** 직원 평가

7

Sky Tech Solutions 사는 지금 샌프란시스코에 지사를 여는 것의 가능성을 고려하고 있다.

(A) consider

(B) is considering

(C) are considered

(D) have been considered

해설 주어인 Sky Tech Solutions Co.는 단수인데, 보기 중에서 단수 동사는 (B)뿐이다.

어휘 **possibility** 가능성 **branch** 지사, 지점 **consider** 고려하다

8

베이징과 상하이로 가는 모든 비행기가 악천후로 인하여 취소되었다.

(A) canceled

(B) is canceled

(C) have canceled

(D) have been canceled

해설 '취소되었다'는 수동의 의미이므로 (B) is canceled와 (D) have been canceled가 정답의 후보이다. 주어 'All the flights'가 복수이며, 과거에 취소되었지만 현재까지 영향을 미치고 있으므로, 현재완료시제이며 복수 주어를 받을 수 있는 (D) have been canceled가 정답이 된다.

PART 7

[9-11]

수신: Harry82@mighty.org

발신: Hernadez@mighty.org

날짜: 8월 5일

제목: 화물 도착 및 안전

Harry,

내일의 철강 화물에 관한 긴급 업데이트 사항이 있어요. 운송 트럭이 내일 아침 8시에 우리의 시설에 도착할 예정이에요. 트럭이 도착하면, 송장의 수량이 확실한지 파악하기 위해서 재고 조사를 하세요. **아시겠지만, 안전은 우리의 최우선 사항이에요.** 따라서, 우리가 하역과 저장 과정에서 조심스럽게 자재를 다루는 것이 중요해요. 작업장에서 아무도 부상을 당하지 않도록 우리 팀 모두 안전 지침을 반드시 준수하도록 하세요. 또한, 체계적이고 효율적인 저장 시스템을 유지하기 위해서, 철강 자재를 올바르게 적재하세요. 그것들을 세 개 이하로 적재하면 자재에 쉽게 접근할 수 있고 공간을 절약할 수 있어요. 진행 도중에 문제가 발생하면, 언제든지 저에게 보고해 주세요.

고마워요,

Mark Hernadez

관리자, Mighty Metal 사

어휘 **shipment** 수송품, 화물 **urgent** 긴급한 **concerning** ~에 관한 **take inventory** 재고 조사를 하다 **quantity** 양 **invoice** 송장 **accurate** 정확한 **unloading** 하역, 짐 내리기 **storage** 저장 **urge** 촉구하다 **workplace** 작업장

9

이메일의 목적은 무엇인가?

(A) 일정 변경 사항을 알리기 위해서

(B) 철강을 주문하기 위해서

(C) 화물의 재고를 확인하기 위해서

(D) 직원에게 지시 사항을 전달하기 위해서

해설 이메일의 내용을 살펴보면, 자재가 도착하는 것을 알리면서 재고 파악 및 자재를 적재할 때 조심할 것 등을 지시하고 있다. 따라서 정답은 (D)이다.

10

적재에 대해 제안된 것은 무엇인가?

(A) 세 층이 넘게 쌓으면 안 된다.

(B) 아침에 적재해야 한다.

(C) 적재 높이는 3미터를 초과해도 된다.

(D) 수평으로 적재하는 것을 권한다.

해설 이메일의 후반부에 세 층 이하로 적재하는 것의 장점들이 (Putting them in stacks of three or less will make it easier to access the materials while saving space) 언급되어 있다. 그러므로 정답은 (A)이다.

11

[1], [2], [3], 그리고 [4]로 표시된 곳들 중에서 아래의 문장이 들어가기에 가장 알맞은 곳은 어디인가?

"아시겠지만, 안전은 우리의 최우선 사항이에요."

(A) [1]

(B) [2]

(C) [3]

(D) [4]

해설 '안전'이 언급된 부분은 [2]와 [3] 사이의 문장인데, [2]와 [3] 뒤의 therefore와 in addition이 문제 풀이의 단서이다. therefore는 '따라서', 'in addition'은 '또한'이라는 의미인데, 인용된 문장인 '안전이 우리의 최우선 사항이다' 뒤에 '따라서 자재를 조심스럽게 다루어야 한다'는 내용이 이어져야 자연스럽다. 정답은 (B)이다.

토익 필수 어구 - 동사 II

p.132

A

1 designate	2 refer
3 launch	4 serve
5 follow	6 implement
7 agree	8 specialize
9 transfer	10 remind

B

1 serving as
2 launched
3 agreed on

1 (D)

Shin 씨의 비서는 그에게 마케팅 전략에 관한 문서를 검토할 것을 상기시켰다.

해설 'remind A to B'는 'A에게 B할 것을 상기시키다'라는 의미의 표현이다.

어휘 **secretary** 비서 **marketing strategy** 마케팅 전략

2 (A)

GI 전자는 George Martin을 아시아 지역 담당자로 임명했다.

해설 문맥상 빈칸에는 '임명하다'라는 의미인 designated가 오는 것이 가장 적절하므로 정답은 (A)이다.

어휘 **regional** 지역의 **dispose** 처리하다 **grant** 승인하다

UNIT 03 PART 5 능동태 / 수동태 PART 6 정보문

01 동사에 따른 수동태 p.134

실력 쌓기

1 must be submitted by the end of this year by applicants
2 were originally published in English by the Han Company
3 will be reduced by the Ladies Company
4 have been attracted by various promotional events
5 are being promoted by Hyun Motors
6 was sent the e-mail by Mr. Cole 2 days ago / was sent to the manager by Mr. Cole 2 days ago
7 was offered the position of Professor of Economics by the committee members / was offered to Dr. Duncan by the committee members

1 지원자들은 올해 말까지 모든 지원서를 제출해야 한다.
2 Han Company가 원래는 시장 보고서를 영어로 출간했다.
3 Ladies Company는 회사의 재고를 줄일 것이다.
4 다양한 판촉 행사가 중국인 관광객들을 끌어 모았다.
5 Hyun Motors는 하이브리드 자동차들을 홍보하는 중이다.
6 Cole 씨는 매니저에게 이틀 전에 이메일을 보냈다.
7 위원들은 Duncan 박사에게 경제학 교수 자리를 제안했다.

B

1 (C) 2 (C) 3 (C) 4 (B)

1 새 잡지책의 디자인에 약간의 수정이 반영되었다.

해설 의미상 '디자인 수정이 반영되다'가 적절하므로 현재완료 수동태인 (C) have been made가 정답이 된다.

어휘 **revision** 수정

2 내년 예산은 마케팅 부서와 연구개발 부서 간에 동등하게 분배될 것이다.

해설 예산은 '분배되는' 것이므로 수동태 동사가 필요하다. 빈칸 앞에 will be가 있으므로, p.p. 형태인 (C) divided가 들어가면 미래를 나타내는 수동태인 will be divided가 되어 정답이다.

어휘 **budget** 예산 **divide** 나누다 **equally** 동등하게

3 시의회는 ST 건설에 지역의 새 도서관 건립 계약을 승인했다.

해설 빈칸은 주어인 'The city council'의 동사 자리인데, 빈칸 뒤 목적어가 보이므로 수동태가 아닌 능동태 문장이 되어야 한다. 의미상으로도 '시의회가 계약을 승인했다'가 적절하므로 정답은 현재완료 능동태인 has granted이다.

어휘 **council** 의회 **grant** 승인하다, 허락하다

4 West 박사는 그의 혁신적인 로봇 수술 장비로 Nelson Award를 받았다.

해설 보기가 모두 동사 give(주다)의 형태로 되어 있는데, West 박사가 상을 받은, 즉 West 박사에게 '주어진' 것이므로 수동태가 정답이다. 따라서 정답은 (B) was given이다.

어휘 **innovative** 획기적인 **surgical** 수술의 **device** 장비

02 5형식 동사의 수동태와 기타 전치사 수동태 p.136

실력 쌓기

1 was encouraged to attend
2 be allowed to enter
3 been appointed
4 is expected to make
5 is considered hardworking
6 will allow, to order
7 was disappointed with
8 are concerned about

B

1 (C)	2 (C)	3 (D)	4 (B)

1 도로 공사로 인하여 통근자들은 210번 고속도로 대신에 140번 고속도로 이용을 권고 받았다.

해설 보기가 모두 동사 advice(충고하다)의 형태로 이루어져 있다. 통근자들이 충고를 '받는' 상황이므로 수동태가 정답이다. 빈칸 앞에 'were'가 있으므로 p.p.형태인 advised가 정답이다.

어휘 **commuter** 통근자 **instead of** ~ 대신에 **due to** ~ 때문에 **construction** 공사

2 박물관의 방문자들은 전시물을 만지지 말라고 요청받았다.

해설 문맥상 '손을 대지 말라고 요청을 받았다'가 되어야 한다. to부정사를 목적보어로 취하는 'ask' 동사의 수동태는 'be asked to 동사원형'이다. 따라서 (C) to touch가 정답이다.

3 회사 경영진은 성공적인 새 모델 출시에 매우 만족했다.

해설 빈칸 앞에 satisfied가 있고, 보기가 모두 전치사로 되어 있다. 문맥상 '회사 경영진이 만족했다'가 되어야 자연스러우므로, '~에 만족하다'는 의미를 만드는 전치사가 들어가야 한다. be satisfied는 전치사 with와 어울리므로 정답은 (D)가 된다.

어휘 **greatly** 대단히, 크게 **launch** 출시

4 참가자들에게 월말까지 온라인으로 등록해야 한다는 것이 상기되었다.

해설 문맥상 '온라인으로 등록해야 한다는 것이 상기되었다'가 되어야 하므로, 빈칸 앞에 have been reminded와 함께 '~이 상기되다'는 의미의 수동태를 만드는 것이 들어가야 한다. remind는 수동태로 쓰일 때 to부정사가 목적보어로 오므로 정답은 (B)이다.

어휘 **participant** 참가자 **remind** 상기하다 **register** 등록하다

실전 연습

p.138

1 (D)	2 (B)	3 (C)	4 (C)
5 (B)	6 (B)	7 (B)	8 (C)
9 (D)	10 (A)	11 (A)	12 (C)

PART 5

1

Smith 씨는, 놀라운 기술적인 배경과 함께, 회사의 최고기술책임자로 임명되었다.

(A) appoint
(B) appointed
(C) appointing
(D) been appointed

해설 빈칸 앞에 has가 있으므로 (B)와 (D) 중에서 정답을 고른다. 동사 appoint는 '임명하다'라는 뜻인데, Smith 씨가 '임명되는' 의미가 되어야 하므로 수동형인 (D)가 정답이다.

어휘 **remarkable** 놀라운 **chief technology officer (= CTO)** 최고기술책임자 **appoint** 임명하다

2

다음 학기 대학 학비는 월말까지 수령되어야 한다.

(A) receive
(B) received
(C) to receive
(D) being received

해설 주어인 학비는 스스로 수령하는 것이 아니라 '수령되는' 것이므로, 빈칸 앞의 be와 함께 수동태를 완성하는 것이 필요하다. 따라서 정답은 (B) received이다.

어휘 **tuition payment** 학비 **semester** 학기

3

모든 직원들은 무료 언어 교육 코스에 참석하도록 권장된다.

(A) attend
(B) attending
(C) to attend
(D) being attended

해설 문맥상 '직원들이 교육 코스에 참석하는 것이 권장된다'는 의미가 되어야 한다. encourage는 수동태로 be encouraged to부정사의 형태를 취하므로 정답은 (C)가 된다.

4

Han 씨는 텍사스에서 일자리 제안을 받았고 아마도 그것을 받아들일 것이다.

(A) offers
(B) has offered
(C) has been offered
(D) will have offered

해설 보기가 모두 동사 offer(제공하다)의 여러 형태로 이루어져 있다. 문맥상 Han 씨가 '일자리를 제안 받았다'는 수동의 의미가 되어야 하므로, 현재완료 수동태인 has been offered가 정답이 된다. 다른 보기는 모두 능동태이다.

어휘 **accept** 수용하다, 받아들이다 **offer** 제안하다

5

불행히도, 이 마을의 소규모 기업들은 시장에서 사라졌다.

(A) disappear
(B) disappeared
(C) disappearing
(D) been disappeared

해설 보기가 모두 disappear(사라지다)의 여러 형태로 이루어져 있는데, 문맥상 '기업들이 사라진다'는 능동의 의미가 되어야 한다. 또한 disappear는 자동사이므로 수동태가 불가능하다. 따라서 빈칸 앞의 have와 함께 현재완료 형태인 have disappeared를 완성하는 (B)가 정답이다.

어휘 **unfortunately** 불행히도 **disappear** 사라지다

6

Tom and Jack's 가구는 뛰어난 디자인으로 잘 알려져 있다.

(A) as
(B) for
(C) by
(D) about

해설 문맥상 '뛰어난 디자인으로 잘 알려져 있다'의 의미가 되어야 한다. be known 다음에 전치사 for가 올 때 '~로 잘 알려져 있다'의 의미가 되므로 정답은 (B)이다.

어휘 **outstanding** 뛰어난

7

최근에, 중심업무지구의 오래된 사무용 건물들이 보수되고 있다.

(A) renovate
(B) renovated
(C) renovating
(D) renovation

해설 빈칸 앞에 being이 있고, 주어인 old office buildings와 동사인 renovate의 관계가 수동이므로, 수동형인 (B)가 정답이다. 'be + being + p.p.'는 현재진행형 수동태의 형태이다.

어휘 **currently** 최근에 **central business district** 중심업무지구 **renovate** 보수하다, 개조하다

8

새 프로그램 개발 회의는 40B호에서 열릴 것이다.

(A) hold
(B) held
(C) be held
(D) has been held

해설 문맥상 '회의가 열리다'는 의미가 되려면, hold(열다)의 여러 형태 중 수동태를 완성하는 것을 찾아야 한다. 의미상 수동이고 조동사 will 뒤에는 동사원형이 오므로 will be held를 완성하는 (C)가 정답이 된다.

PART 6

[9-12]

기내 제한 물품

여행자 수하물 중 기내 반입이 허락되지 않는 물품들이 있습니다. **물품당 100ml가 초과되는 액체는 제한됩니다.** 그러나 비행 도중 섭취해야 하는 아기 음식과 복용해야 하는 약품은 언제나 반입해도 됩니다. 또한, SAS 사의 모든 기기는 완전히 금지됩니다. 그 회사의 리튬 배터리가 열을 많이 발생시켜 화재를 야기할 수 있다고 보고되었기 때문입니다. 이 조치는 미국 교통국이 발령한 긴급 명령을 따른 것임을 숙지해 주십시오.

어휘 **allow** 허락하다 **baggage** 수화물 **consume** 소모하다, 먹다 **device** 기기, 장비 **ban** 금지하다 **a great deal of** 많은 **measure** 조치 **issue** 발행하다, 발령하다

9

(A) carry
(B) carried
(C) carrying
(D) to carry

해설 동사 allow와 함께 '~하는 것이 허가되다'의 의미의 수동태로 쓰일 때 be allowed 다음에 to부정사가 온다. 따라서 정답은 to부정사인 (D)가 된다.

10

(A) 물품당 100ml가 초과되는 액체는 제한됩니다.
(B) 라이터는 위탁 수화물에서만 허락됩니다.
(C) 지시사항을 지켜 주셔서 감사합니다.
(D) 날카로운 제품은 추가 검사가 필요할지도 모릅니다.

해설 빈칸 뒤가 'However(그러나)'로 시작하여 일부 액체 물품이 반입 가능하다는 내용이므로, 그와 반대되는 내용은 '액체 물품이 제한된다'는 내용이어야 한다. 따라서 정답은 (A)이다.

11

(A) completely
(B) dramatically
(C) gradually
(D) securely

해설 특정 기기들이 '금지된다(banned)'는 문맥과 가장 잘 어울리는 부사는 '완전히'라는 의미의 (A) completely이다.

12

(A) at
(B) on
(C) with
(D) for

해설 '긴급 명령을 따른 조치이다'라는 의미가 되어야 한다. comply와 함께 '(법, 명령)을 따르다'의 의미를 만드는 전치사가 와야 하므로 정답은 (C) with이다.

토익 필수 어구 - 동사 III p.140

A

1 deal	2 enroll
3 benefit	4 narrow
5 qualify	6 subscribe
7 set	8 succeed
9 comment	10 belong

1 subscribe to
2 enroll in
3 narrow down

C

1 (C)

어르신들은 3월에 시행되는 연금 제도로 이득을 얻을 것이다.

해설 문맥상 어르신들이 '연금 제도를 통해 이득을 얻을 것이다'가 되어야 하므로 from과 함께 '이득을 얻다'는 표현을 완성하는 (C) benefit이 정답이다.

어휘 **benefit from** 이득을 얻다 **pension** 연금 **come into effect** 시행되다 **retain** 유지하다

2 (A)

고객 서비스 상담원은 까다로운 고객들을 다루는 데 어려움을 겪는다.

해설 까다로운 고객을 '다루는 것'이 어렵다고 해야 문맥이 자연스러우므로, '~을 다루다'라는 의미의 dealing with를 완성하는 (A) dealing이 정답이다.

어휘 **customer service representative** 고객 서비스 상담원 **demanding** 요구가 많은

UNIT 04 PART 5 명사 / 대명사 PART 7 광고

01 명사 p.142

실력 쌓기

1 주어 역할
2 보어 역할
3 전치사의 목적어 역할
4 주어 역할
5 전치사의 목적어 역할
6 보어 역할

1 그 조언은 구직자들을 대상으로 하는 것이었다.
2 해외 경험은 당신에게 필요한 주된 자격 사항이다.
3 그 지원자는 그 자리에 맞는 자격을 갖추고 있지 않다.
4 영업 사원들은 우리 예상보다 빨리 도착할 것이다.
5 그 회계사는 우리에게 추가적인 세부 정보를 요청해 왔다.
6 그의 주된 걱정은 공장의 낮은 생산성이다.

B

1 (B) 2 (B) 3 (C) 4 (C)

1 보증 기간 만료일은 제품 뒷면에 나와 있다.

해설 주어를 완성해야 하는 문제이다. 의미상 주어는 '보증 기간 만료일'이 가장 적절한데, '만료일'은 복합명사인 expiration date로 나타내므로 이를 완성하는 (B)가 정답이다.

어휘 **warranty** 보증 **expire** 만료되다 **expiration** 만료

2 며칠 쉬기 위해서는 관리자의 허가가 필요하다.

해설 목적어를 완성하는 문제이다. 소유격 다음에 들어갈 말은 명사이다. 따라서 정답은 '허가'라는 의미의 (B) permission이다.

어휘 **in order to** ~하기 위해서 **day off** 쉬는 날

3 다가오는 행사에서 여러분의 적극적인 참여가 기대된다.

해설 주어를 완성하는 문제로 '소유격 + 형용사 + 명사'의 구조가 되어야 한다. 따라서 빈칸에는 명사인 (C)가 와야 한다.

어휘 **active** 적극적인 **upcoming** 다가오는

4 시장 상황이 그다지 좋지 않았음에도 불구하고 작년 총 매출액이 우리의 기대를 뛰어넘었다.

해설 목적어를 완성하는 문제로 소유격 our 다음에 올 수 있는 말은 명사 expectations이다.

어휘 **turnover** 총 매출액 **exceed** 초과하다 **market condition** 시장 상황 **favorable** 호의적인

02 대명사 p.144

실력 쌓기

A

1 himself
2 Some of the
3 Most of the
4 their
5 herself
6 Neither of the
7 Both of the

1 Barnes 씨는 신입 직원의 교육을 직접 시키는 것에 대해 동의했다.
2 몇몇 이사들은 그 위기 상황에 대한 우려를 표했다.
3 이 건물에 있는 대부분의 시설들은 너무 오래되었다.
4 이 건물의 방문객들에게는 건물 전면에 주차하는 것이 허용되지 않는다.
5 Wilson 씨는 자신을 모던 미디어 전문가로 여긴다.
6 그 지원자들 중 누구도 그 일에 대한 자격을 갖추고 있지 않았다.
7 두 개의 제안서 모두 이사회에서 받아들여졌다.

B

1 (B) 2 (B) 3 (A) 4 (D)

1 그 출장 연회 업체는 시내에 첫 번째 식당을 개장했다고 발표했다.

해설 목적어 grand opening의 앞에 들어갈 알맞은 대명사를 고르는 문제이다. 문맥상 '그 업체의 식당 오픈'이라고 해야 자연스러우므로 소유격 대명사 its가 정답이 된다.

어휘 **catering** 출장 연회업 **grand opening** 개장 **downtown area** 시내, 도심 지역

2 영업 사원들이 병가를 신청하고자 하는 경우에는 자신들의 관리자에게 이야기를 해야 한다.

해설 문맥상 '그들의 관리자와 이야기해야 한다'라고 해야 자연스러우므로 명사 앞에 소유격 대명사 their가 필요하다.

어휘 **supervisor** 관리자 **in case** ~한 경우 **sick leave** 병가

3 안타깝게도, 몇몇의 참가자들은 컨퍼런스에서 들은 강의를 마음에 들어 하지 않았다.

해설 주어를 완성하는 문제로 '참가자들의 일부는'이라고 해야 자연스러우므로 부정 대명사 some이 알맞다. (B) none도 빈칸에 들어갈 수는 있지만 이미 문장에 부정어구 not이 있어 쓸 수 없다.

어휘 **unfortunately** 불행하게도 **participant** 참가자 **lecture** 강의, 강연

4 그 음식 비평가는 그녀 자신이 직접 모든 식당을 방문하고 각각에 대한 리뷰를 썼다.

해설 문맥상 비평가가 '직접' 식당을 방문했다고 해야 자연스러우므로 '직접'이라는 의미의 재귀대명사가 빈칸에 알맞다. 따라서 정답은 (D)이다.

어휘 **food critic** 음식 비평가 **review** 리뷰를 하다

실전 연습

p.146

1 (B)	2 (D)	3 (C)	4 (C)
5 (B)	6 (C)	7 (D)	8 (A)
9 (B)	10 (B)	11 (C)	

PART 5

1

Dorito Motor 사의 직원들은 자신들의 직원 연수에 참여하기 위해 이 지역을 방문할 것이다.

(A) they
(B) their
(C) them
(D) themselves

해설 문맥상 '그들의 직원 연수'에 참가한다는 의미가 되어야 하고, 명사 앞에 들어갈 수 있는 말을 골라야 하므로 소유격 대명사인 (B) their가 정답이다.

어휘 **staff member** 직원 **training session** 연수

2

이 제품을 사용하기 전에 안전 수칙에 대한 정보를 읽어 보세요.

(A) inform
(B) to inform
(C) informing
(D) information

해설 문장의 목적어를 완성하는 문제이다. 이 문장은 Please로 시작하는 명령문으로, 동사 read의 목적어를 완성해야 한다. 목적어 자리에 올 수 있으면서 관사 the 다음에 들어갈 수 있는 말은 명사 (D) information이다.

어휘 **Please make sure to** 반드시 ~하세요 **safety regulations** 안전 수칙

3

알맞은 도구와 당신의 몇 가지 훌륭한 레시피로, 그 요리사는 독특한 음식을 제공할 수 있었다.

(A) any
(B) no
(C) some
(D) each

해설 부정 대명사는 '부정대명사 of 소유격 + 명사'의 구조로 쓰인다. 따라서 빈칸에는 문맥에 적절한 부정대명사가 들어가야 한다. 문맥상 '당신의 몇 가지 훌륭한 레시피로 독특한 음식을 제공할 수 있다'가 되어야 하므로, 빈칸에는 '몇몇의'라는 의미의 some이 정답이 된다.

어휘 **equipment** 장비 **recipe** 레시피 **serve** 제공하다

4

이 책의 저자는 비교할 수 없는 창의성과 반짝이는 아이디어로 정평이 나 있다.

(A) he
(B) him
(C) his
(D) himself

해설 빈칸 뒤에는 '형용사 + 명사'의 구조를 취하고 있으므로, 그 앞에는 관사나 소유격만이 들어갈 수 있다. 보기에서 소유격은 (C) his이다.

어휘 **incomparable** 비교할 수 없는, 비할 데가 없는 **brilliant** 반짝이는, 멋진

5

건축 회사에서 일을 그만둔 후에, 그녀는 자신만의 사업을 시작하기로 결심했다.

(A) she
(B) her
(C) hers
(D) herself

해설 빈칸 뒤에는 '형용사 + 명사'의 구조를 취하고 있으므로 그 앞에는 관사나 소유격만이 들어 갈 수 있다. 문맥상 '그녀 자신만의 사업을 시작하다'가 되어야 하므로, 빈칸에는 '그녀의'라는 의미의 (B) her가 들어가야 한다.

어휘 **quit** 그만두다 **architecture** 건축학 **own** 자신의

6

환경설정을 직접 업데이트하고 싶다면 첨부된 설명서를 꼼꼼히 읽어 주세요.

(A) you
(B) your
(C) yourself
(D) yours

해설 문맥상 '환경설정을 직접 업데이트하고 싶으면 첨부된 설명서를 읽으라'고 해야 자연스러우므로 빈칸에는 '직접'이라는 의미의 재귀대명사가 알맞다. 보기에서 재귀대명사는 (C)이다.

어휘 **attached** 첨부된 **manual** 설명서 **update** 가장 최근 정보를 알려주다, 갱신하다

7

최신 세금 규정에 따르면, 소규모 기업들은 더 낮은 세율의 대상이다.

(A) regulate
(B) regulating
(C) regulated
(D) regulations

해설 according to는 전치사로서 뒤에 명사가 와야 한다. 따라서 정답은 (D)이다. tax regulations는 '세금 규정'이라는 뜻의 복합명사이다.

8

해외 국가에서 합법적으로 일하기 위해서, 국제 지원자들은 취업 허가증을 받아야만 한다.

(A) permit
(B) permits
(C) permitting
(D) permission

해설 빈칸은 obtain의 목적어 자리이므로 명사가 와야 하는데, 빈칸 앞에 부정관사인 a가 있으므로 빈칸에는 단수 명사가 와야 한다. 기한을 제한해서 허가를 내 줄 때에는 permit을 사용하므로 정답은 (A)이다. 이와 같은 예로는 fishing permit, residence permit, work permit 등이 있다.

어휘 **legally** 합법적으로 **applicant** 지원자 **obtain** 획득하다 **permit** 허가서

PART 7

[9-11]

SmartCleanX Pro – *여러분의 최고의 로봇 청소 동반자!*

지루한 일들에 작별 인사를 하고 가사 노동의 미래를 환영할 때가 되었습니다! 최첨단 로봇 진공 청소기가 여러분이 정말로 중요한 일에 집중하는 동안 여러분의 집안을 돌볼 것입니다.

주요 특징:

• 지능형 내비게이션: SmartCleanX Pro는 고급 AI 기술을 사용하여 여러분 집안 구석구석의 방향을 읽고 청소합니다.

• 강력한 청소 성능: 고출력 모터가 먼지, 애완동물의 털, 그리고 부스러기를 처리하여 바닥을 티끌 하나 없이 유지합니다.

• 사용자 친화적인 앱 제어: 스마트폰에서 SmartCleanX Pro를 손쉽게 관리하세요! 청소 시간 설정, 설정 조정, 그리고 청소 진행 상황 업데이트, 모두 여러분의 손끝에 있습니다.

지금 주문하시고 편안한 청소를 즐기세요! 저희 회사의 이전 모델들을 반납하는 고객들은 특별 할인 혜택을 누릴 수 있습니다. www.smarcleanxpro.com에 방문하셔서 보상 판매 프로모션에 대한 자세한 사항을 알아 보세요.

어휘 **ultimate** 최고의 **boring** 지루한 **housekeeping** 가사 **state-of-the-art** 최신의, 최첨단의 **navigate** 방향을 읽다 **debris** 잔해, 부스러기 **spotless** 티끌 하나 없는 **effortless** 힘이 들지 않는 **trade-in** 보상 판매

9

무엇이 광고되고 있는가?

(A) 가정용 보안 시스템
(B) 스마트 로봇 진공 청소기
(C) 신형 고급 전기차
(D) 스마트 운동 앱

해설 제목에 '로봇 청소'가 언급되어 있고, 주요 특징(Key Features)의 내용을 보면, AI 기술을 활용한 최첨단 로봇 청소기를 광고하고 있는 것을 알 수 있다. 정답은 (B)이다.

10

광고에 언급되지 않은 것은 무엇인가?

(A) 강력한 모터
(B) 배터리 수명
(C) AI 기술
(D) 웹사이트 정보

해설 주요 특징(Key Features)의 두 번째 항목에 (A)가 언급되어 있고, 첫 번째 항목에 (C)가 언급되어 있다. 그리고 지문의 마지막 부분에 웹사이트 주소가 언급되어 있다. 지문에서 배터리 수명에 대한 정보는 찾을 수 없으므로 정답은 (B)이다.

11

제품에 대해 추측할 수 있는 것은 무엇인가?

(A) 긍정적인 리뷰를 받았다.
(B) 실외 청소 작업을 위해 설계되었다.
(C) 회사의 첫 번째 진공청소기는 아니다.
(D) 비싸고 내구성이 뛰어나다.

해설 지문의 마지막 부분에 이전 모델을 반납하면 특별 할인을 받을 수 있다는(Customers who return our company's previous models can enjoy a special discount.) 정보가 있다. 즉, 이 제품이 회사에서 처음으로 만든 진공청소기는 아닐 것이라고 추론할 수 있으므로 정답은 (C)이다.

토익 필수 어구 - 명사 p.148

A

1 alternative	2 duration
3 deadline	4 means
5 preference	6 expenses
7 measures	8 maintenance
9 conclusion	10 agreement

B

1 food preference
2 hasty conclusion
3 duration

1 (B)

여행 경비를 돌려받기 위해서는 그 양식을 작성해서 회계팀에 제출해야 한다.

해설 문맥상 '여행 경비를 돌려받기 위해서는'이라는 의미가 되어야 하므로, 빈칸에는 travel과 함께 '여행 경비'라는 의미를 완성하는 (B) expenses가 들어가야 한다. 참고로 'travel expenses'는 '여행 경비'라는 의미의 토익 빈출 복합 명사이다.

2 (B)

업무가 바로 시작될 수 있도록 노조와의 합의가 이루어질 수 있기를 진심으로 바랍니다.

해설 문맥상 '노조와의 합의가 이루어지기를 바란다'는 의미가 되어야 하므로, 빈칸 앞의 reach와 함께 '합의에 이르다'는 의미를 만드는 (B) agreement가 정답이다.

UNIT 05 PART 5 to부정사 PART 6 발표문

01 to부정사의 역할 p.150

실력 쌓기

A

1 형용사적 역할
2 명사적 역할
3 형용사적 역할
4 부사적 역할

1 유럽 국가에서 운영을 확장하고자 했던 그들의 전략은 그렇게 성공적이지는 않았다.
2 시장은 철도 노동자들의 최근 파업에 대해 언급하기를 거부했다.
3 그 지원자는 고객의 불만을 처리할 수 있는 능력을 갖추고 있지 않다.
4 나는 내가 주문한 책이 절판되었다는 이야기를 듣고 실망했다.

B

1 (A) 2 (C) 3 (C) 4 (A)

1 수백 명의 직원을 해고하려는 경영진의 시도는 실패인 것으로 판명되었다.

해설 문맥상 '직원들을 해고하려는 시도'라고 해야 자연스러우므로 명사인 '시도'를 수식하는 형용사적 용법의 to부정사가 필요하다.

어휘 **attempt** 시도 **turn out** ~라고 드러나다

2 이 워크숍의 목적은 신입 직원 들에게 필요한 모든 정보를 제공하는 것이다.

해설 주어인 the purpose of this workshop의 보어 부분을 완성하는 문제이다. 보기 중에서 보어 자리에 올 수 있는 것은 to부정사이므로, (C) to provide가 정답이다.

어휘 **purpose** 목적 **necessary** 필요한

3 고객들이 원하는 것을 알아내기 위해서 그 회사는 폭넓은 조사를 실시하기로 결정했다.

해설 'in order to + 동사원형' 은 '~하기 위해서' 라는 의미이다.

어휘 **firm** 회사 **conduct** 실시하다

4 그 회사가 다른 회사와의 인수 합병의 가능성을 고려 중이라는 것을 알게 되어 흥미로웠다.

해설 빈칸 앞에 interested가 있으므로, 문맥상 '~해서 흥미로웠다'라는 의미가 되어야 한다. 따라서 원인을 의미하는 to부정사의 부사적 용법을 완성해야 하는 문제이다.

어휘 **consider** 고려하다 **possibility** 가능성 **M&A** 기업이 다른 기업을 합병하거나 매수하는 일

02 | 동사/형용사 + to부정사 p.152

실력 쌓기

A

1 are, willing to
2 is sure to
3 allowed to
4 enables, to go
5 reminded, to attend
6 is supposed to
7 failed to

B

1 (D) 2 (C) 3 (B) 4 (C)

1 그의 현재 소득으로는, 그는 신용카드를 신청할 자격이 되지 않는다고 확신한다.

해설 빈칸 앞에 eligible(자격이 되는)이라는 형용사가 있고, 문맥상 '신용 카드를 신청할 자격이 되다'가 되어야 하므로 빈칸에는 '신청할 자격이 되는'의 의미를 만드는 (D) to apply가 들어가야 한다. 'be eligible to~'는 '~할 자격이 되다'라는 의미의 to부정사 관용 표현이다.

어휘 **current** 현재의, 지금의 **income** 소득 **doubt** 의심, 의혹

2 최고 정보 책임자는 우리에게 최근 인트라넷의 오류와 관련해서 제안을 하라고 요청해왔다.

해설 빈칸 앞에 asked us가 있고 문맥상 '제안을 할 것을 우리에게 요청하다'가 되어야 하므로, 빈칸에는 'ask + 목적어' 다음에 올 수 있는 to부정사가 적합하다. 'ask + 목적어 + to부정사'는 '목적어가 ~하도록 요청하다'라는 의미이다.

어휘 **suggestion** 제안 **with regard to** ~에 관해서는

3 석유 가격의 하락과 공격적인 마케팅 덕분에 Deluca & Co 사의 이익은 꾸준히 상승할 것으로 예상된다.

해설 'be expected to~'는 '~할 것으로 예상된다'라는 의미의 to부정사 관용 표현이다.

어휘 **profit** 이익, 수익 **steadily** 꾸준하게, 착실하게 **aggressive** 공격적인

4 영업 컨퍼런스에 참석하는 대표자들은 비즈니스 정장을 입도록 권고받았다.

해설 'be encouraged to~'는 '~하도록 권고 받는다'라는 의미의 to부정사 관용 표현이다.

어휘 **delegate** 대표, 대표자 **attire** 의복

실전 연습 p.154

1 (B)	2 (B)	3 (B)	4 (C)
5 (A)	6 (B)	7 (C)	8 (A)
9 (B)	10 (B)	11 (C)	12 (A)

PART 5

1

연구자들은 시장 동향을 예측할 수 있는 인공지능 알고리즘을 개발하기 위한 엄청난 노력을 기울이고 있다.

(A) develop
(B) to develop
(C) developing
(D) developed

해설 'effort to부정사'는 '~하려는 노력'이라는 의미로서 토익에 자주 출제되는 '명사 + to부정사'의 형태이다. 정답은 (B)이다.

어휘 **researcher** 연구자 **invest** 조사하다 **algorithm** 알고리즘

2

모든 지원자들은 면접에 유효한 신분증과 이력서 사본을 가져올 것을 요구받는다.

(A) bring
(B) to bring
(C) bringing
(D) brought

해설 'ask + 목적어 + to부정사'는 '목적어'에게 'to부정사'할 것을 부탁한다는 의미이다. 이 문제에서는 수동태로 사용되어 'be asked to'의 형태로 사용되었다. 정답은 (B)이다.

어휘 **candidate** 후보자 **valid** 유효한 **résumé** 이력서 **job interview** 면접

3

다른 나라에서 온 관광객들을 더 많이 수용하기 위해서, Med Hotel Group은 본관을 확장하기로 결정했다.

(A) According to
(B) In order to
(C) In spite of
(D) Prior to

해설 문맥상 '더 많은 관광객을 수용하기 위해서'가 되어야 하므로, '위해서'라는 의미의 'in order to ~'가 정답이 된다.

어휘 **accommodate** 수용하다, 공간을 제공하다 **expand** 확대 시키다

4

모든 직원들은 이번 여름 휴가 기간에 3일 동안 쉬는 것이 허락되었다.

(A) allow
(B) allowing
(C) allowed
(D) to allow

해설 2번 문제와 마찬가지로 5형식 능동태 문장을 수동태로 변경한 문제이므로 정답은 수동태 동사를 완성하는 (C) allowed이다. 'be allowed to ~'는 '~하는 것이 허락되다'라는 의미의 관용적인 표현으로 암기해 두어야 한다.

5
고충처리팀은 웹사이트 상의 문제의 원인을 가까스로 발견했다.
(A) to find
(B) finding
(C) find
(D) to be found

해설 빈칸 앞의 동사 manage는 to부정사를 목적어로 취하는 동사이다. 'manage to~'는 '가까스로 ~하다'라는 의미이다.

어휘 **troubleshooting** 고장의 수리 **manage** 가까스로 해내다

6
아시아 국가로 여행하려는 부사장의 계획은 아직 마무리되지 않았다.
(A) travel
(B) to travel
(C) traveling
(D) to be traveled

해설 명사 plan을 수식하는 to부정사를 완성해야 하는 문제이다. '아시아 국가를 여행하려는 계획'이라고 해야 자연스러우므로 (B)가 정답이다.

어휘 **vice president** 부사장 **finalize** 마무리되다

7
Davis 씨는 모든 직원들이 추가 수당을 받지 못할 것임에도 불구하고 초과 근무하기를 원한다.
(A) work
(B) working
(C) to be working
(D) will work

해설 'would like 목적어 to ~'는 '목적어가 ~하기를 원하다'라는 의미의 표현이다. would like는 '목적어 + to부정사'의 구조를 취할 수 있다.

어휘 **entire** 전체의, 온 **overtime** 시간 외 근무, 잔업 **extra** 추가의

8
온라인 주문 절차를 빠르게 하기 위해서, 그 회사는 더 많은 고객 서비스 상담원을 고용하기로 결정했다.
(A) To expedite
(B) Expedition
(C) Expediting
(D) To be expedited

해설 문맥상 '온라인 주문 절차를 빠르게 하기 위해서'라고 해야 하므로 부사적 용법의 to부정사가 필요하다.

어휘 **process** 절차, 과정 **customer service representative** 고객 서비스 상담원

PART 6

[9-12]

H&G 자선 위원회의 새로운 회장인 Aaron Taylor를 소개하게 되어 기쁘게 생각합니다. Aaron은 7년 동안 H&G 사와 함께 해왔고, 과거에 여러 위원회에서 활동해 왔습니다. 그는 현재 마케팅 부서의 영업 팀장으로 일하고 있습니다. 그가 새로 맡은 일 중 일부는 어떻게 H&G 사가 지역 사회의 노숙인들의 요구를 충족시킬 수 있는지를 결정하는 일이 될 것입니다. **우리는 Aaron이 임명을 기꺼이 수락해서 기쁘게 생각합니다.** 그리고 그가 지역 사회에서 어려움에 처한 더 많은 이들을 도울 준비가 되었다고 확신합니다.

어휘 **charity** 자선 구호 단체 **serve on** ~의 일원으로서 역할을 다하다 **responsibility** 맡은 일, 업무 **homeless** 노숙인들

9
(A) regret
(B) pleasure
(C) resentment
(D) initiative

해설 'H&G 자선 위원회의 새로운 회장을 발표하게 되어 기쁘다'라고 해야 문맥상 자연스러우므로 'It is with pleasure ~(~을 기쁘게 생각한다)'라는 표현을 완성해야 한다.

어휘 **regret** 유감, 애석 **resentment** 분함, 억울함, 분개 **initiative** 계획, 진취적인 마음

10
(A) determine
(B) to determine
(C) determines
(D) to be determined

해설 'Part of his new responsibilities'의 보어를 완성해야 하는 문제이다. 보어 역할을 할 수 있는 것은 보기에서 to부정사인 'to determine'이다.

11
(A) 위원회에서 당신과 함께 근무하지 않을 것이라는 소식을 듣게 되어 유감입니다.
(B) 당신에게 영업 팀장 직책을 제안하게 되어 영광스럽습니다.
(C) 우리는 Aaron이 임명을 기꺼이 수락해서 기쁘게 생각합니다.
(D) Aron이 우리의 제안을 거절했다는 소식을 전하게 되어 유감입니다.

해설 빈칸에 알맞은 문장을 고르기 위해서는 빈칸의 앞과 뒤의 문장을 잘 살펴야 한다. 빈칸의 앞에는 Aaron의 새로운 일이 무엇인지에 대해 설명을 했고, 뒤에서는 그가 이 일을 할 준비가 되었다고

하였다. 따라서 Aaron의 임명 수락과 관련된 문장인 (C)가 정답이 된다.

12
(A) to help
(B) helping
(C) for help
(D) to be helped

해설 문맥상 '그가 많은 이들을 도울 준비가 되어 있다'가 되어야 하므로, 빈칸에는 이를 완성하는 to부정사가 와야 한다. 'be ready to ~'는 '~할 준비가 되어 있다'라는 의미의 to부정사 관용 표현이다.

토익 필수 어구 - 동사 IV p.156

A

1 cause
2 develop
3 engage
4 experiment
5 accompanied
6 depend
7 comply
8 contribute
9 interfere
10 reply

B

1 comply with
2 depend on
3 reply to

C

1 (B)

고객들의 지속적인 방해는 종종 사무실 업무를 방해한다.

해설 문맥상 '업무를 종종 방해한다'는 의미가 되어야 자연스러우므로, 빈칸에 들어갈 적절한 단어는 (B) interfere이다. 'interfere with ~'는 '~을 방해하다, 산만하게 하다'라는 의미의 표현이다.

어휘 **constant** 끊임없는 **distraction** 방해

2 (A)

현재, 우리 팀은 외부 컨설턴트가 제안한 새로운 절차들을 시험해 보고 있다.

해설 빈칸 뒤에 with와 함께 사용되면서 문맥에도 맞는 보기를 골라야 한다. 문맥상 '절차들을 시험해보고 있다'가 되어야 하므로 (A)가 정답이다. 'experiment with ~'는 '~을 시험해 보다'라는 의미의 표현이다.

어휘 **outside** 외부의 **consultant** 컨설턴트

01 동명사의 역할과 동명사 목적어 p.158

실력 쌓기

A

1 Keeping / To keep
2 attracting / to attract
3 forgot meeting
4 prefer taking / prefer to take
5 forgot to shred
6 extending
7 hiring, training

B

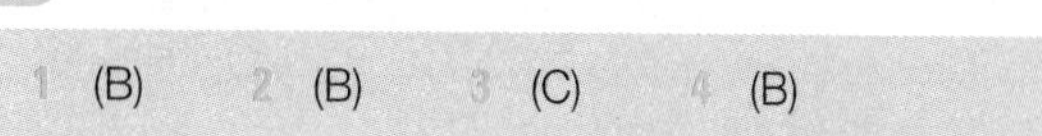

1 (B) 2 (B) 3 (C) 4 (B)

1 시내에 새 도서관을 건립하기 위한 모금은 어려운 일이다.

해설 빈칸은 주어 자리이고 보기 중 주어 자리에 올 수 있는 것은 동명사이므로 정답은 (B)가 된다.

어휘 **raise** 모으다, 들어올리다 **task** 일, 과업

2 재무 분석가들은 근무 조건을 변경하여 직원 생산성을 높이는 것을 제안한다.

해설 빈칸 앞에 동사 suggest가 있고 '생산성을 높이는 것을 제안하다'의 의미가 되어야 하므로, 빈칸에는 suggest의 목적어가 와야 한다. suggest는 동명사를 목적어로 취하는 동사이므로 정답은 (B)이다.

어휘 **analyst** 분석가 **productivity** 생산성

3 모든 직원들은 배송 전에 불량 기계를 찾기 위하여 매우 노력했다.

해설 try는 -ing와 어울려 쓰이면 '시험 삼아 해보다'의 뜻이고, to부정사와 쓰이면 '~하려고 애쓰다'의 의미이다. 문맥상 '불량 기계를 찾기 위해 애를 썼다'가 되어야 하므로, 정답은 (C) to find가 된다.

어휘 **defective** 결함이 있는, 불량인

4 Charles Mechanics는 한 달 전에 수리와 관리 서비스를 제공하는 것을 중단했다.

해설 문맥상 '수리와 관리 서비스를 중단하다'가 되어야 하므로 빈칸에는 discontinue(중단하다)의 목적어가 와야 한다. discontinue는 동명사를 목적어로 취하는 동사이므로 정답은 (B)가 된다.

어휘 **discontinue** 중단하다 **management** 관리

02 | 관용적 동명사 표현 p.160

실력 쌓기

A

1 difficulty completing
2 busy preparing
3 committed to launching / devoted to launching
4 instead of calling
5 worth visiting
6 capable of running

B

1 (D) 2 (B) 3 (B) 4 (D)

1 Kim 씨는 다가오는 컨퍼런스 준비하는 것 외에 다른 프로젝트를 할 시간이 있다.

해설 except (for)는 전치사로 '~을 제외하고'의 의미이다. 전치사 뒤에는 명사 또는 동명사가 가능한데, 빈칸 뒤에 목적어 'conference'를 취할 수 있는 것은 동사의 성질이 있는 동명사이다. 따라서 정답은 (D) organizing이다.

어휘 **organize** 준비하다 **upcoming** 다가오는

2 젊고 새로 취임한 사주들은 처음 몇 년 동안 수익을 향상시키는 데 어려움을 겪는다.

해설 빈칸 앞에 동사 have가 있고, 문맥상 '어려움을 겪는다'가 되어야 한다. 'have difficulty -ing'는 '~하는 데 어려움을 겪는다'는 동명사의 관용적 표현으로 정답은 (B)가 된다.

어휘 **profit** 수익, 이익

3 효과적인 경영 구조를 도입하자마자, 직원들의 생산성이 급격히 향상되었다.

해설 빈칸 앞에 전치사 'upon'이 있고 빈칸 뒤에는 'an effective management structure(효과적인 경영 구조)'라는 목적어가 나와 있으므로, 빈칸에는 upon이라는 전치사와 함께 쓰이면서 목적어를 취할 수 있는 동명사가 와야 한다. 따라서 (B) introducing이 정답이다.

어휘 **effective** 효과적인 **dramatically** 급격히

4 Gray 병원에 있는 의사들은 여러 종류의 암을 연구하는 데 많은 시간을 소비한다.

해설 문맥상 '여러 암을 연구하는 데 많은 시간을 소비한다'가 되어야 한다. 'spend + 시간표현 + -ing'는 '~하는 데 시간을 소비하다'의 뜻인 동명사 관용표현이므로 (D) studying이 정답이다.

어휘 **a great deal of** 많은, 다량의 **study** 연구하다, 공부하다

실전 연습 p.162

1 (B) 2 (B) 3 (D) 4 (C)
5 (B) 6 (B) 7 (C) 8 (C)
9 (C) 10 (B) 11 (B) 12 (C)

PART 5

1

전문가들은 Wipro 사와 HGL 사 간의 협력 강화를 추천했다.

(A) enhance
(B) enhancing
(C) to enhance
(D) enhancement

해설 빈칸 앞에 동사 have recommended가 있고 빈칸 뒤에 the partnership이 나왔으므로, 문맥상 '협력을 강화할 것을 추천했다'의 의미가 되어야 한다. 따라서 빈칸에는 recommend의 목적어가 될 수 있으면서 스스로도 목적어를 이끌 수 있는 동명사가 와야 하므로 (B) enhancing이 정답이다.

어휘 **expert** 전문가 **recommend** 추천하다

2

모든 관리자들은 신규 직원들의 업무 성과에 관하여 걱정하기 시작했다.

(A) worried
(B) to worry
(C) have worry
(D) will worry

해설 보기가 모두 worry(걱정하다)의 여러 형태로 되어 있고, 빈칸 앞에 동사 are starting이 왔으므로, '걱정하기 시작한다'의 의미를 완성하는 것이 빈칸에 들어가야 한다. start는 뒤에 의미 차이 없이 to부정사와 동명사 모두를 목적어로 취할 수 있는 동사이므로 (B) to worry가 정답이다.

어휘 **supervisor** 관리자, 감독자 **performance** 성과, 공연

3

단지 기름 가격을 올리는 것만으로, 정부는 교통 체증을 줄이는 데 성공했다.

(A) success
(B) successful
(C) succeeded
(D) succeeded in

해설 빈칸은 동사 자리이고, 빈칸 앞에 나오는 has로 보아 현재완료가 들어가야 한다. '~하는 데 성공하다'는 의미는 전치사 in까지 동반해야 한다. 따라서 정답은 (D)이다.

어휘 **congestion** 교통정체

4

더 큰 공장을 구입하는 것이 현재의 것을 다시 짓는 것보다 더 나은 아이디어로 여겨진다.

(A) Purchase
(B) Purchased
(C) Purchasing
(D) To purchasing

해설 스스로 목적어를 이끌면서 주어가 될 수 있는 것은 동명사이므로 보기 (C) Purchasing이 정답이다.

어휘 **consider** 고려하다 **current** 현재의

5

이사회는 캠브리지 사무실을 런던으로 옮기는 것에 반대했다.

(A) relocation
(B) relocating
(C) be relocated
(D) have relocated

해설 object to는 '~에 반대하다'는 뜻이고, 여기에서 to는 전치사이므로 뒤에 명사나 동명사가 올 수 있다. The Cambridge office를 목적어로 취할 수 있는 것은 동사의 성질을 가진 동명사이므로 (B) relocating이 정답이다.

어휘 **the board of directors** 이사회

6

인쇄기의 손상을 피하기 위하여, 모든 직원들은 사용설명서에 있는 지시사항을 따라야 한다.

(A) damage
(B) damaging
(C) to damage
(D) to have damaged

해설 avoid는 동명사를 목적어로 취한다. 따라서 정답은 (B) damaging이다.

어휘 **avoid** 피하다 **printing machine** 인쇄기 **instruction** 지시, 설명 **manual** 사용설명서

7

K팝의 해외 팬들은 다가올 유명한 아이돌 밴드들의 가상 콘서트에 참가하는 것을 고대하고 있다.

(A) join
(B) joins
(C) joining
(D) be joined

해설 'look forward to 동명사'는 '~을 고대하다'라는 뜻으로서, 여기에서 to는 전치사로서 뒤에 동명사가 와야 한다. 정답은 (C)이다.

어휘 **international** 국제적인 **look forward to** ~하는 것을 고대하다 **virtual** 가상의

8

한국의 폭염에도 불구하고, 관광객들은 도시를 답사하며 사진을 찍는 데 오후 내내 시간을 보냈다.

(A) explore
(B) explores
(C) exploring
(D) to explore

해설 'spend 시간 V-ing'는 '~하는 데 시간을 보내다'라는 의미로서, 토익에 자주 출제되는 동명사를 동반하는 숙어 표현이다. 정답은 (C)이다.

어휘 **heatwave** 폭염 **explore** 탐험하다, 답사하다

PART 7

[9-12]

국제 비즈니스 뉴스

(5월 17일) 럭셔리 자동차 회사 BKM Motors의 최고 재무 책임자가 그 자리에 있은 지 3년도 되지 않아 사임합니다. Nick Moore는 이전 10년간 HYUN Motors의 사장이었고, 2021년 후반에 BKM Motors의 최고 재무 책임자로 임명되었습니다. 그는 6월 1일에 회사를 떠날 것이며 BMK Motors의 창업자이자 회장인 Bob Carter와의 의견 불일치가 사임의 가장 중요한 이유로 거론됩니다. BKM Motors는 자사의 영업이익이 17퍼센트 하락했다고 발표했습니다. **회사는 새 재무 책임자를 찾고 있는 중이라고 말했습니다.** S7 Motors의 전 CEO인 Roger Hill이 그 자리의 후보 중의 한 명으로 고려되고 있습니다. Hondo의 Tony Turner 상무 이사는 BMK Motors의 이 최근 사건은 경제적 위기에 빠진 브랜드 이미지를 만들었고, 이는 회사를 다시 살리는 데 좋은 방향은 아니라고 말했습니다.

어휘 **chief financial officer** 최고 재무 담당자 **luxury** 고급의, 호화로운 **resign** 사임하다 **previously** 이전에 **appoint** 임명하다 **disagreement** 의견 충돌 **revenue** 수익 **development** 새로이 전개된 사건[국면] **impression** 인상 **revive** 부활시키다

9

기사는 무엇에 관한 것인가?

(A) 본사의 이동
(B) 한 자동차 브랜드의 재무 분석
(C) 한 회사의 인사 변동
(D) 중역의 퇴임

해설 회사의 최고 재무 책임자가 사임한다는 내용으로 시작하고 있다. 따라서 정답은 (C)가 된다.

어휘 **relocation** 재배치 **analysis** 분석 연구

10

Bob Carter는 누구인가?

(A) Hondo의 상무이사
(B) BKM Motors의 창업자
(C) S7 Motors의 CEO
(D) BKM Motors의 최고 재무 책임자

해설 'Bob Carter, the founder and chairman of BKM Motors(창업자이자 BKM Motors의 회장)'라고 했으므로 정답은 (B)가 된다.

11
Moor 씨에 대해 암시되는 것은 무엇인가?
(A) 그는 10년 동안 BKM Motors에 근무하고 있다.
(B) 그는 예전에 다른 회사에 근무했었다.
(C) 그는 Bob Carter의 대학 동창이다.
(D) 그는 S7 Motors의 후임 CEO로 고려되고 있다.

해설 기사의 초반부에서 Nick Moore는 10년 동안 HYUN Motors의 사장이었다고(Nick Moore was previously the head of HYUN Motors for 10 years) 언급되었다. 그러므로 정답은 (B)이다.

12
[1], [2], [3], 그리고 [4]로 표시된 곳들 중에서 아래 문장이 들어가기에 가장 알맞은 곳은 어디인가?
"회사는 새 재무 책임자를 찾고 있는 중이라고 말했습니다."
(A) [1]
(B) [2]
(C) [3]
(D) [4]

해설 주어진 문장은 회사가 새 재무 책임자를 찾고 있다는 내용이다. [3] 뒤에 비어 있는 재무 책임자 자리에 후보로 거론되고 있는 사람에 대한 설명이 나오므로, [3]에 위치하는 것이 가장 자연스럽다.

토익 필수 어구 - 형용사 I p.164

1 versatile	2 beneficial
3 impending	4 thorough
5 remote	6 promising
7 suitable	8 tentative
9 defective	10 immediate

B
1 thorough
2 defective
3 impending

C
1 (D)
최근 연구는 초콜릿과 호두가 사람들의 건강에 도움이 될 수 있다고 밝혔다.

해설 빈칸 뒤에 전치사 to가 있고, 의미상 '건강에 도움이 되는'이 되어야 하므로 빈칸에 적절한 단어는 (D) beneficial이다.

어휘 **study** 연구 **walnut** 호두 **versatile** 다재 다능한 **trivial** 사소한 **valid** 유효한

2 (B)
시민 문화회관에서 제공되는 대부분의 언어 프로그램은 초급자들에게 적절하다.

해설 의미상 '초급자들에게 적합한'이 되어야 하고 빈칸 뒤에 전치사 for가 있으므로, 빈칸에 가장 적절한 단어는 (B) suitable이다.

어휘 **durable** 내구성 있는 **capable** ~을 할 수 있는 **deliberate** 고의의, 신중한

UNIT 07
PART 5 형용사 / 부사 / 비교급 / 최상급
PART 6 공지문

01 형용사와 부사 p.166

실력 쌓기

A

1 주격 보어	2 주격 보어
3 동사 수식	4 동사 수식
5 명사 수식	6 형용사 수식

1 시장의 계획은 6월 1일부로 시행될 것이다.
2 비상 상황의 경우 침착함을 유지하는 것이 중요하다.
3 인터뷰 참가자는 신속하게 질문에 답했다.
4 Steven 씨의 새 책은 비평가들에 의해 널리 호평을 받고 있다.
5 최근 보고서에 따르면, 오작동의 수가 감소해 왔다.
6 저 두 문제는 답변하기가 너무나 어렵다.

B

1 (A) 2 (B) 3 (A) 4 (C)

1 아이가 두 명 이상이라면 당신은 주세를 면제 받게 될 것이다.

해설 'be exempt from~'은 '~를 면제 받다'라는 뜻의 숙어이다.

어휘 **state tax** 주세

2 우리가 회의를 할 때 당신의 창의적인 아이디어는 언제나 환영 받는다.

해설 소유격 your와 명사 ideas 사이에 들어갈 수 있는 품사는 형용사이다. 형용사는 명사 앞에서 명사를 수식하는 기능을 한다.

어휘 **welcome** 환영하다, 다정하게 맞다

3 당신이 계약서에 서명하러 오기 전에 필요한 모든 문서를 준비해야 한다.

해설 관사 the와 명사 documents 사이에 들어갈 수 있는 품사는 형용사이다. 형용사는 명사 앞에서 명사를 수식하는 기능을 한다.

어휘 **sign a contract** 계약서에 사인하다

4 2018년에 설립된 이래로, 그 회사의 수익은 상당히 증가해 왔다.

해설 문맥상 '수익이 상당히 증가했다'라고 해야 자연스러우므로 동사를 수식하는 부사 considerably가 정답이다.

어휘 **founded** 설립하다, 세우다 **considerable** 상당한, 많은 **consideration** 사려, 숙고

02 | 원급 / 비교급 / 최상급 p.168

실력 쌓기

A

1 as specifically as
2 more important
3 one of the most popular restaurants
4 the cheapest
5 greater, than
6 as often as / so often as
7 one of the best

B

1 (B)	2 (C)	3 (B)	4 (C)

1 당신의 오래된 차를 고치는 것은 새로운 차를 사는 것만큼이나 비용이 드는 경우가 많다.

해설 '~만큼 ~하게'라는 의미의 원급 구문인 'as + 부사 + as'를 완성해야 한다. as와 as 사이에는 비교급이나 최상급은 들어갈 수 없다.

어휘 **fix** 고치다, 수리하다 **cost** (돈이) 들다

2 그 회사는 국내에서 가장 강력한 진공 청소기를 생산하는 것으로 정평이 나 있다.

해설 빈칸 앞에 the가 있고 문맥상 '가장 강력한 진공 청소기'라고 해야 자연스러우므로 'the + 최상급'의 형태인 (C)가 정답이다.

어휘 **reputation** 평판 **vacuum cleaner** 진공 청소기

3 당신이 환경을 보호하고자 한다면 자동차를 덜 사용하려고 노력해야 한다.

해설 문맥상 환경을 보호하고자 한다면 '자동차를 덜 자주 사용해야 한다'고 해야 자연스러우므로 부사 frequently의 비교급인 less frequently가 정답이 된다. less frequently는 '덜 빈번하게'라는 의미이다.

어휘 **frequently** 자주 **protect** 보호하다 **environment** 환경

4 그들은 최상의 제품을 가장 경쟁력 있는 가격에 배송하게 되어 자랑스럽게 생각한다.

해설 정관사 the 다음에 들어갈 수 있는 것은 비교급이 아닌 최상급이다. 'the most competitive prices'는 '가장 경쟁력 있는 가격'이라는 의미이다.

어휘 **competitive** 경쟁력 있는, 뒤지지 않는

실전 연습 p.170

1 (B)	2 (B)	3 (C)	4 (A)
5 (A)	6 (A)	7 (B)	8 (C)
9 (A)	10 (B)	11 (C)	12 (D)

PART 5

1

조합은 회사의 재정 상태를 신중하게 검토한 후 올해의 급여 인상을 요청하지 않기로 결정했다.

(A) careful
(B) carefully
(C) care
(D) caring

해설 빈칸은 동명사인 reviewing을 수식할 수 있는 품사가 와야 하는 자리이다. 동명사를 수식할 수 있는 품사는 부사이므로 정답은 (B)이다.

어휘 **union** 조합 **ask for a raise** 급여 인상을 요구하다 **review** 검토하다 **current** 현재의 **financial** 재정적인

2

그 식당은 그 지역의 어떤 다른 식당 보다 더 다양한 향토음식을 제공하고 있다.

(A) great
(B) greater
(C) greatest
(D) greatness

해설 문맥상 '어떤 다른 ~보다도 ~한'이라는 의미의 '비교급 + than + any other + 복수명사' 구문을 완성해야 한다. 'a greater variety of'는 '더 다양한'이라는 의미로 쓰인다.

어휘 **a variety of** 다양한 **local food** 향토 음식

3

Theodore 박사의 연설은 내가 들은 중에 가장 감명 깊은 연설이었다.

(A) impressive
(B) more impressive
(C) most impressive
(D) as impressive

해설 'the 최상급 + 명사 + I've ever + 과거분사'는 '내가 ~한 중 가장 ~한'이라는 의미의 최상급 구문이다. 최상급 앞에는 정관사 the를 꼭 써야 한다.

어휘 **impressive** 인상적인

4

대부분의 사업주들은 중요한 결정을 내리기 전에 상당한 시간을 투자한다.

(A) considerable
(B) considering

(C) consideration
(D) considerably

해설 문맥상 '상당한 양의 시간'이라고 해야 자연스럽고, 명사 amount 앞에서 수식을 할 수 있는 품사는 형용사이므로 정답은 (A) considerable이다.

어휘 **amount** 양

5
물건을 판매할 때는 합리적인 가격을 유지하는 것이 중요하다.
(A) reasonable
(B) reasonably
(C) most reasonable
(D) as reasonable

해설 빈칸 앞에 keep prices가 나와 있고, 문맥상 '가격을 합리적으로 유지하다'라는 의미가 되어야 하므로, 'keep + 목적어 + 목적격 보어(형용사)'의 구문을 완성해야 하는 문제임을 알 수 있다. 따라서 정답은 형용사 (A) reasonable이다. 참고로 'keep prices reasonable'은 '가격을 합리적으로 유지하다'라는 의미이다.

어휘 **reasonable** 타당한, 합당한

6
열차에서 소지품을 가져갈 때는 신속히 해 주십시오.
(A) prompt
(B) promptly
(C) promptness
(D) most prompt

해설 빈칸에는 be동사의 주격보어가 필요하다. 보기에서 형용사는 (A)와 (D)가 있는데, 최상급인 (D) 앞에는 정관사 the가 필요하므로 (D)는 정답이 될 수 없다. 정답은 (A)이다.

어휘 **belongings** 소지품 **prompt** 즉각적인, 지체 없이 **promptness** 재빠름, 신속

7
컴퓨터의 모든 소프트웨어를 정기적으로 업데이트하는 것이 중요하다.
(A) regular
(B) regularly
(C) regularity
(D) as regular

해설 문맥상 '정기적으로 업데이트하다'라는 의미가 되어야 하고, 동사 update 앞에서 동사를 수식할 수 있는 품사는 부사이다. 보기에서 부사는 (B) regularly뿐이므로 (B)가 정답이다.

어휘 **essential** 필수적인, 극히 중요한 **update** 갱신하다, 업데이트하다 **regularity** 정기적임

8
Universal Artificial Intelligence는 고급 딥러닝 분야에서 가장 혁신적인 회사들 중 하나로 알려져 있다.
(A) innovative
(B) more innovative
(C) most innovative
(D) innovation

해설 「one of the 최상급 + 복수 명사」 형태의 표현을 알고 있다면 쉽게 풀 수 있는 문제이다. 정답은 (C)이다.

어휘 **artificial intelligence** 인공지능 **field** 분야 **advanced** 고급의, 진보한

PART 6

[9-12]

저희는 Dole 가 2134에 새로 생긴 점포로의 이전을 알리게 되어 기쁘게 생각합니다. **Dole 지역에서의 급성장 덕분에 이 이전을 하게 되었습니다.** 저희는 전보다 더 넓은 공간에서 여러분을 더 잘 모실 수 있기를 바랍니다. 확장 오픈을 축하하기 위해서, 이번 달 마지막 두 주 동안 정상 가격의 제품들을 대부분 50퍼센트 할인하여 판매합니다. 귀하와 같은 단골 고객들을 위해, 5월 17일에는 일반 판매에 앞선 특별 판매를 진행합니다. 오셔서 제품이 있을 때 최고의 쇼핑 기회를 잡으세요.

어휘 **pleased** 기뻐하는, 만족하는 **facility** 시설 **hopefully** 바라건대 **expansion** 확장 **regular price** 정가 **loyal customer** 단골 고객 **presale** 일반 판매에 앞선 특별 판매

9
(A) announce
(B) produce
(C) overcome
(D) tell

해설 'be pleased to ~'는 '~하게 되어 기쁘다'라는 의미로 주로 공지나 발표를 시작할 때 자주 쓰는 표현이다. 문맥상 '~을 알리게 되어 기쁘다'라고 해야 자연스러우므로 '알리다, 발표하다'라는 의미의 (A) announce가 정답이다.

10
(A) 이것의 원인은 최근의 판매량 감소입니다.
(B) Dole 지역에서의 급성장 덕분에 이 이전을 하게 되었습니다.
(C) Dole 지역은 항상 많은 사람들로 가득 차 있습니다.
(D) 이삿짐 운송 업체는 우리가 예상했던 것보다 빠르게 도착할 것입니다.

해설 문장 삽입 문제의 경우 앞과 뒤의 문장을 잘 살펴 문맥의 흐름이 자연스러운 문장을 골라야 한다. 빈칸의 앞에서는 '새로 생긴 점포로의 이전을 알리게 되어 기쁘다'라고 하였고, 뒤에서는 '더 넓은 공간에서 여러분을 모실 수 있다'라고 하였다. 따라서 빈칸에는 'Dole 지역에서의 우리의 급성장 덕분에 이 이전을 하게 되었다'를 넣어야 자연스럽다.

11
(A) to

(B) from
(C) than
(D) as

해설 비교급 'more space' 다음에 어울리는 말은 than이다.

12
(A) good
(B) most
(C) better
(D) best

해설 문맥상 '와서 최고의 쇼핑기회를 잡으세요'라고 해야 자연스러우므로 빈칸에는 최상급이 알맞다. '최고의'라는 의미의 최상급은 'most'가 아니라 'best'이므로 정답은 (D)이다.

토익 필수 어구 - 형용사 II p.172

A

1	considerate	2	consecutive
3	confidential	4	impressive
5	preliminary	6	compatible
7	complimentary	8	additional
9	persuasive	10	disposable

B

1 preliminary
2 most persuasive
3 five consecutive years

1 (B)
도서관에 있을 때는 다른 사람들을 배려해 주시기 바랍니다.

해설 문맥상 알맞은 형용사를 넣는 문제이다. 문맥상 '다른 사람을 배려하다'라고 해야 자연스러우므로 '배려하는'이라는 의미의 (B) considerate이 정답이 된다. considerable은 '상당한'이라는 의미의 형용사이다.

어휘 **library** 도서관 **considerable** 상당한, 많은 **confidential** 비밀의, 은밀한 **comprehensive** 포괄적인, 종합적인

2 (C)
귀하의 비행에 대한 추가 정보를 원하시면 항공사 사무실에 연락해 주십시오.

해설 문맥상 '추가 정보를 원하시면'이라고 해야 하므로 '추가의'라는 의미의 형용사 additional이 빈칸에 알맞다. disposable은 '처분할 수 있는'이라는 의미이고, complimentary는 '무료의'라는 의미이다.

어휘 **disposable** 일회용의 **considerable** 상당한 많은 **complimentary** 무료의, 칭찬하는

PART 5 분사 / 분사구문
PART 7 문자 메시지 / 온라인 채팅

01 현재분사 / 과거분사 p.174

실력 쌓기

A

1	disappointing	2	pleased
3	fast-growing	4	detailed
5	experienced	6	surprised
7	suggested	8	immigrating

1 올해 임금 인상이 없다는 소식은 실망스럽다.
2 DTC 주식회사는 모든 직원에게 유연 근무제를 제공하게 되어 기쁘다.
3 중국의 빠르게 성장하는 경제는 광범위한 일자리 창출에 기여하고 있다.
4 상세한 일정은 소책자에 쓰여 있습니다.
5 경력이 있는 직원들만 시애틀에 있는 일에 지원할 수 있다.
6 Bell 씨는 동료인 Hunt 씨가 퇴사했다는 사실을 들어서 놀랐다.
7 모든 사람들이 영업부서의 Anderson 씨에 의해 제안된 아이디어에 동의하지 않았다.
8 유럽으로 이민 가는 사람의 수가 급격히 증가하고 있다.

B

1	(C)	2	(D)	3	(B)	4	(D)

1 은행 대출을 신청하는 개인들은 세 가지 신청서를 완성해야 한다.

해설 individuals를 뒤에서 수식할 수 있는 것은 현재분사와 과거분사이다. 의미상 '대출을 신청하는 개인들'이라는 의미가 되어야 자연스러우므로, 능동의 의미를 갖는 applying이 정답이 된다.

어휘 **individual** 개인 **apply for** 신청하다 **complete** 완성하다 **application** 신청서

2 Skiworth는 네덜란드에서 스키 장비 선두 제조사이다.

해설 빈칸은 manufacturer를 수식하는 형용사 자리이다. '시장을 이끄는, 선두의'의 의미는 현재분사이므로 정답은 (D)이 된다.

어휘 **manufacturer** 제조사 **equipment** 장비

3 JVC Electronics의 무료 배송과 설치는 제한된 기간 동안 이용 가능하다.

해설 빈칸 뒤에 time이 있고 문맥상 '제한된 기간'이라는 의미가 되어야 한다. '제한된'은 수동의 의미이므로 과거분사 limited가 정답이 된다.

4 그 회의는 힘들었지만, 두 회사는 마침내 합의에 도달했다.

해설 문맥상 '회의가 힘들었지만'이 되어야 자연스러우므로, '힘드는, 피곤한'이라는 의미의 현재분사인 tiring이 정답이다.

어휘 **reach** 도달하다 **agreement** 합의

02 분사구문

p.176

실력 쌓기

A

1 Although it is located in a quiet area
2 After they got approval from the CEO
3 Although it was built 30 years ago
4 Because she was brought up in Australia

1 조용한 지역에 위치에 있음에도 불구하고, Jack's Restaurant는 항상 손님으로 가득하다.
2 사장님으로부터 승인을 받은 후에, 마케팅 팀은 새 프로젝트를 시행했다.
3 30년 전에 지어졌음에도 불구하고, 그 빌딩은 여전히 매우 현대적으로 보인다.
4 Cole 씨는 호주에서 자랐기 때문에, 그 나라의 문화를 잘 이해한다.

B

1 (A) 2 (C) 3 (C) 4 (C)

1 강 근처 조용한 곳에 위치했기 때문에, Swan 호텔은 휴식을 취하고 긴장을 풀고 싶어 하는 사람들을 끌어 모은다.

해설 문맥상 '조용한 곳에 위치했기 때문에'가 되어야 의미가 자연스러우므로, 콤마 앞 구문은 Because it is situated in a quiet spot near the river를 간략하게 분사구문으로 만든 것임을 알 수 있다. 따라서 접속사 생략, 주어 생략, 동사에 -ing를 붙이면 (being) situated ~가 된다. 따라서 정답은 (A) Situated이다.

어휘 **situate** 위치하다 **attract** 끌어당기다, 끌어 모으다 **relax** 휴식을 취하다 **unwind** 긴장을 풀다

2 이층에 있는 판매대를 더한다면, 우리는 더 많은 제품을 전시할 수 있다.

해설 문맥상 '이층에 있는 판매대를 더한다면'이 되어야 하므로 콤마 앞 구문은 If we add sales racks on the second floor를 분사구문 Adding sales racks ~로 바꾼 것임을 알 수 있다. 따라서 정답은 (C) Adding이다.

어휘 **sales rack** 판매대 **display** 전시하다

3 회사의 파트너 중 한 명이기 때문에, Ali 씨는 비밀 문서에 접근할 수 있다.

해설 문맥상 '회사 파트너 중 한 명이기 때문에'가 되어야 하므로, Since/Because/As he is one of the partners in the firm을 분사구문 Being one of the partners ~로 바꾸었음을 알 수 있다. 따라서 빈칸에 들어갈 보기는 (C) Being이다.

어휘 **access** 접근하다 **confidential** 비밀의

4 판매 실적의 급격한 감소에 관하여 들은 후로, 최고 경영자는 직원의 20퍼센트를 정리해고 하기로 결정했다.

해설 After he heard about the dramatic decrease in sales를 분사구문으로 만들면 Hearing about the dramatic decrease ~이다. 분사구문에서 접속사의 의미를 강조하고 싶은 경우 접속사를 생략하지 않을 수 있으므로 After hearing ~이 가능하다. 따라서 정답은 (C) hearing이다

어휘 **decrease** 감소 **lay off** 정리해고하다

실전 연습

p.178

1 (C) 2 (B) 3 (D) 4 (C)
5 (C) 6 (B) 7 (C) 8 (C)
9 (C) 10 (A)

PART 5

1

관리비를 걱정하는 건물 주민들은 선불 옵션을 고려해야 한다.

(A) concern
(B) concerns
(C) concerned
(D) be concerned

해설 residents를 뒤에서 수식하는 분사를 고르는 문제이다. 문맥상 '관리비를 걱정하는 주민들은'이 되어야 하므로 '걱정하게 만들다'의 의미인 concern의 과거분사형인 concerned가 들어가서 '걱정하는'의 의미를 만들어야 한다. 따라서 (C) concerned가 정답이 된다.

어휘 **resident** 거주자, 주민 **consider** 고려하다 **option** 옵션, 선택권 **prepay** 선불로 내다

2

인터넷에서 광고되기 때문에, 그 새 미용 제품은 지난 분기 동안 판매되었던 것보다 3배 더 잘 팔리고 있다.

(A) Advertising
(B) Advertised
(C) To advertise
(D) Advertisement

해설 문맥상 '인터넷에서 광고되기 때문에 제품이 잘 팔렸다'는 의미가 되어야 하므로, 빈칸을 포함한 부분이 '인터넷에서 광고되기 때문에'의 의미가 되어야 한다. 이 경우 문장으로는 Because it is advertised on the Internet으로 표현할 수 있고, 이를 분사구문으로 바꾸면 (Being) advertised on the internet이 된다. 따라서 정답은 보기 (B) Advertised이다.

어휘 **on the Internet** 인터넷에서 **quarter** 분기

3

기술 연구원으로서 20년간의 성공적인 직장 생활을 끝내고, Harrison 씨는 8월에 은퇴할 것이다.

(A) distinguish

(B) distinguishes

(C) distinguishing

(D) distinguished

해설 문맥상 '그의 성공적인 직장생활을 끝내고'가 되어야 하므로 빈칸에는 '성공한'을 의미하는 distinguished가 들어가야 한다. 참고로 distinguishing은 '특징적인'의 의미이다.

어휘 **retire** 은퇴하다 **career** 직업, 직장 생활

4

Mason 씨는 Hudson 씨가 자신의 컨설팅 회사에 합류하기로 한 결정을 듣고 기뻐했다.

(A) please

(B) pleases

(C) pleased

(D) pleasing

해설 주어인 Mason 씨가 소식을 듣고 기쁨을 느꼈기 때문에 과거분사인 pleased가 정답이 된다.

어휘 **join** 합류하다

5

마케팅 책임자는 새 제품에 대한 대중의 긍정적인 반응에 대해 만족했다.

(A) satisfy

(B) to satisfy

(C) satisfied

(D) satisfaction

해설 빈칸이 satisfy(만족시키다)의 여러 형태로 이루어져 있고, 문맥상 '마케팅 책임자가 만족했다'는 의미가 되어야 한다. 주어인 마케팅 책임자가 감정을 느꼈기 때문에 과거분사인 satisfied가 정답이다.

어휘 **public** 대중의 **positive** 긍정적인 **response** 반응

6

몇 주 전에 시작된 새로운 TV 광고는 더 많은 고객들을 유치하는 데 꽤 효과적인 것으로 보인다.

(A) launch

(B) launched

(C) launching

(D) to be launched

해설 명사와 수식하는 분사의 관계가 능동이면 현재분사를, 수동이면 과거분사를 써야 한다. commercial과 launch는 수동의 관계이므로 정답은 (B)이다.

어휘 **commercial** 광고 **effective** 효과적인 **attract** 끌어들이다 **customer** 고객 **launch** 시작하다, 개시하다

7

월간 우수사원으로 선정되어서, Anderson 씨는 이제 무료 주차장을 이용할 수 있고 20%의 직원 할인 혜택을 누릴 수 있다.

(A) Be

(B) Been

(C) Being

(D) To be

해설 Ms. Anderson과 분사인 selected는 수동의 관계이므로, 빈칸을 생략해도 되는 분사구문이다. 분사구문에서는 'Being'을 생략할 수 있으므로 정답은 (C)이다.

어휘 **have access to** ~에 출입할 수 있다 **discount** 할인

8

자원 봉사 지원에 관심이 있는 사람은 누구나 인사부 책임자에게 이야기해야 한다.

(A) interest

(B) interests

(C) interested

(D) interesting

해설 문맥상 '자원 봉사 지원에 관심이 있는 사람은 누구나'라는 의미가 되어야 하므로, 빈칸에는 '관심이 있는'이라는 단어가 들어가야 한다. 주어인 'Anyone'이 흥미로운 감정을 느끼는 상황이므로 과거분사가 들어가야 한다. 따라서 정답은 (C) interested이다.

어휘 **apply for** 지원하다 **volunteer work** 자원 봉사 **Human Resources** 인사

PART 7

[9-10]

Jack Bell 6:30 P.M.
퇴근 후에 저랑 저녁 먹을래요?

Sue Davis 6:31 P.M.
좋은 생각이에요. 배가 고프기 시작하는데요.

Jack Bell 6:32 P.M.
길 건너 새로 생긴 이탈리아 레스토랑 어때요?

Sue Davis 6:32 P.M.
좋아요. 하지만 조금 늦게 출발해도 되나요? 약 1시간 후쯤?
재무 보고서를 조금 더 작업 해야 하거든요.

Jack Bell 6:34 P.M.
물론이죠. 마감일이 언제죠?

Sue Davis 6:34 P.M.
내일요. Cox 씨에서 받은 원본 데이터가 정확하지 않아서
다시 해야 했거든요.

Jack Bell 6:36 P.M.
놀랍지도 않아요. 그녀는 꽤 자주 그런 종류의 실수를 하거든요.

Sue Davis	6:38 P.M.
어쨌든, 거의 다했어요. 조금 후에 로비에서 만나요.	
Jack Bell	6:39 P.M.
네. 이따 봐요.	

어휘 **fantastic** 환상적인 **financial report** 재무 보고서 **raw** 가공되지 않은 **accurate** 정확한

9

Bell 씨와 Davis 씨는 몇 시에 만날 것인가?

(A) 약 6시 40분
(B) 약 7시 10분
(C) 약 7시 40분
(D) 약 8시 10분

해설 6시 32분에 Davis씨가 1시간쯤 후에 나갈 수 있는지를 물었기 때문에 정답은 7시 40분경이 된다.

10

6시 36분에, Bell 씨가 "놀랍지도 않아요"라고 쓴 것은 무슨 의미인가?

(A) 그는 Cox 씨가 실수할 것을 예상했다.
(B) 그는 Cox 씨가 발전해서 기뻤다.
(C) 그는 누구든지 실수를 할 수 있다고 생각한다.
(D) 그는 Cox 씨가 믿을 만하다고 생각한다.

해설 'That's not a surprise'는 '놀라운 일이 아니다'는 의미의 표현으로 '자주 있는 일이기 때문에 놀랍지 않다'로 해석할 수 있다. 따라서 정답은 (A)이다.

토익 필수 어구 - 부사 I p.180

1 promptly　2 consistently
3 anonymously　4 ideally
5 annually　6 previously
7 nearly　8 frequently
9 relatively　10 gradually

B

1 relatively
2 gradually
3 anonymously

C

1 (C)

Helen's 카페는 역사적인 장소를 본 후에 간단한 커피 휴식을 원하는 관광객들을 위하여 이상적으로 자리잡고 있다.

해설 ideally는 '이상적으로'라는 의미의 부사로, 가장 적합한 장소에 위치해 있다는 문맥에서 가장 적절한 부사이다.

어휘 **locate** 위치하다 **historical** 역사적인

2 (B)

두 정당은 지난 3개월 동안 노동법의 변경을 위하여 일관되게 논의해왔다.

해설 consistently는 '일관적으로'라는 의미로 '일관되게 논의해왔다'는 표현이 가장 적합하다.

어휘 **party** 정당 **labor law** 노동법 **relatively** 상대적으로 **approximately** 대략 **fluently** 유창하게

UNIT 09 PART 5 접속사 PART 6 회람

01 부사절 접속사 p.182

실력 쌓기

A

1 Although / Even though / Though
2 If
3 Because / As / Since
4 Because of / Due to
5 Unless
6 In spite of / Despite
7 While

B

1 (A)　2 (A)　3 (B)　4 (D)

1 우리가 당신의 뉴욕 사무실을 방문했을 때 사업 기회를 논의할 수 있어서 기뻤습니다.

해설 빈칸은 절과 절을 연결하는 접속사 자리이다. 문맥상 '당신의 사무실을 방문했을 때 논의할 수 있어 기뻤다'가 되어야 하므로 '~할 때'를 뜻하는 시간의 부사절 접속사 when이 가장 알맞다.

어휘 **pleasure** 기쁨 **opportunity** 기회

2 그 새 연극이 긍정적인 반응을 얻는다면, HOD 제작사는 더 많은 공연 일정을 잡을 것이다.

해설 빈칸에 어울리는 품사는 접속사이기 때문에 전치사(in spite of)나 부사(therefore)는 오답이 된다. '~한다면, ~하다'는 의미가 문맥상 어울리기 때문에 (A) If가 정답이다.

어휘 **positive** 긍정적인 **performance** 공연

3 Kimberly 다리 공사는 승인 절차 때문에 지연되어야 한다.

해설 빈칸 뒤에 명사인 the approval process가 왔으므로 빈칸은 전치사 자리임을 알 수 있다. 문맥상 '공사가 지연되는 이유'를 나

타내는 전치사가 들어가야 하므로 정답은 (B) because of이다.

어휘 **constriction** 공사 **delay** 지연하다 **approval** 승인 **process** 절차

4 YNB Clinic의 의료진은 지난주 9시까지 일했음에도 불구하고, 초과근무 수당을 받지 못했다.

해설 빈칸 뒤에 주어(the medical staff members)와 동사(worked)가 오므로 빈칸은 접속사 자리임을 알 수 있다. 주절과 부사절의 관계가 대조를 이루므로 '비록 ~일지라도'라는 의미를 가진 양보의 접속사 (D) Although가 정답이 된다.

어휘 **get paid** (월급을) 받다 **overtime** 초과근무

02 | 등위 접속사 / 상관 접속사 p.184

실력 쌓기

A

1	or → and	2	and → nor
3	is → are	4	and → or
5	but → so	6	but → or
7	and → but	8	but → and

1 CEO와 이사들 모두 최신 노트북 모델에 대해 긍정적이다.
2 개인적인 전화 통화와 이메일 모두 이 건물에서는 허락되지 않는다.
3 그의 유창한 영어뿐만 아니라 훌륭한 매너도 흠잡을 데 없었다.
4 출산율 감소의 이유는 이달이나 다음 달에 밝혀질 것이다.
5 그 디자인 직원은 지난달에 채용되었으므로, 그녀의 근무 평가를 하기에는 너무 이르다.
6 잠재적인 신청자들은 이메일이나 우편으로 신청하는 것이 장려된다.
7 최고경영자는 그 프로젝트의 성공을 확신했지만, 그가 틀렸다는 것이 증명되었다.
8 그 세미나는 새 회계 시스템의 장점과 단점에 관한 것이다.

B

1	(B)	2	(D)	3	(A)	4	(C)

1 계약은 어제 만료되었지만, 두 회사는 계약을 일 년 더 연장하기로 동의했다.

해설 빈칸 앞과 뒤 모두 주어와 동사를 모두 갖춘 절이 나오므로, 빈칸은 두 절을 연결하는 접속사의 위치이다. 앞뒤의 내용이 대조를 이루고 있으므로 대조의 등위 접속사 but이 가장 적절하다.

어휘 **expire** 만료되다 **extend** 연장하다

2 화재 경보가 울렸을 때 모든 고객들은 침착했지만 경계를 늦추지 않았다.

해설 calm(침착한)과 alert(경계하는)는 대조 관계이므로 보기 중 접속사 but이 가장 적절하다.

어휘 **alert** 경계하는 **go off** 울리다

3 May's 백화점은 고객들에게 상품권이나 10퍼센트 할인을 제공한다.

해설 or가 가장 큰 힌트이다. 문맥상 '상품권이나 할인 중 하나를 제공한다'는 의미가 되어야 하므로 (A) either가 정답이다. 참고로 either A or B는 'A이거나 B인'이라는 의미의 상관 접속사이다.

어휘 **department store** 백화점 **gift certificate** 상품권

4 공장과 고객 센터 모두 인도에 위치하고 있다.

해설 문장 앞에 Both가 있고 문맥상 '공장과 고객 서비스 센터 모두'의 의미가 되어야 하므로 both A and B를 완성하는 (C) and가 정답이다. 참고로 both A and B 는 'A와 B 모두'라는 의미의 상관 접속사이다.

어휘 **be located in** ~에 위치하다

실전 연습 p.186

1	(A)	2	(A)	3	(A)	4	(A)
5	(D)	6	(D)	7	(B)	8	(D)
9	(B)	10	(C)	11	(D)	12	(D)

PART 5

1

우리의 투자자들로부터 필요한 자금을 받게 된다면, 우리는 초기의 확장 계획을 계속해 나갈 수 있다.

(A) Once
(B) Because of
(C) However
(D) So

해설 빈칸은 접속사 자리이므로 (B)와 (C)는 정답에서 제외된다. 빈칸이 포함된 절의 내용이 '초기의 확장 계획을 계속해 나갈 수 있는 것'의 조건에 해당하므로 정답은 (A)이다.

어휘 **funding** 자금 **investor** 투자자 **initial** 초기의, 최초의 **expansion** 확장

2

우편에 원본 영수증을 포함시킨다면, 환불이 효과적으로 처리될 것입니다.

(A) If
(B) Before
(C) Despite
(D) Unless

해설 의미상 가장 알맞은 접속사를 찾는 문제이다. '원본 영수증이 있으면, 환불 처리가 잘 될 것이다'라는 문맥이므로 조건의 접속사 If가 정답이다.

어휘 **receipt** 영수증 **process** 처리하다 **in an efficient manner** 효과적으로

3
모든 직원들은 재택 근무를 하거나 통근하는 것을 선택할 수 있다.

(A) or
(B) nor
(C) and
(D) so

해설 빈칸 앞에 보이는 either와 어울리는 상관접속사는 or이다.

어휘 **work from home** 재택 근무하다 **commute** 통근하다

4
예술 전시회의 티켓은 Tate 아트센터의 접수처나 인터넷에서 구매하실 수 있습니다.

(A) or
(B) if
(C) but
(D) for

해설 문맥상 '접수처 또는 인터넷에서 구매할 수 있다'가 어울린다. '또는'을 나타내는 접속사는 or이다.

어휘 **exhibition** 전시회 **purchase** 구매하다 **reception** 접수처, 안내처

5
ABB 잡지사의 편집자인 Kim 씨와 Choi 씨는 올해의 최고의 기자상의 공동 수상자로 선정되었다.

(A) but
(B) or
(C) nor
(D) and

해설 문장의 동사가 복수형인 have이므로, Mr. Kim과 Mr. Choi를 and로 연결하여 복수 주어로 만들어야 한다. 정답은 (D)이다.

어휘 **editor** 편집자 **recipient** 수령인, 수상자 **journalist** 저널리스트, 기자 **award** 상

6
자동화된 발권 시스템 때문에, KH 항공사는 동남 아시아 국가로의 비행에 가장 좋은 가격을 제공한다.

(A) As
(B) As if
(C) In spite of
(D) Because of

해설 앞뒤의 내용이 인과관계이고, 빈칸은 전치사 자리이므로 인과관계를 나타내는 전치사 because of가 정답이 된다.

어휘 **offer** 제공하다 **Southeast Asian county** 동남아시아 국가

7
그 팀이 작성한 보고서는 충분히 연구되지도 않았고 과학적 데이터로 적절하게 뒷받침되지도 않았다.

(A) because
(B) neither
(C) never
(D) however

해설 상관접속사 「neither A nor B」를 알고 있다면 쉽게 풀 수 있는 문제이다. 정답은 (B)이다.

어휘 **properly** 적절하게 **support** 지원하다; 뒷받침하다 **scientific** 과학적인

8
Fraser 씨는 인상적인 업적을 가지고 있지 않음에도 불구하고 승진 대상자로 고려되고 있는 중이다.

(A) if
(B) after
(C) until
(D) even though

해설 빈칸 앞뒤의 내용이 대조를 이루고 있다. 따라서 양보의 접속사 even though가 정답이다.

어휘 **consider** 고려하다 **promotion** 승진 **impressive** 인상적인 **achievement** 성취

PART 6

[9-12]

> 날짜: 8월 24
> 수신: 전 매장 직원
> 발신: Dennis Lee, 인사팀장
>
> 다가올 다음 주 연휴로 인해, 동료 평가의 제출 마감일이 다음 주 수요일이 아닌 내일이라는 것을 상기시키기 위해 이 회람을 작성합니다. 전 직원들이 월요일부터 수요일까지 사무실에 없을 것입니다. 여러분이 내일까지 동료 평가를 제출하지 않으면, 전체적인 인사 고과가 지연될 것입니다. 이는 또한 임금 협상과 승진 절차에도 지장을 줄 수 있습니다.
>
> 연간 직원 인사 고과에 반영될 수 있도록, 내일 오후 5시까지 여러분의 동료 평가를 제출해야 합니다. **궁금한 점이나 우려 사항이 있다면 인사팀으로 직접 문의해 주시기 바랍니다.**
>
> 항상 협조해 주셔서 감사합니다.

어휘 **upcoming** 다가오는 **peer evaluation** 동료 평가 **overall** 전체의 **performance review** 인사 고과 **disrupt** 지장을 주다 **negotiation** 협상 **promotion** 승진 **reflect** 반영하다 **annual** 연간의 **cooperation** 협조

9
(A) complain
(B) remind
(C) discuss
(D) persuade

해설 빈칸 뒤에는 회람을 작성하는 목적을 설명하는 내용이 이어지고 있다. 그러므로 '상기시키다'라는 뜻인 (B)의 remind가 빈칸에 오기에 가장 적절하다. 'remind A that절'은 'A에게 that절의 내용을 상기시키다'라는 의미이다.

어휘 **complain** 항의하다 **persuade** 설득하다

10

(A) Whereas
(B) Because
(C) If
(D) As

해설 적절한 접속사를 고르는 문제이다. 빈칸이 포함된 절의 내용은 '내일까지 평가를 제출하지 않는 것'이며, 주절의 내용은 '전체적인 인사 고과가 지연될 것이다'라는 것이다. 그러므로 빈칸에는 접속사 If가 오는 것이 가장 적절하다.

11

(A) have to turn
(B) has to turn
(C) had to be turned
(D) have to be turned

해설 평가서(evalutions)는 제출되는 것이므로 수동형인 (C)와 (D) 중에서 정답을 고른다. 그런데 내일 5시까지 제출되어야 한다는 내용이므로 (D)가 정답이다.

12

(A) 당신의 회의를 취소해야 한다면, 우리에게 알려 주시기 바랍니다.
(B) 임금 협상은 다음 달에 있을 것 같습니다.
(C) 신청서 한 장을 꼭 가져가시기 바랍니다.
(D) 궁금한 점이나 우려 사항이 있다면 인사팀으로 직접 문의해 주시기 바랍니다.

해설 보기 중에서 회람을 마무리하는 내용으로 가장 적절한 것은 (D)이다. 빈칸 앞의 내용이 '내일 오후 5시까지 동료 평가를 제출해야 한다'는 것이므로, 회의를 취소할 경우 알려 달라는 내용의 (A)와 임금 협상의 일정을 알려 주는 (B)는 앞의 내용과 무관하다. 신청서(request forms) 한 장을 가져가라는 내용의 (C)는 지문의 내용과 관련이 없다.

토익 필수 어구 - 부사 II p.188

A

1 approximately
2 discreetly
3 periodically
4 exclusively
5 closely
6 shortly
7 publicly
8 notably
9 readily
10 unanimously

B

1 discreetly
2 unanimously
3 readily

1 (A)

Olympia 사는 외국인 투자자, 특히 큰 중국 은행들을 사로잡고 있다.

해설 문맥상 '특히, 큰 중국 은행들'이 투자자라는 의미가 되어야 자연스러우므로 most와 함께 '특히'의 의미를 완성하는 (A) notably가 정답이다.

어휘 **attract** 끌어들이다, 마음을 끌다 **gradually** 서서히 **shortly** 곧 **immediately** 즉시

2 (D)

뉴욕에 있는 Felton 오페라 홀은 대략 3만 명을 수용할 수 있다.

해설 숫자 앞에 올 수 있는 부사 approximately는 '대략'을 뜻한다.

어휘 **accommodate** 수용하다 **discreetly** 분별 있게, 사려 깊게 **publicly** 공개적으로 **temporarily** 임시로

UNIT 10

PART 5 관계사
PART 7 이중 지문

01 관계대명사 p.190

실력 쌓기

1 who visited our branch was pretty satisfied with our products
2 who is expected to play a big role in improving sales
3 which/that include air and sea transportation
4 whose performance last year was superb will get a 2-week paid vacation
5 that the company has announced

1 우리 지사를 방문했던 고객은 우리 제품에 꽤 만족해 했다.
2 그 팀은 판매를 개선하는 데 있어 큰 역할을 할 것으로 예상되는 새로운 영업 매니저를 고용했다.
3 우리의 배송 시스템은 항공과 해상운송을 포함하여 다양한 옵션을 제공하고 있다.
4 지난해 업무 능력이 매우 훌륭했던 직원은 2주간의 유급 휴가를 받게 될 것이다.
5 다가오는 세일이 회사가 발표한 첫 번째 세일이다.

B

1 (A)	2 (A)	3 (C)	4 (D)

1 당신이 추천했던 텔레비전 프로그램은 부적합한 언어들로 가득 차 있다.

해설 선행사가 사물(The TV program)이고, 빈칸 뒤 절에서 목적어가 빠진 경우로 목적격 관계대명사가 필요하다. 보기에서 목적격 관계대명사는 (A) that이다.

어휘 **recommend** 추천하다, 권고하다 **inappropriate** 부적절한, 부적합한 **language** 언어, 말

2 환불을 원하시는 분은 원본 영수증을 제출해야 합니다.

해설 선행사가 사람(Any person)이고, 빈칸 뒤 절에서 주어가 빠진 경우로 주격 관계대명사가 필요하다. 보기에서 선행사가 사람일 때 쓰는 주격 관계대명사는 (A) who이다.

어휘 **refund** 환불하다 **original receipt** 영수증 원본

3 Greenco는 환경 문제에 관한 인식을 높이는 것을 주 임무로 하는 기관이다.

해설 선행사가 사물이고, 빈칸 뒤 절에 소유격 대명사인 its가 빠진 경우이므로 소유격 관계대명사가 필요하다. 그러므로 소유격 관계대명사 (C) whose가 정답이다.

어휘 **mission** 임무 **awareness** 인식 **environmental** 자연 환경의

4 우리는 가장 높은 점수를 받은 지원자를 직접 만날 것이다.

해설 선행사가 사람이고, 빈칸 뒤 절에서 주어가 빠진 경우로 주격 관계대명사가 필요하다. 보기에서 주격 관계대명사인 (D) who가 정답이다.

어휘 **candidate** 지원자, 후보자

02 관계부사 p.192

실력 쌓기

A

1 where	2 why
3 where	4 when
5 where	6 how
7 where	

1 그 최고 경영자는 모든 전자 제품들이 보관되어 있는 새 창고를 방문했다.
2 그것이 승객들이 항공사 사무실로 온 이유이다.
3 Yang 씨는 그녀가 전에 일했던 회사에 지원했다.
4 컨퍼런스는 사장이 은퇴하는 날에 개최될 것이다.
5 우리는 직원들이 즐겁게 일하는 환경을 조성할 필요가 있다.
6 그는 그 인수 합병 절차가 어떻게 진행되었는지에 대해 언급하기를 거부했다.
7 대부분의 작품들이 전시되어 있는 본 전시실은 1층에 위치해 있다.

B

1 (C)	2 (B)	3 (A)	4 (D)

1 Chang 씨는 부사장이 사임한 이유를 내게 물었다.

해설 선행사가 the reason일 때 쓰이는 관계부사는 why이므로 정답은 (C)이다.

어휘 **resign** 사임하다

2 연례 주주 회의가 열리게 될 컨벤션 센터는 걸어갈 수 있는 거리에 있다.

해설 선행사가 The convention center이므로 선행사가 장소일 때 쓰일 수 있는 관계부사인 where가 들어가야 한다. 관계대명사 that의 경우에는 뒤에 이어지는 절에서 명사나 대명사가 빠져있어야만 쓸 수 있는데 이 문장에서는 부사만 빠져 있으므로 관계대명사가 아닌 관계부사를 써야 한다.

어휘 **annual** 연례의, 매년의 **shareholder** 주주 **within walking distance** 걸어갈 수 있는 거리에

3 다가오는 세미나에서는 어떻게 새로운 사업들이 잠재적 고객을 끌어올 수 있는지를 논의할 것이다.

해설 문맥상 '어떻게 새로운 사업들이 잠재적 고객들을 끌어 올 수 있는지'가 되어야 하므로 방법의 관계부사 how가 알맞다.

어휘 **upcoming** 다가오는, 곧 있을 **attract** 끌어들이다, 마음을 끌다

4 지난 봄은 우리의 수익이 사상 최대로 높았던 시즌이다.

해설 선행사가 the season이므로 시간을 나타내는 관계부사 when이 정답이다.

어휘 **an all-time high** 사상 최고

실전 연습 p.194

1 (A)	2 (A)	3 (D)	4 (B)
5 (C)	6 (B)	7 (C)	8 (B)
9 (C)	10 (B)	11 (C)	12 (A)
13 (B)			

PART 5

1

그 회사는 팀 관리와 성과 검토 분야에서 폭넓은 경험을 보유한 사람을 찾고 있다.

(A) who
(B) which
(C) what
(D) where

해설 빈칸 뒤에 주어가 없는 불완전한 절이 이어지고 있으므로 주격관계대명사인 (A)와 (B) 중에서 정답을 골라야 한다. 선행사인

someone이 사람이므로 정답은 (A)이다.

어휘 **extensive** 광범위한, 많은 **management** 관리 **performance** 성과

2

QRCT는 컴퓨터 제조업체에 마이크로 칩을 공급하는 회사이다.

(A) that
(B) what
(C) who
(D) whose

해설 선행사가 a company로 사물이고, 뒤에 이어지는 절에서 주어가 생략되어 있으므로 주격 관계대명사가 필요하다. 보기에서 선행사가 사물일 때 쓰이는 주격 관계대명사는 (A) that이다.

어휘 **manufacturer** 제조업체

3

여기는 우리가 새로운 매니저들을 위한 연회를 열기로 되어 있는 곳이다.

(A) how
(B) which
(C) that
(D) where

해설 선행사가 the hotel로 장소를 나타내고, 뒤에 이어지는 절에서 대명사가 아닌 부사인 at the hotel이 빠져 있으므로 관계부사 (D) where가 정답이다.

어휘 **be supposed to** ~하기로 되어 있다 **banquet** 연회

4

업무 평가가 좋았던 직원은 2주간의 유급 휴가를 누릴 수 있다.

(A) who
(B) whose
(C) which
(D) where

해설 선행사가 The employee로 사람이고, 문맥상 '그 직원의 업무 평가'라는 의미가 되어야 하므로 선행사와 뒤에 따르는 명사인 performance 간에 '소유'의 관계가 성립되므로 소유격 관계대명사 (B) whose가 정답이다.

어휘 **performance evaluation** 업무 평가 **paid vacation** 유급 휴가

5

직원의 부족은 그 공장이 매우 늦게 가동될 수 밖에 없는 주된 원인이다.

(A) where
(B) who
(C) why
(D) which

해설 선행사가 the main reason으로 이유를 나타내고, 뒤에 이어지는 절에서 부사인 for the reason이 빠져 있으므로 관계부사가 필요하다. 보기에서 이유를 나타내는 관계 부사는 (C) why이다.

어휘 **shortage** 부족 **extremely** 극심하게

6

우리는 시험 기간 동안 대상 집단으로부터 긍정적인 피드백을 받은 제품들을 출시할 계획이다.

(A) who
(B) which
(C) what
(D) whose

해설 빈칸 뒤에 주어가 없는 불완전한 절이 이어지고 있으므로 주격관계대명사인 (A)와 (B) 중에서 정답을 고른다. 선행사가 사물인 products이므로 정답은 (B)이다.

어휘 **release** 출시하다 **positive** 긍정적인 **target** 목표, 대상 **trial** 시험, 실험

7

지원서가 완성되지 않은 지원자들은 그 자리에 고려되지 않을 것이다.

(A) who
(B) whom
(C) whose
(D) that

해설 선행사가 Candidates로 사람이고, 문맥상 '지원자의 지원서'라는 의미가 되어야 하므로 뒤에 이어지는 절에서 소유격 대명사가 생략되어 있음을 알 수 있다. 보기에서 소유격 관계대명사는 (C)뿐이다.

어휘 **candidate** 지원자, 후보자 **complete** 완성하다

8

당신이 사무실에서 이용하는 모든 컴퓨터에 새로운 소프트웨어를 꼭 설치해 주십시오.

(A) who
(B) that
(C) why
(D) where

해설 선행사가 사물이고, 뒤에 이어지는 절에서 목적어인 all the computers가 생략되어 있으므로 목적격 관계대명사가 필요하다. 따라서 (B) that이 정답이 된다.

어휘 **make sure to** 확실히 ~하다

PART 7

[9-13]

23회 국제 음악 페스티벌 (10월 20일 ~ 22일)

23회 국제 음악 페스티벌(IMF)이 돌아왔습니다. 올해 페스티벌은 10월 20일부터 22일까지 열리게 되었음을 알리게 되어 기쁩니다.

이번 금요일부터, 여러분은 130달러라는 특별한 가격에 3일권을 구입할 수 있습니다. **티켓 특별 할인은 단 3일 동안만 계속됩니다.** 이 행사 기간이 끝나면 이 이용권은 정상가인 175달러에 판매됩니다. 1일권 역시 60달러에 구매 가능합니다.

이번 축제에서는 정상급의 국내 및 해외 음악가들을 모실 예정이며, 또한 학생들에게 전문가로부터 배울 수 있는 기회를 제공하고자 음악 수업과, 워크숍, 국내 음악 학교의 교수와 강사진의 특별한 강의도 제공될 것입니다.

23회 국제 음악 페스티벌 [일정]

첫째 날	둘째 날	셋째 날
• 오후 4:00 ~ 6:00 Rock Star의 개막 공연	• 오후 2:00 ~ 4:00 음악 산업에 대한 워크숍	• 오후 2:00 ~ 4:00 아이들을 위한 음악 수업
• 오후 6:00 ~ 8:00 마스터 클래스 1	• 오후 4:00 ~ 6:00 마스터 클래스 2	• 오후 4:00 ~ 6:00 사인회
• 오후 8:00 ~ 10:00 Westbound Train의 공연	• 오후 6:00 ~ 10:00 국내 음악가들의 합동 공연	• 오후 6:00 ~ 10:00 Fred Young의 폐막 공연

어휘 **take place** 열리다 **purchase** 구매하다 **pass** 입장권, 출입증 **regular price** 정가 **available** 이용할 수 있는, 입수할 수 있는 **feature** 특별히 포함하다 **session** (특정한 활동을 위한) 시간, 기간

9

음악 페스티벌에 대해 사실인 것은?

(A) 목표하는 관객들은 주로 학생들이다.
(B) 이틀 동안 계속된다.
(C) 페스티벌은 매년 열린다.
(D) 페스티벌은 음악 공연을 중심으로 한다.

해설 첫 번째 지문에서 'annual music festival(연례 음악 페스티벌)'이라고 하였으므로 이 행사는 매년 진행되는 것임을 알 수 있다. 따라서 (C)가 정답이다. annual이라는 단어가 보기에서는 every year로 달리 표현되었다.

10

[1], [2], [3], [4] 중 다음 문장이 들어가기에 가장 적절한 곳은?
"티켓 특별 할인은 단 3일 동안만 계속됩니다."

(A) [1]
(B) [2]
(C) [3]
(D) [4]

해설 금요일부터 3일권이 할인된 가격에 판매되고(Starting this Friday, you'll be able to purchase three-day passes for the special price of $130), '3일간 할인 행사가 진행된 후에' 프로모션이 끝나면 정상가인 175달러로 판매된다(The passes will be sale for the regular price of $175 after this promotion ends)고 하는 것이 자연스러우므로 [2]가 주어진 문장이 들어가기에 알맞다.

11

판촉 기간이 끝난 후에는 3일간의 페스티벌에 참가하기 위해 얼마를 지불해야 하는가?

(A) 60달러
(B) 130달러
(C) 175달러
(D) 180

해설 두 번째 문단 두 번째 줄의 'The passes will be sale for the regular price of $175 after this promotion ends.'에서, 판촉 행사가 끝난 이후에는 정상 가격인 175달러에 3일권을 판매한다는 것을 알 수 있다. 정답은 (C)이다. 할인된 가격인 (B)의 130달러를 정답으로 고르지 않도록 주의해야 한다.

12

다음 중 10월 21일에 할 수 없는 활동은 무엇인가?

(A) 사인을 받을 기회
(B) 국내 음악가들의 공연
(C) 음악 전문가들에 의해 진행되는 강의
(D) 음악 산업에 대해 실제로 배울 수 있는 기회

해설 정보 연계 문제이다. 첫 번째 지문에서, 행사가 시작하는 날은 10월 20일임을 알 수 있다. 그러므로 문제에서 언급한 10월 21일은 행사의 둘째 날일 것이다. 두 번째 지문인 'Day 2'의 활동들과 보기의 활동들을 비교해 보면, (A)와 일치하는 것은 찾을 수 없다. 정답은 (A)이다.

13

안내문의 세 번째 문단 두 번째 줄의 단어 "feature"와 그 의미가 가장 가까운 것은?

(A) 분리하다
(B) 포함하다
(C) 광고하다
(D) 창조하다

해설 본문의 feature는 '특별히 포함하다'라는 의미이다. 따라서 (B)의 include가 정답이다.

토익 필수 어구 - 숙어 I

p.197

1	return	2	do
3	latest	4	cope
5	in advance	6	regard
7	on	8	according to
9	in person	10	participate

B

1 in advance
2 returned to normal
3 in person

1 (B)

마케팅 팀에 있는 모든 사람들은 워크숍에 참석할 것을 권합니다.

해설 문맥상 '워크숍에 참여하다'라고 해야 자연스러우므로 (B)가 정답이다. 'participate in ~'은 '~에 참여하다'라는 의미의 숙어이다.

어휘 **register** 등록하다, 기재하다 **engage** 약속하다, 관여하다 **involve** 포함하다

2 (B)

그 부서는 위기 상황에 현명하게 대처할 수 있는 능력을 갖춘 사람을 찾고 있다.

해설 문맥상 '위기 상황에 현명하게 대처하다'라고 해야 자연스러우므로 전치사 with와 함께 '~에 대처하다'라는 의미를 만드는 cope이 정답이다.

어휘 **wisely** 현명하게

UNIT 11

PART 5 가정법

PART 6 기사

01 | 가정법의 형태 p.200

실력 쌓기

1 will assist
2 would exercise
3 would purchase
4 had accepted
5 has
6 had not gone
7 should create

B

1 (D) 2 (C) 3 (C) 4 (D)

1 만약 저희 호텔에서 와이파이 접속에 문제가 생긴다면, 언제든지 저희가 도와드리겠습니다.

해설 문맥상 '와이파이 접속에 문제가 생긴다면'이 되어야 하므로 가능성이 낮은 상황을 가정할 때 사용하는 가정법 미래시제가 들어가야 한다. 가정법 미래시제는 if 절에 should가 들어가는 것이 특징이다.

어휘 **access** 접근하다 **assist** 돕다

2 만약 이사회가 Greg Johns를 해고하지 않기로 결정했었다면, 그는 최고 재무 책임자가 되었을 텐데.

해설 이미 이사회가 Greg Johns를 해고하여 그가 최고 재무 책임자가 되지 않았다는 의미이다. 즉 과거의 반대 사실에 대해 가정하고 있으므로 if 절은 가정법 과거완료를 쓰고 주절에는 would have p.p.가 들어가야 한다.

어휘 **the board of directors** 이사회 **chief financial officer** 최고 재무 책임자

3 만약 당신이 규칙적으로 은행 계좌 비밀번호를 바꾼다면, 신원 도용을 막을 수 있을 텐데.

해설 콤마 뒤 주절의 동사가 과거시제인 could avoid로 쓰인 것으로 보아 현재에 가능성이 낮은 상황을 가정하고 있다. 따라서 if 절에는 동사의 과거형인 changed가 정답이 된다.

어휘 **on a regular basis** 규칙적으로 **avoid** 피하다 **identity theft** 신원 도용

4 만약 Sarah Cosmetics가 타이완에 매장을 연다면, 매우 성공적일 텐데.

해설 If 절의 시제가 과거이므로 가정법 과거 문장임을 알 수 있다. 따라서 주절에는 'would + 동사원형'이 나와야 하므로 (D)가 정답이다.

어휘 **extremely** 극도로

02 | 가정법 도치 p.202

실력 쌓기

1 Had my supervisor not helped me, I would have quit my job.
2 Should you join the Mark Electronics Program now, you will receive extra benefits.
3 Had Ms. Kelly performed better last year, she would have been a candidate for promotion.
4 Had Mr. Wade led the marketing conference, it would have been much more informative.
5 Should you need any assistance, don't hesitate to call us.
6 Were the e-mail written more clearly, it would help us understand the situation better.
7 Were Mr. Bell to love talking to customers, he would become a great sales representative.

1 나의 상사가 나를 도와주지 않았더라면, 나는 나의 일을 그만 두었을 것이다.
2 당신이 Mark Electronics 프로그램에 지금 가입한다면, 추가 혜택을 받을 것입니다.
3 Kelly 씨가 작년에 성과가 더 좋았었다면, 승진 후보자가 되었을 텐데.
4 Wade 씨가 마케팅 컨퍼런스를 주도했다면, 훨씬 더 유익했을 텐데.
5 도움이 필요하시다면, 주저하지 말고 저희에게 전화주세요.
6 그 이메일이 더 명확하게 쓰여져 있다면, 우리가 그 상황을 더 쉽게 이해할 텐데.
7 Bell 씨가 고객들과 대화하는 것을 즐긴다면, 훌륭한 영업사원이 될 텐데.

B

1 (A)	2 (A)	3 (D)	4 (C)

1 Mason 씨가 그 질문들에 대해 잘 준비했다면, 그는 더 능숙하게 답을 할 텐데.

해설 주절의 동사가 'would + 동사원형'의 형태이므로 가정법 과거 문장임을 알 수 있다. 그렇다면 if절은 'If Mr. Mason were well prepared ~'가 되고, if가 생략되는 경우 동사의 과거형이 문장 제일 앞에 나온다. 따라서 정답은 (A) Were이다.

어휘 **in a more professional manner** 능숙하게, 능숙한 방식으로

2 Fox 씨가 지난달에 교육 코스를 성공적으로 마쳤다면, 이달에 다시 들을 필요가 없을 텐데.

해설 문맥상 지난 달에 교육 코스를 마치지 못했으므로 이달에 다시 듣는다고 해야 자연스러우므로 가정법 과거완료와 가정법 과거가 함께 나오는 혼합 가정법이다. 과거와 반대되는 설명인 if절은 가정법 과거완료를 써야 한다. 하지만 if가 생략되었기 때문에 'Had + 주어 + p.p.' 구조를 취하게 되므로 정답은 (A) Had이다.

어휘 **retake** 재수강하다

3 세미나가 흥미롭고 유용했었다면, 참석자들이 긍정적인 의견을 주었을 텐데.

해설 콤마 앞의 절이 과거 사실의 반대를 이야기하고 있으므로 if가 생략된 가정법 과거완료 문장이다. 빈 칸에는 'would have p.p.'가 되어야 하므로 (D)가 정답이다.

어휘 **useful** 유용한 **attendee** 참석자 **positive** 긍정적인 **comment** 의견, 논평

4 만약 은행 대출을 받으신다면, 궁금하신 어떤 질문이라도 편하게 물어보세요.

해설 가정법 미래 문장이다. 하지만 if가 생략된 문장이므로 Should가 문장 제일 앞에 나온다.

어휘 **bank loan** 은행 대출

실전 연습

p.204

1 (C)	2 (C)	3 (D)	4 (C)
5 (B)	6 (A)	7 (D)	8 (D)
9 (D)	10 (D)	11 (B)	12 (D)

PART 5

1

종업원들이 고객들에게 더 주의 깊게 대했다면, 어제 그곳에 방문했던 음식 평론가는 그 식당에 대해 더 좋은 리뷰를 썼을 텐데.

(A) was
(B) am
(C) had been
(D) has been

해설 주절의 동사가 'would have p.p.'이므로 가정법 과거완료 문장이다. 따라서 정답은 (C)이다.

어휘 **waitstaff** (식당 등에서의) 종업원들

2

만약 고객 서비스 센터가 새 디자인에 대한 설문을 실시한다면, 디자인의 장단점 모두를 이해하는 데 도움이 될 텐데.

(A) was
(B) is
(C) would be
(D) will be

해설 If절에 동사 시제가 과거이므로 가정법 과거 문장이다. 따라서 주절에는 '주어 + would 동사원형'이 들어가야 하므로 정답은 (C) would be이다.

어휘 **conduct a survey** 설문조사를 하다

3

만약 주인이 임대료를 올리지 않았더라면, Wells 씨는 지금 집을 찾고 있지 않아도 될 텐데.

(A) does not look for
(B) was not looking for
(C) will not be looking for
(D) would not be looking

해설 혼합 가정법 문장이다. 과거에 임대료를 올리지 않았더라면, 현재 집을 찾고 있지 않을 것이라는 문맥이므로 가정법 과거인 보기 (D) would not be looking이 정답이 된다.

어휘 **raise** 올리다 **rent** 임대료, 집세

4

회사가 고문의 제안을 시행했더라면, 그 문제는 더 효율적으로 예방되었을 텐데.

(A) will be
(B) would be
(C) would have been

(D) would have done

해설 if절의 동사가 'had + p.p.' 형태로서 이는 가정법 과거완료 문장이다. 따라서 정답은 (C)이다.

어휘 **implement** 시행하다 **advisor** 고문 **suggestion** 제안 **prevent** 막다, 예방하다 **efficiently** 효율적으로

5

만약 컴퓨터에 다시 문제가 생기면, 555-9087로 언제든 연락 주세요.

(A) If
(B) Should
(C) Will
(D) For

해설 가정법 미래 문장이다. If가 생략되면 Should가 문장 제일 앞으로 나오므로 정답은 Should이다.

어휘 **at any time** 언제든지

6

만약 지난달에 금리가 극적으로 오르지 않았더라면, 그 회사는 경제적 위기를 겪지 않았을 텐데.

(A) had not increased
(B) have not increased
(C) did not increase
(D) does not increase

해설 주절의 동사 형태 'would not have p.p.'로 보아 가정법 과거완료 문장이다. 따라서 if절에는 'had p.p.'가 적절하다. 문맥상 '금리가 극적으로 오르지 않았다면'이라는 부정의 의미가 있으므로 정답은 (A) had not increased가 된다.

어휘 **interest rate** 금리 **dramatically** 극적으로 **quarter** 분기 **crisis** 위기

7

만약 온라인으로 워크숍에 등록했더라면, 15퍼센트 할인을 받을 수 있었을 텐데.

(A) If
(B) Have
(C) Because
(D) Had

해설 주절의 'would have p.p.'의 형태로 보아 가정법 과거완료 문장이다. If가 생략될 경우 Had가 문장 가장 앞으로 온다. 따라서 정답은 (D)이다.

어휘 **sign up for** ~에 등록하다 **discount** 할인

8

만약 전자 기기가 구입 2일 이내에 고장 난 것이라면, 저희가 환불을 해 드릴 텐데요.

(A) give
(B) gave
(C) will give
(D) would give

해설 가정법 과거 문장으로 주절에는 'would + 동사원형'이 와야 한다.

어휘 **electronic equipment** 전자 기기 **break down** 고장 나다 **purchase** 구입 **refund** 환불

PART 6

[9-12]

런던 (6월 17일) – DJ Entertainment는 오늘 Peter Evans 씨가 회사의 부사장으로 승진했다고 발표했습니다. Evans 씨는 많은 성공적인 텔레비전 쇼와 영화의 창의적인 인물이었습니다. 그의 새로운 책무는 아시아 시장에 DJ Entertainment 영화를 수출하는 것을 포함합니다. **그는 해외 판매 부서 역시 관장할 것입니다.** Evans 씨는 2009년부터 DJ Entertainment를 위해 일해왔습니다. 그는 제작 책임자로서 일을 시작했습니다. 크게 흥행한 쇼 중의 하나는 *Neighbors*이고, 이 쇼는 회사에 5억 달러의 수익을 가져왔습니다. Evans 씨는 뛰어난 리더십과 두드러진 직업 윤리 의식으로 동료들로부터 높이 평가받고 있습니다.

어휘 **announce** 발표하다 **involve** 수반하다 **export** 수출하다 **highly regarded** 높이 평가된 **colleague** 동료 **outstanding** 뛰어난, 두드러진 **work ethic** 직업 윤리 의식

9

(A) promoted
(B) has promoted
(C) has been promoting
(D) has been promoted

해설 Evans 씨는 승진이 되어야 하는 대상이기 때문에 수동태 동사가 들어가야 한다. 보기에서 수동태는 (D) has been promoted 뿐이다.

10

(A) trends
(B) suggestions
(C) superiors
(D) responsibilities

해설 승진 후 새로 맡게 된 일에 대해 이야기하는 문맥이므로 정답은 '책무'를 의미하는 (D) responsibilities이다.

어휘 **trend** 동향, 추세 **superior** 상급자

11

(A) 그러므로, 그는 인사부를 책임질 것입니다.
(B) 그는 해외 판매 부서 역시 관장할 것입니다.
(C) 예를 들면, 그는 아시아에 있는 많은 나라를 방문했습니다.
(D) 따라서, 그는 로스앤젤레스로 전근 갈 것입니다.

해설 빈칸 앞의 문장에는 새로 맡게 된 일이 소개되었다. 그 뒤에는 또다른 업무를 소개하는 것이 자연스럽기 때문에 정답은 (B)이다.

12

(A) regard

(B) regards

(C) regarding

(D) regarded

해설 highly와 어울리는 단어이면서 '동료들로부터 높이 평가 받고 있다'는 자연스러운 문맥을 만드는 regarded가 정답이다. 참고로 highly regarded는 '~로 높이 평가되는'의 의미이다.

토익 필수 어구 - 숙어 II p.206

A

1 willing
2 reluctant
3 famous
4 optimistic
5 entitled
6 associated
7 intended
8 exchanged
9 promoted
10 made

B

1 entitled to
2 optimistic about
3 intended for

C

1 (B)

판매팀 관리자는 그 프로젝트에 관련되는 것을 꺼리는 것 같았다.

해설 seemed 뒤에 빈칸이 있고 빈칸 뒤에 전치사 to가 나와 있다. 보기 어휘 중 (B) reluctant가 들어가야 '관리자가 그 프로젝트에 관련되는 것을 꺼렸다'라는 자연스러운 의미가 된다. 참고로 'reluctant to'는 '~을 꺼려하는'을 뜻한다.

어휘 **get involved in** ~에 관련되다 **familiar** 친숙한

2 (D)

우리는 Collins 씨가 CEO로 승진한 것을 알게 되어서 기뻤다.

해설 보기 중 (D) promoted가 들어가야 '~로 승진하다'라는 의미의 'be promoted to'를 완성하고 의미도 자연스러워진다.

UNIT 12

PART 5 전치사

PART 7 삼중 지문

01 | 시간, 장소, 위치의 전치사 p.208

실력 쌓기

A

1 in
2 by the end
3 Over
4 For, years
5 within 3 days
6 after January 23
7 throughout the company

B

1 (B) 2 (A) 3 (B) 4 (D)

1 우리의 자동차 부품의 판매는 지난 6개월간 10퍼센트씩 상승해 왔다.

해설 for는 '~ 동안에'라는 의미의 전치사로 주로 '숫자'가 동반될 때 쓰인다. during은 '~ 동안에'라는 같은 의미이지만 주로 기간을 나타내는 명사(예, holiday, vacation)와 함께 쓰인다.

2 참고로 말씀드리면, 분기 영업 보고서는 다음주 영업 회의 전에 제출될 것입니다.

해설 문맥상 영업 회의 '전에' 영업 보고서가 제출되는 것이 자연스러우므로 '~ 이전에'라는 의미의 전치사 prior to가 정답이다.

어휘 **quarterly** 분기의 **sales report** 영업 보고서 **turn in** 제출하다

3 우리의 신규 지점은 시립 도서관 건너편의 7번가에 위치해 있다.

해설 빈칸 앞에 across가 있고 문맥상 도서관 '건너편에'가 되어야 자연스러우므로, 'across'와 함께 '건너편에'의 의미를 완성하는 from이 정답이다.

어휘 **branch** 지점 **opposite** 반대의

4 Peppi & Co. 사의 방문객들은 차를 건물 앞에 주차할 수 있다.

해설 빈칸 앞에 in front가 있고 문맥상 '건물 앞에 주차하다'는 의미가 되어야 하므로 '~ 앞에'라는 의미의 전치사 'in front of ~'를 완성하는 (D) of가 정답이다.

02 | 기타 전치사와 주의해야 할 전치사구 p.210

실력 쌓기

A

1 due to / because of
2 without
3 instead of
4 in person
5 at no extra charge
6 under consideration
7 under construction

B

1 (C) 2 (B) 3 (A) 4 (B)

1 귀하의 예약과 관련한 모든 문의 사항은 고객 서비스 센터로 전달되어야 합니다.

해설 빈칸 앞에 with, 빈칸 뒤에 to가 있으며, 문맥상 귀하의 예약과 '관련된' 문의사항이라는 의미가 되어야 한다. 따라서 보기 중에서 '~에 관해서'라는 의미의 'with regard to'를 완성하는 (C)가 정답이다.

어휘 **inquiry** 문의 **reservation** 예약

2 연례 컨퍼런스는 추후 공지가 있을 때까지 연기되었다.

해설 빈칸 뒤에 further notice(추후 공지)라는 명사가 나오고, 문맥상 '추후 공지가 있을 때까지 연기되다'가 되어야 하므로, '추가 공지가 있을 때까지'라는 의미의 전치사 관용어구인 until further notice를 완성하는 (B)가 정답이다.

어휘 **conference** 학회, 컨퍼런스 **postpone** 연기하다

3 생명 공학의 위대한 발전 덕분에, 의사들은 더 쉽게 의학적 문제를 발견할 수 있을 것이다.

해설 빈칸 뒤에 명사 great advances(엄청난 발전)이 나오고, 문맥상 '생명 공학의 발전 덕분에 의사들이 의학적 문제를 발견할 수 있을 것'이라는 내용이 되어야 자연스러우므로, 빈칸에 들어갈 적절한 것은 '~ 덕분에'의 의미를 가진 전치사 (A) Thanks to이다.

어휘 **advance** 발전, 진보 **biotechnology** 생명 공학

4 사용자들의 반복된 요청에도 불구하고, 그 온라인 쇼핑몰은 무료 배송 서비스를 제공하지 않기로 결정했다.

해설 빈칸 뒤에 명사 repeated requests(반복된 요청)이 나오고, 문맥상 '반복된 요청에도 불구하고 무료 배송 서비스를 제공하지 않는다'라는 의미가 되어야 하므로, 빈칸에는 전치사 Despite(~에도 불구하고)가 들어가야 한다.

어휘 **repeated** 반복적인 **provide** 제공하다

실전 연습 p.212

1 (A)	2 (D)	3 (C)	4 (C)
5 (B)	6 (C)	7 (B)	8 (B)
9 (C)	10 (A)	11 (C)	12 (C)
13 (C)			

PART 5

1

많은 교육 연구자들은 아이들이 친구와의 폭넓은 놀이를 통해 배운다고 말한다.

(A) through
(B) for
(C) at
(D) instead of

해설 문맥상 '아이들이 친구들과의 놀이를 통해 배운다'는 내용이 되어야 자연스럽다. 따라서 빈칸에는 '~을 통해서'라는 의미의 전치사 through가 들어가야 한다.

어휘 **researcher** 연구자 **extensive** 폭넓은

2

직원의 부족에도 불구하고, 그 팀은 마침내 장기 프로젝트를 끝마쳤다.

(A) Despite
(B) In addition
(C) Apart
(D) In spite

해설 빈칸 뒤에 전치사 of가 있고, 문맥상 '직원 부족에도 불구하고 프로젝트를 마쳤다'는 의미가 되어야 자연스러우므로, of와 함께 '~에도 불구하고'의 의미를 완성하는 (D) In spite가 정답이다.

어휘 **shortage** 부족

3

당신은 적어도 만료일 2주 전에 우리에게 통지해 주어야 한다.

(A) prior
(B) after
(C) before
(D) though

해설 문맥상 '만료일 2주 전에 알려주어야 한다'가 되어야 자연스러우므로, 빈칸에는 '~ 전에'라는 의미의 전치사 before가 들어가야 한다.

어휘 **notify** 통지하다 **expiration** 만료

4

Bloomfield 현대 미술 박물관은 공휴일을 제외하고 매일 문을 연다.

(A) such
(B) unlike

(C) except

(D) due to

해설 문맥상 '공휴일을 제외하고 매일 문을 연다'는 내용이 되어야 하므로, 빈칸에는 '~을 제외하고'라는 의미의 전치사 except가 들어가야 한다.

어휘 **national holiday** 국경일, 공휴일

5

관리부서가 제공한 적절한 자금과 자원이 없다면 우리는 마감일을 지킬 수 없을 것이다.

(A) with

(B) without

(C) than

(D) across

해설 빈칸 앞의 내용은 '마감일을 지킬 수 없을 것'이라는 내용이며, 빈칸 뒤의 내용은 '관리부서가 제공한 자금과 자원'이다. 따라서 의미상 (B)의 without이 정답이다.

어휘 **meet the deadline** 마감일을 지키다 **resource** 자원

6

다른 많은 지원자들과는 달리, Miller 씨는 광고 분야에 폭넓은 전문 지식을 갖고 있다.

(A) Because of

(B) Toward

(C) Unlike

(D) Throughout

해설 문맥상 '다른 지원자들과 다르게 광고 분야에 전문 지식이 있다'는 의미가 되어야 자연스럽다. 따라서 빈칸에는 '~와는 다르게' 라는 의미의 전치사 unlike가 들어가야 한다.

어휘 **candidate** 후보자 **expertise** 전문 지식

7

우리 영업팀은 다음 몇 주에 걸쳐서 고객의 니즈를 분석하기 위해서 시장 조사를 실시할 것이다.

(A) since

(B) over

(C) from

(D) at

해설 '~ 기간에 걸쳐서'라는 의미가 되어야 하므로 정답은 (B)의 over이다.

어휘 **conduct** 실행하다, 진행하다 **analyze** 분석하다

8

만일 당신이 학자금 지원을 신청하고자 한다면, 사무실을 방문해서 직접 양식을 제출해야 한다.

(A) general

(B) person

(C) public

(D) stock

해설 빈칸 앞에 in이 있고 문맥상 '직접 사무실을 방문해 서류를 제출하다'는 의미가 되어야 자연스럽다. 따라서 in과 함께 '직접'이라는 의미의 전치사 표현을 만드는 person이 정답이다.

어휘 **financial assistance** 대출, 융자 **form** 양식

PART 7

[9-13]

Foodland 슈퍼마켓이 Bloomington에 대규모 개점

Lorraine Park 기자 / 10월 10일

새로운 Foodland 지점이 10월 23일 오전 11시 30분에 Bloomington에서 개장한다. 이 지역의 사업가인 Daniel Roy와 Jim Lieberman이 공동 소유한 Foodland는 거대 슈퍼마켓 체인으로 이 지역에서 300명의 직원들을 고용하고 있다. "Bloomington의 주민들은 수년 동안 주변에 더 많은 슈퍼마켓을 요구해 왔습니다. 따라서 이 상점이 지역 경제를 활성화 시킬 수 있을 것으로 기대됩니다"라고 시의회 위원인 Ken Mackey가 어제 말했다. 새로운 상점의 위치는 Wellington 거리와 Canal 가가 만나는 곳에 있다. 더 많은 정보를 원한다면 555-3241로 전화하면 된다.

Foodland

이번 주 금요일, 10월 23일
대규모 개점 축하에 함께 해 주세요.

매장 곳곳에서 **무료 시식**

모든 고객에게 **사은품 증정**

개점 특별 할인 행사로 더 많이 절약하세요.

FOODLAND 앱에서 식료품을 구매하세요. **무료이면서, 사용하기 편리합니다.**

오늘 어플리케이션을 다운받으시고, 10,000점의 보너스 포인트도 얻으세요!

주류와 선물을 제외한 **모든 상품을 10% 할인**해 드립니다.

최고로 신선한 육류, 해산물, 과일, 야채들이 있습니다!

Foodland 슈퍼마켓

이 쿠폰을 출력해서 상점을 방문하거나
온라인으로 쇼핑하시고
계산하실 때 오프닝 코드를 입력하세요.
전 품목 20% 할인
- 금요일에서 일요일까지 유효함
(10/23~10/25)
- 다른 할인 행사와 중복 가능함

어휘 **grand opening** 개장, 개점 **co-owned** 공동 소유한 **councilman** 시의원 **location** 위치, 장소 **liquor** 주류 **valid** 유효한

9
Foodland에 대해 추론할 수 있는 것은?

(A) 그 지역에서 첫 번째 식료품점을 오픈했다.
(B) 한 명의 사업가에 의해 운영된다.
(C) 지역에서 가장 큰 식품 유통업체 중 하나이다.
(D) 해외 노동자들을 고용한다.

해설 첫 번째 지문의 중간 부분에서 Foodland는 'major supermarket chain(거대 슈퍼마켓 체인)'이라고 한 것으로 보아 '가장 큰 식품 유통업체 중 하나임'을 알 수 있다.

어휘 **entrepreneur** 사업가 **contributor** 유통업체

10
Foodland가 오픈 하는 날에 일어날 것으로 예상되는 일은?

(A) 선물이 주어질 것이다.
(B) 해외 음식들이 맛 보여질 것이다.
(C) 무료 페이스 페인팅 행사가 있을 것이다.
(D) 무료 어플리케이션 이용이 가능해질 것이다.

해설 두 번째 지문에서 'GIVEAWAYS for all customers(모든 고객에게 사은품 증정)'이라고 한 것으로 보아 '선물이 주어지게 될 것'임을 알 수 있다. 지문의 giveaway가 보기에서는 gifts로 달리 표현되었다.

11
보너스 포인트를 받으려면 무엇을 해야 하는가?

(A) 100달러 이상을 소비한다
(B) 특정 제품을 구매한다
(C) 무료 앱을 다운로드한다
(D) 쿠폰을 제시한다

해설 두 번째 지문의 'Download the app today and GET 10,000 BONUS POINTS!'라는 문장에서, 앱을 다운로드하면 보너스 포인트를 받을 수 있다는 사실을 알 수 있다. 그런데 바로 앞 문장에서 해당 앱이 무료라고 설명되어 있으므로 정답은 (C)이다.

12
고객들이 최대 받을 수 있는 할인은 얼마인가?

(A) 10%
(B) 20%
(C) 30%
(D) 40%

해설 두 번째 지문과 세 번째 지문을 함께 보아야 풀 수 있는 문제이다. 두 번째 지문에서는 상점에 있는 모든 물건에 대해 10퍼센트를 할인 받을 수 있다고 했고, 세 번째 지문에서는 쿠폰을 사용하면 20퍼센트 할인이 가능하다고 하였다. 또한, 쿠폰의 마지막 부분에서 '다른 할인 행사와 중복 가능(Can be combined with other offers)'라고 하였으므로 최대 할인 폭은 30%임을 알 수 있다.

13
쿠폰 거래에 대해 사실이 아닌 것은?

(A) 다른 할인과 함께 사용될 수 있다.
(B) 3일간만 유효하다
(C) 오프라인에서만 사용할 수 있다.
(D) 상점에 있는 모든 상품에 적용된다.

해설 세 번째 지문인 쿠폰에 'SHOP ONLINE(온라인에서 쇼핑하세요)'이라는 언급이 있었으므로 (C)는 사실이 아님을 알 수 있다.

토익 필수 어구 - 전치사 p.215

1	ahead of	2	result
3	response	4	event
5	case	6	way
7	behalf	8	regardless
9	regard	10	according

B

1 ahead of schedule
2 with regard to
3 According to

1 (C)

우리는 Takahashi 씨에게 모든 직원을 대신하여 깊은 감사의 말씀을 전합니다.

해설 빈칸 앞에 on, 빈칸 뒤에 of가 있고, 문맥상 '모든 직원을 대신하여 감사 말씀을 전한다'는 내용이 되어야 하므로 보기 중에서 '~을 대신하여'라는 의미를 완성하는 단어를 고른다. 따라서 정답은 (C) behalf이다.

2 (B)

화재 발생 시에는 엘리베이터의 사용을 자제해 주십시오.

해설 빈칸 앞에 in, 빈칸 뒤에 of가 있고, 문맥상 '화재가 발생한 경우에는 엘리베이터를 사용하지 말라'는 내용이 되어야 자연스럽다. 따라서 빈칸에는 '~의 경우에'라는 의미를 만드는 명사 (B) case가 정답이다.

개정판

참 쉬운 토익

기본편

LC+RC

토익의 실력을 올려주는 체계적인 학습가이드 !

- LC와 RC가 한 권에 컴팩트하게 구성되어 있어 포기하지 않고 끝까지 학습할 수 있습니다.
- 한 유닛마다 두 개의 파트를 학습할 수 있도록 구성되어 있어 매일매일 토익의 전 영역을 고르게 학습할 수 있습니다.
- 토익에 반드시 나오는 어휘들이 꼼꼼하게 정리되어 있습니다.
- 교재에 수록된 QR 코드를 스캔하여 음원을 바로 들을 수 있습니다.